OCTOBRE-DÉCEMBRE 2020
100ᵉ ANNÉE – N° 4

REVUE d'HISTOIRE et de PHILOSOPHIE RELIGIEUSES

Publiée par l'Association des Publications de la Faculté de Théologie
Protestante de l'Université de Strasbourg en lien avec les Facultés de
Théologie Protestante de Montpellier et de Paris
Fondée en 1921 par Antonin Causse
Directeur honoraire : Marc Philonenko

BUREAU

COMITÉ DE RÉDACTION ET DE LECTURE

POLITIQUE ÉDITORIALE

La Revue est ouverte à toutes les disciplines théologiques et à tous les courants de pensée, sans sectarisme. Elle est, certes, *Revue d'Histoire et de Philosophie Religieuses*, mais a pour vocation de couvrir tout le domaine théologique.

La Revue publie des articles de caractère scientifique en langue française. Ces articles, adressés au Rédacteur en chef, sont soumis au Comité de rédaction.

INDEXATION

La *Revue d'Histoire et de Philosophie Religieuses* est indexée dans : *ATLA Religion Data Base on CDRom ; BiBIL ; Biblica : Elenchus of Biblical Bibliography ; Ephemerides Theologicae Lovanienses ; Index to the Study of Religions Online ; Istina ; Periodicals ; Religious Index One ; Zeitschrift Inhaltdienst Theologie, Indices Theologici.*

Ses articles sont répertoriés et analysés dans : *Archiv für Reformationsgeschichte ; Francis ; International Review of Biblical Studies ; New Testament Abstracts ; Old Testament Abstracts ; Religious and Theological Abstracts ; Revue d'Histoire Ecclésiastique ; Zeitschrift für die Alttestamentliche Wissenschaft ; Zeitschrift für die Neutestamentliche Wissenschaft.*

RÉDACTION

Revue d'Histoire et de Philosophie Religieuses
Palais Universitaire
9 place de l'Université – BP 90020
67084 Strasbourg Cedex (France)

Site internet : https://www.rhpr.fr
E-mail : rhpr@unistra.fr
Tél. : +33 (0)3 68 85 68 35

ABONNEMENTS

Classiques Garnier
Service des abonnements
6 rue de la Sorbonne
75005 Paris (France)
E-mail : revues@classiques-garnier.com

CPPAP : 0922 G 86955

SOMMAIRE/*CONTENTS*

Simon BUTTICAZ
Aux origines du christianisme : l'événement, la mémoire
et la foi. II. Les christianismes de Luc et de Jean /
The Origins of Christianity : Event, Memory and Faith. II.
The Christian Identity in the Lukan Work
and in John's Gospel 467

Jean Marcel VINCENT
Une interprétation historico-littéraire du Psaume 110
par Jean Masson à l'orée du XVIIIᵉ siècle /
A Historical-Literary Interpretation of Psalm 110
by Jean Masson at the Beginning of the 18ᵗʰ Century 487

Marc LIENHARD
Étude critique. L'histoire de la théologie /
Critical Study. The History of Theology 513

Liste des ouvrages reçus d'octobre 2019 à septembre 2020 /
Books Received from October 2019 to September 2020 . . . 533

Tables des années 1996-2020 /
Cumulative Indexes 1996-2020 541

Table des matières. Année 2020 / *Contents 2020* 629

Résumés/*Abstracts* 635

Adresses professionnelles des auteurs 637

ÉTUDES THÉOLOGIQUES ET RELIGIEUSES
Revue trimestrielle fondée en 1926
Directeur de la publication : Guilhen ANTIER

Tome 95, 2020/2

Pierre GISEL, Le canon, contingence et provocation. En dialogue avec Hans-Christoph Askani

Hans-Christoph ASKANI, Les enjeux du canon. Réponse à Pierre Gisel

Pierre GISEL, Pour poursuivre. Apostille

Sébastien GENGEMBRE, John D. Caputo. De la théologie comme herméneutique radicale

André WENIN, Le *manque* au cœur du judaïsme biblique, et la réaction du premier christianisme

Brigitte TAMBRUN, La Tradition sans l'exclusion. Richard Simon, Bossuet et le socinianisme face aux critères de l'authenticité

Olivier ABEL, Le paradoxe de la conscience chez Pierre Bayle

Christian BELIN, « Un Dieu perdu… » Enquête sur un thème pascalien

NOTULES ET PÉRICOPES
Philippe LE MOIGNE, Du phore

Guglielmo FORNI ROSA, La théologie spirituelle de Thomas Müntzer. Contre l'interprétation immanentiste de Friedrich Engels

NOTES ET CHRONIQUES
Nicolas COCHAND, Traditions recomposées, religiosité, corporéité. Coup d'œil sur les trois dernières livraisons des Actes des Semaines d'études liturgiques Saint-Serge

PARMI LES LIVRES

LISTE DES LIVRES REÇUS

ABSTRACTS

Études théologiques et religieuses
13, rue Louis Perrier – 34000 Montpellier (France)
Tél. 04 67 06 45 76 – www.revue-etr.org – www.cairn.info
Abonnements : administration@revue-etr.org :
France : 38 € – Étranger : 45 € – Institutions : 75 € – Prix de ce numéro : 20 €
Paiement par carte bancaire possible via www.revue-etr.org

AUX ORIGINES DU CHRISTIANISME : L'ÉVÉNEMENT, LA MÉMOIRE ET LA FOI[1]

II. Les christianismes de Luc et de Jean

Simon Butticaz
Université de Lausanne –
Faculté de théologie et de
sciences des religions

In memoriam François Butticaz (1942–2016).

L'ÉVÉNEMENT, LA MÉMOIRE ET LA FOI : UNE CONSTANTE DANS LES ORIGINES DU CHRISTIANISME ?

RAPPELS ET REMARQUES PRÉLIMINAIRES

Dans le premier volet de notre étude, nous sommes partis en quête de ce qui, dans le cadre du christianisme paulinien, était réputé fonder de manière durable et originale l'existence croyante. Trois piliers ont pu être exhumés, dessinant les contours du courant paulinien dans son milieu ambiant de naissance : l'événement, la mémoire et la foi.

---

1   Cette étude contient le texte révisé de ma leçon inaugurale donnée à l'Université de Lausanne (Unil) le 19 septembre 2019 à l'occasion de la cérémonie d'ouverture des cours de la Faculté de théologie et de sciences des religions. Je profite de cette note pour remercier le prof. Christian Grappe de son attentive relecture de l'étude : notre étude a bénéficié de ses stimulants commentaires de lecture et de ses révisions formelles. Ma gratitude va aussi à Mme Anaïs Reichard, assistante-étudiante à l'Institut romand des sciences bibliques (Unil), qui a mis l'article aux normes de la revue éditrice. Enfin, dans l'ensemble de l'étude, le texte grec du Nouveau Testament est cité et traduit à partir de la 28e édition critique de Aland – Aland, 2012. Sauf indications contraires, la traduction des citations bibliques est nôtre.

Qu'en est-il ailleurs dans le christianisme des origines ? dans d'autres milieux socioculturels et à une distance temporelle d'une génération ? Peut-on y reconnaître le même triptyque fondationnel ? Deux autres textes-miroir à dater de la fin du Iᵉʳ siècle[2] – la préface que Luc situe en tête de son diptyque et la conclusion dont est pourvu l'évangile selon Jean – se prêtent à une démarche de vérification. C'est cette entreprise que nous souhaitons conduire dans cette deuxième partie de notre enquête, avant d'en déployer les incidences épistémologiques et méthodologiques pour l'étude du Nouveau Testament au seuil du IIIᵉ millénaire.

UNE FENÊTRE OUVERTE SUR LE CHRISTIANISME ASIATE :
LA PRÉFACE DE LUC

Démarrons par la préface de Luc :

> 1[1] Puisque beaucoup ont entrepris de composer un récit au sujet des faits accomplis parmi nous, [2]comme nous les ont transmis ceux qui ont été témoins oculaires à partir de l'origine et sont devenus serviteurs de la Parole[3], [3]il a paru bon, à moi aussi, après avoir retracé toutes choses jusqu'au début, d'écrire pour toi avec acribie et dans l'ordre, excellent Théophile, [4]afin que tu reconnaisses, au sujet des paroles qui ont résonné à tes oreilles, la solidité. (Luc 1,1-4.)

À la lecture de cette préface dont les parentés avec les pratiques littéraires de l'Antiquité ont été soigneusement étudiées par Loveday Alexander[4], Knut Backhaus[5] et d'autres[6], *la composante événementielle des origines chrétiennes* s'impose comme une évidence[7]. Le seul terme grec par lequel l'auteur du troisième évangile choisit de nommer le thème des nombreux récits désormais en circulation

---

2   Pour les questions d'introduction (auteurs, destinataires, datation, localisations, sources, genre, etc.) entourant le quatrième évangile, l'on se reportera à Zumstein, 2008. S'agissant du diptyque de Luc, on consultera pour ces mêmes questions : Marguerat, 2008a, p. 105-126 (pour l'évangile de Luc) et p. 127-150 (pour les Actes des apôtres), respectivement.
3   Pour la justification grammaticale-syntaxique de notre traduction du v. 2, voir Wolter, 2008, p. 63.
4   Alexander, 1993.
5   Backhaus, 2012.
6   Cadbury, 1922 ; Schmidt, 1999 ; Aune, 2002 ; Wolter, 2009.
7   Voir, par exemple, les judicieuses remarques de Christophe Theobald en tête d'un volume thématique que la revue *Recherches de Science Religieuse* a consacré à la notion d'événement : « À lire le prologue de Luc (Lc 1,1), on se convainc aisément de ce que les "événements" sont l'élément le plus propre des Écritures juives et chrétiennes et ce qui les a suscitées. » (Theobald, 2014, p. 5.)

dans les milieux croyants des origines est celui de πράγματα (Lc 1,1), en français courant : des « faits » ou des « événements[8] ». Un terme qui, s'il n'a pas aux oreilles d'un Grec de l'Antiquité l'éclat et le prestige héroïques des πράξεις[9], les « hauts-faits » des hommes illustres, s'inscrit probablement dans un autre héritage : celui de la Bible grecque des Septante. Totalisant quelque 125 occurrences, le mot πρᾶγμα y rend le plus souvent l'hébreu דבר *(davar[10])*. Il n'est dès lors pas exagéré de dire avec François Bovon que :

> le pluriel πράγματα est probablement l'équivalent grec du concept sémitique de ῥήματα (דְּבָרִים) "paroles-actes" de Dieu (Ac 5,32), donc événements de l'histoire du salut tels que Luc les conçoit : où Dieu, par sa parole et par le message de ses envoyés, agit avec les humains[11].

La courte préface qui chapeaute les Actes des apôtres (Ac 1,1-2)[12], suite déclarée de l'évangile selon Luc[13], en apporte confirmation. Rappelant le contenu de son premier volume, l'auteur en délimite la matière, dit-il, aux « choses que Jésus a commencé à faire et à enseigner » (Ac 1,1). Dans cette perspective, on en conviendra sans peine, les récits en circulation aux origines de l'Église, auxquels Luc ajoute sa propre production littéraire, concernent *la geste de Jésus*. Et cela, même si, dans l'esprit de l'auteur lucanien, cette geste semble désormais appeler une continuation, celle précisément dont il entreprend la chronique dans son second tome : les « Actes des apôtres[14] ». Indéniable, cette modification n'affecte pas tant l'ancrage *événementiel* de l'identité croyante que la *représentation* que le mouvement de Luc se fait de son passé fondateur. Comme l'écrit Daniel Marguerat :

> L'écriture d'une œuvre double « Jésus + apôtres » signifie […] que Luc est le premier à formuler le fondement de la foi chrétienne sous l'égide de l'εὐαγγέλιον καὶ ἀποστολικόν, l'Évangile et l'Apôtre. Le premier, il donne à entendre qu'une anamnèse de l'histoire fondatrice du christianisme doit englober Jésus et les apôtres. Le premier, il lie dans la tradition Jésus et Paul. Est-il besoin de dire que le canon du Nouveau Testament ratifiera ce choix théologique[15] ?

---

8   Dans ce sens, voir aussi Alexander, 1993, p. 112, ainsi que Bovon, 1991, p. 37.
9   *Cf.* Alexander, 1999, en particulier p. 22-23.
10   Voir Butticaz, 2016a, p. 613-614.
11   Bovon, 1991, p. 37.
12   À ce propos, voir Wolter, 2009, p. 490-494.
13   *Cf.* Marguerat, 2008a, p. 127-150.
14   À ce sujet et pour ce qui suit, voir déjà Butticaz, 2016a.
15   Marguerat, 2003, p. 65.

En même temps, ces « événements » du passé sont ici, comme dans la première lettre aux Thessaloniciens, accessibles à travers des *médiations* seulement[16]. La préface du troisième évangile en signale deux, à commencer par la notion de *tradition*. En effet : l'auteur lucanien n'est ni un témoin oculaire des origines chrétiennes ni un croyant de la première génération ; il ne fait aucun mystère à ce propos. Au contraire : c'est par le truchement d'une histoire de transmission qu'il situe son rapport à l'« origine », ce qu'il nomme l'ἀρχή (Lc 1,2). Et surtout, une histoire de transmission dorénavant ordonnée à un groupe de porteurs autorisés, ceux que Luc appelle les « témoins oculaires devenus serviteurs de la parole » (Lc 1,2), entendez : la génération des apôtres Pierre, Jacques et Jean. En somme, c'est la genèse d'une *tradition apostolique*, appelée à réguler l'accès à l'origine, qui se met en place à la fin du Iᵉʳ siècle dans le christianisme éphésien[17].

La seconde médiation nommée par Luc est celle de *l'écriture* : s'il n'est pas un témoin oculaire du ministère de Jésus, Luc n'est pas non plus le premier auteur à composer ce qu'il nomme une *diégèse*, soit une composition suivie d'événements[18]. « Beaucoup », dit-il, l'ont précédé dans cette entreprise (Lc 1,1). La critique des sources du troisième évangile reconnaît derrière ces « nombreux » autres l'évangile de Marc, l'hypothétique source des paroles de Jésus ainsi qu'un ensemble de traditions propres au milieu confessionnel de Luc[19]. Leur emboîtant le pas, le troisième évangéliste souhaite, lui aussi, offrir à l'« excellent Théophile » un récit « ordonné » des « faits advenus parmi nous » (Lc 1,1-4).

La *définition de porteurs autorisés* d'une tradition tout comme le *transfert de l'oral vers l'écrit* participent, selon l'égyptologue allemand et sociologue de la mémoire Jan Assmann, d'un même processus : le glissement de ce qu'il nomme une « mémoire communicationnelle », par définition personnelle et quotidienne, en direction d'une mémoire traduite dans un corps défini de textes et de rites ; dorénavant confiée à un collège de spécialistes, cette

---

16 À ce sujet et pour ce qui suit, avec Wolter, 1988, p. 13-15 ; Clivaz, 2009, p. 241, 251-253 ; Butticaz [à paraître].

17 Avec Sterling, 1992, p. 311-389 et, moyennant une datation basse des Actes des apôtres, avec Mount, 2009, p. 380-392 (pour la datation de l'œuvre lucanienne à l'époque de Papias : *ibid.*, p. 386, note 13). Pour une localisation du mouvement de Luc dans le christianisme post-paulinien d'Éphèse, voir Löning, 1981, en particulier p. 203-209.

18 *Cf.* Fitzmyer, 1981, p. 292 ; Bovon, 1991, p. 37.

19 À ce sujet, les références données *supra* en note 2.

forme du souvenir collectif ressortit, dans la taxinomie d'Assmann, à la « mémoire culturelle[20] ».

Tirant de l'oubli les travaux de Maurice Halbwachs sur la « mémoire collective[21] », Jan Assmann a soigneusement décrit ce cap décisif que doit négocier tout groupe social lorsque s'éteint la génération de ses mémoires vivantes. Je le cite :

> La *mémoire communicationnelle* embrasse des souvenirs qui se rapportent au passé récent, et que l'homme partage avec ses contemporains. Le cas typique est la mémoire générationnelle, que le groupe reçoit historiquement en partage ; elle naît dans le temps et périt avec le temps, ou plus exactement avec ses propres porteurs. Une fois que ces derniers sont morts, elle cède la place à une autre[22].

Et de poursuivre, quelques lignes plus loin :

> Il s'agit là de deux modes mémoriels, de deux fonctions du souvenir du passé [...] qui doivent être soigneusement distingués [...] : celui du *souvenir fondateur*, qui se rapporte à des origines, et celui du *souvenir biographique*, qui se rapporte à des expériences propres [...]. Le souvenir fondateur se constitue toujours plus institutionnellement que naturellement [...] ; pour le souvenir biographique, le ratio est inverse. Contrairement à la mémoire communicationnelle, la mémoire culturelle est une affaire de mnémotechnie institutionnalisée[23].

C'est une telle crise et transformation de sa mémoire collective que le christianisme naissant dut affronter au tournant du Ier siècle[24] : coup sur coup, les grands apôtres, témoins oculaires de l'événement Jésus et garants naturels de sa transmission, disparaissent de la scène de l'histoire, dans des conditions brutales le plus souvent. Comment, dès lors, faire mémoire des origines, en l'absence de ces garants naturels du passé ? Et en quoi ces événements remémorés sont-ils, encore et toujours, porteurs de foi et d'espérance dans le présent ? Loin de s'atténuer avec le temps, c'est à une intensification du travail de mémoire qu'il faut compter au crépuscule du Ier siècle, les premiers

---

20 Assmann, 2010, p. 43-51.
21 Halbwachs, 1994 [1925] ; Halbwachs, 1968 [1959].
22 Assmann, 2010, p. 45 (italiques originaux).
23 Assmann, 2010, p. 46-47 (italiques originaux).
24 Cela a été bien démontré, à l'usage des catégories susnommées de Jan Assmann ainsi qu'à partir de sa notion de « *Traditionsbruch* » *(inter alia)*, par Kelber, 2005, surtout p. 234-244, et Keith, 2014. *Cf.* aussi Norelli, 2007 ; Huebenthal, 2011 ; Butticaz, 2016a ; Huebenthal, 2018 ; Butticaz [à paraître]. Pour la notion assmanienne de *« Traditionsbruch »*, voir Assmann, 1992, p. 32, 157, 218, 293-294. Ce qui suit s'adosse à ces différentes études.

croyants en Jésus empruntant et prolongeant une rhétorique et des pratiques mémorielles attestées ailleurs dans le monde antique[25].

Comme nous l'a notamment rappelé Yosef Hayim Yerushalmi, l'impératif *zakhor* revient pas moins de 169 fois dans la Bible hébraïque, élevant le souvenir du Dieu des patriarches et de l'exode en véritable injonction spirituelle pour l'Israël ancien, alors que l'oubli devient synonyme de péché[26]. Du côté de la Rome ancienne également, l'art de la mémoire infiltre largement la culture commune, des prétoires à l'espace domestique, en passant par les cérémonies et rites religieux[27]. C'est, au reste, dans la rhétorique latine que l'historien français Pierre Nora a puisé sa célèbre formule des « lieux de mémoire[28] ». Dans cette culture où la mémoire et l'oubli avaient été érigés en véritables institutions publiques, le souvenir du passé participait centralement de l'éducation politique et de la construction morale du citoyen, comme nous le rappelle Plutarque au seuil du IIe siècle de l'ère commune[29] :

> Mais il est possible de civiliser et de corriger ceux d'aujourd'hui en racontant bien d'autres choses au sujet des Grecs de jadis, comme en rappelant, à Athènes, plutôt que les guerres, des faits comme le décret d'amnistie pour les Trente […]. C'est en essayant d'imiter de tels actes qu'il est possible encore aujourd'hui de se rendre semblable aux ancêtres. (Plutarque, *Conseils aux politiques pour bien gouverner* 17[30].)

Revenons à Luc. S'il s'engage à faire mémoire de Jésus et des apôtres, pourquoi donc ? Le diagnostic établi à propos de 1 Thessaloniciens, et reconnu aussi dans le monde méditerranéen de l'Antiquité, se confirme ici : en aucun cas, l'anamnèse des origines chrétiennes et le rapport à l'histoire qui la fonde ne sont motivés par un réflexe d'archiviste ; comme Paul ou les orateurs de la Rome antique, l'ambition de Luc n'est pas muséale[31]. En témoigne la préface du troisième évangile : c'est pour que Théophile, le dédicataire de son œuvre, reconnaisse la « solidité des paroles entendues » que Luc compose son récit (Lc 1,4). Et cela, à une époque où, je l'ai dit, non le trop peu, mais le trop plein de traditions sur

---

25 *Cf.* Michel, 1942 ; Hedrick Jr., 2000 ; Benoist – Daguet-Gagey – Hoët-van Cauwenberghe, 2016 ; Schröter, 2018a.
26 Yerushalmi, 1989. *Cf.* aussi Horbury, 2007.
27 *Cf.* Benoist – Daguet-Gagey – Hoët-van Cauwenberghe, 2016.
28 Sur cet emprunt, voir Nora, 1996, ici p. xv. Nora, lui-même, renvoie à l'étude de Yates, 1966. Sur les différentes acceptions de la formule, on lira den Boer, 2008.
29 *Cf.* Gangloff, 2016.
30 Cité à partir de Plutarque, 2007, p. 102-103 (trad. Lemonde).
31 *Cf.* aussi Zumstein, 2018, p. 315-318.

Jésus guettait la cohésion de l'Église (*cf.* Lc 1,1.4) : l'ἀσφάλεια, la « solidité » de rudiments de foi, tel est donc le but que l'instance auctoriale assigne à sa remémoration des origines[32]. Une nouvelle fois, le projet est confessant : c'est à mettre en scène « tout ce que Dieu a fait avec [les humains] » (Ac 14,27[33]) que l'auteur lucanien s'engage dans l'écriture de son œuvre double et dont il propose la lecture rassurante au bien-nommé Théophile[34].

AU MIROIR DU QUATRIÈME ÉVANGILE : UNE ÉGLISE SYRIENNE DU Iᵉʳ SIÈCLE FINISSANT[35]

Un regard jeté sur le quatrième évangile, celui que la tradition de l'Église a attribué à l'apôtre Jean[36], nous permet de reconnaître une semblable gestion identitaire dans le christianisme de Syrie[37]. Dans ce cas, c'est au stade de la clôture que l'instance auctoriale ramasse, en quelques mots, son projet d'écriture[38] ; citons, en le traduisant, le chapitre 20 aux versets 30 et 31 :

> [30]Certes, Jésus a aussi fait de nombreux autres signes devant [ses] disciples, lesquels n'ont pas été écrits dans ce livre. [31]Mais, ceux-là ont été écrits afin que vous croyiez que Jésus est le Christ, le Fils de Dieu, et, afin qu'en croyant, vous ayez la vie dans son nom. (Jean 20,30-31.)

À l'identique de la préface des Actes, Jésus est campé en sujet d'un verbe d'action, le verbe grec ποιεῖν : c'est son *faire*, et non une simple sagesse ou une doctrine, dont il convient de garder la mémoire (v. 30a). Et à l'instar de l'œuvre de Luc toujours, ce travail d'anamnèse se matérialise, désormais aussi, dans un βιβλίον, un « livre » en grec (v. 30b[39]).

---

32 Pour l'ensemble de notre propos (notamment, les enjeux et l'intention de la double œuvre lucanienne, à l'examen de Lc 1,1-4 et de la notion d'ἀσφάλεια usitée en Lc 1,4), voir : Schneider, 1990 ; Spicq, 1991, p. 220-227, 806-808 ; Clivaz, 2009 ; Backhaus, 2012.

33 Au sujet de la sémantique de l'« événement » dans l'œuvre lucanienne, on lira Butticaz, 2016a.

34 Sur l'écriture confessante de Luc, voir : Marguerat, 2004.

35 Pour l'ensemble de cette section, voir aussi le texte publié de l'allocution présidentielle de Jean Zumstein donnée dans le cadre du congrès annuel de la *SNTS* qui se tenait à Athènes en août 2018 : Zumstein, 2019, p. 123-138 ainsi que, désormais, Linda Sibuet, février 2019.

36 *Cf.* Zumstein, 2007, p. 319-320.

37 *Cf.* Zumstein, 2018, p. 317-318.

38 Pour l'exégèse de ce passage, nous renvoyons à Zumstein, 2007, p. 294-297.

39 À propos de cette transformation à l'œuvre dans le milieu johannique, on lira Zumstein, 2017, p. 101-127.

Un autre passage, rencontré plus haut dans le même évangile, l'atteste explicitement. À propos de la parole de Jésus sur le Temple, le Christ johannique annonçant sa destruction et son redressement en trois jours, le narrateur vient greffer un commentaire explicite, déclarant en Jean 2,22[40] :

> Quand donc il [Jésus] fut réveillé d'entre les morts, ses disciples se souvinrent qu'il avait dit cela, et ils crurent l'Écriture et la parole dite par Jésus. (Jean 2,22.)

C'est dire si, aux côtés des Écritures juives, se constitue dans le cadre de la mouvance johannique une autre parole autorisée ou, si l'on préfère, *scripturaire*, dans laquelle se condense désormais la mémoire de Jésus[41]. Et cela, avec un enjeu assumé[42] : favoriser une authentique foi christologique, incarnation et résurrection incluses, le verbe πίστευω totalisant pas moins de 98 occurrences dans le quatrième évangile[43]. Avec raison, Jean Zumstein reconnaît là un premier « livre de foi » des origines chrétiennes[44].

En résumé : dans le cadre original de la tradition johannique souvent localisée en Syrie, un milieu dont on sait les importants écarts tant matériels que théologiques face aux autres évangiles du Nouveau Testament, se reconnaît un même dispositif de fondation ; ancrée dans un passé érigé en mythe[45] ou, si l'on veut parler avec l'évangile de Jean, un passé à valeur de « signe » (Jn 20,30), la mémoire – désormais livresque – des premiers chrétiens s'attache à confesser, à travers une sélection narrative de faits rapportés à Jésus, *l'agir salutaire* de Dieu dans l'histoire[46].

---

40 Pour l'exégèse de ce texte, voir Zumstein, 2014, p. 100-107.
41 Ici et après, avec Zumstein, 2017, p. 101-127. Ce dernier a également reconnu l'avènement, dans le milieu johannique, de porteurs qualifiés du souvenir collectif : Zumstein, 2018, p. 323-325.
42 *Cf.* Zumstein, 2018, p. 317-318.
43 *Cf.* Trebilco, 2012, p. 114-117.
44 Zumstein, 2017, p. 120.126-127.
45 Sur cette mythification du passé, voir Assmann, 2010, p. 47 : « Pour la mémoire culturelle, ce n'est pas l'histoire factuelle qui compte, mais l'histoire telle qu'on s'en souvient. On pourrait dire aussi que la mémoire culturelle transforme l'histoire factuelle en objet du souvenir et, par là, en mythe. Le mythe est une histoire fonda-trice, une histoire qu'on raconte pour éclairer le présent à la lumière des origines. »
46 Voir, pour de plus amples détails, l'étude de Frey, 2018, p. 261-284.

ÉTUDIER LES ORIGINES CHRÉTIENNES : L'HISTOIRE, L'EXÉGÈSE ET LA THÉOLOGIE[47]

L'événement, la mémoire et la foi : c'est sur ces trois principaux fondements que, à en croire notre brève enquête, s'est édifiée l'Église des origines. Sans nier la pluralité, pour ne pas dire les conflits, qui ont marqué au fer le développement du christianisme à ses débuts[48], ces fondements se reconnaissent autant chez Paul que deux générations plus tard, dans le christianisme synoptique ou dans la mouvance rattachée à la mémoire de l'apôtre Jean[49]. Les passages auto-réflexifs de la *secunda Petri*, un écrit pseudépigraphe parmi les plus récents du Nouveau Testament[50], auraient aussi pu être pris en exemples, sans modifier substantiellement ce constat. Convoquant une prégnante rhétorique mémorielle (1,12-15 ; 3,1-2), l'auteur encourage « ceux qui ont reçu une foi d'égale valeur » (1,1) à persévérer en s'adossant au témoignage rendu non à des « fables savantes » mais à « la puissance et la présence de notre Seigneur Jésus Christ » (1,16) ; avec, dans ce cas aussi, une *foi* rapportée à un *événement* passé – représenté par l'épisode de la transfiguration (1,17-18) – et dont l'accès est désormais ordonné *à des témoins autorisés* (1,16 ; *cf.* 3,2)[51].

Ainsi exhumé et défini, notre objet d'études appelle des outils appropriés pour en analyser les caractéristiques et en décrire les constantes comme les singularités. À commencer par des méthodes adaptées au caractère *événementiel* du christianisme naissant[52]. Comme le soulignait l'ancien professeur zurichois Gerhard Ebeling dans un article consacré à l'approche historico-critique en exégèse, le rapport à l'histoire n'est pas en option dans la définition de soi de la religion chrétienne :

> Le christianisme tient et tombe en fonction de son lien à son origine historique [...] Le christianisme est une grandeur historique. Il procède

---

47 *Cf.* aussi : Grappe, 2018.
48 *Cf.* Vouga, 1997.
49 Voir aussi, sur ces différents courants distincts composant le christianisme des origines, Theissen, 2002, p. 400-413.
50 Pour l'état de la question et les problèmes d'introduction entourant cette lettre, l'on se reportera à Schlosser, 2008.
51 Pour de plus amples détails, voir Kaestli, 1993 ; Butticaz, 2016b ; Butticaz, 2016c.
52 *Cf.* aussi Frey – Rothschild – Schröter – Watson, 2010.

d'un passé historique déterminé et se situe, ce faisant, dans un rapport historique avec ce passé[53].

Pour honorer cette composante inhérente à notre objet d'études, la critique historique et la philologie s'imposent comme un passage obligé[54]. Ou pour le dire avec toute la clarté requise : il ne s'agit pas simplement de sacrifier à une exigence humaniste héritée du siècle des Lumières, mais d'un impératif dicté par la nature même de l'objet en cause. Face aux fondamentalismes de tout poil qui écrasent la contingence du réel[55] et face à la désinformation qui se moque de toute dimension référentielle[56], l'étude de la religion chrétienne ne peut faire fi d'une approche objectivante de type historique[57] : il en va non seulement de sa pertinence sociale et de sa légitimité démocratique, mais de la nature même cette discipline, si elle veut être scientifique[58].

En même temps[59], contrairement à une illusion positiviste à laquelle l'exégèse du XIXᵉ siècle a largement succombé, l'accès au passé n'est pas à penser par démarcation et négation du travail de transmission et de réception qu'il a engendré. Comme on a pu s'en rendre compte, les médiations mémorielles sont à la fois la condition de possibilité et les limites mêmes de l'enquête historienne[60].

---

53 Ebeling, 1960, p. 12-13 (la traduction française est nôtre).
54 *Cf.* aussi Marguerat, 1987, p. 155-156.168. Avant lui, et en appui à son propos, Ebeling, 1960 et Senft, 1964.
55 Grappe, 2018, p. 377-392.
56 Faillet – Ezrati, 2018. Nous nous adossons à la saine recommandation lue dans les lignes de ce petit opuscule : « L'enseignement de la rhétorique renforce la vigilance à l'égard des discours, celui de l'esprit scientifique permet la vérification ou réfutation rigoureuse. » (*Ibid.*, p. 115.)
57 Dans sa leçon inaugurale datée du 22 octobre 1985, Daniel Marguerat voyait déjà dans l'approche fondamentaliste de la Bible un oubli fautif de l'histoire (Marguerat, 1987, p. 157). À ce piège, s'est, de nos jours, ajouté l'inquiétant phénomène des contre-vérités dont nous submergent les médias sociaux : Faillet – Ezrati, 2018, p. 9-62. *Cf.* aussi Nicolet [à paraître].
58 Voir, dans ce sens, les valeurs énoncées dans la charte de l'Université de Lausanne : https://www.unil.ch/central/fr/home/menuinst/organisation/documents-officiels/charte-unil.html (dernier accès : 23 février 2020).
59 Ici et pour ce qui suit, avec Marguerat, 1987, p. 160-163 ; Frey – Rothschild – Schröter – Watson, 2010, p. 1-2.
60 C'est à Maurice Halbwachs, l'ancêtre des travaux sur la mémoire sociale, que revient le mérite de nous avoir rendus attentifs à ces contraintes mémorielles que sont « les cadres sociaux de la mémoire » : Halbwachs, 1994 [1925]. Sur cette dialectique féconde entre histoire et mémoire, voir aussi Ricœur, 2000. Cette dépendance (à la fois positive et critique) de l'histoire à la mémoire a été récemment reconnue et valorisée dans la recherche sur le Jésus historique. Ainsi, par exemple : Schröter, 1997, p. 459-486 ; Schröter, 2018b, p. 115-153. Sur le cadre mémoriel, traversé

Mieux encore : contrairement à une hypothèse aussi spontanée que simpliste, le phénomène de tradition n'est pas une conséquence du canon biblique, mais son présupposé[61]. Dans les lettres de Paul déjà, les premières communautés fondées par l'apôtre sont les bénéficiaires de traditions sur Jésus qui circulent dans le microcosme ecclésial des origines et en reconstruisent la mémoire en réponse aux besoins du temps présent (1 Co 11,23ab ; 15,1-3b)[62]. Prendre au sérieux cette composante proprement mémorielle du christianisme s'impose à l'exégète du Nouveau Testament. Pierre Bonnard, professeur dans cette Université après avoir enseigné à la Faculté de théologie libre de Lausanne[63], l'avait correctement perçu dans un article fameux intitulé : « L'anamnèse, structure fondamentale de la théologie du Nouveau Testament[64] ».

Pour mettre au jour ces jeux de mémoire et d'oubli qui balayent les origines chrétiennes et se cristallisent dans différents « lieux de mémoire[65] » – que ce soit des livres, des rites ou des fêtes[66] –, là encore, des méthodes et des outils adaptés sont à mobiliser : les différentes approches intéressées aux processus de réception en sont les plus sûrs candidats[67], à commencer par les *« social memory studies »* largement pratiquées de nos jours dans le domaine des sciences humaines et sociales[68]. Avec comme agenda, déjà au bénéfice de belles réalisations[69], l'écriture d'une histoire mémorielle

---

de traditions chrétiennes multiples (*cf.* Lc 1,1.4), de l'écriture historienne de Luc dans sa double œuvre, sur les possibilités et limites induites par ce cadre sur son historiographie (*cf.* Lc 1,1.4) et sur le traitement critique par l'auteur lucanien de cette mémoire partagée dans son milieu de communication (*cf.* Lc 1,3-4), voir Clivaz, 2009, en particulier p. 251-253.

61   Dans ce sens, aussi : Marguerat, 1987, p. 163. Dans une perspective de théologie systématique, voir Gisel, 1986, en particulier son chapitre 4.

62   *Cf.* Fusco, 2001, p. 61-151 ; Norelli, 2007 ; Butticaz, 2018a. Sur cette dialectique entre passé et présent dans le travail de mémoire, voir, outre les études de Halbwachs (*supra*, notes 21 et 60) et de Assmann (2010) déjà nommées, Schwartz, 1991, p. 221-236 ; Schwartz, 2005, p. 43-56.

63   À son sujet, voir Marguerat, 2019.

64   Bonnard, 1980. Voir aussi l'étude de détail entreprise par Fusco, 2001.

65   Nora, 1984, p. xvii–xlii.

66   *Cf.* Assmann, 2010, p. 51-55. En application à l'œuvre de Luc, voir Butticaz [à paraître].

67   *Cf.* Räisänen, 1990, p. 103-104 ; Fusco, 2001, p. 17.

68   Sur cette catégorie et pour un état de la question à ce propos, on lira Olick – Robbins, 1998. En application aux origines chrétiennes, voir notamment Kirk – Thatcher, 2005 ; Barton – Stuckenbruck – Wold, 2007 ; Thatcher, 2014 ; Butticaz – Norelli, 2018.

69   Dans ce sens, voir Kelber, 2005 et, surtout, Schröter, 1997 ; Norelli, 2015 ; Ehrman, 2017, ainsi que Keith – Bond – Jacobi – Schröter, 2020. Avant eux, sans l'usage des *« memory studies »*, voir Koester – Robinson, 1971 et Fusco, 2001.

du christianisme naissant ou, pour reprendre une catégorie de Jan Assmann, une « mnémo-histoire[70] ».

Last but not least : c'est autour d'un lexique en particulier, le lexique du « croire » que fonde le radical grec πιστ-, que se sont également fédérées les premières communautés chrétiennes, allant jusqu'à en faire leur nom de ralliement. Pour cette raison, *la critique théologique du Nouveau Testament et des traditions chrétiennes anciennes ne peut être tenue pour une quantité négligeable de l'exégèse, un passe-temps à bien plaire*[71]. Car l'examen des discours et des pratiques de foi à l'œuvre dans les différents milieux des origines chrétiennes[72] n'est pas un simple *desideratum* des Églises, l'inféodation du bibliste à un magistère ou à un milieu confessionnel[73]. C'est, ici aussi, la prise au sérieux de l'objet qui nous fait face[74] : un objet à la fois historique, littéraire et religieux[75].

---

70 Assmann, 1997 (voir, singulièrement, le premier chapitre intitulé : « *Mnemohistory and the Construction of Egypt* » ; *ibid.*, p. 1-22) ; dans la traduction française, il est question d'« histoire de la mémoire » : Assmann, 2003, par exemple p. 15. Dans la version allemande, il est question de « *Gedächtnisgeschichte* » : Assmann, 1998, p. 26ss. Nous faisons donc le choix d'une traduction mot à mot de la version anglaise.

71 Ici et après, avec Zumstein, 2017b, p. 70-72.

72 De toute évidence, la foi des premiers chrétiens ne fut pas une simple abstraction religieuse, comme nous l'a notamment rappelé Morgan, 2015. De ce point de vue, une approche de nature théologique ne se cantonnera pas aux seuls *discours* sur Dieu, mais intégrera dans son champ d'analyse les *expressions éthiques et rituelles* de la foi. Avec Theissen, 2002. Maintenant, c'est précisément une conception *strictement* discursive/idéelle de la théologie qui a conduit Theissen à lui préférer une approche de *sciences des religions* plus à même, selon lui, d'inclure les composantes *pratiques* du christianisme dans son périmètre d'étude, en plus de ses dimensions mythologiques : Theissen, 2002, p. 11-43.

73 *Contra* Räisänen, 1990, p. 93-100.

74 *Cf.* aussi Frey, 2007, p. 9.42-45.

75 C'est là, déjà, l'approche du Nouveau Testament retenue dans Marguerat, 2008b.

BIBLIOGRAPHIE

TEXTES ET SOURCES

ALAND, Barbara – ALAND, Kurt *et al.* (éd.), *Novum Testamentum Graece*, Stuttgart, Deutsche Bibelgesellschaft, 28ᵉ éd., 2012.

PLUTARQUE, *Conseils aux politiques pour bien gouverner.* Traduit du grec et présenté par Franck Lemonde, Paris, Payot & Rivages, 2007.

LITTÉRATURE SECONDAIRE

ALEXANDER, Loveday C. A., *The Preface to Luke's Gospel. Literary Convention and Social Context in Luke 1,1-4 and Acts 1,1*, Cambridge, Cambridge University Press, coll. « Society for New Testament Studies Monograph Series » 78, 1993.

ALEXANDER, Loveday C. A., « Formal Elements and Genre. Which Greco-Roman Prologues Most Closely Parallel the Lukan Prologues ? », *Jesus and the Heritage of Israel. Luke's Narrative Claim upon Israel's Legacy*, vol. 1, éd. David P. Moessner, Harrisburg (PA), Trinity Press International, 1999, p. 9-26.

ASSMANN, Jan, *Das kulturelle Gedächtnis. Schrift, Erinnerung und politische Identität in frühen Hochkulturen*, Munich, Beck, 1992.

ASSMANN, Jan, *Moses the Egyptian. The Memory of Egypt in Western Monotheism*, Cambridge (MA), Harvard University Press, 1997.

ASSMANN, Jan, *Moses der Aegypter : Entzifferung einer Gedächtnisspur*, München, Verlag Carl Hanser, 1998.

ASSMANN, Jan, *Moïse l'Égyptien. Un essai d'histoire de la mémoire.* Traduit de l'allemand par Laure Bernardi, Paris, Flammarion, 2003.

ASSMANN, Jan, *La mémoire culturelle. Écriture, souvenir et imaginaire politique dans les civilisations antiques.* Traduit de l'allemand par Diane Meur, Paris, Aubier, 2010.

AUNE, David E., « Luke 1.1–4 : Historical or Scientific *Prooimion ?* », *Paul, Luke and the Graeco-Roman World. Festschrift Alexander J. M. Wedderburn*, éd. Alf Christopherson, Carsten Claussen, Jörg Frey et Bruce Longenecker, Sheffield, Sheffield Academic Press, coll. « Journal for the Study of the New Testament Supplement Series » 217, 2002, p. 138-148.

BACKHAUS, Knut, « Asphaleia. Lukanische Geschichtsschreibung im Rahmen des antiken Wahrheitsdiskurses », *Wahrheit und Geschichte. Exegetische und hermeneutische Studien zu einer dialektischen Konstellation*, éd. Eva Ebel et Samuel Vollenweider, Zürich, TVZ, coll. « Abhandlungen zur Theologie des Alten und Neuen Testaments » 102, 2012, p. 79-108.

BARTON, Stephen C. – STUCKENBRUCK, Loren T. – WOLD, Benjamin G. (éd.), *Memory in the Bible and Antiquity. The Fifth Durham-Tübingen Research Symposium (Durham, September 2004)*, Tübingen, Mohr Siebeck, coll. « Wissenschaftliche Untersuchungen zum Neuen Testament » 212, 2007.

BENOIST, Stéphane – DAGUET-GAGEY, Anne – HOËT-VAN CAUWENBERGHE, Christine (éd.), *Une mémoire en actes : espaces, figures et discours dans le monde romain*, Villeneuve d'Ascq, Presses Universitaires du Septentrion, 2016.

BONNARD, Pierre, « L'anamnèse, structure fondamentale de la théologie du Nouveau Testament », *ID., Anamnesis. Recherches sur le Nouveau Testament*, Genève – Lausanne – Neuchâtel, coll. « Cahiers de la Revue de Théologie et de Philosophie » 3, 1980, p. 1-11.

BOVON, François, *L'évangile selon saint Luc (1,1–9,50)*, Genève, Labor et Fides, coll. « Commentaire du Nouveau Testament » IIIa, 1991.

BUTTICAZ, Simon, « "Le récit des événements accomplis parmi nous" (Lc 1,1). Œuvre de Dieu ou actes d'apôtres ? », *Revue de Théologie et de Philosophie* 148, 2016, p. 607-625 (= 2016a).

BUTTICAZ, Simon, « The Construction of Apostolic Memories in the Light of two New Testament Pseudepigrapha (2 Tim and 2 Pet) », *Annali di Storia dell'Esegesi* 33/2, 2016, p. 341-363 (= 2016b).

BUTTICAZ, Simon, « Mémoire, fiction auctoriale et construction de l'autorité : l'exemple de la deuxième lettre de Pierre », *Études Théologiques et Religieuses* 91, 2016, p. 685-701 (= 2016c).

BUTTICAZ, Simon, « The Transformation of "Collective Memory" in Early Christianity as Reflected in the Letters of Paul », in BUTTICAZ – NORELLI, 2018, p. 99-131.

BUTTICAZ, Simon, « Israël, Jésus et les apôtres : *summa memoriae christiana* », *Zeitschrift für die Neutestamentliche Wissenschaft*, à paraître, 21 pages.

BUTTICAZ, Simon – NORELLI, Enrico (éd.), *Memory and Memories in Early Christianity. Proceedings of the International Conference held at the Universities of Geneva and Lausanne (June 2–3, 2016)*, Tübingen, Mohr Siebeck, coll. « Wissenschaftliche Untersuchungen zum Neuen Testament » 398, 2018.

CADBURY, Henry J., « Appendix C : Commentary on the Preface of Luke », *The Beginnings of Christianity*, vol. 2, éd. F. J. Foakes Jackson et Kirsopp Lake, London, Macmillan, 1922, p. 485-510.

CLIVAZ, Claire, « La rumeur, une catégorie pour articuler autoportraits et réceptions de Paul. "Car ses lettres, dit-on, ont du poids… et sa parole est nulle" (2 Co 10,10) », *Reception of Paulinism in Acts. Réception du paulinisme dans les Actes des apôtres*, éd. Daniel Marguerat, coll. « Bibliotheca Ephemeridum Theologicarum Lovaniensium » 229, Leuven – Paris – Walpole, MA, Peeters, 2009, p. 239-259.

DEN BOER, Pim, « Loci memoriae – Lieux de mémoire », *Cultural Memory Studies : An International and Interdisciplinary Handbook*, éd. Astrid Erll et Ansgar Nünning, Berlin, de Gruyter, 2008, p. 19-25.

EBELING, Gerhard, « Die Bedeutung der historisch-kritischen Methode für die protestantische Theologie und Kirche » [1950], ID., *Wort und Glaube*, tome 1, Tübingen, Mohr, 1960, p. 1-49.

EHRMAN, Bart D., *Jésus avant les évangiles. Comment les premiers chrétiens se sont rappelé, ont transformé et inventé leurs histoires du Sauveur.* Traduit par Jean-Pierre Prévost, Paris, Bayard, 2017.

FAILLET, Caroline – EZRATI, Marc O. (avec la coll. de), *Décoder l'info : comment décrypter les « fake news » ?*, Paris, Bréal, 2018.

FITZMYER, Joseph A., *The Gospel according to Luke.* Vol. 1, Garden City (NY), Doubleday, coll. « Anchor Bible » 28, 1981.

FREY, Jörg, « Zum Problem der Aufgabe und Durchführung einer Theologie des Neuen Testaments », *Aufgabe und Durchführung einer Theologie des Neuen Testaments* éd. Cilliers Breytenbach et Jörg Frey, Tübingen, Mohr Siebeck, coll. « Wissenschaftliche Untersuchungen zum Neuen Testament » 205, 2007, p. 3-53.

FREY, Jörg, « The Gospel of John as a Narrative Memory of Jesus », in BUTTICAZ – NORELLI, 2018, p. 261-284.

FREY, Jörg – ROTHSCHILD, Clare K. – SCHRÖTER, Jens (éd.), avec la collaboration de Bettina Rost, *Die Apostelgeschichte im Kontext antiker und frühchristlicher Historiographie*, Berlin – New York, de Gruyter, coll. « Beihefte zur Zeitschrift für die neutestamentliche Wissenschaft » 162, 2009.

FREY, Jörg – ROTHSCHILD, Clare K. – SCHRÖTER, Jens – WATSON, Francis, « An Editorial Manifesto », *Early Christianity* 1, 2010, p. 1-4.

FUSCO, Vittorio, *Les premières communautés chrétiennes. Traditions et tendances dans le christianisme des origines.* Traduit de l'italien par Noël Lucas, Paris, Cerf, 2001.

GANGLOFF, Anne, « Rapport introductif. Discours, image et rhétorique de la mémoire », in BENOIST – DAGUET-GAGEY – HOËT-VAN CAUWENBERGHE, 2016, p. 213-223.

GISEL, Pierre, *Croyance incarnée. Tradition – Écriture – Canon – Dogme*, Genève, Labor et Fides, 1986.

GRAPPE, Christian, « Du rapport aux textes fondateurs en théologie protestante », *RHPR* 98/4, 2018, p. 377-392.

HALBWACHS, Maurice, *Les cadres sociaux de la mémoire*, postface de Gérard Namer, Paris, Albin Michel, 1994 [1925].

HALBWACHS, Maurice, *La mémoire collective*, Paris, PUF, 1968 [1959].

HEDRICK JR., Charles W., *History and Silence : The Purge and Rehabilitation of Memory in Late Antiquity*, Austin, University of Texas Press, 2000.

HORBURY, William, « The Remembrance of God in the Psalms of Salomon », in BARTON – STUCKENBRUCK – WOLD, 2007, p. 111-128.

HUEBENTHAL, Sandra, « Pseudepigraphie als Strategie in frühchristlichen Identitätsdiskursen ? Überlegungen am Beispiel des Kolosserbriefs », *Studien zum Neuen Testament und seiner Umwelt. Serie A* 36, 2011, p. 61-92.

HUEBENTHAL, Sandra, *Das Markusevangelium als kollektives Gedächtnis*, Göttingen, Vandenhoeck und Ruprecht, coll. « Forschungen zur Religion und Literatur des Alten und Neuen Testaments » 253, 2ᵉ éd., 2018.

KAESTLI, Jean-Daniel, « Mémoire et pseudépigraphie dans le christianisme de l'âge post-apostolique », *Revue de Théologie et de Philosophie* 43, 1993, p. 41-63.

KEITH, Chris, « Prolegomena on the Textualization of Mark's Gospel : Manuscript Culture, the Extended Situation, and the Emergence of the Written Gospel », in THATCHER, 2014, p. 161-186.

KEITH, Chris – BOND, Helen K. – JACOBI, Christine – SCHRÖTER, Jens (éd.), *The Reception of Jesus in the First Three Centuries*, 3 vols., Londres, T&T Clark, 2020.

KELBER, Werner, « The Works of Memory : Christian Origins as Mnemo-History – A Response », in KIRK – THATCHER, 2005, p. 221-248.

KIRK, Alan, Art. « *Traditionsbruch* », *The Dictionary of the Bible and the Ancient Media*, London, Bloomsbury – T&T Clark, 2017, p. 429-430.

KIRK, Alan – THATCHER, Tom (éd.), *Memory, Tradition, and Text. Uses of the Past in Early Christianity*, Brill, Leiden – Boston, coll. « SBL – Semeia Studies » 52, 2005.

KOESTER, Helmut – ROBINSON, James M., *Trajectories through Early Christianity*, Philadelphia, Fortress Press, 1971.

LÖNING, Karl, « Paulinismus in der Apostelgeschichte », *Paulus in den neutestamentlichen Spätschriften. Zur Paulusrezeption im Neuen Testament*, éd. Karl Kertelge, Freiburg *et al.*, Herder, coll. « Quaestiones Disputatae » 89, 1981, p. 202-234.

MARGUERAT, Daniel, « À quoi sert l'exégèse ? Finalité et méthodes dans la lecture du Nouveau Testament », *Revue de Théologie et de Philosophie* 37, 1987, p. 149-169.

MARGUERAT, Daniel, *La première histoire du christianisme*, Paris – Genève, Cerf – Labor et Fides, coll. « Lectio Divina » 180, 2ᵉ éd., 2003.

MARGUERAT, Daniel, « Luc, pionnier de l'historiographie chrétienne », *Recherches de Science Religieuse* 92/4, 2004, p. 513-538.

MARGUERAT, Daniel, « L'évangile selon Luc » et « Les Actes des apôtres », in MARGUERAT, 2008b, p. 105-126 et p. 127-150, respectivement (= 2008a).

MARGUERAT, Daniel (éd.), *Introduction au Nouveau Testament. Son histoire, son écriture, sa théologie*, Genève, Labor et Fides, coll. « Le Monde de la Bible » 41, 4ᵉ éd., 2008 (= 2008b).

MARGUERAT, Daniel, « Pierre Bonnard (1911 – 2003). La force du texte et le risque de l'interprétation », *Aufbruch und Widerspruch. Schweizer Theologinnen und Theologen im 20. und 21. Jahrhundert*, éd. Angela Berlis, Stephan Leimgruber et Martin Sallmann, Zurich, TVZ, 2019, p. 98-109.

MICHEL, Otto, art. « μιμνήσκομαι κτλ. », *ThWNT* 4, 1942, p. 678-687.

MORGAN, Teresa, *Roman Faith and Christian Faith.* Pistis *and* Fides *in the Early Roman Empire and Early Churches*, Oxford, Oxford University Press, 2015.

MOUNT, Christopher, « Luke-Acts and the Investigation of Apostolic Tradition : From a Life of Jesus to a History of Christianity », in FREY – ROTHSCHILD – SCHRÖTER, 2009, p. 380-392.

NICOLET, Valérie, « De Rudolf Bultmann à Judith Butler : intégrer les approches théoriques dans l'exégèse biblique », in *Approches et méthodes en sciences bibliques : quoi de neuf ?*, éd. Chen Bergot et Luc Bulundwe, en collaboration avec Simon Butticaz, Genève – Lausanne – Neuchâtel, coll. « Cahiers de la Revue de Théologie et de Philosophie », à paraître, 24 pages.

NORA, Pierre, « Entre mémoire et histoire : la problématique des lieux », *Les lieux de mémoire.* Vol. I : *« La République »*, dir. Pierre Nora, Paris, Gallimard, 1984, p. XVII–XLII.

NORA, Pierre, « From *Lieux de mémoire* to Realms of Memory : Preface to the English-Language Edition », *Realms of Memory : Rethinking the French Past*, vol. I, dir. Pierre Nora, éd. anglaise Lawrence D. Kritzmann, traduction Arthur Goldhammer, New York, Columbia University Press, 1996, p. XV–XXIV.

NORELLI, Enrico, « La notion de "mémoire" nous aide-t-elle à mieux comprendre la formation du canon du Nouveau Testament ? », in *The Canon of Scripture in Jewish and Christian Tradition. Le canon des Écritures dans les traditions juive et chrétienne*, éd. Philip S. Alexander et Jean-Daniel Kaestli, Prahins, Éditions du Zèbre, coll. « Publications de l'Institut romand des sciences bibliques » 4, 2007, p. 169-206.

NORELLI, Enrico, *Comment tout a commencé. La naissance du christianisme*, Trad. par Viviane Dutaut, Paris, Bayard, 2015.

OLICK, Jeffrey K. – ROBBINS, Joyce, « Social Memory Studies : From "Collective Memory" to the Historical Memory of Mnemonic Practices », *Annual Review of Sociology* 25, 1998, p. 105-140.

RÄISÄNEN, Heikki, *Beyond New Testament Theology. A Story and a Programme*, London – Philadelphia, SCM Press – Trinity Press International, 1990.

RICŒUR, Paul, *La mémoire, l'histoire, l'oubli*, Paris, Seuil, 2000.

SCHLOSSER, Jacques, « La deuxième lettre de Pierre », in MARGUERAT, 2008b, p. 461-469.

SCHMIDT, Daryl D., « Rhetorical Influences and Genre. Luke's Preface and the Rhetoric of Hellenistic Historiography », *Jesus and the Heritage of Israel. Luke's Narrative Claim upon Israel's Legacy*, éd. David P. Moessner, Harrisburg (PA), Trinity Press International, 1999, p. 9-26.

SCHNEIDER, Gerhard, art. « ἀσφάλεια κτλ. », *Exegetical Dictionary of the New Testament* I, 1990, p. 175-176.

SCHRÖTER, Jens, *Erinnerung an Jesu Worte. Studien zur Rezeption der Logienüberlieferung in Markus, Q und Thomas*, Neukirchen-Vluyn, Neukirchener, coll. « Wissenschaftliche Monographien zum Alten und Neuen Testament » 76, 1997.

SCHRÖTER, Jens, « Memory and Memories in Early Christianity : The Remembered Jesus as a Test Case », in BUTTICAZ – NORELLI, 2018, p. 79-96 (= 2018a).

SCHRÖTER, Jens, « Geschichtshermeneutische Reflexionen zur Jesusforschung », *Jesus, quo vadis ? Entwicklungen und Perspektiven der aktuellen Jesusforschung*, éd. Eckart David Schmidt, Göttingen, Vandenhoeck und Ruprecht, coll. « Biblisch-Theologische Studien » 177, 2018, p. 115-153 (= 2018b).

SCHWARTZ, Barry, « Social Change and Collective Memory : The Democratization of George Washington », *American Sociological Review* 56/2, 1991, p. 221-236.

SCHWARTZ, Barry, « Christian Origins : Historical Truth and Social memory », in KIRK – THATCHER, 2005, p. 43-56.

SENFT, Christophe, « Vérité historique, vérité révélée », *Revue de Théologie et de Philosophie* 97, 1964, p. 129-139.

SIBUET, Linda, *Faire mémoire pour croire. Une exégèse socio-narrative du récit du lavement des pieds (Jn 13,1-20)*. Mémoire de Maîtrise universitaire en théologie – Nouveau Testament, sous la direction du prof. Andreas Dettwiler, Université de Genève, s. n., février 2019.

SPICQ, Ceslas, *Lexique théologique du Nouveau Testament*, Fribourg – Paris, Éditions universitaires – Cerf, 1991.

STERLING, Gregory E., *Historiography and Self-Definition : Josephos, Luke-Acts and Apologetic Historiography*, Leiden – New York – Köln, Brill, coll. « Supplements to Novum Testamentum » 64, 1992.

THATCHER, Tom (éd.), *Memory and Identity in Ancient Judaism and Early Christianity. A Conversation with Barry Schwartz*, Atlanta, SBL Press, coll. « Semeia Studies Series » 78, 2014.

THEISSEN, Gerd, *La religion des premiers chrétiens. Une théorie du christianisme primitif*. Traduit de l'allemand par Joseph Hoffmann, Paris – Genève, Cerf – Labor et Fides, 2002.

THEOBALD, Christophe, « Éditorial. Repenser "l'événement" », *Recherches de Science Religieuse* 102/1, 2014, p. 5-8.

TREBILCO, Paul, *Self-designations and Group Identity in the New Testament*, Cambridge, Cambridge University Press, 2012.

VOUGA, François, *Les premiers pas du christianisme : les écrits, les acteurs, les débats*, Genève, Labor et Fides, coll. « Le Monde de la Bible » 35, 1997.

WOLTER, Michael, « Die anonymen Schriften des Neuen Testaments. Annäherungsversuch an ein literarisches Phänomen », *Zeitschrift für die neutestamentliche Wissenschaft* 79, 1988, p. 1-16.

WOLTER, Michael, *Das Lukasevangelium*, Tübingen, Mohr Siebeck, coll. « Handbuch zum Neuen Testament » 5, 2008.

WOLTER, Michael, « Die Proömien des lukanischen Doppelwerks (Lk 1,1–4 und Apg 1,1–2) », in FREY – ROTHSCHILD – SCHRÖTER, 2009, p. 476-494.

YATES, Amelia, *The Art of Memory*, Chicago, University of Chicago Press, 1966.

YERUSHALMI, Yosef Hayim, *Zakhor. Jewish History and Jewish Memory*, Seattle, University of Washington Press, 1989.

ZUMSTEIN, Jean, *L'évangile selon saint Jean (13–21)*, Genève, Labor et Fides, coll. « Commentaire du Nouveau Testament » IVb, 2007.

ZUMSTEIN, Jean, « L'évangile selon Jean », in MARGUERAT, 2008b, p. 367-394.

ZUMSTEIN, Jean, *L'évangile selon saint Jean (1–12)*, Genève, Labor et Fides, coll. « Commentaire du Nouveau Testament » IVa, 2014.

ZUMSTEIN, Jean, *La mémoire revisitée. Études johanniques*, Genève, coll. « Le Monde de la Bible » 71, Labor et Fides, 2017.

ZUMSTEIN, Jean, « La mémoire créatrice des premiers chrétiens », in BUTTICAZ – NORELLI, 2018, p. 313-325.

ZUMSTEIN, Jean, « Mémoire, histoire et fiction dans la littérature johannique », *New Testament Studies* 65/2, 2019, p. 123-138.

POSITIONS LUTHÉRIENNES
Théologie – Histoire – Spiritualité
Revue trimestrielle
16, rue Chauchat – 75009 Paris
C.C.P. 24253 43 Y Paris
Rédacteur en chef : Madame Madeleine WIEGER

Sommaire du n° 2020/3

Volker LEPPIN, Quand la christologie pénètre un concept philosophique :
l'être caché de Dieu dans la mystique

Michel WEYER, La question de l'accommodation chez Johann Gottlieb
Burckhardt

Gérard SIEGWALT, Le sens de la fête chrétienne de l'Épiphanie

Brigitte CHOLVY, Retour d'expériences et analyses théologiques, suite à
la publication d'une nouvelle traduction œcuménique et commentée
de la DCDJ en français

Serge WÜTHRICH, Prédication sur Marc 6,14-29

BIBLIOGRAPHIE

Tarif des abonnements (pour l'année 2020)
Abonnement annuel, particulier : 35 €
Abonnement annuel, institution : 42 €
Étranger : 47 €, institution : 52 €
Abonnement de soutien : 55 €
Prix de ce numéro : 10 € (Franco France 12€, Franco étranger 15€)

UNE INTERPRÉTATION HISTORICO-LITTÉRAIRE DU PSAUME 110 PAR JEAN MASSON À L'ORÉE DU XVIIIe SIÈCLE

Jean Marcel VINCENT
Professeur d'Ancien Testament
retraité

INTRODUCTION

En 1712, six ans après la mort de Pierre Bayle (1647-1706), paraît à Utrecht le premier tome d'une revue intitulée *Histoire critique de la République des Lettres, tant Ancienne que Moderne*[1] (= *Histoire critique* ou *HCRL*). Cette revue, qui n'a connu que quinze tomes (de 1712 à 1718), a été en son temps fort appréciée parce qu'elle offrait des articles originaux et critiques sur divers sujets qui intéressaient les érudits contemporains et contenait des recensions de livres nouveaux ainsi que des "Nouvelles de littérature" par des collaborateurs de Londres, de France, d'Allemagne, des Provinces Unies, etc. Ainsi Gisbert Cuper (1644-1716), érudit et commissaire d'État de la République des Pays-Bas, écrit à son ami Mathurin Veyssière de La Croze (1661-1739), orientaliste à Berlin :

> Cette Histoire [Critique] me plaît beaucoup, l'Auteur en est Samuel Masson, frere de Jean, & Ministre à Dort [= Dordrecht] dans l'Eglise Anglicane, leur cousin Germain est Philippe, qui se tient à Utrecht[2].

Le fondateur-directeur de cette revue est en effet Samuel Masson, pasteur français réfugié dans les Provinces Unies après la révocation de l'édit de Nantes (1685) et devenu ministre d'une église anglicane à Dordrecht de 1700 à sa mort en 1742. Dans l'Avertissement du

---

1   *Cf.* Samuel Masson, 1712-1718. Sur cette revue voir récemment Drouin, 2017.
2   Cuper, 1742, lettre XLIV à Mr. La Croze du 22 novembre 1713, p. 143.

premier tome (*HCLR* I, 1712, p. 3), le fondateur-directeur de la revue précise qu'il ne s'agit en aucun cas « de prendre la place de quelqu'un des *Journaux*, qui viennent de cesser ». Il faut entendre les *Nouvelles de la République des Lettres*, revue littéraire créée en 1684 par Pierre Bayle, suspendue pendant dix ans (1689-1699) et reprise par le pasteur calviniste Jacques Bernard jusqu'en 1710[3]. Cependant, on retrouve, du moins parmi les collaborateurs de la rubrique "Nouvelles littéraires" dans l'*Histoire Critique*, des collaborateurs de la revue de Jacques Bernard, tel Pierre Des Maizeaux (1673-1745), fils d'un pasteur huguenot réfugié à Genève, éditeur consciencieux d'œuvres, de lettres et d'une vie de Pierre Bayle, membre de la Société royale de Londres[4].

C'est dans les trois premiers volumes de cette *Histoire critique* qu'a été publiée anonymement une dissertation très développée sur le Psaume 110[5]. L'anonymat est fort relatif, puisque l'auteur fait, dès la première page de son Essai, une allusion à une *Vie d'Horace* « par Mr. *J. Masson* » (p. 42), qu'il juge particulièrement éclairante pour comprendre les œuvres du poète latin. Or, c'est précisément cette méthode d'une interprétation d'un texte poétique par la vie de son auteur que le critique veut employer dans son explication d'un célèbre psaume de David. Jean Masson (né vers 1680, † 1750), frère cadet de Samuel, n'est pas un inconnu de la *respublica erudita* puisqu'en 1712 il a déjà publié un nombre impressionnant d'ouvrages savants de philologie classique[6], mais aussi hébraïque[7]. Il se présente comme ministre anglican (M. A. ou A. M.) ou *ecclesiae anglicanae presbyter*, mais dans les années 1710, vu ses voyages, pour des recherches numismatiques, d'Italie à Londres en passant par Genève, Berlin et Utrecht il n'a guère pu avoir la charge d'une paroisse. Dans les années 1711-1715 il était en fait engagé par le comte Lord John Hervey (1665-1751), « un des Seigneurs de la Chambre du Prince de Galles » (Masson, 1715b,

---

3   Elle sera reprise par le pasteur Bernard de janvier 1716 à juin 1718.
4   Samuel Masson écrit à Des Maizeaux en 1712 : « La méthode que vous avez suivie ci-devant, dans les Journaux de Mr. Bernard a ete trop bonne, pour n'être pas du gout de tous ceux qui aiment les Lettres. Ainsi je n'ai garde d'en choisir d'autre ; outre que je ne suis pas assez vain pour me croire en état de vous rien prescrire la-dessus. » Cité par Almagor, 1989, p. 80. Sur Des Maizeaux et l'*Histoire Critique*, *cf. ibid.*, p. 79-153.
5   *Cf.* Masson, 1712, 1713a, 1713b.
6   En particulier sur les traditions concernant le temple de Janus à Rome (Masson, 1700), sur la vie et l'œuvre d'Ovide (Masson, 1708a), d'Horace (Masson, 1708b), et de Pline le Jeune (Masson, 1709).
7   En collaboration avec Bernhard de Marolles, *cf.* Masson – Marolles, 1705.

p. 462), comme tuteur et accompagnateur de son fils ainé Lord Carr Hervey (1691-1723) dans son "Grand Tour" de l'Europe[8], avec passage obligé à Hanovre pour y saluer et prêter allégeance à Georg Ludwig, le fils d'Ernst-August de Hanovre qui deviendra en 1714 roi de Grande-Bretagne sous le nom de George Ier.

L'INTERPRÉTATION DU PS 110 PAR JEAN MASSON

LE CONTEXTE

Le geste subversif de Masson a été d'aborder l'étude de ce psaume[9] en faisant abstraction de son usage dans le Nouveau Testament – un geste qui aujourd'hui coule de source, à savoir celui qui consiste à chercher le sens qu'a eu le psaume à l'époque de sa production (selon son contexte historique et son *Sitz im Leben*), avant d'aborder la question de l'usage qui a été fait de ce psaume et du sens qui lui a été donné (ce qui appartient à la *Rezeptionsgeschichte*).

Dans la lecture traditionnelle (chrétienne[10]) du Ps 110, c'est inversement sa réception dans les divers écrits du Nouveau Testament qui conditionne et dicte le sens vrai, premier et unique qu'on estime devoir donner au psaume. Les citations du Ps 110 dans le Nouveau Testament ont pour fonction, d'une part, de mettre en évidence la divinité de Jésus Christ[11] qui, son ministère terrestre achevé, s'est « assis à la droite de Dieu[12] », d'autre part, de démontrer le remplacement définitif du sacerdoce aaronide centré sur la Loi par le sacerdoce inaliénable de Melkisédek[13]. Le sens authentique du psaume, celui qui a été inspiré par l'Esprit Saint lui-même, ne concerne-t-il alors pas Jésus-Christ ? Sa visée originaire n'est-elle pas l'événement christique ?

---

8 En font foi le journal de J. Hervey (Hervey, 1894a), ainsi que sa correspondance (Hervey, 1894b), avec plusieurs lettres adressées à Jean Masson. En 1715 Carr Hervey entra au service du prince de Galles.

9 La numérotation des psaumes diverge selon les versions. Le Ps 110 de la Bible hébraïque correspond au Ps 109 dans la Septante et la Vulgate.

10 Ce n'est évidemment pas le cas dans la lecture rabbinique du Ps 110 que Masson n'ignore pas. Il reconnaît au contraire que les « Commentateurs Juifs […] sont ordinairement d'assès bons guides pour le sens litteral » (Masson, 1712, p. 72).

11 Ainsi l'usage de Ps 110,1 en Mc 12,35-37// ; Ac 2,34s ; He 1,13.

12 *Cf.* Mc 14,62// ; 16,19 ; He 8,1 ; 10,12 ; 12,2 ; etc.

13 Ainsi le rôle de Ps 110,4 en He 7.

Au XVIIe siècle, chez les protestants, la Bible dite de Calvin ou de Genève fait autorité. Elle résume le contenu du psaume en ces termes :

> Prophetie tres excellente touchant la manifestation de Iesus Christ, le Roy & Sacrificateur eternel de l'Eglise, lequel doit à la fin triompher de tous ses ennemis, pour regner à tousiours avec ses eslus[14].

Cette exégèse christocentrique du Ps 110 est particulièrement argumentée par Edwards Reynolds[15] (1599-1676), André Rivet[16] (1572-1651) et Antoine Bynæus[17] (1654-1698). Même interprétation globale du psaume chez les catholiques, comme on l'observe de Robert Bellarmin[18] (1542-1621) à Augustin Calmet (1672-1757) dans son par ailleurs riche commentaire sur ce psaume :

> Le Pere Eternel a dit à son Fils, qui est Seigneur de David, de s'asseoir à sa droite. Il lui parle aprés sa Résurrection, & son Ascension, et il lui donne une parfaite égalité de gloire, & de puissance ; il veut que toute créature fléchisse le genou devant lui[19].

Masson avait démontré dans ses études sur les odes d'Horace que pour bien les interpréter il fallait au contraire en cerner « les occasions particulières », celles qui ont conduit à leur conception. Il en va de même, ajoute-t-il, concernant les odes de David. Il est nécessaire de trouver le « sens particulier, qui se rapporte à la circonstance des temps où David et son peuple se trouvoient » (Masson, 1712, p. 46). Ce psaume 110 aurait été écrit la 8e année du règne de David[20] (à Juda) (p. 49), après la mort d'Ish-Bosheth, le fils de Saül (2 S 4), lorsqu'il a été établi comme « roi d'Israël » (2 S 5), après avoir été désigné sept ans auparavant comme « roi de Juda » (2 S 2,1-7). L'Esprit de Dieu a fait connaître à David sa

---

14 *Cf. Bible*, 1647. N'oublions pas que dans les cultes des églises réformées les psaumes étaient chantés. La versification du Ps CX par Clément Marot présuppose cette compréhension du texte et dicte aussi la lecture du psaume.

15 *Cf.* Reynolds, 1642, avec de multiples rééditions encore un bestseller dans les milieux fondamentalistes.

16 *Cf.* Rivet, 1645, p. 575-652.

17 *Cf.* Bynæus, 1692.

18 *Cf.* Bellarmin, 1675, p. 833, résume ainsi l'argument du psaume : « *Hic Psalmus celeberrimus est, tum magnitudine mysteriorum, tum obscuritate sententiarum. Sed quamuis excæcati Iudæi multa fabulentur, tamen apud Christianos nulla dubitatio est, quin hic Psalmus de Christi Regno, & sacerdotio intelligatur, ita explicante Spiritu sancto in multis locis sanctarum Scripturarum*, Matth. 22. Act. 2. 1 Corinth. 15. ad Hebr. 1.5.7. & 10. »

19 Calmet, 1734, p. 398, en résumé de Ps 110,1.

20 Masson est féru de chronologie comme en font foi ses diverses publications.

grandeur future et prochaine. Il compose alors cet hymne « qu'il fit ensuite chanter à Hebron dans une des saintes Assemblées, en sa présence même » (p. 50) – à Hébron, puisque David n'avait pas encore conquis Jérusalem. Comme pour la poésie classique il faut en spécifier le genre poétique. Selon l'essayiste le Ps 110 est de nature dramatique, en l'occurrence deux personnes chantent par antiphonie les quatre premiers versets. Ensuite le chœur se réunit et chante tout d'une voix, en acclamant, les trois derniers versets (p. 50-51)! Masson note que tant l'expression *l^edawid* en hébreu que *tô Dauid* en grec peut signifier que le psaume est chanté « pour David », en sa faveur (p. 93). Même si David est l'auteur du psaume, d'autres le déclament puisqu'il s'agit d'un poème dramatique.

L'ORACLE DIVIN ADRESSÉ AU ROI (V. 1)

Plus précisément, une première personne prononce le v. 1 en se tournant vers le peuple à qui il annonce, sous la forme d'un oracle céleste, que le roi de Juda est maintenant devenu roi d'Israël : « Oracle de Yhwh à/concernant mon seigneur (le roi David) : "Assieds-toi à ma droite, jusqu'à ce que je fasse de tes ennemis ton marchepied" ». « S'asseoir à la droite » est une métaphore pour dire « Prends les rênes de mon empire » (p. 63). La dextre indique la protection : « Règne en Israël sous les ailes, sous ma protection, par ma force, &c. » (p. 65-72). « Jusqu'à ce que [*'ad* / *'eôs*]» n'est pas à entendre au sens temporel comme c'est le cas en 1 Co 15,25-28, mais au sens final : « afin que, ou pour que, je te rende le maître absolu de tes ennemis » (p. 75). Et Masson de citer un exemple de cet emploi de *'eôs* au sens final chez Homère. Occasion de souligner que le commentaire de Masson regorge de citations d'auteurs classiques ; ce qui implique de nombreuses digressions, et un étalage d'érudition qui peut lasser et dont se moqueront certains lecteurs[21], mais qui provient de la profonde conviction de Masson que la philologie classique est d'un grand secours pour l'intelligence de l'Écriture et que « les Auteurs sacrez & profanes très souvent se communiquent mutuellement un beau jour » *(ibidem)*. Masson relève judicieusement que les Israélites ont eu connaissance de cet oracle

---

21 Chaudon, 1822 [1766], p. 257, estime que « Masson écrivait en pédant » et que « L'auteur du Mathanasius l'a eu en vue dans plusieurs de ses remarques ». Chrisostôme Mathanasius = Thémiseul de Saint-Hyacinthe = Hyacinthe Cordonnier (1684-1746), est l'auteur d'une satire des doctes de son temps qui a connu un franc succès : *Le chef-d'œuvre d'un Inconnu*, 1714. *Cf.* Gaillard, 1998, et Bessire, 2008, avec une abondante bibliographie.

(ne'ûm Yhwh) puisqu'ils disent à David, pour justifier leur choix :
« Yhwh t'a dit : "C'est toi qui feras paître Israël, mon peuple…" »
(2 S 5,2). D'où la question : comment David a-t-il eu la révélation
de cet oracle divin cité en Ps 110,1 ? David n'étant pas prophète, à
la mort d'Ish-Bosheth, il a dû consulter l'oracle divin par la voie
de l'éphod comme il l'avait fait peu de temps auparavant après que
Tsiqlag eut été pillée par des Amalécites. On lit en effet :

> [David] dit à Abiathar (le prêtre) : « Apporte-moi l'éphod, je te prie ! »
> Abiathar apporta l'éphod à David. David interrogea Yhwh : « Si je
> poursuis cette troupe (de pilleurs) la rattraperai-je ? » Il lui répondit :
> « Poursuis, tu rattraperas et prendras. » (1 S 30,7-8.)

LA PROMESSE FAITE AU ROI (V. 2-4)

Verset 2

Une deuxième personne déclame maintenant les v. 2-4 en
s'adressant au roi. Le vocabulaire et le sujet changent. Au **v. 2**,
le bâton est le sceptre royal et l'hébreu « le bâton de ta force » ne
signifie rien d'autre que « ton puissant sceptre » (Masson, 1713a,
p. 16). Au v. 2a le verbe *yishlah* / *exapostelei* n'implique nullement
que le sceptre sera transféré hors de Sion. Il restera à Sion, mais
c'est de Sion que David ira à la conquête victorieuse de ses ennemis
et les soumettra. D'où la paraphrase :

> *L'Eternel, ô Grand Roi ! établira ton throne dans Sion, où les Jébuséens
> sont à présent ; Ce sera là le siège de ton empire ; C'est là où tu manieras
> le sceptre ; C'est de là qu'émaneront tes ordres & tes statuts ; C'est de
> là que tu sortiras, le sceptre à la main, pour dompter tes ennemis, &
> pour dominer sur eux.* (Masson, 1713a, p. 22-23.)

Projet que David exécutera immédiatement après son onction par
les anciens d'Israël à Hébron (*cf.* 2 S 5,6-10).

Verset 3

Le v. 3 pose des problèmes particuliers d'une part à cause de
profondes divergences entre l'hébreu et le grec, d'autre part à cause
du caractère elliptique à la limite de l'incompréhension tant de
l'hébreu que du grec. Masson consacre quarante pages à l'étude de
ce v. 3 (Masson, 1713a, p. 24-64). Sa traduction du premier segment
(hébreu : « ton peuple [est] volontaire » ; grec : « avec toi [est] le

principat ») correspond à l'hébreu tel qu'il est traduit par Jérôme *(populi tui spontanei erunt)* et son interprétation fait sens : « Dieu promet ici à David un Peuple entiérement soumis à ses ordres, tout-à-fait porté & zélé pour ses interêts » (p. 25). D'autres comme Pezron[22] (1639-1706) privilégient le grec à cause d'une application plus aisée à la primauté de Christ.

Dans le deuxième segment, l'hébreu (« au jour de ton armée ») et le grec (« au jour de ta puissance ») divergent moins fortement puisque l'hébreu *ḥayil* signifie tantôt « force, vigueur » tantôt « capacité, valeur » tantôt « armée[23] ». Masson a raison de choisir « armée » et de compléter mentalement : « au jour où/lorsque tu assembleras ton armée » (p. 27). L'interprétation classique, c'est-à-dire christologique, d'un Pezron privilégie le grec « au jour de votre puissance ».

Le troisième segment est plus controversé (hébreu : « dans des vêtements/ornements de sainteté *(behaderê-qodèsh)* » ; grec : « dans les splendeurs des saints » ; Jérôme : « dans les saintes montagnes *(in montibus sanctis)*[24] »). Avec l'appui de l'usage de cette expression en Ex 3,5 *('ademat-qodésh)* ; Ps 29,2 *(behaderat-qodésh)* et 68,25 *(baqqodésh)* Masson peut avancer qu'en Ps 110,3 la traduction « le sanctuaire magnifique » est la plus adaptée, la préposition *b*^{e} ayant peut-être le sens de « vers » ou « autour ». Et de montrer avec moult digressions sur d'autres passages de l'Ancien Testament que chez les Grecs comme chez les Romains les armées se rassemblaient aussi autour d'un sanctuaire (Masson, 1713a, p. 33-47). Ici encore le Père Pezron choisissait la Septante : « environné de la splendeur des Saints » – en pensant à des passages comme 1 Th 3,13 (« … à l'avènement de notre Seigneur Jésus avec tous ses saints »).

Le quatrième segment est jusqu'à aujourd'hui une *crux interpretum* : hébreu *mérèhèm mishehar*, Septante *ek gastros pro heôsphorou* (du sein avant l'étoile du matin), Vulgate *quasi de vulva orietur*. Verdict de Masson :

> Voici un passage si étrangement corrompu & défiguré dans toutes les Versions, qu'il n'est pas possible d'y trouver un sens raisonnable. (Masson, 1713a, p. 48.)

---

22 *Cf.* Pezron, 1691, p. 202-207 sur le Ps 110, v. 3-4.

23 Il est vrai que la racine *ḥayil* s'emploie aussi pour les douleurs de la femme qui accouche, de sorte qu'on pourrait comprendre « au jour de ton enfantement / de ta naissance », mais cette possibilité n'est pas exploitée par les commentaires avant le xxe siècle.

24 Au lieu de la racine *behaderê* « dans les splendeurs de » certains manuscrits hébreux lisent en effet *beharereî* « dans les montagnes de ».

La solution qu'il envisage pour résoudre la difficulté est de lire le reste du v. 3 comme une seule phrase et de conjecturer en tête de l'ensemble le mot *tal* « la rosée » : « (comme) *la rosée* (sort) du sein de l'aurore [...] ». Ce mot « rosée » se trouve dans le cinquième segment (« pour toi une rosée... »). Masson observe correctement que le style (poétique) hébreu est souvent très abrégé et coupé et qu'il est parfois nécessaire de suppléer un mot ou de le répéter si ce mot attendu se trouve dans la suite de la période (p. 49). Il se serait ensuite aperçu que Louis Cappel, dans ses *Critica sacra*, p. 358, propose un sens similaire à la phrase hébraïque[25]. Masson relie donc immédiatement ce quatrième segment au cinquième : hébreu *lekâ tal yaledûkâ*; Septante [sans équivalent pour *lekâ tal*] *exegennèsa se* (je t'ai engendré[26]); Vulgate : *tibi ros adulescentiae tuae*. Il traduit : « comme la rosée du sein de l'aurore, ainsi pour toi ou vers toi (vient) la rosée de ta jeunesse. » En comparaison le Père Pezron, en disant se fonder sur la Septante, traduit d'une manière fantaisiste, mais conforme à son interprétation christologique : « car vous êtes le Fils que j'ai engendré de ma propre substance, avant l'aurore, & avant tous les temps » (Pezron, 1691, p. 203)! Masson entend par rosée « une grande abondance », voire « une vaste multitude » (p. 51). « Ta jeunesse, ton enfance » est une traduction correcte de *yaledûkâ* (*cf.* Qo 11,9s). Il s'agit en effet d'un collectif qui peut tout-à-fait signifier les jeunes hommes, ceux qui dans de nombreux passages sont nommés les jeunes guerriers d'Israël *(behûrê yisrâ'él)* – avec de nombreux exemples dans l'Antiquité (p. 54-62). Bref, le sens du v. 3, si on prend en compte le « stile Asiatique fort enflé & plein d'hyperboles » (p. 53) est finalement limpide :

> Ton Peuple sera un Peuple obéïssant et plein de bonne volonté ; sur-tout lorsque tu assembleras ton armée autour du sanctuaire magnifique ; alors la jeunesse de ton Peuple viendra à toi aussi nombreuse, aussi abondante qu'est la rosée, lorsqu'elle sort du sein de l'aurore. (Masson, 1713a, p. 62.)

Verset 4

Au v. 4 se termine la promesse de la personne ou du groupe qui intervient depuis le v. 2. Masson, qui cherche à offrir une

---

25 En réalité Cappel, 1650, p. 358, aboutit au même résultat sans reprendre le mot rosée *(tal)* au début : « *in delectu quem facies militum tuorum, iuuenes tui electi subolescent veluti & subnascentur tibi eâ copiâ & multitudine, quâ roris guttulæ manè apparent vnius noctis spatio quasi prognatæ, & veluti ex auroræ vulua proseminatæ.* »

26 La Septante a lu un verbe : *yeladtîkâ* « je t'ai enfanté ».

interprétation qui mette entre parenthèses le sens "mystique" donné par le Nouveau Testament, est assez embarrassé par la mention de « prêtre » appliqué à David et par la référence à Malki-Tsédeq. Avant d'expliquer l'introduction solennelle « Yhwh a juré, et il ne se rétractera pas » (Masson, 1713b, p. 163-168), Masson s'attaque directement au sens que peut avoir ici la déclaration « tu es prêtre *('attâ' kohén)* » ainsi qu'au lien qui a pu exister entre fonctions royales et sacerdotales tant dans l'histoire d'Israël que dans le monde gréco-romain (Masson, 1713b, p. 108-144). Le lecteur de 2 Samuel apprend en effet que les fils de David étaient prêtres (2 S 8,18) – dans quel sens ? – et que lors du transfert de l'arche de l'alliance de la maison d'Obed-Edom à Jérusalem, David portait un éphod de lin (une prérogative sacerdotale ?), qu'il offrait des holocaustes et des sacrifices de paix (2 S 6,13.17) et qu'une fois la cérémonie achevée, « il bénit le peuple au nom de Yhwh (v. 18). Certes sans être effectivement "sacrificateur" Moïse est aussi appelé à l'occasion "prêtre" » (*cf.* Ps 99,6 : « Moïse et Aaron parmi ses prêtres ») alors qu'il est parfaitement clair qu'il n'en est un qu'au sens second de personne qui préside à l'organisation religieuse.

C'est cette piste que Masson choisit dans son exposé. Le terme *kohén* aurait quatre sens : 1° le sacrificateur, au sens strict, la personne établie pour le culte divin, selon les prescriptions du livre du Lévitique ; 2° le Prince, grand seigneur, c'est à ce titre que les fils de David seraient nommés « prêtres » en 1 S 8,18 ; 3° la « personne pieuse, qui a la Religion & la vertu veritablement à cœur[27] » (ainsi clairement en Ex 19,6 : « Quant à vous vous serez pour moi un royaume de prêtres et une nation sainte ») ; et 4° un prince, un roi, pour autant qu'il soit en relation avec la religion. « C'est-à-dire, pour un Prince qui aime la pieté, qui est attaché à la Religion, qui la favorise, qui s'applique à la maintenir & à la rendre florissante ; qui gouverne & regle avec une autorité suprême les affaires qui la regardent » (p. 112). C'est précisément dans ce sens qu'il faudrait entendre l'attribution du titre de « prêtre du Dieu Très-Haut » au roi de Salem, le fameux Malki-Tsédeq, en Gn 14,18. « Il etoit si ardent pour le service du Dieu d'Abraham, si attaché à sa Religion, qu'il pouvoit à juste titre être appelé son *Sacrificateur* » (p. 113). Le fait

---

27   Masson, 1713b, p. 109. Et de citer, entre autres, Diodore de Sicile, II, 47, qui loue le zèle des Hyperboréens pour le culte d'Apollon : « sans cesse ils chantoient ses loüanges & lui rendoient leurs hommages, de sorte qu'ils etoient regardez comme ses sacrificateurs » (p. 111-112).

qu'il implore la bénédiction de Dieu sur Abraham (Gn 14,19s) et qu'il bénisse ce Dieu pour la victoire obtenue par Abraham est l'attitude d'un roi pieux sans que cela fasse de lui un sacrificateur dans la première acception du terme. C'est à un roi, dont il est probablement le sujet ou le vassal, hypothèse de Masson, qu'Abraham apporte la dîme du butin (Gn 14,21). En outre, que le roi de Salem aille à la rencontre du vainqueur avec du pain et du vin est une coutume de l'Orient attestée par de nombreux témoignages dans la littérature biblique et classique[28]. Bref,

> David [en Ps 110] n'étoit pas plus *Sacrificateur* que Moïse [en Ps 99,6] ni que Melchisedec ; & ils ne peuvent tous trois être ainsi appellez, que parce qu'ils présidoient sur les choses Divines […] (Masson, 1713b, p. 123.)

Ce n'est qu'à l'époque des Maccabées que les fonctions de grand-prêtre et de roi furent effectivement réunies dans la personne de Jonathan. Dans la deuxième ode des *Pythiques* de Pindare, Cinyras, un roi chypriote à qui l'on attribuait la construction d'un temple d'Aphrodite, est appelé *ierea ktilon Aphroditas* (« prêtre cher à Aphrodite »). Masson comprend *ktilon* au sens, assez inhabituel, de « chef, conducteur ». Cinyras serait donc un « prince-sacrificateur », ainsi désigné pour avoir favorisé le culte de la déesse (p. 125-129). Dans la littérature gréco-romaine, le titre de *pontifex* est un titre d'honneur, comme par exemple chez Ovide :

> À ses titres innombrables César [Auguste] a joint le titre de grand pontife *(accessit titulis pontaficalis honos)*, et c'est celui dont il s'enorgueillit davantage ; César, dieu éternel, veille sur le feu éternel, et les deux génies tutélaires de l'empire sont maintenant réunis dans un même sanctuaire. (Ovide, *Fastes*, III, 419-420.)

L'ajout de *lᵉ'ôlâm* « à toujours » (p. 144-147) n'implique pas en hébreu une durée infinie, l'éternité, mais plus simplement la durée de la vie d'un homme : « *tu seras Prince-Sacrificateur toute ta vie* ». Même usage là encore dans la poésie gréco-latine (*di'aiôn, aeternum*). Le v. 4 se termine par *'al dibrâtî malkî-tsèdèq*. La Septante porte *kata tèn taxin Melchisedek* (« selon l'ordre de Melchisédek »), traduction

---

28 Josèphe dans les *Antiquités juives*, I, 180-181, écrit concernant le nom Malki-Tsédeq : « Ce nom signifie "roi juste" ; telle était aussi sa réputation, et c'est pour cette raison qu'il était devenu prêtre de Dieu […] Melchisédech, donc, traita avec hospitalité l'armée d'Abraham, pourvut abondamment à tous leurs besoins et pendant le festin, il se mit à faire l'éloge d'Abraham et à louer Dieu d'avoir livré ses ennemis entre ses mains. »

retenue dans les citations du psaume dans la Nouveau Testament. Est-ce le sens de l'hébreu? Hugo Grotius traduit l'hébreu par *secundum meam constitutionem, ô rex mi juste*[29] («selon ma constitution, ô mon roi juste»), alors que Richard Simon[30] note que le *yod* à la fin de *dibrâtî* n'est pas le pronom personnel suffixe *(mea)* mais un *yod* dit paragogique (qui ne se traduit pas) sur l'état construit de *dibrâh*, tout en reconnaissant cependant que la traduction de *dibrâh* par *constitutio* est correcte[31]. Masson, qui s'attache à l'hébreu, a sans doute raison de suivre Grotius puisque les Massorètes ont placé un accent disjonctif sur *dibrâtî*. Il rapproche *dibrâh* du verbe *dâbar* au hiphil avec le sens de «placer, ranger» en Ps 18,48 et 47,4 (p. 150). Une hypothèse osée, ingénieuse, dont le lecteur ne perçoit pas vraiment l'avantage puisque que finalement Masson aboutit à une paraphrase qui reste assez proche du sens repéré par Grotius de *constitutio* : «Tu seras Roi Sacrificateur à toûjours dans la même Station, *ou* dans le même lieu, dans le même rang dans lequel j'avois autrefois placé & mis Melchisedec; & tu seras semblable à lui» (p. 151). En clair : de même que Malki-Tsédeq a été roi de Salem, David deviendra dans la même ville et avec la même autorité «roi de Jérusalem». Suit un long excursus hasardeux sur le passage de *Salem* (du temps de Melchisédek) à *Jérusalem* qui signifierait «terrible Salem» (ou «craignez Salem») en passant par un hypothétique *Jebu-salem* (la Salem des Jébusites) (p. 151-158). Masson n'a pas tort de remarquer que le grec *taxis*, s'il ne s'agit pas de classe sacerdotale comme on l'entend dans le Nouveau Testament (par exemple en Lc 1,8), désigne aussi le poste, le rang, la condition, la place d'une personne.

Quant à l'introduction de ce v. 4 (*nishba' yhwh welo' yinnaḥém* «Le Seigneur l'a juré, il ne se repentira pas») (p. 163-168), il s'agit d'une accommodation au langage humain pour dire que la décision divine est irrévocable, qu'il n'y aura aucun changement dans sa promesse. Concrètement : David règnera toute sa vie sans aucune interruption et Dieu ne le détrônera pas, comme il l'a fait avec Saül. Et l'érudit ici encore de citer de nombreux exemples dans la littérature à commencer par la parole de Zeus à Thétis :

---

29 *Cf.* Grotius, 1644, *ad locum*, I, p. 484.
30 *Cf.* Simon, 1685, p. 230-231.
31 Pourtant le substantif *divrâh* (à la différence de *dâvâr*) est rare et son sens assez flou. Il ne se rencontre, en dehors de Ps 110,4, que quatre fois : Jb 5,8 («ma cause, mon affaire juridique»), Qo 3,18; 7,14; 8,2, trois fois dans le sens de «à cause de, eu égard à».

« irrévocable et véridique est ma promesse, et rien ne saurait plus l'écarter de son terme[32] ». Il insiste sur le fait que « cette belle & magnifique promesse faite à David » au v. 4 « a eu aussi son parfait accomplissement » (p. 167) – dans la vie même du roi, comme en témoigne la piété sincère et solide du roi, son repentir vif et amer, son zèle ardent pour la religion de son Dieu, son constant attache-ment pour son culte qui alla jusqu'à inventer des instruments de musique pour le service divin (allusion à Am 6,5 : « comme David ils se sont inventé des instruments de musique » et 1 Ch 23,5 : « pour louer Yhwh avec les instruments que j'ai faits pour la louange »).

LA PRIÈRE DU CHŒUR (V. 5-7)

Masson consacre beaucoup moins d'espace à l'explication des trois derniers versets (Masson, 1713b, p. 168-197), sans doute parce que leur contenu suscite moins de controverses (ils ne sont pas cités dans le Nouveau Testament[33]), mais aussi parce que la dissertation occupe déjà un espace disproportionné dans les trois premiers tomes de la revue littéraire. Son interprétation n'en est pas moins également nouvelle, originale. Déjà par le fait qu'il présuppose un changement d'orateurs. Alors que le groupe qui a chanté les v. 2-4 répondait à celui qui déclamait le v. 1 sous le mode antiphonique, c'est maintenant le chœur tout entier qui adresse à Dieu sa prière.

Verset 5

Le début du v. 5 pose un problème : « Le Seigneur *('adonây)* est à ta droite ». Le Seigneur désigne-t-il le roi (qui selon le v. 1 est bien assis à la droite de Yhwh) ou, comme on l'entend généralement, à cause de l'*-ây* final, Dieu ? Dans ce cas il y aurait une inversion des positions. Une minorité des commentateurs (mais non des moindres, Augustin, Tarnovius, Glassius, Coccejus) estime que « Le Seigneur » désigne le roi David. Masson partage ce dernier avis et, note, outre la position des personnages, que l'auteur du psaume utilise le tétragramme pour parler de Dieu et non *'adonây* (le v. 5a serait une exception) et surtout que c'est le même sujet qui régit les verbes des v. 5 à 7 : écraser des rois, exercer le jugement,

---

32 Homère, *Iliade*, I, vers 526.
33 Certains cependant, qui présupposent une lecture messianique, voient mal l'application au Christ et estiment que « [le] texte [est] obscur et [la] traduction incertaine jusqu'à la fin » (ainsi encore la NBS) !

écraser le chef d'un vaste pays, boire au torrent et relever la tête. S'il n'y a en effet pas de changement de sujet le dernier verbe « boire » implique clairement qu'il s'agit d'un être humain, à savoir le roi David. Le titre Seigneur *('adon)* est réservé à David aux v. 1 et 5[34]. Si le chœur adresse sa prière à Yhwh, ne faudrait-il pas un vocatif, ô Dieu ou ô Yhwh ? À l'appui de divers exemples (ainsi Ps 24,6) Masson défend que ce vocatif, dans les circonstances d'une cérémonie cultuelle, est sous-entendu. Il paraphrase donc : « Le Roi est à ta droite, ô ! Eternel, & par elle il froissera les Rois de la terre » (p. 171) – le verbe « froisser » vient du latin vulgaire *frustiare* « mettre en pièces ». L'interprétation se tient. Il est aussi tout-à-fait exact que l'usage du temps accompli *(mâhats)* dans la poésie hébraïque n'exige pas une traduction au passé, et que le présent ou le futur est plus adapté au contexte. Un petit paragraphe est consacré à l'expression *beyôm 'appô* « au jour de son nez », le siège de la colère, tant dans la Bible que dans la littérature classique[35].

Verset 6

Le v. 6 (p. 174-181) ne pose pas de grands problèmes, mais fidèle à sa méthode, Masson cherche à cerner le sens précis des expressions dans le contexte du psaume en ayant recours aux passages parallèles dans les textes littéraires hébraïques et gréco-latins. Ainsi il observe très correctement que *yâdîn*, dans un contexte guerrier, ne veut pas dire « juger » mais « punir très-sevérement, ou même détruire & exterminer » (p. 174) comme en Gn 15,14 (« je jugerai/ punirai la nation dont ils ont été esclaves »). Que le roi (sous l'autorité et avec l'aide de Yhwh) « remplira de cadavres », c'est-à-dire jonchera le champ de bataille de corps morts, laissés sans sépulture, fait aussi partie du répertoire martial[36]. De même que « il froissera/ écrasera la tête/le chef d'un vaste pays[37] », allusion possible au sort

---

34 Je ne lis pas chez Masson d'explication sur la terminaison *-ây*, réservé normalement au *qeré* du tétragramme. Il faudrait conjecturer « mon seigneur (roi) » comme au v. 1 *('adonî)*, ce qui préserve le texte consonantique.

35 Ainsi dans l'*Amphitryon* de Plaute, IV, 3, vers 40 : *Vetu'st adagium : Fames et mora Bilem in nasum conciunt* (« il y a un vieux proverbe qui dit que la faim et l'impatience provoquent le nez/la colère »).

36 *Cf.* Ès 34,3 : « Les victimes sont jetées, leurs cadavres exhalent leur puanteur », et Euripide, *Les Troyennes*, vers 1082ss : « Cher et malheureux époux, ton corps, privé de sépulture et des ablutions funèbres *(athaptos anudros)*, erre sans asile ».

37 La Septante porte : « il brisera les têtes sur la terre à un grand nombre/en grand nombre ».

des Ammonites après la prise de Rabba (2 S 12,29-31). Ainsi, « il n'y a rien de difficile dans ces deux *versets* [v. 5s]. C'est une claire *prédiction* des victoires, des conquêtes futures & prochaines du Roi-Prophéte ; laquelle eut son parfait accomplissement » (p. 181).

Verset 7

« En chemin il boit au torrent : c'est pourquoi il relève la tête » (p. 181-189). On se représente aisément qu'en poursuivant ses ennemis le roi ait besoin de se désaltérer pour retrouver sa vigueur. Masson donne un sens plus violent au texte : David devait « faire un grand carnage de ses ennemis » et « il versera tant de sang […] qu'il en pourra boire comme d'un *Ruisseau* comme d'un *Torrent* » (p. 182). Le langage est hyperbolique et il s'agit de figures poétiques, comme on en trouve à la fois dans la Bible et dans la littérature classique. Ainsi en Nb 23, la bénédiction d'Israël par le devin Balaam, entre autres passages :

> C'est un peuple qui se lève comme une lionne, il se dresse comme un lion ; il ne se couche pas avant d'avoir dévoré sa proie et bu le sang de ses victimes. (Nb 23,24.)

> Leur sang fait fondre les montagnes. (És 34,3.)

> Le juste se réjouira, car il a vu la vengeance ; il se lavera les pieds dans le sang des méchants. (Ps 58,11.)

Mais des parallèles se trouvent aussi dans l'antiquité gréco-latine :

> Les flots de sang se font un passage à travers la campagne et viennent grossir les ondes amoncelées. […] Enfin se précipitant avec violence dans la mer de Tyrrhène, il fend les eaux par un torrent de sang *(sanguine cæruleum Torrenti dividit æquor)*. (Lucain, *Pharsale*, II, 200.)

> Là Rome ne comptait ses pertes que par le nombre des soldats ; ici, elle compte par le nombre des peuples ; là c'était la mort des citoyens ; ici, c'est la mort d'une nation entière. Au lieu du sang de quelques provinces, Achaïe, Pont, Assyrie, c'est tout le sang des nations qui coule, et celui des Romains, se mêlant à ses flots *(campisque vetat consistere torrens)*, les grossit et presse leur cours. (Lucain, *Pharsale*, VII, 635-637.)

> Je lui ferai goûter à mon épée agile. L'Érinye, de carnage assouvie, boira, pur, la troisième gorgée des offrandes sanglantes. (Eschyle, *Les Choéphores*, 577.)

Le chant du chœur se termine par « à cause de cela il lèvera la tête », un hébraïsme pour dire que « David sera vainqueur &

triomphant; il règnera» (p. 186). Expression fréquente dans les psaumes de David : «Mais toi, Yhwh, [...] tu es ma gloire, tu relèves ma tête» (Ps 3,4); «Maintenant ma tête s'élève au-dessus de mes ennemis qui m'entouraient» (Ps 27,6).

LA CONCLUSION DE L'ESSAI
AVEC UNE APOLOGIE PRÉVENTIVE DE MASSON

L'essai se termine par une citation latine tout-à-fait appropriée d'Horace, à la fin de sa lettre à Numicius (p. 197) :

> *Vive : vale; si quid novisti rectius istis,*
> *Candidus imperti : Si non, his utere mecum*
>
> «Adieu, porte-toi bien. Si tu as quelques préceptes préférables à ceux-ci fais-m'en part avec franchise; sinon, suis mon exemple.»

Seulement l'essayiste a eu vent des critiques qui ont été faites de ces deux premiers articles – son explication est considérée comme «impie» – et il se croit obligé d'insérer dans sa conclusion une vive protestation de son orthodoxie dans un style ou un ton qui peut faire douter le lecteur de son entière sincérité.

Ainsi, alors que, dans la ligne d'un Richard Simon[38] ou d'un Jean Le Clerc (1657-1736)[39] – malgré leurs divergences –, Masson réclame le droit d'expliquer les textes de l'Ancien Testament d'un point de vue littéraire et historique, ce qui ne va pas sans une nécessaire distance critique envers la tradition interprétative qui peut aller jusqu'à son rejet, il se sent obligé de disqualifier avec une véhémence, une violence surprenante l'approche similaire de Pierre Bayle dans le fameux article «David[40]». Bayle y blâme en particulier la manière dont le roi David a réalisé ses conquêtes militaires (p. 928-930). Outre qu'une guerre non défensive, une

---

38 *Cf.* Twining, 2018, et Fleyfel, 2008.

39 Ainsi Le Clerc, 1697, II, p. 538, explicite la règle de la critique historique dans son *Ars Critica* : «*ut quidquid habet exigerem ad severas Historiae leges & veri immutabilem normam*»; plus développé dans la quatrième édition, 1712, II, p. 396 : «*Omnium Scriptorum libri expendi possunt & debent ad regulas Artis, quam privatim profitentur, legésque rectæ Rationis, quibus homines omnes, sine ullo gentium ac sæculorum, quibus vivimus, discrimine tenemur.* (Les livres de tous les écrivains peuvent et doivent être appréciés en fonction des règles de l'Art, que nous reconnaissons à titre privé, et des lois de la droite raison, qui nous régissent tous, nous, les humains, sans aucune différence, quelles que soient les nations et les époques dans lesquelles nous vivons.)»

40 *Cf.* Bayle, 1697, II, p. 923-932 Sur cet article, *cf.* entre autres Rex, 1962; de Robert, 1999, et plus globalement Bost, 2006.

agression, a quelque chose d'injuste, écrit le philosophe, « il n'y a guere de ruses qu'il n'ait mises en usage contre les Rois infidelles qu'il subjugua » (p. 928). La manière dont il traita les vaincus ammonites (2 S 12,31), moabites (2 S 8,2) et iduméens (1 R 11,15) est révoltante :

> Les Turcs & les Tartares n'ont-ils pas un peu plus d'humanité ? Et si une infinité de petits livrets crient tous les jours contre des executions militaires de nôtre tems, dures à la vérité & fort blâmables, mais douces en comparaison de celles de David, que ne diroient aujourd'hui les Auteurs de ces petits livres, s'ils avoient à reprocher les scies, les herses, les fourneaux de David, & la tuerie generale de tous les mâles grands & petits[41].

Dans un style contraire à celui qu'emploient d'ordinaire les érudits dans la République des Lettres, Masson porte contre Bayle de lourdes accusations. Il parle de lui comme d'un « homme qui n'etoit animé que de ce malheureux Esprit d'irreligion, qui de nos jours regne si fort dans plusieurs Etats de l'Europe, au grand deshonneur de la Raison & à la honte du nom Chrêtien » (p. 189-190). Il aurait inséré dans son *Dictionnaire* son article sur David « pour chercher l'occasion de donner quelque nouvel assaut à la Religion » (p. 190). Sur le fond Masson a certes raison de souligner que le jugement moral de Bayle sur les actions cruelles de David est en partie anachronique. On ne peut évidemment pas faire de la morale évangélique la règle des actions de David. Masson se sent tout de même obligé de prendre la défense de David (aussi au nom d'une morale "naturelle") : « ses troupes peuvent avoir commis plusieurs desordres, & exercé diverses crüautez, auxquelles ce Prince n'avoit aucune part » (p. 192) ; certains supplices ne sont pas à comprendre comme on l'entend ordinairement (ainsi concernant

---

41   Bayle, 1697, II, p. 928. Il ajoute, p. 929s : « Ceux qui trouveront étrange que je dise mon sentiment sur quelques actions de David, comparées avec la Morale naturelle, sont priez de considerer trois choses. 1. Qu'ils sont eux-mêmes obligez de confesser que la conduite de ce Prince envers Urie est un des plus grands crimes qu'on puisse commettre [...] 2. [...] Si l'Ecriture en raportant une action la blâme ou la loüe, il n'est permis à personne d'apeller de ce jugement [...] les faits sur lesquels j'ai avancé mon petit avis, sont raportez dans l'Histoire sainte, sans l'attâche du Saint Esprit, sans aucun caractere d'aprobation. 3. Qu'on feroit un très-grand tort aux lois éternelles, & par consequent à la vraye Religion, si on donnoit lieu aux profanes de nous objecter, que dès qu'un homme a eu part aux inspirations de Dieu, nous regardons sa conduite comme la regle des mœurs ; de sorte que nous n'oserions condamner les actions du monde les plus opposées aux notions d'équité, quand c'est lui qui les a commises. »

les scies), d'autres n'ont rien d'exceptionnels et ont été pratiquées par d'autres nations. Masson et Bayle ont tout de même en commun de chercher à cerner le David historique et d'égratigner le portrait idyllique traditionnel d'un « homme selon le cœur de Dieu » (1 S 13,14). Est-ce bien sage et honnête de se défendre du reproche d'impiété en en accusant Bayle ?

Masson est assuré du bien-fondé de l'explication littérale, critique et historique qu'il a élaborée après beaucoup de recherches[42]. « Néanmoins », ajoute-t-il p. 193, « je suis aussi pleinement convaincu d'un autre côté, qu'on ne doit jamais se départir du sens *Mystique*, si clairement fondé sur l'Autorite divine de *Jesus-Christ* & de ses Apôtres. » Il est clair qu'ici l'essayiste cherche à faire taire ses détracteurs en affirmant qu'il n'y a pas de tension réelle entre le sens littéral et le sens mystique.

> Ce divin Esprit avait deux *sens*, ou deux choses en vuë. 1. De faire parler *David* suivant l'occurrence des tems où il se trouvoit alors. 2. De lui faire faire en même tems une naïve peinture de ce qui devoit arriver dans les siécles futurs. (P. 194.).

Il va même jusqu'à reconnaître :

> Les paroles du premier Verset, par exemple, sont conçuës d'une telle manière, qu'elles paroissent plus litteralement applicables à *Jesus-Christ*, qu'à *David*. (P. 194.)

> La même chose se doit dire du quatriéme Verset. *Cohen*, Prince pieux, &. doit être appliqué à *David* : Mais *Cohen*, réellement & veritablement *Sacrificateur*, n'est appliquable qu'à *Jesus-Christ*, à cause de son veritable Sacerdoce. (P. 195.)

De sorte que pour le sens mystique Masson renvoie « à l'explication claire, judicieuse, & sçavante » d'un Bynæus, d'un Rivet ou d'un Reynolds (voir plus haut) qui est pourtant foncièrement incompatible avec son approche puisqu'il ne s'agit nullement pour ces « personnes doctes & pieuses » d'un sens mystique qui s'ajouterait à un sens historique. L'appel à un « sens mystique » cherche maladroitement à enfumer les contradicteurs, dirait-on aujourd'hui, car l'érudit Masson n'ignore pas que dans l'histoire de l'exégèse le « sens mystique » s'entend par rapport au « sens littéral » non par rapport au

---

42 Le nombre d'auteurs convoqués dans les notes est tout-à-fait impressionnant. Des traductions et des commentaires du psaume dans toutes les langues disponibles, ainsi que des ouvrages généraux sur les mœurs et coutumes de l'Antiquité, ont été consultés.

sens historique[43]. Les interprètes cités parlent d'ailleurs plutôt de sens spirituel, le sens voulu par l'Esprit saint qui a dicté les paroles.

Autre élément de défense : Masson aurait été encouragé à publier cette dissertation par le Baron Ézéchiel Spanheim (1629-1710) lui-même – en 1702-1710 en service diplomatique à Londres –, un érudit éminent et apprécié de la République des lettres connu pourtant pour avoir exprimé (avec courtoisie) sa perplexité concernant la méthode historique pratiquée par Richard Simon dans son *Histoire critique*[44]. Un ami de l'auteur aurait montré au Baron une courte « Analyse de son explication littérale » qu'il n'aurait pas désapprouvée. Spanheim l'aurait même exhorté « à continuer sur ce pied-là » (p. 196-197). Dernier élément apologétique qui pourrait avoir été emprunté aux écrits d'un Père Pezron ou d'un pasteur Reynolds : Masson se dit persuadé que sa méthode « est la voye la plus courte & la plus sûre pour ramener les *Juifs*, & pour mettre les anciennes Prophéties à couvert des atteintes des *Impies* & des *Esprits Forts* » (p. 197). Là encore une remarque malhabile qui suscitera l'ironie des adversaires, puisqu'en rapportant le Ps 110 à la royauté de David il prend en quelque sorte la défense de l'interprétation juive d'un David Kimchi.

LA DÉSAPPROBATION DES LECTEURS CONTEMPORAINS

L'approche du Ps 110 par Masson est, en son temps, si subversive et étonnante, qu'elle a suscité une désapprobation quasi générale[45],

---

43 Ainsi dans l'interprétation traditionnelle du Cantique des Cantiques le sens littéral serait proprement « monstrueux » puisqu'il faudrait admettre que se trouvent dans les Saintes Écritures des chants érotiques. La lettre inspirée certes par l'Esprit renvoie au seul sens mystique ou spirituel.

44 Comme nous l'apprend Simon lui-même, 1687, p. 5. Spannheim « prétend que c'est exposer ces Livres à la même destinée que les Ouvrages profanes, en ne recon-noissant aucun effet de la providence divine dans leur conservation ; qu'on les fait dependre des regles de la Critique, de la même maniere que les Livres d'Homere & d'Aristote, & qu'ainsi on les reduit à ne pouvoir faire de preuves solides en matiere de Religion ». L'argument se retrouve dans les critiques de la dissertation de Masson sur le Ps 110. Sur la controverse entre Spanheim et Simon *cf.* Danneberg, 2003.

45 Avec deux exceptions. Jacques Lenfant (1661-1728), pasteur renommé à Berlin, historien, se prononce sur la nécessité de rechercher le sens littéral des prophéties : « il n'y a aucune Prophétie de l'Ancien Testament qui n'ait dû avoir un accom-plissement Litteral ; & que si on ne l'apperçoit pas dans quelques-unes, c'est la

comme cela se laisse aisément illustrer côté catholique par une recension dans le *Journal de Trévoux*, côté ecclésial protestant par la condamnation des synodes wallon et hollandais, côté *respublica erudita* par Gisbert Cuper, côté exégétique par le déboulonnage en règle de la dissertation par le pasteur David Martin.

Le *Journal de Trévoux* d'avril 1713 rend compte de la dissertation de Masson sur le Ps 110[46]. Le critique anonyme (en fait le directeur du Journal, le Père jésuite René-Joseph Tournemine[47] 1661-1739) est sans appel :

> S'il est un Pseaume prophetique, c'est ce Pseaume : nôtre Auteur cependant se donne la torture, répand l'érudition à pleines mains, hazarde des conjectures les moins soutenables, pour le réduire à un sens historique. (P. 647.)

En particulier le nouvel interprète entend « sieds à ma droite » comme un ordre donné à David de monter sur le trône d'Israël sous la protection de Dieu, alors que le sens véritable est « l'égalité [du Fils] avec Dieu ».

> On voit assez que l'Interprete inconnu [il faut entendre « anonyme » car le recenseur connaissait sans doute ses écrits], qui veut paroître Chrétien, doit être embarrassé de l'autorité de Jesus-Christ. (P. 649.)
> Dans quelles absurditez ne se jette-t'on point quand on veut favoriser l'impieté ? (P. 650.)

Deux pasteurs ont dénoncé la dissertation sur le Ps 110 en mai 1713 au Synode réformé de Bois-le-Duc, mais les Synodaux ne l'ayant pas lue, l'examen en a été reporté en septembre 1713 à Breda. Devant la « hardiesse si criminelle, qui tend à sapper les fondemens de la Religion Chrétienne » en attribuant à David (et non à Christ) tout ce qui est dit dans ce psaume, la Compagnie des pasteurs a déclaré qu'elle regarde ladite explication « comme impie, & tout à fait contraire à la Révélation, & aux déclarations

---

faute de l'Histoire [...] Dieu étant le Chef de la Republique d'Israël, il est naturel de penser, que tout ce qu'il disoit [...] avoit un rapport direct & immédiat à cette Republique. » (Lenfant, 1714, p. 43-44.) Alphonse des Vignolles (1649-1744), membre de l'Académie des sciences de Berlin, ami de Leibniz, partagé entre les recherches historiques et les charges pastorales à Berlin-Köpenick, appuie qu'il n'y a pas de prophétie « qui ne doive avoir un sens *Litteral*, qui se rapporte au tems même que la prophétie désigne [...].» (Des Vignolles, 1714, p. 51.)

46   *Cf.* Tournemine, 1713, p. 646-651.
47   Dont on disait, selon Voltaire : « C'est notre père Tournemine / Qui croit tout ce qu'il imagine ».

expresses de J. Christ, & de ses Apostres[48]». L'auteur anonyme n'étant plus membre de la Compagnie wallone des pasteurs[49] – il est devenu ministre anglican –, il ne peut être question de discipline ecclésiastique[50]. Des pasteurs de la Compagnie wallone ont ensuite dénoncé la dissertation auprès de leurs collèges hollandais lors d'un Synode qui s'est tenu à Gorcum en juillet 1714. Ce Synode ne pouvait faire plus que de déclarer impie cet écrit «licencieux» et souhaiter «qu'il ne continue plus à être débité[51]».

Dans sa lettre du 22 novembre 1713 à Veyssière de La Croze (citée plus haut), Cuper ajoute :

> Il y a assurément dans ce Journal beaucoup de scavoir, mais beaucoup de gens n'approuvent pas tout ce qu'on y a mis, l'explication du Pseaume CX. fait beaucoup de bruit ; & quant à moi je n'y puis trouver David en aucune maniere, & je suis bien fortement persuadé après un mûr examen, que le Prophète n'y parle que du Messie tout seul, où de notre Seigneur Jesus Christ ; & je n'approuve pas ce qu'il avance de *Melchisedec*, qui n'a pas offert des Sacrifices à Dieu, mais qu'il est appellé Sacrificateur, à cause qu'il étoit un Roi juste, ayant soin du culte du vrai Dieu ; car il me semble que le type ne répond pas [...] à l'Antitype, & que nécessairement *Melchisedec* a dû sacrifier, par ce que Jesus Christ a offert son divin corps sur la croix, comme sur un Autel à Dieu pour nos pechez. / Je ne dirai rien des autres explications, dont il y en a bien de forçées, mais j'y ajouterai, que *Melchisedec* est à cette heure-ci à la mode, & que deux Ministres d'Amsterdam s'emploient à illustrer. L'un s'appelle *Van den Hoonart*, l'autre d'*Outrain*, tous deux bien sçavants & versez dans la Belle Litérature[52].

David Martin[53] (1631-1721), pasteur de l'église wallone d'Utrecht et exégète de référence dans les églises réformées, ne consacre pas

---

48 Cité par David Martin, 1715, p. 19-20.
49 Le Synode wallon avait accepté Jean Masson comme proposant, première étape qui conduit au ministère pastoral.
50 Masson proteste contre cette accusation d'impiété dans un «Avertissement» à la fin du tome II de l'*Histoire critique*, HCRL, dans sa deuxième édition de 1714, 6 pages non paginées.
51 Cité par Martin, 1715, p. 111.
52 Cuper, 1742, lettre XLIV à Mr. La Croze, p. 143. Le premier de ces ministres est Van den Honert (1635-1740), *cf.* Van den Honert, 1712 (sur Malki-Tsédeq) et 1714 (un ouvrage de 864 pages sur le Ps 110). Le second est Johan d'Outrein (1662-1722), *cf.* Outrein, 1713 – recension dans *Le Journal des Sçavans* pour l'année 1714, p. 51-54. Johann Jakob Quandt, 1735, présente les controverses de son temps sur le personnage de Melchisedek. La position de Masson y est exposée § V, p. 8-12.
53 Martin avait publié en 1707 à Amsterdam (chez Henri Desbordes, Pierre Mortier & Pierre Bruel) une traduction de *La Sainte Bible, etc.* en deux volumes. *Cf.* Calvet, 2010, avec une riche bibliographie.

moins de 378 pages pour démonter et contredire jusqu'aux moindres détails la dissertation de Jean Masson : *Le Vrai sens du Pseaume CX*[54]. Lorsque Martin, qui est savant, signale des inexactitudes dans telle ou telle citation d'un texte classique ou biblique ou remet en question des hypothèses de Masson sur la base d'arguments philologiques, historiques ou géographiques (par exemple sur l'identification de Salem avec Jérusalem ou sur la double fonction royale et sacerdotale dans l'Antiquité), ses remarques et objections méritent réflexion. Mais lorsque, pour justifier la condamnation d'impiété portée par le Synode wallon contre Masson – et c'est là le gros du livre, avec beaucoup de répétitions inutiles –, il s'attaque au projet même d'une approche littéraire et historique du Ps 110, Martin verse dans le libelle diffamatoire. De fait le pasteur d'Utrecht part d'une conception préconçue sur le sens que doit avoir le psaume qui rend inutile et interdit toute recherche de type littéraire et historique. Il connaît « le vrai sens » du Ps 110 :

> [David] ne regarde le Messie que comme son Roi & son Seigneur, tout Roi pourtant qu'il étoit lui-même, & quoi que le Messie dût être son fils[55].

Et « ce qui acheve de mettre le comble à l'exposition que nous venons de voir », écrit-il, est que ce sens si évident est confirmé par les citations du Nouveau Testament[56] ! Il ne perçoit pas qu'en réalité ce sont ces citations (et la tradition interprétative) qui ont conditionné sa lecture du psaume.

On comprend qu'un dialogue constructif entre Masson et les tenants de l'interprétation christologique du Ps 110 est d'emblée voué à l'échec. Sa recherche d'une situation historique où le psaume faisait sens pour les contemporains de David, ses hypothèses (car il est vrai que l'historien quitte le domaine du dogme intangible) sur la vie de David, en particulier sur son accession au trône[57], ses recherches comparatives avec la littérature gréco-latine (Masson ne pouvait évidemment pas avoir encore accès à la littérature et à l'iconographie égyptiennes et mésopotamiennes), son effort pour

---

54 *Cf.* Martin, 1715.
55 *Ibid.*, p. 3.
56 *Ibid.*, p. 5-6.
57 Cette piste apparaît aujourd'hui encore comme la plus solide pour interpréter le psaume, en lien avec la traduction du v. 1 proposée par Masson : « Oracle de Yhwh à mon maître : "Siège (comme roi) à ma droite" ». Sur l'état actuel de la recherche voir par exemple Corley, 2007. Il va sans dire qu'il reste encore bien des aspects controversés dans l'exégèse du psaume.

déterminer le genre littéraire du psaume et le style hébraïque, tout ce qui fait de Masson un pionnier dans l'histoire de l'exégèse historico-critique, tout cela est perçu comme perte de temps et recherche de sa propre gloire[58].

CONCLUSION

Les réponses de Masson à ses critiques ne nous apprennent rien de plus sur sa compréhension littérale et historique du Ps 110. Elles font l'apologie, une apologie malhabile, nous l'avons déjà suggéré, de son orthodoxie en pourfendant les dénonciateurs de sa dissertation aux Synodes wallon et hollandais[59] et en cherchant à prouver que les Réformateurs ont préconisé un double sens historique et mystique[60], ce qui prête à des malentendus et qui ne fait guère avancer la question herméneutique importante sur le rapport entre le sens historique et littéral d'un texte de la Bible hébraïque et sa réception, au regard de l'événement christique, dans la littérature néotestamentaire. Ceci dit, la méthode historico-littéraire pionnière de Jean Masson représente assurément un jalon important dans l'histoire de l'exégèse de l'Ancien Testament et du Ps 110 en particulier.

---

58 Ainsi Martin, 1715, p. 3 de la Préface : « La grande profusion de Litterature jettée comme à tas dans cette Dissertation, sans qu'il en réjaillisse la moindre lumiere sur le sens du Pseaume, ne marque que trop le génie de ces Litterateurs ambitieux, qui veulent que leur savoir se montre par tout, & qui ne croiroient pas qu'un Ouvrage fût digne d'eux, si les citations des Auteurs Grecs et Latins n'y étoient à chaque page enchassés, comme de riches pierreries. [...] une érudition, qui comme un torrent débordé ramasse & entraîne tout ce qui se trouve sur son chemin, est fort fatigante, & donne moins l'idée d'un véritable Savant, que d'un homme qui veut le paroitre. »

59 *Cf.* Masson, 1715b. Il demande à ses lecteurs de considérer si la conduite de M. Martin et des rapporteurs au Synode « ne pêche point contre les devoirs attachez à leur vocation, les devoirs de la justice, de la charité, &c. & si cette indifference [à l'égard de la justice et de la charité] ne donne point de prise aux ennemis de la Religion en général, & de la Reformation en particulier. » C'est presque la fin de cette controverse, mais Masson y reviendra une dernière fois dans une recension de la traduction de la Bible par le Maître de Saci. On y trouve une pique contre le synode wallon qui a « condamné comme impie une Explication *Litterale* d'un Pseaume, jointe avec une interpretation *Mystique* & *Prophetique* » (Masson, 1717, p. 323). Une « extravagance » contraire aux Réformateurs ! Il fait l'éloge de la traduction de Lemaistre de Saci, alors que celle de Martin est pleine de fautes contre l'original.

60 *Cf.* Masson, 1714a, 1714b, 1715a, 1715b.

BIBLIOGRAPHIE

ALMAGOR, Joseph, *Pierre Des Maizeaux (1673-1745), Journalist and English Correspondent for Franco-Dutch Periodicals, 1700-1720*, Amsterdam – Maarssen, APA-Holland University Press, 1989.

BAYLE, Pierre, *Dictionnaire historique et critique*, Rotterdam, chez Reinier Leers, 1697.

BELLARMIN, Robert, *Explanatio in Psalmos. Editio novissima*, Lugduni, sumpt. I. Bapt. Bourlier & Laur. Aubin, 1675.

BESSIRE, François, « Les suites comiques de l'érudition : la note parodique, de Saint-Hyacinthe à Du Laurens », in J.-Cl. Arnould et Cl. Poulouin (dir.), *Notes. Études sur l'annotation en littérature*, Rouen, Publications des Universités de Rouen et du Havre, 2008, p. 243-256.

Bible (La) qui est toute la saincte Escriture du Vieil & du Nouveau Testament : Autrement L'Ancienne et la Nouuelle Alliance, édition Geneve, pour Iaques & Pierre Chouët, 1647 [Bible dite de Calvin ou de Genève].

BOST, Hubert, *Pierre Bayle*, Paris, Fayard, 2006.

BYNÆUS, Antonius, *Den CX. Psalm, verklaart, en toegepast [...]*, Deventer, by Albert Fronten, 1692.

CALMET, Augustin, *Commentaire litteral sur tous les livres de l'Ancien et du Nouveau Testament [...]. Les Pseaumes, Tome second*, Paris, chez Emery, Saugrain, Pierre Martin, 1734.

CALVET, Jean Paul, « David Martin : un théologien protestant revelois de renommée internationale », *Les Cahiers de l'histoire de Revel* 15, 2010 (http://www.lauragais-patrimoine.fr/LES-PERSONNALITES/ DAVID%20MARTIN/DAVID-MARTIN-JPC/DAVID-MARTIN-JPC.html [page consultée le 27/02/2020]).

CAPPEL, Louis, *Critica sacra, sive de variis quæ in sacris Veteris Testamenti libris occurrunt lectionibus. Libri sex [...]*, Lutetiæ Parisiorum, sumpt. Sebastiani Cramoisy et Gabrielis Cramoisy, 1650.

CHAUDON, Louis Maïeul, *Dictionnaire historique, critique et bibliographique [...].*, tome XVIII, Paris, chez Ménard et Desenne, 1822 [1ʳᵉ édition, 1766].

CORLEY, Jeremy, « Psalm 110 (109) and Israelite Royal Ritual », *Salmanticensis* 64, 2007/1, p. 41-71

CUPER, Gisbert, *Lettres de critique, de littérature, d'histoire, &c. écrites à divers savans de l'Europe, par feu Monsieur Gisbert Cuper [...] publiées sur les originaux par Monsieur de B** [Justinus de Beyer 1705-1772], Amsterdam, chez Henri du Sauzet et Guillaume Smith, 1742.

DANNEBERG, Lutz, « Ezechiel Spanheim's Dispute with Richard Simon. On the Biblical Philology at the End of the 17th Century », in Sandra Pott, Martin Muslow et Lutz Danneberg (éd.), *The Berlin Refuge 1680-1780. Learning and Science in European Context*, Leiden, Brill, 2003, p. 47-88.

DES VIGNOLLES, [Alphonse], « Second témoignage, [d']un autre Savant de Berlin », in *HCRL*, tome VI, 1714, p. 50-51.

DROUIN, Sébastien, « *L'Histoire critique de la République des Lettres* (1712-1718) et l'impossible mécénat », *Libertinage et philosophie à l'époque classique (XVIᵉ-XVIIIᵉ siècle)* 14, 2017, *La pensée de Pierre Bayle*, p. 257-267.

FLEYFEL, Antoine, « Richard Simon, critique de la sacralité biblique », *RHPR* 88, 2008/4, p. 469-492.

GAILLARD, Aurélia, « *Le Chef-d'œuvre d'un inconnu* de Thémiseul de Saint-Hyacinthe (1714) : folie raisonnante », in René Démoris et Henri Lafon (éd.), *Folies romanesques au siècle des Lumières*, Paris, Desjonquère, 1998, p. 275-293.

GROTIUS, Hugo, *Annotata ad Vetus Testamentum. Tomus I*, Lutetiæ Parisiorum, sumpt. Sebastiani Cramoisy et Gabrielis Cramoisy, 1644.

HERVEY, John, *The Diary of John Hervey, First Earl of Bristol. With Extracts from his Book of Expenses, 1688 to 1712. With Appendices and Notes*, Wells, Ernest Jackson, 1894a.

HERVEY, John, *Letter-books of John Hervey, First Earl of Bristol. With Sir Thomas Hervey's Letters during Courtship & Poems during Widowhood. 1651-1750*, tome I : *1651 to 1715*, Wells, Ernest Jackson, 1894b.

LE CLERC, Jean, *Ars Critica in qua ad studia linguarum Latinæ, Græcæ et Hebraicæ via munitur [...]*, Amstelædami, apud Georgium Gallet, 1697 ; *Editio Quarta*, Amstelædami, apud Henricum Schelte, 1712.

LENFANT, [Jacques], « Lettre de Mr. Lenfant sur le sens Litteral des Anciens Oracles à l'occasion de la Dissertation sur le Pseaume CX », *HCRL* VI, 1714, p. 43-50.

MARTIN, [David], *Le Vrai sens du Pseaume CX., opposé à l'application qu'en a faite à David l'Auteur de la Dissertation insérée dans les trois premiers Tomes de l'*Histoire critique de la République des lettres*, avec Diverses matières de Littérature & de Critique*, Amsterdam, chez Pierre Brunel, 1715.

MASSON, Jean, *Jani templum Christo nascente reseratum, seu Tractatus chronologico-historicus, Vulgarem refellens opinionem existimantium, Pacem toto terrarum Orbe sub tempus Servatoris N. natale, stabilitam fuisse. Quo Opere multa Romanum Historiam spectantia illustrantur*, Roterodami, apud Bernhardum Bos, 1700.

MASSON, Jean, *P. Ovidii Nasonis Vita ordine chronologico sic delineata, Ut Poëtæ Fata & Opera veris assignentur annis, notisque Philologicis & Historicis illustrentur, atque Augustei Ævi ritus moresque varii elucidentur*, Amstelodami, apud Viduam Joannis Janssonii à Waesberge, 1708a.

MASSON, Jean, *Q. Horatii Flacci Vita ordine chronologico sic Delineata, ut vice sit Commentarii Historico-Critici in plurima & praecipua Poëtæ Carmina [...]*, Lugduni Batavorum, apud Andream Dyckhuysen, 1708b.

MASSON, Jean, *C. Plinii Secundi Junioris Vita ordine chronologico sic digesta, Ut varia dilucidentur Historiæ Romanæ puncta, quæ Flavios Imperatores, uti Nervam Trajanumque spectant*, Amstelodami, apud Janssonio-Waesbergios, 1709.

MASSON, Jean, « Essai d'une nouvelle Vie de David ; ou Dissertation Critique sur le Pseaume CX », *HCRL* I, 1712, p. 42-94.

MASSON, Jean, « Dissertation Critique sur le Pseaume CX, ou Continuation de l'Article III. du Volume précédent », *HCRL* II, 1713a, p. 3-64.

[MASSON, Jean] « Explication Littérale & Critique des quatre derniers versets du Peaume CX, ou bien continuation du I. Article du Volume précédent », *HCRL* III, 1713b, p. 107-197.

[MASSON, Jean], « Sentiments des Réformateurs, Bucer, Pellican, Muscule & Calvin, touchant le double sens du Pseaume CX », *HCRL* VI, 1714a, p. 1-42.

[MASSON, Jean], « Eclaircissemens sur le I. Article de ce Tome, par l'Auteur de la Dissertation sur le Ps. CX », *HCRL* VI, 1714b, p. 415-434.

MASSON, Jean, « Reflexions critiques, où l'on tâche de prouver contre Mr. Martin, que le Pseaume LXXII. doit avoir un sens Prophetique, aussi-bien qu'un sens Litteral », *HCRL* VIII, 1715a, p. 255-278.

[MASSON, Jean], « Remarques Apologetiques, sur un libelle de Mr. David Martin contre l'Explication du Pseaume CX. &c. par Mr. Jean Masson, R. D. L. E. D. A. E. C. D. C. D. B. », *HCRL* VIII, 1715b, p. 452-480.

[MASSON, Jean], compte-rendu de « la nouvelle Édition de la Bible, en Latin & en François, par Mr. le Maître De Saci », *HCRL* XIII, 1717, p. 321-327.

MASSON, Jean – MAROLLES, B[ernhard] (de), *Lettres critiques sur la difficulté, qui se trouve entre Moyse & St. Etienne, dans le nombre des descendans de Jacob, qui passerent de Canaan en Egypte : Où l'on refute particulierement la conciliation d'un Auteur Anonyme, l'on en propose une nouvelle, & l'on explique divers passages de l'Ecriture sainte*, Utrecht, chès Jean Visch, 1705.

MASSON, Samuel (rédacteur), *Histoire Critique de la République des Lettres, tant Ancienne que Moderne* [= *HCRL*], tomes I-II, Utrecht, chès Guillaume à Poolsum, 1712-1713 ; tomes III-XIV, Amsterdam, chez Jaques Desbordes, 1713-1717 ; tome XV, Amsterdam, chez la Veuve de Jaq. Desbordes, 1718.

OUTREIN, Johannes (d'), *Dissertatio Philologico-Theologica de Mechizedeco, non Henocho [...]*, Amstelodami, apud Joannem Boom, 1713.

PEZRON, Paul-Yves, *Défense de l'Antiquité des tems, où l'on soûtient la tradition des Peres & des Eglises, contre celle du Talmud; Et où l'on fait voir la corruption de l'Hébreu des Juifs*, Paris, chès Jean Boudot, 1691.

QUANDT, Johann Jakob, *Examen controversiarum recentiorum de sacerdotio melchisedeciano [...]*, s. l., 1735.

REX, Walter, «Pierre Bayle : The Theology and Politics of the Article on David», *Bibliothèque d'Humanisme et de Renaissance* 24, 1962/1, p. 168-189; 25, 1963/2, p. 366-403.

REYNOLDS, Edwards, *An Explication of the Hundred and Tenth Psalm : Wherein the severall Heads of Christian Religion therein contained, touching the Exaltation of Christ, the Scepter of his Kingdom, the Character of his Subjects, his Priesthood, Victories, Sufferings, and Resurrection, are largely explained and applied. Being the Substance of severall Sermons Preached at Lincolns Inne. The third Edition*, London, for R. Bostocke and G. Badger, 1642.

ROBERT, Philippe (de), «Le roi David vu par Pierre Bayle», in Hubert Bost et Philippe de Robert (éd.), *Pierre Bayle, citoyen du monde. De l'enfant du Carla à l'auteur du Dictionnaire*, Paris, H. Champion, 1999, p. 187-198.

RIVET, André, *Commentarius in psalmorum propheticorum, De Mysterijs Euangelicis, Dodecadem Selectam [...]. Editio nova*, Roterodami, ex bibliopolio Arnoldus Leers, 1645.

SIMON, Richard, *Histoire critique du Vieux Testament. Nouvelle édition*, Rotterdam, chez Reinier Leers, 1685.

S[IMON], R[ichard], *Lettre à Monsieur l'abbé P. D. & P. en Th. touchant l'inspiration des livres sacrés, par R. S. P. D. B.*, Rotterdam, chez Reinier Leers, 1687.

[TOURNEMINE, René-Joseph], «[Samuel Masson,] *Histoire Critique de la Republique des Lettres, tant ancienne que moderne*», in [*Journal de Trévoux* ou] *Memoires pour l'Histoire des Sciences & des beaux Arts*, avril 1713, p. 639-660.

TWINING, Timothy, «Richard Simon and the Remaking of Seventeenth-Century Biblical Criticism», *Erudition and the Republic of Letters* 3, 2018/4, p. 421-487.

VAN DEN HONERT, Taco Hajo, *Het Hooge-Priesterschap van Christus Naar de ordening van Melchisedek, Door eene Ontleding en Verklaaring van het sevende hoofd-stuk in Paulus Send-briev aan den Hebreen*, Amsteldam, by R. en G. Wetstein, 1712.

VAN DEN HONERT, Taco Hajo, *De Messias, verheerlikt Aan des Heeren Regterhand : In een gewisse verwagting, [...] voorgedraagen in eene Schrift-maatige Verklaaring Van den CX^{den} Psalm [...]*, Amsteldam, by R. en G. Wetstein, 1714.

ÉTUDE CRITIQUE

L'histoire de la théologie

Marc Lienhard
Université de Strasbourg –
Faculté de Théologie Protestante
(EA 4378)

Pierre Olivier Léchot (dir.), *Introduction à l'histoire de la théologie*, Genève, Labor et Fides, 2018, 631 p., ISBN 978-2-8309-1617-1.

Le volume impressionnant qui nous est proposé offre, en onze chapitres, une présentation de l'histoire de la théologie depuis les premiers siècles jusqu'à l'époque contemporaine. Certes, il s'agit avant tout de l'histoire de la théologie protestante. Mais les trois premiers chapitres sont consacrés à la formation des théologies chrétiennes dans l'Antiquité tardive, à la théologie en Occident de 500 à 1200 et au Moyen Âge (v. 1200-v. 1500). Saluons cette option, présentée dans l'Avant-propos (p. 8-9). En effet, les théologies protestantes ne s'enracinent pas seulement dans la Bible, mais aussi dans la tradition des Pères de l'Église et dans les théologies médiévales.

D'autres chapitres évoquent « les réactions catholiques à la pensée de la Réforme » (p. 217-226) et « la théologie catholique entre néoscolastique thomiste et ressourcement » (p. 530-533). Selon l'Avant-propos, le chapitre consacré au temps des Réformes devait « aborder la théologie des deux blocs en train de se former (catholique et protestant) de manière conjointe, en les concevant comme des émanations d'un même contexte » (p. 8). En fait, dans ce chapitre, l'attention se porte presque entièrement sur le bloc protestant. Sur les 85 pages, seules 19 sont consacrées au catholicisme.

LES TROIS CHAPITRES CONSACRÉS
À L'ÉGLISE ANCIENNE ET AU MOYEN ÂGE

Ils n'exposent pas seulement l'histoire des idées ou des dogmes comme tels, mais prêtent attention aussi au cadre conceptuel et institutionnel, en particulier pour l'Église ancienne (Anna VAN DEN KERCHOVE), au statut de la théologie, aux institutions et à la géographie de l'élaboration théologique, aux fondements des théologies chrétiennes et aux principes herméneutiques. Des pages éclairantes sont consacrées ensuite aux divers sujets théologiques qui vont de Dieu et du Christ aux sacrements, à la foi et à l'Église.

Dans le deuxième chapitre, Gilbert DAHAN présente successivement les grandes lignes de la pensée religieuse entre 500 et 1200 et « la naissance de la théologie » avant d'aborder les diverses sources. D'autres pages traitent de l'enseignement, des genres littéraires et de quelques thèmes de discussion.

Le troisième chapitre, dû à Marc VIAL, expose d'abord de manière éclairante les conditions de la théologie, c'est-à-dire l'Université, en évoquant aussi bien les diverses facultés que le *corpus aristotelum*, les techniques d'enseignement et le cursus. L'auteur traite ensuite du statut de la théologie puis des types de théologie, en se concentrant sur le problème de la théologie mystique qu'il connaît remarquablement. Maître Eckhart y occupe une place de choix à côté de Gerson. Tauler, autre représentant de la mystique rhénane, est absent, mais le lecteur le trouvera dans le chapitre suivant consacré au temps des Réformes.

CHAPITRE IV : LE TEMPS DES RÉFORMES
(Lothar VOGEL)

Dans ce bel exposé, il est question successivement des conditions préalables, de l'école de Wittenberg, de la Réforme urbaine (Zwingli, Bullinger, Bucer, Calvin), de la Réforme radicale et des réactions catholiques à la pensée de la Réforme.

Les pages sur les conditions préalables (p. 150-161) sont les bienvenues. Elles évoquent l'appel du XVe siècle à la *reformatio*, la

théologie de la piété, la *devotio moderna* et les débats sotériologiques du même siècle, des théologiens tels que Nicolas de Cues et Wyclif, ainsi que l'humanisme. Elles montrent comment les Réformes protestantes s'insèrent dans des problématiques antérieures, et en même temps comment elles les dépassent. On aurait peut-être pu ajouter quelques considérations sur l'imprimerie, inventée au XVᵉ siècle, dont l'importance pour la diffusion des Réformes du XVIᵉ siècle est souvent soulignée aujourd'hui.

La présentation de « l'école de Wittenberg » (p. 162-185) commence par un exposé fouillé sur la justification par la foi seule selon Luther, en se concentrant sur les premières années. Saluons la place donnée à ce thème central, alors que d'autres spécialistes focalisent l'attention sur l'ecclésiologie, en particulier le combat contre la papauté, ou sur la théologie de la Parole. L'auteur porte un autre regard sur les premiers écrits de Luther qu'Ernst Bizer ou Martin Brecht, en revenant à l'interprétation de Karl Holl. Selon Bizer, l'insistance de Luther sur l'humilité prouverait qu'il n'avait pas encore affirmé dans ses écrits la justification par la foi, point de vue que nous avons récusé de notre côté en 1962. Il eût peut-être été utile de mentionner *a contrario* le point de vue de ces auteurs. M. Vogel n'évoque pas non plus le débat, en partie biographique, suscité par la préface de Luther de 1545 à ses écrits latins, évoquant sa percée réformatrice.

Les sous-chapitres suivants traitent successivement de l'herméneutique scripturaire wittenbergeoise, de la justification et des bonnes œuvres, de la prédestination, de l'ecclésiologie et de la doctrine des sacrements. Là encore, on relèvera la prééminence de la sotériologie par rapport à l'ecclésiologie et aux sacrements, traités sur à peine plus de trois pages !

Le sous-chapitre intitulé « l'école de Wittenberg » est plutôt original en soulignant ce qui est commun à Luther et à Melanchthon, en particulier dans la conception de la justification. Pour autant, l'auteur est aussi attentif aux différences. En effet, là où Luther parle de la justification de tout l'homme, Melanchthon distingue un processus à deux niveaux : l'attribution par Dieu de la justice dans un acte quasi juridique et le changement effectif de l'homme. On aurait sans doute pu évoquer d'autres différences, dont certaines n'émergent qu'avec le temps, comme par exemple un traditionalisme plus fort et une plus grande proximité avec l'humanisme chez Melanchthon que chez Luther. Mais l'auteur veut minimiser les

différences entre Luther et Melanchthon (p. 181), y compris dans
le passage souvent cité de l'édition des *Loci* de 1535, dans lequel
ce dernier parle des trois « causes » de la justification : la Parole,
l'Esprit et la volonté.

Le sous-chapitre sur l'ecclésiologie et la doctrine des sacrements
traite quelques thèmes essentiels de Luther et de Melanchthon,
mais, trop concis, il délaisse des sujets importants. L'auteur se
contente de relever l'attention portée par Luther à « la bataille
entre la Parole et une force antichrétienne qui voulait le faire taire »
(p. 181). N'aurait-il pas fallu préciser ? Il s'agit en l'occurrence
de la papauté comprise comme Antichrist. De manière générale,
Luther a perçu toute l'histoire comme un combat entre Dieu et
Satan. Cette dimension apocalyptique fondamentale est absente de
l'exposé. L'auteur souligne la distinction opérée par Luther entre
l'Église visible et l'Église cachée, mais aussi les signes visibles de
cette Église que sont la Parole et les deux sacrements ainsi que la
place du ministère. Parlant de l'Église cachée, Luther souligne que
« les saints sont invisibles » (WA 18,652,23, MLO V, p. 68), « nul
ne sait qui est saint et croyant » (WA 6,300,38 – 301,2 ; *Œuvres*
I, p. 557).

Il est question de « l'abolition de la distinction entre clercs et
laïcs » (p. 183) et du baptême comme fondement du sacerdoce
universel *(ibid.)*. N'aurait-il pas fallu être un peu plus explicite au
sujet de ce « sacerdoce universel » cher à Luther et à la tradition
protestante, mais absent de la Confession d'Augsbourg élaborée par
Melanchthon ? En ce qui concerne le ministère, est-il seulement une
nécessité de la pratique de la vie communautaire, comme certains
le pensaient au XIXᵉ siècle, ou bien une institution par le Christ ? À
propos de la papauté, une différence entre Luther et Melanchthon
aurait pu être relevée dans la mesure où ce dernier a admis une
papauté de droit humain.

Selon l'auteur, Luther aurait défendu le baptême des enfants
« sur la base d'une foi infantile pleinement valable du point de vue
de la sotériologie » (p. 183). En fait, il y a eu trois approches de
Luther. En 1520, il parle encore de la foi communiquée et de la foi
de l'enfant. Mais, quelques années plus tard, il évoque l'ancienneté
de ce baptême dans l'histoire de la chrétienté. Dans le Grand
Catéchisme de 1530, il souligne que ce n'est pas sur la base de
la foi que nous baptisons mais parce que Dieu l'a ordonné (WA
30,I,219,22 ; MLO VII, p. 131).

En ce qui concerne la cène, seule la communion sous les deux espèces et le rejet de la conception de la transsubstantiation sont mentionnés (p. 182). La problématique est exposée plus longuement après la présentation de Zwingli (p. 189-194).

Ce dernier ainsi que Heinrich Bullinger, Martin Bucer et Jean Calvin font l'objet du sous-chapitre 3. L'exposé sur Zwingli (p. 185) se fonde principalement sur les 67 Conclusions *(Schlussreden)* de 1523, sur son *Commentaire de la vraie et fausse religion* de 1525 et sur le traité *Sur la clarté et certitude de la Parole de Dieu.* En quelques pages (p. 185-189), complétées par celles consacrées au débat sur la cène, l'auteur exprime l'essentiel de la démarche de Zwingli. Peut-être aurait-il fallu souligner encore davantage le dualisme de sa pensée selon lequel il faut bien distinguer le corps et l'esprit, l'intérieur et l'extérieur, l'Esprit de Dieu qui fait naître la foi et la parole humaine, les deux natures du Christ. Soucieux de respecter la déité de Dieu, seule source du bien et seul Seigneur, Zwingli ne cesse de s'élever contre toute divinisation de la créature ou d'éléments comme les deux espèces de la cène. Selon des spécialistes tels que Wilhelm Neuser, deux lignes se rejoignent dans l'anthropologie de Zwingli : la ligne biblique soulignant que l'homme est « chair » par nature et doit naître de nouveau ; la ligne humaniste plaçant l'âme et l'esprit plus haut que le corps, et voyant dans l'esprit humain un réceptacle prédisposé pour l'esprit de Dieu. L'auteur ne développe guère cette thématique, pas plus qu'il n'évoque ce que Zwingli dit dans certains textes au sujet du péché originel qu'il peut qualifier de simple maladie *(Prästen).* Comme les autres réformateurs, il définit la foi avant tout comme confiance. Elle n'a pas besoin d'éléments extérieurs. La certitude du croyant n'est pas traversée de tentations, comme c'est plus nettement le cas chez Luther.

En abordant le débat sur la cène, l'auteur présente d'abord l'approche de Zwingli, sa compréhension strictement spirituelle du sacrement, en référence à Jean 6. « L'accent est mis plus sur l'aspect du témoignage que sur la réception salvifique » (p. 189). Le Hollandais Hoen renforce cette approche en rejetant l'idée d'une localisation matérielle du Christ dans les éléments, en interprétant les paroles d'institution de manière métaphorique et en soulignant la signification de la cène comme *commemoratio.* Luther, au contraire, veut s'en tenir au sens littéral des paroles d'institution, en affirmant que le Christ Dieu et homme se donne vraiment à tous les humains

dans la cène, même si les croyants sont seuls à le recevoir pour leur salut. L'auteur souligne à juste titre les différences christologiques entre Zwingli et Luther. Le premier veut distinguer les deux natures au point que seul Dieu est présent dans la cène, le Christ en son humanité se trouvant à la droite de Dieu, comprise comme un lieu céleste. Luther au contraire souligne l'union entre les deux natures. Le terme de fusion employé par l'auteur à ce propos (p. 191) nous paraît impropre. Mais il est vrai que, sur la base de la communication des idiomes, le Christ homme est associé à l'ubiquité divine, Dieu a participé à la souffrance du Christ incarné. L'auteur évoque à juste titre le processus du rapprochement des positions dont Bucer fut l'un des artisans principaux.

À ce propos, il faut sans doute accorder plus d'importance à l'écrit de Luther de 1528, *De la cène du Christ*, dans lequel Bucer trouve le thème de l'union sacramentelle entre les éléments et le corps et le sang du Christ. Cela l'éloignera quelque peu de Zwingli et le conduira à la Concorde de Wittenberg de 1536 évoquée par l'auteur (p. 193), suivie en 1540 par l'édition révisée de la Confession d'Augsbourg, signée par Calvin.

Un bref exposé présente des aspects essentiels de la démarche de Bucer. Il évoque en particulier l'affirmation de la double pré-destination et la portée existentielle de la prédestination avec « l'exigence d'une foi ferme en la propre prédestination, qui en doute "ne peut pas être un chrétien" » (p. 195). Selon la logique du *syllogismus practicus*, on peut conclure que celui qui fait de bonnes œuvres est élu par Dieu. On peut aussi souligner que, au-delà d'un fidéisme réduisant la foi à la confiance, Bucer peut aussi la qualifier dans certains textes de « *scientia Dei* » et lui attribuer ainsi une connaissance. Par ailleurs, dès son premier traité *De l'amour du prochain*, Bucer souligne que le croyant trouve un nouveau type de relation avec l'ensemble de la création. Comme celle-ci est décrite en termes de relations, il est appelé à servir les autres par l'amour. Les quelques lignes consacrées à l'ecclésiologie de Bucer sont trop sommaires. Il n'y a rien sur les *collegia pietatis* et sur la place fondamentale de la discipline ecclésiastique, ou encore sur la diversité des ministères. Quant à la confirmation, elle n'est pas seulement un rappel du baptême et un moment de confession personnelle de la foi, mais elle comporte aussi une bénédiction.

Après un bref exposé sur la théologie fédérale (p. 198-197) que l'on trouve en particulier chez Bullinger, le successeur de Zwingli,

l'auteur consacre des pages éclairantes à Jean Calvin (p. 198-205). Tout en soulignant qu'il ne faut pas le limiter à l'*Institution de la religion chrétienne*, c'est néanmoins sur elle qu'il se fonde pour « développer organiquement les caractéristiques les plus marquantes de sa pensée ». Il en relève aussi les changements au fil des diverses éditions. « Comme Luther, Calvin présuppose une connaissance naturelle de Dieu » (p. 199). Ses affirmations sur la Trinité et la christologie sont pleinement orthodoxes. En christologie, « il souligne la nécessaire distinction entre les deux natures » *(ibid.)*. Comme Melanchthon et Bucer, il développe « un modèle qui distingue les deux étapes de la justification et de la sanctification » (p. 200). De belles pages sont consacrées à l'homme chrétien, à la vie chrétienne et à la justification par la foi, ce qui exclut tout mérite humain.

L'auteur est évidemment amené à parler de la prédestination (p. 203-204). D'après lui, Calvin aurait admis que l'Église ne devient pas seulement visible par la prédication de la Parole et l'administration des sacrements, « mais aussi à travers l'identification individuelle des membres élus en Christ » (p. 203). D'autres spécialistes de Calvin ne vont pas aussi loin. Ils soulignent que seul Dieu connaît les siens (*cf.* 1 Tm 2,19) et que l'individu ne peut fonder son assurance que sur la foi qui s'attache au Christ, « miroir » de l'élection.

Curieusement, l'auteur n'évoque guère l'ecclésiologie de Calvin, alors qu'il a traité du pouvoir séculier (p. 204-205). Des pages éclairantes sont consacrées à la formation de la confession réformée. Il y est question du *Consensus Tigurinus*, de la Réforme anglicane, du Catéchisme de Heidelberg et des débats zwingliens et strasbourgeois au sujet de la prédestination.

Il eût été logique de présenter un exposé analogue sur la formation de la confession luthérienne. Cela est relégué au chapitre suivant consacré à la théologie protestante à l'âge des confessions. Par contre – et c'est bienvenu –, la présentation de la confession réformée est suivie par six pages sur la « Réforme radicale ». L'essentiel est dit au sujet de Carlstadt, de Thomas Müntzer (mais fut-il vraiment un disciple de Carlstadt ?), de la naissance du mouvement anabaptiste à Zurich, de Sébastien Franck et de Schwenckfeld. L'espace prévu empêche évidemment d'apporter toutes les précisions souhaitables. On aurait pu souligner par exemple que Schwenckfeld lui-même n'était guère favorable à la constitution de communautés se réclamant de ses idées. Rappelons aussi la démarche des Huttérites, une branche des anabaptistes adeptes de la communauté de biens.

Des personnages importants sont passés sous silence : Balthasar Hubmaier, l'un des meilleurs théologiens anabaptistes ; les mystiques protestants Weigel et Böhme, et Melchior Hoffman méritaient peut-être plus que trois lignes !

À juste titre, un dernier sous-chapitre est consacré aux réactions catholiques à la pensée de la Réforme (p. 217-226). Luther est traité de hussite, il est accusé d'indifférentisme moral (à cause du *sola fide*) et de manichéen. Mais Érasme est aussi qualifié d'hérétique par certains. L'auteur évoque également l'École de Salamanque et son retour à Thomas d'Aquin. Mais des voix plus sensibles au message luthérien relatif à la justification par la foi se font entendre en la personne notamment de Jean Gropper. On aurait pu citer aussi le franciscain Jean Schatzgeyer et ses réflexions sur la messe. Il est question des colloques religieux de 1540-1541. Hors d'Allemagne, c'est en particulier Juan de Valdès qui est cité, influencé par la mystique des *alumbrados*. L'exposé débouche tout normalement sur l'œuvre du Concile de Trente qui ne se limite pas à une condamnation d'affirmations hérétiques, mais explique positivement une doctrine. Le texte le plus important est celui sur la justification (p. 223-225). Si, au XVIe siècle, il n'a pas réussi à mettre fin à la division religieuse, à l'époque moderne, bien des jugements protestants sont devenus plus positifs. Mais l'auteur se contente d'affirmer que, par certains aspects, la doctrine de Trente au sujet de la grâce est « un indéniable effet de la Réforme sur le dogme catholique » (p. 225).

Le chapitre sur le temps des Réformes se termine par une ample bibliographie, la plus développée comparée aux autres chapitres : un peu plus de dix pages. On pourrait certes discuter de certains choix ou signaler l'une ou l'autre absence. Nous nous limiterons à deux remarques concernant les titres relatifs à la Réforme radicale.

Nous regrettons l'absence de l'ouvrage fondamental de George Williams *The Radical Reformation* (1962, 1992), et celle de la *Bibliotheca Dissidentium*, créée par André Séguenny, dans laquelle sont présentes beaucoup de figures de la Réforme radicale. Trente volumes ont paru entre 1980 et 2016, qui constituent une base bibliographique et théologique fondamentale pour l'étude de la Réforme radicale.

Par ailleurs, une rectification s'impose au sujet de l'anthologie *Renaissance et Réformes* : elle a été publiée par Nicole Lemaitre et Marc Lienhard dans le cadre d'une collection dirigée par Bernard Lauret.

CHAPITRE V : LA THÉOLOGIE PROTESTANTE
À L'ÂGE DES CONFESSIONS
(Olivier Léchot)

D'entrée de jeu, l'auteur relève, selon nous à juste titre, que « la théologie protestante n'est pas entrée dans un temps de sclérose avec le passage de la génération des Réformateurs à celle de leurs successeurs » (p. 237). Tout le chapitre étaye ce jugement, même s'il est question de « durcissements » (p. 238). L'exposé traite d'abord du bloc luthérien (6 pages), de l'univers réformé (15 pages), du puritanisme et de l'Église d'Angleterre (11 pages). Les dissensions intra-luthériennes sont résumées très sommairement. Suivent quatre pages sur la Formule de Concorde. Pourquoi le silence sur la querelle adiaphoriste et ses enjeux ? Il n'y a rien non plus sur le conflit intra-luthérien au sujet de la cène et sur ce que l'on a appelé le crypto-calvinisme. On cherchera aussi en vain des informations sur l'orthodoxie luthérienne, en particulier sur la fameuse formule qu'elle a fait sienne à la suite de Brenz (mentionné p. 190) et dans la logique de Thomas d'Aquin : *« finitum capax infiniti »*. Alors que l'exposé, beaucoup plus étoffé, sur l'orthodoxie réformée aborde aussi le XVIIe siècle, celui sur l'orthodoxie luthérienne s'arrête à la Formule de Concorde (1577). Il y aurait pourtant eu beaucoup à dire sur la manière dont l'orthodoxie luthérienne parle de l'Écriture sainte ou encore sur les disputes au sujet de la christologie. Il y avait accord chez les théologiens luthériens pour affirmer que les deux natures, unies comme le fer et le feu, se communiquaient réciproquement leurs « propriétés » sans pour autant se confondre et qu'il y avait aussi communication de la majesté divine à la nature humaine. Mais un conflit intra-luthérien entre les théologiens de Giessen et ceux de Tübingen porte sur la question de savoir si, par le « dépouillement » évoqué dans Ph 2,9, le Christ incarné s'est « vidé » de ses attributs divins ou s'il a simplement caché sa condition divine.

En ce qui concerne l'orthodoxie réformée, l'auteur expose successivement l'*Harmonia confessionum fidei* réalisée à Genève puis les controverses au sujet de la double prédestination et de la grâce, en faisant place évidemment aux positions d'Arminius et au synode de Dordrecht. L'exposé est agrémenté de deux tableaux très éclairants et il participe bien à l'effort récent de prendre davantage

en considération ce synode. Il est question aussi, à juste titre, de l'Académie de Saumur et des conceptions de Moïse Amyraut et de sa théorie de la grâce universelle destinée à tous, mais de fait reçue seulement par les élus. De son côté, Josué de la Place atténue la doctrine calvinienne du péché originel.

Des pages éclairantes sont consacrées ensuite au puritanisme et à l'Église d'Angleterre. Un second sous-chapitre traite de la théologie académique durant l'ère confessionnelle. Les approches historiographiques sur ce sujet (p. 269-275) sont les bienvenues, mais, là encore, il n'est question que des travaux consacrés à l'orthodoxie réformée ! C'est aussi le cas dans les pages suivantes qui cherchent à définir les termes d'« orthodoxie » et de « scolastique » et à préciser le contexte polémique et académique de la scolastique protestante, le recours à Aristote et la nature et la méthode de la théologie, la place de l'éthique. C'est seulement avec Flacius et son œuvre herméneutique qu'une petite place est faite à la théologie luthérienne (p. 279-281).

Un dernier sous-chapitre de bonne facture, intitulé « Déplacements et contestations », évoque l'émergence de l'histoire en théologie, la mise en question de l'autorité de l'Écriture par la critique biblique, les apports (et les risques) du recours à la raison en théologie. La théologie (ou spiritualité) luthérienne y fait une timide apparition avec quelques pages consacrées au piétisme. L'auteur y décrit la démarche de Jean Arndt, en quelque sorte l'ancêtre du piétisme, qui influença la figure centrale du piétisme allemand qu'est Philippe Jacques Spener. Il énumère les six points clefs du programme de réforme présenté par ce dernier dans les *Pia Desideria* de 1675. On aurait pu y ajouter un thème jugé spécifique par des spécialistes tels que Wallmann, à savoir l'attente de temps meilleurs pour l'Église, qui tranchait avec la conviction de Luther que la fin des temps était proche.

CHAPITRE VI : LA THÉOLOGIE PROTESTANTE DURANT LES LUMIÈRES
(Jennifer Powell McNutt)

Le premier sous-chapitre traite du protestantisme dans l'Encyclopédie, où il est le plus souvent dénigré. Selon l'auteur, « les grandes figures des Lumières, autrefois réduites à leur philosophie,

sont à présent réévaluées au regard de leur foi personnelle et de leur contribution à la fois à la théologie chrétienne et au développement du mouvement des Lumières » (p. 323). Mais ce jugement s'applique-t-il aussi à des Français tels que Voltaire ? L'auteur souligne que bien des religieux chrétiens protestants étaient impliqués dans des recherches scientifiques. Explorer comment le monde fonctionne signifiait explorer l'œuvre du Dieu créateur.

Trois sous-chapitres décrivent ensuite successivement comment les théologiens luthériens, l'Église d'Angleterre et les théologiens réformés se sont situés par rapport aux Lumières. En ce qui concerne les luthériens, après une page consacrée à l'orthodoxie, le mouvement piétiste occupe davantage de place. Déjà présenté dans le chapitre précédent, il est qualifié d'« effort parallèle qui visait à diminuer l'importance et la primauté de la théologie dogmatique en faveur d'une mise en valeur de la vie pieuse du croyant » (p. 330). À côté du piétisme, l'exposé fait place aux philosophes luthériens Leibnitz et Christian Wolff. L'auteur signale l'influence croissante du piétisme à travers les missions, mais aussi son impact sur de nombreux théologiens de la tradition protestante, en particulier Schleiermacher.

On aurait pu montrer aussi comment le piétisme a contribué à l'avènement des Lumières en mettant l'accent sur la subjectivité religieuse, en se détournant d'une conception aristotélicienne de la science au profit d'une transmission de la foi fondée sur l'expérience religieuse, en privilégiant une approche philologique de la Bible par rapport à une dogmatique confessionnelle et en préférant l'irénisme à l'intolérance des orthodoxies.

Le sous-chapitre consacré à l'Église d'Angleterre traite en particulier du méthodisme (p. 337-340), des quakers et du latitudinarisme, qui se situe « au croisement de la philosophie et de la théologie afin d'extraire des affirmations universelles autour desquelles tous les chrétiens pouvaient se réunir » (p. 342). Il est question ensuite du rationalisme de John Locke, George Berkeley et David Hume. Un dernier sous-chapitre très étoffé (p. 348-363) traite des Lumières et des réformés. Des problématiques concernant la question de l'élection et de la prédestination, déjà évoquées dans le chapitre précédent, réapparaissent (p. 349-352). L'influence de Descartes à travers des théologiens de Genève tels que Jean-Robert Chouet, Jean Le Clerc et Jean Alphonse Turrettini est perceptible. Le successeur de ce dernier, Jacob Vernet, correspond avec Voltaire, jusqu'à ce

que ce dernier s'en prenne à « l'âme atroce de Calvin » (p. 354).
Il a plus de succès avec Rousseau. L'auteur évoque ensuite des
théologiens tels que Gisbert Voetius, critique du cartésianisme,
ainsi que Johannes Cocceius et William Ames. Il est question aussi
des débats dans l'Église d'Écosse, des Églises de France après la
Révocation de l'Édit de Nantes, des puritains et du mouvement de
Réveil du XVIIIe siècle en Amérique.

Évoquant « le questionnement concernant les miracles bibliques,
la trinité, l'authenticité des livres bibliques et bien d'autres thèmes »,
la conclusion souligne que « chaque tradition protestante fut bous-
culée pendant les Lumières par ceux qui valorisaient la raison
humaine en lien à la nouvelle philosophie ou ceux qui affirmaient
au contraire une révélation directe par le Saint-Esprit » (p. 362).

CHAPITRE VII : DES LUMIÈRES AU NÉO-PROTESTANTISME. LA TRANSFORMATION DE LA THÉOLOGIE PROTESTANTE À L'ÉPOQUE MODERNE
(Jean-Marc TÉTAZ)

Comme l'attestent la bibliographie et la majorité des notes de
bas de page, l'auteur de cette volumineuse étude se fonde surtout
sur des travaux de langue allemande pour présenter un panorama
impressionnant. Il souligne d'ailleurs (p. 374) le rôle essentiel
joué par les théologiens de langue allemande dans le processus
de transformation de la théologie protestante. Il relève d'abord les
changements socioculturels qui marquent l'époque où commencent
à surgir les Lumières : l'appartenance à une confession donnée ne
va plus de soi. La foi religieuse est maintenant une option parmi
d'autres. De nouvelles conceptions du droit et de l'État émergent,
ainsi qu'une nouvelle compréhension de la science, empirique plutôt
que contemplative de la nature. Les antagonismes religieux hérités
de la Réforme suscitent le déisme et sa quête d'une religion naturelle
unificatrice. Dans la ligne de Troeltsch, cité au moins une vingtaine
de fois dans cette étude, c'est le concept de néo-protestantisme qui
retient l'attention. Ce concept « désigne l'ensemble des formes prises
par le protestantisme à partir de l'époque des Lumières » (p. 369).
Selon l'auteur, l'emploi de ce concept concerne à la fois ceux qui
récusent la légitimité théologique des transformations suscitées

par les Lumières et ceux qui adoptent une attitude positive face aux Lumières qu'ils considèrent comme « l'accomplissement de la Réforme du XVIᵉ siècle » (p. 369).

Le *Kulturprotestantismus* et le libéralisme s'inscrivent dans cette perspective. Mais, estime l'auteur, même les « orthodoxes » qui contestent les transformations apportées par les Lumières, tels que les théologiens d'Erlangen, n'échappent pas à la nécessité d'utiliser « des ressources intellectuelles et institutionnelles typiquement modernes ou d'adopter des catégories proches de leurs adversaires "libéraux" ».

La théologie est maintenant confrontée aux transformations dont le moteur se trouve, selon l'auteur, dans « l'idée de la subjectivité autonome qui, depuis Descartes, fonde la modernité philosophique et théologique » (p. 372). Le protestantisme ancien distinguait une connaissance rationnelle de Dieu (la théologie naturelle) et une théologie révélée qui concernait les contenus théologiques spécifiques du christianisme (trinité, christologie et sotériologie). On trouve cela encore dans le supranaturalisme de la fin du XVIIIᵉ siècle, non mentionné par l'auteur. Mais le changement essentiel consiste à attribuer la capacité à la raison humaine de saisir par ses propres moyens les contenus théologiques, sans se soumettre à l'autorité de l'Écriture dont l'inspiration garantirait le statut de révélation (p. 373).

Après ce prélude, l'auteur expose la théologie des Lumières allemande. Il en souligne la diversité et le fait que les diverses théologies ne sont pas toutes opposées à la religion, alors que c'est souvent le cas en France. Dans des pays comme l'Angleterre et l'Allemagne, il s'agit plutôt de moderniser la religion, en la libérant du caractère dogmatique ou du moule ecclésiastique « hérités de la confessionnalisation consécutive à la Réforme » (p. 377). Le prix à payer dans la démarche des philosophes et théologiens allemands, c'est « une critique rationnelle des représentations religieuses [qui] va de pair avec une critique historique » (p. 378).

Dans le deuxième sous-chapitre, l'auteur souligne d'abord la symbiose entre religion et culture, en Allemagne surtout. Schleiermacher y voyait l'héritage de la Réforme. S'opposant à toute forme de restauration ecclésiastique de type revivaliste ou autre, Richard Rothe défend l'idée que le christianisme allait passer à un âge non ecclésial. Mais le passage, dans la seconde moitié du XIXᵉ siècle, à « une culture de l'ici-bas et de l'immanent » (p. 389) révèle l'antagonisme entre le christianisme et la culture. Jean-Marc Tétaz met bien en

évidence les diverses réactions de la théologie protestante à cette culture : « le sauvetage de la personnalité » par rapport à la culture ambiante chez Ritschl ; une vision de l'histoire attentive à d'autres sources de la modernité que la Réforme ; un développement de l'éthique sociale.

De Schleiermacher et Hegel à Harnack et à Troeltsch, les conceptions de la religion du néo-protestantisme « articulent une approche individualiste de la religion personnelle, trouvant son lieu dans une théorie de la conscience de soi, avec une analyse sociologique ou historique de la religion institutionnelle » (p. 397). L'auteur évoque l'effort de Schleiermacher pour « restituer au discours théologique sa pertinence universelle » (p. 399), en mettant en avant la conscience religieuse et le sentiment de dépendance absolue. Dans la seconde moitié du siècle, la psychologie et l'histoire de la religion seront davantage prises en compte, en particulier par Troeltsch (p. 403-406).

Après un quatrième sous-chapitre consacré au statut épistémologique de la théologie et aux impulsions émanant de Schleiermacher, l'auteur évoque « le pacte entre la foi chrétienne et la recherche historique », qui sera battu en brèche par la révolution anti-historiciste de Barth et de Gogarten. Les recherches historiques ont porté en particulier sur la littérature et la religion de l'Israël ancien, sur le judaïsme du Second Temple et sur le premier christianisme, sur l'histoire des dogmes et sur le Jésus de l'histoire. Les fruits et les figures de la recherche menée en particulier par Baur et Harnack sont évoqués, avec une attention particulière portée aux Vies de Jésus.

Dans un dernier sous-chapitre, l'auteur évoque les reformulations doctrinales opérées par le néo-protestantisme, concernant la doctrine de Dieu et la christologie. Pour Dieu, il est question successivement de Kant, de Fichte, de Hegel et de Schleiermacher. Pour ce dernier, « Dieu est le présupposé nécessaire de la conscience religieuse en tant que sentiment de dépendance absolue » (p. 437). Il n'est pas question, dans l'exposé, d'approches plus récentes, sans même parler de la réaction barthienne. Pour la christologie, le panorama va de Schleiermacher et de sa compréhension de Jésus, compris comme « réalisation archétypique de la conscience croyante », à Troeltsch qui voit en Jésus un « "symbole cultuel" indispensable du christianisme » (p. 445). En passant, l'auteur évoque la distinction opérée par Martin Kähler entre le « soi-disant Jésus historique » et le « Christ "historial" *[geschichtlich]* de la foi », distinction reprise

plus tard par Bultmann. La conclusion lucide de l'auteur ne surprend guère : « les débats christologiques au sein du néo-protestantisme du XIXe siècle n'ont pas donné naissance à une solution durable dans le champ christologique » (p. 445).

CHAPITRE VIII : LA THÉOLOGIE PROTESTANTE AU XIXe SIÈCLE
(André ENCREVÉ)

L'auteur rappelle d'abord le développement du mouvement scientifique, perçu comme un instrument quasi universel, et les conséquences de l'épistémologie kantienne. L'exposé présente ensuite l'approche de Schleiermacher, en particulier sa concentration sur la conscience de Dieu. Est-il adéquat de parler à ce propos d'« expérience éthico-religieuse » (p. 452) et de rapprocher cette expérience du témoignage intérieur du Saint-Esprit *(ibid.)* ? Ce dernier n'est-il pas présent chez les réformateurs à la lecture de l'Écriture ? L'exposé fait place ensuite à l'étude historique de la Bible, fidèle, selon l'auteur, au *sola scriptura* de la Réformation. La Bible fait maintenant l'objet d'une étude historico-critique, illustrée en particulier par les Vies de Jésus (en particulier celle de Strauss) et par les travaux de Ferdinand Christian Baur, initiateur, selon l'auteur, de cette méthode. Il en a déjà été question dans le chapitre précédent.

En reculant un peu dans le XIXe siècle, l'auteur présente de manière claire l'approche de Schleiermacher (p. 457-461) en se fondant en particulier sur les *Discours* de 1799. Il montre que, chez ce dernier, la religion n'est ni un savoir ni une morale. Elle est intuition de l'Univers et sentiment. Elle est conscience de l'immédiateté de l'Univers. Plus tard, Schleiermacher remplacera le terme d'« Univers » par « Dieu ».

Il est question ensuite assez longuement (p. 464-468) de Baur et de sa méthode historico-critique, mais aussi de Strauss et de son utilisation du mot « mythe » pour parler de Jésus et du Nouveau Testament. L'attention porte surtout sur Baur. Marqué par l'hégélianisme, ce dernier discerne dans l'histoire de l'Église une évolution dialectique. Pour lui, le Nouveau Testament n'est pas un ensemble de mythes, mais « le résultat de tendances logiques et parfaitement identifiables » (p. 466).

En abordant la seconde moitié du siècle, moins innovatrice d'après lui que la première, l'auteur évoque la postérité de Schleiermacher, en particulier le théologien français le plus connu, Auguste Sabatier (p. 470-476), qualifié par François Laplanche de « Schleiermacher français », absent de l'étude de Tétaz. Sabatier souligne l'expérience religieuse du Christ lui-même, en s'intéressant davantage à sa personne qu'à son message. Il part d'une démarche qui déduit la résurrection du Christ de la transformation religieuse et morale qui s'est opérée dans la conscience des apôtres. Sabatier n'a pas contesté la dogmatique classique, fondamentale à ses yeux, mais qu'il convient d'interpréter de manière symbolique. « Dans la ligne de Schleiermacher, il explique que ce ne sont pas les dogmes qui font la religion, au contraire, c'est le sentiment religieux qui est à l'origine des dogmes » (p. 479).

L'exposé évoque ensuite l'histoire et l'exégèse avec des théologiens qui, tout en se réclamant de Baur, se démarquent de lui. Ils n'étaient pas mentionnés par Tétaz. Parmi eux figure le Strasbourgeois Édouard Reuss qui affirme l'antériorité des prophètes par rapport au Pentateuque et l'antériorité de l'évangile de Marc. Il considère les évangiles comme des témoignages historiques sur la vie de Jésus. Plus de trois pages sont consacrées à Harnack, en particulier à sa conception des dogmes considérés comme « œuvre de l'esprit grec sur le terrain de l'Évangile » (p. 479).

Comme Tétaz, l'auteur évoque aussi le contenu et l'importance de l'ouvrage de Harnack *L'Essence du christianisme*. D'autres pages traitent de Ritschl et de Wilhelm Hermann, eux aussi déjà abordés par Tétaz. L'exposé d'Encrevé se termine par une présentation des nouvelles voies de la recherche historique, en particulier par des informations sur les acteurs de l'histoire des religions. Comme Tétaz, l'auteur débouche sur l'inévitable Troeltsch (p. 487-492), en évoquant sa méthode historique, sa conception d'un a priori religieux et son recours à des critères éthiques pour évaluer les principales religions, l'analyse historique n'étant pas en état de le faire.

On peut regretter les doublons entre cette présentation et celle de Tétaz. Des particularités positives caractérisent la démarche d'Encrevé. Il a davantage fait place à des théologiens francophones. Aux noms déjà cités, on peut ajouter ceux de Vinet et d'Albert Matter. Pour autant, il ne s'est pas limité à l'espace francophone et a fait place à des théologiens allemands presque totalement ignorés par Tétaz, en particulier l'école d'Erlangen (p. 463 et 473).

Nous avons apprécié également l'exposé fouillé sur la démarche de Schleiermacher. En ce qui concerne la bibliographie, elle se limite presque entièrement à des auteurs de langue française.

CHAPITRE IX : LA THÉOLOGIE PROTESTANTE DU XXᵉ SIÈCLE
(Christophe CHALAMET)

L'auteur commence par se focaliser sur un sujet déjà traité dans les deux chapitres précédents : *L'essence du christianisme* de Harnack (p. 495-499). Il aborde ensuite le contentieux entre Wilhelm Hermann et Troeltsch, sujet déjà traité. Les sous-chapitres suivants sont plus originaux. Il est question d'abord des théologiens de la Parole (p. 504-521) qui mettent en cause radicalement les apports de la théologie protestante moderne centrée sur l'expérience et le « chemin vers la religion ». La présentation de la démarche de Barth et des débuts de la théologie dialectique (Bultmann, Brunner) est excellente. Les autres sous-chapitres sont consacrés à Paul Tillich et à la théologie de la culture, à la théologie catholique entre néo-scolastique thomiste et ressourcement, à la théologie germanophone sous le nazisme. Dommage pourtant que l'auteur réduise Althaus et Elert à leurs conceptions concernant les « ordres de la création » et à la distinction entre la loi et l'Évangile. Une excellente page est consacrée à Bonhoeffer dont la démarche théologique aurait pu cependant être explicitée un peu plus largement.

Le sous-chapitre consacré à la théologie chrétienne de 1941 à nos jours fait place à Bultmann et au programme de la démythologisation, puis de nouveau à Karl Barth et à l'œuvre de la maturité (p. 539-542). Il est question ensuite de la théologie du *Process* puis de « l'annonce de l'ère post-dialectique » avec Wolfhart Pannenberg, Jürgen Moltmann et Eberhard Jüngel (p. 547-554). Des parties plus brèves présentent les théologies de la mort de Dieu et de la croix, les théologies de la libération et les théologies contextuelles, la *Black theology*, la théologie chrétienne des religions, les théologies libérales, la théologie trinitaire, le tournant théologique en philosophie, le post-libéralisme, la théologie verte, le dialogue entre la théologie chrétienne et les sciences de la nature. Un bref bilan, sensible à « la vitalité de la théologie dans de nombreux endroits

du monde » (p. 573) clôt le chapitre. Bien que très concis, il s'agit d'un ensemble bien charpenté et bien documenté qui informe de manière satisfaisante sur les divers courants de la théologie, surtout protestante, au xxᵉ siècle. Quelques regrets : on aurait pu faire place au néo-calvinisme incarné par Auguste Lecerf (1872-1943) et au néo-luthéranisme qui n'était pas seulement représenté par Elert et Althaus.

LES DEUX DERNIERS CHAPITRES

Dus respectivement à Élisabeth PARMENTIER et à André BIRMELÉ, ces chapitres constituent des pages éclairantes sur la (les) théologie(s) féministe(s), « une autre manière de concevoir la théologie », et sur l'œcuménisme aux xxᵉ et xxiᵉ siècles, qui a toute sa place dans le paysage religieux et théologique.

CONCLUSION

Soulignons pour conclure la richesse de l'information transmise par ce volume, malgré les répétitions ou doublons que nous avons signalés. La pensée théologique des protestants à travers les siècles, ses grandes lignes et ses représentants les plus remarquables sont bien mis en évidence. Formulons toutefois quelques regrets. Le premier concerne l'attention, insuffisante à nos yeux, accordée à Kierkegaard. Il est certes, mentionné une dizaine de fois, mais surtout comme inspirateur de Karl Barth. On cite à ce propos le jugement de Troeltsch qualifiant, en 1921, la théologie dialectique de « pomme tombée de l'arbre de Kierkegaard » (p. 417). Peut-on vraiment en rester là ? Même si on peut critiquer son individualisme et d'autres aspects de sa théologie, sa christologie, sa conception de la doctrine comme communication existentielle de l'Évangile, son insistance sur la foi comme décision personnelle et comme paradoxe, sa conception des trois stades, esthétique, éthique et religieux comme différentes attitudes vis-à-vis de la vie, ainsi que son

influence sur l'existentialisme du XXᵉ siècle et bien d'autres thèmes auraient mérité plus d'attention dans une histoire de la théologie protestante. Peut-on d'ailleurs réduire la théologie de Kierkegaard à ce qu'en a fait la théologie dialectique ?

Un autre regret concerne l'absence totale de la théologie suédoise du XXᵉ siècle. Ainsi Söderblom est-il cité seulement dans le chapitre consacré à l'œcuménisme. Or la manière dont il faut parler de la révélation, de l'histoire et de la philosophie, l'attention portée à l'expérience religieuse, la mise en évidence des « motifs » dans l'histoire de la théologie, tout cela aurait dû être évoqué au moins de manière succincte. Des théologiens tels que Billing, Söderblom, Nygren, Aulen et bien d'autres, luthériens, certes, devraient figurer dans une histoire de la théologie protestante, comme c'est le cas de la théologie protestante en France au XIXᵉ siècle.

Enfin qu'en est-il de Troeltsch, omniprésent dans l'ouvrage ? Nul doute que ce philosophe de la religion, historien et théologien, est une figure fascinante. Ce qu'il écrit donne toujours à penser, même s'il faut poser des questions critiques, absentes dans le livre. Il a distingué le néo-protestantisme du « vieux » protestantisme pour souligner l'impact des Lumières et de la critique historique sur la théologie moderne. Ce faisant, il s'oppose d'ailleurs à bien des théologiens des Lumières tels que Mosheim, Semler, Lessing et Spalding, qui évoquèrent l'héritage de la Réformation dans les Lumières, malgré les transformations que ces dernières avaient apportées.

À juste titre, Tétaz souligne (p. 390) que, confronté à une culture de l'immanence, Troeltsch a mis en évidence l'opposition de la religion à cette culture. Selon Troeltsch, l'évolution doctrinale dans le christianisme peut se comprendre seulement en prenant en compte l'interaction entre l'histoire des idées et l'histoire sociale, sans qu'il affirme pour autant, comme le fait l'approche marxiste, que les dogmes ne seraient qu'une superstructure des réalités sociales. La distinction de type sociologique opérée par Troeltsch entre l'Église, la secte et le mysticisme individualiste est bien connue et souvent utilisée encore aujourd'hui dans les typologies relatives à ces diverses expressions du vécu chrétien. Mais faut-il aller jusqu'à dire que les trois types en question ont déterminé aussi la conception que l'on se faisait du Christ : le Christ rédempteur dans l'Église, Jésus l'annonciateur du Royaume de Dieu dans la secte et le Christ présent sous la forme de l'esprit dans le cœur

des fidèles unis à Dieu ? Ces figures christologiques ne sont-elles
déjà présentes dans le Nouveau Testament et n'ont-elles pas suscité
divers types de christianismes ?

Il faut évoquer aussi la critique des dogmes opérée par Troeltsch
et par la plupart des représentants du néo-protestantisme, comme
une exigence inéluctable de l'historicisation de la culture et de la
théologie. L'effet bénéfique d'une telle approche a pu mettre fin
à une soumission non critique aux dogmes et aux doctrines des
Églises établies. Rejetant l'idée d'une révélation exclusive de la
vérité religieuse dans le christianisme et doutant de son absoluité,
Troeltsch a poussé très loin la critique des doctrines, en particulier
les affirmations concernant la divinité du Christ, le péché originel
et la justification par la foi, qu'il considère comme incompatibles
avec la modernité. Mais n'a-t-il pas été, en l'occurrence, trop
tributaire de la culture de l'immanence à laquelle, d'après lui, la
religion et, d'une certaine manière, la théologie devaient s'opposer
plutôt que s'y inféoder ?

La plupart des théologiens du XXe siècle ne l'ont d'ailleurs pas
suivi. Une critique légitime des positions du néo-protestantisme
concernant Dieu, l'anthropologie théologique, la spiritualisation et
l'individualisation unilatérale de la religion, la foi dans le progrès est
aujourd'hui nécessaire à l'encontre d'un anti-dogmatisme excessif.
On fera valoir aussi que le dogme et les confessions de foi, issus
d'expériences de la foi, jouent un rôle conservateur légitime pour
préserver les affirmations centrales de la foi.

LISTE DES OUVRAGES REÇUS

d'octobre 2019 à septembre 2020

ALLEN, G. V. (éd.), *The Future of New Testament Textual Scholarship. From H. C. Hoskier to the Editio Critica Maior and Beyond*, Tübingen, Mohr Siebeck, 2019, xi + 523 pages. ISBN 978-3-16-156662-2 (149 €).

ALLISON, D. C. *et al.* (éd.), *Encyclopedia of the Bible and its Reception*. Vol. 15 : *Kalam – Lectio Divina*, Berlin, De Gruyter, xxix + 1219 pages. ISBN 978-3-11-031332-1 (259 €).

ALLISON, D. C. *et al.* (éd.), *Encyclopedia of the Bible and its Reception*. Vol. 16 : *Lectionary – Lots*, Berlin, De Gruyter, 2018, xxvii + 1258 pages. ISBN 978-3-11-031333-8 (259 €).

ALLISON, D. C. *et al.* (éd.), *Encyclopedia of the Bible and its Reception*. Vol. 17 : *Lotus – Masrekah*, Berlin, De Gruyter, 2019, xxviii + 1282 pages. ISBN 978-3-11-031334-5 (259 €).

ALLISON, D. C. (éd.), *4 Baruch. Paraleipomena Jeremiou*, Berlin, De Gruyter, 2019, v + 640 pages. ISBN 978-3-11-026973-4 (89,95 €).

AMALVI, Ch., *Ces lieux qui racontent l'histoire de France*, Paris, Larousse, 2019, 224 pages. ISBN 978-2-03-597976-6 (25 €).

AMHERDT, F.-X, *Ce que dit la Bible sur... le sport*, Bruyères-le-Châtel, Nouvelle Cité, 2020, 128 pages. ISBN 978-2-37582-115-2 (14 €).

ARDISSINO, E., BOILLET, E., *Lay Readings of the Bible in Early Modern Europe*, Leiden – Boston, Brill, 2020, pages. ISBN 978-90-04-41742-7 (107 €).

AUBOURG, V., *Réveil catholique. Emprunts évangéliques au sein du catholicisme*, Genève, Labor & Fides, 2020, 354 pages. ISBN 978-2-8309-1710-9 (24 €).

AYALI-DARSHAN, N., *The Storm-God and the Sea. The Origin, Versions, and Diffusion of a Myth throughout the Ancient Near East*. Trad. par L. Keren, Tübingen, Mohr Siebeck, 2020, xxi + 282 pages. ISBN 978-3-16-155954-9.

BACKHAUS, K., *Die Entgrenzung des Heils. Gesammelte Studien zur Apostelgeschichte*, Tübingen, Mohr Siebeck, 2019, viii + 496 pages. ISBN 978-3-16-154687-7 (154 €).

BAR-ASHER, M. M., *Les Juifs dans le Coran*. Préface de M. A. Amir-Moezzi, Paris, Albin Michel, 2019, 281 pages. ISBN 978-2-226-32680-5 (17 €).

BARLOW, M., *Des mots pour dire sa foi*, Bière, Editions Cabédita, 2019, 96 pages. ISBN 978-2-88295-863-1 (14,50 €).

BARTH, K., *Mozart (1756 – 1956)*, Genève, Labor & Fides, 2020, 61 pages. ISBN 978-2-8309-1718-5 (11 €).

BARTH, K., *Avent*. Trad. de P. Maury et E. Jeanneret, Genève, Labor & Fides, 2019, 96 pages. ISBN 978-2-8309-1702-4 (12 €).

BOIS, C., *Un langage investi. Rhétorique et poésie lyrique dans le long XVIIIᵉ siècle britannique*, Lyon, Presses Universitaires de Lyon, 2020, 419 pages. ISBN 978-2-7297-0955-6 (30 €).

BORMANN, L. (éd.), *Abraham's Family. A Network of Meaning in Judaism, Christianity, and Islam*, Tübingen, Mohr Siebeck, 2018, IX + 498 pages. ISBN 978-3-16-156302-7 (154 €).

BREWER, B. C., WHITFORD, D. M., *Calvin and the Early Reformation*, Leiden – Boston, Brill, 2019, pages. ISBN 978-90-04-35994-9 (99 €).

BRIÈRE, M., HÉTIER, D., POUGET-GRENIER, M., *L'art, un appel au mystère. La lettre de Jean-Paul II aux artistes 20 ans après*, Paris, Cerf, 2020, 307 pages. ISBN 978-2-204-14124-6 (25 €).

BÜHLER, P., *Bewegende Begegnung. Rencontre interpellante. Aufsätze, Einmischungen, Predigten. Articles, interventions, prédications*. Éd. par L. Kaennel, A. Mauz et F. Pilgraum-Frühauf, Genève, Labor & Fides, 2020, 368 pages. ISBN 978-2-8309-1706-2 (39 €).

CASSIN, B., *Plus d'une langue*, Paris, Bayard, 2019, 69 pages. ISBN 978-2-227-49787-0 (12,90 €).

CASTRO, E. V. de, *L'inconstance de l'âme sauvage. Catholiques et cannibales dans le Brésil du XVIᵉ siècle*. Préface de D. Barbu et Ph. Borgeaud. Trad. par A. Becqelin et V. Boyer, Genève, Labor & Fides, 2020, 174 pages. ISBN 978-2-8309-1708-6 (16 €).

CHEVALLIER, Ph., *Être soi. Une introduction à Kierkegaard*. Nouv. éd. revue et augm., Genève, Labor & Fides, 2020, 192 pages. ISBN 978-2-8309-1715-4 (18 €).

CHILTON, B. D., *Resurrection Logic. How Jesus' First Followers Believed God Raised Him from the Dead*, Waco, Baylor U. P., 2019, XIII + 305 pages. ISBN 978-1-4813-1063-5 ($ 39.95).

CHOLVY, B., CHAVEL, F., STAVROU, M., *Déclaration commune sur la doctrine de la justification*. Nouv. trad. œcuménique et commentaires, Paris, Salvator, 2020, 209 pages. ISBN 978-2-7067-1929-5 (18 €).

CLOAREC, E. (dir.), *Être pasteur au 21ᵉ siècle. Défis et enjeux du pastorat pour aujourd'hui*, Paris, Croire publications, 2020, 256 pages. ISBN 978-2-85509-208-9 (12 €).

CORNILLON, J., *Tout en commun ? La vie économique de Jésus et des premières générations chrétiennes*, Paris, Cerf, 2020, 773 pages. ISBN 978-2-204-12997 (40 €).

CRABBE, K., *Luke/Acts and the End of History*, Berlin, De Gruyter, 2020, XIV + 418 pages. ISBN 978-3-11-061455-8 (86,95 €).

CULPEPPER, A., FREY, J. (éd.), *Expressions of the Johannine Kerygma in John 2:23–5:18. Historical, Literary, and Theological Readings from the Colloquium Ioanneum 2017 in Jerusalem*, Tübingen, Mohr Siebeck, 2019, XVIII + 324 pages. ISBN 978-3-16-157636-2 (129 €).

CUVILLIER, É., *Fin d'un monde ou faim du monde ? Leçons du confinement*, Maisons-Laffitte, Ed. Ampelos, 2020, 92 pages. ISBN 978-2-35618-184-8 (9 €).

DOHNA, L. Graf zu, WETZEL, R., *Staupitz, Theologischer Lehrer Luthers : Neue Quellen – Bleibende Erkenntnisse*, Tübingen, Mohr Siebeck, 2018, XII + 392 pages. ISBN 978-3-16-156125-2 (104 €).

DOHNA SCHLOBITTEN, Y., GERHARDS, A. (éd.), *La lotta di Giacobbe, paradigma della creazione artistica*, Assisi, Cittadella Editore, 2020, 510 pages. ISBN 978-88-308-1732-6 (29,50 €).

DUBURQUE, B., *Funambule*, Genève, Labor & Fides, 2020, 140 pages. ISBN 978-2-8309-1704-8 (18 €).

EDWARDS, M., *Pour un christianisme intempestif. Savoir entendre la Bible*, Paris, Ed. de Fallois, 2020, 183 pages. ISBN 979-1-03-210234-3 (19 €).

ELLUL, J., *Éthique de la liberté*, t. I et II, Genève, Labor & Fides, 2019, 715 pages. ISBN 978-2-8309-1701-7 (34 €).

ELLUL, J., *Les combats de la liberté. Éthique de la liberté*, t. III, Genève, Labor & Fides, 2020, 488 pages. ISBN 978-2-8309-1719-2 (34 €).

FAESSLER, M., *La grâce de la loi. Le Psaume 119*, Genève, Labor & Fides, 2019, 176 pages. ISBN 978-2-8309-1697-3 (22 €).

FÉDOU, M., *Jésus-Christ au fil des siècles. Une histoire de la christologie*, Paris, Cerf, 2019, 513 pages. ISBN 978-2-204-12565-9 (29 €).

FERRER, V., GOMEZ-GÉRAUD, M.-Ch., VALETTE, J.-R. (dir.), *Le discours mystique entre Moyen Âge et première modernité. Tome 2 : Le sujet en transformation*, Paris, H. Champion, 2019, 521 pages. ISBN 978-2-7453-5214-9 (55 €).

FLICHY, O., *Paul et l'art de gérer les conflits. Retrouver la communion fraternelle*, Bière, Éditions Cabédita, 2019, 96 pages. ISBN 978-2-88295-855-6 (14,50 €).

François en poche. Les pensées du Pape, choisies et trad. par C. Pigozzi. Lettre avant-propos du Saint-Père, Paris, Cherche Midi, 2020, 222 pages. ISBN 978-2-7491-6468-7 (11,80 €).

FREY, J., *Qumran, Early Judaism, and New Testament Interpretation. Kleine Schriften III*. Éd. par by J. N. Cerone, Tübingen, Mohr Siebeck, 2019, XXI + 905 pages. ISBN 978-3-16-156015-6 (214 €).

FREY, J., JOST, M. R., TOTH, F. (éd.), *Autorschaft und Autorisierungsstrategien in apokalyptischen Texten*, Tübingen, Mohr Siebeck, 2019, IX + 462 pages. ISBN 978-3-16-157024-7 (149 €).

FREY, J., RUPSCHUS, N. (éd.), *Frauen im antiken Judentum und frühen Christentum*, Tübingen, Mohr Siebeck, 2019, VIII + 320 pages. ISBN 978-3-16-154290-9 (99 €).

GAGNÉ, A., *Ces évangéliques derrière Trump. Hégémonie, démonologie et fin du monde*, Genève, Labor & Fides, 2020, 164 pages. ISBN 978-2-8309-1724-6 (17 €).

GISEL, P., *Sortir le religieux de sa boîte noire*, Genève, Labor & Fides, 2019, 231 pages. ISBN 978-2-8309-1700-0 (19 €).

GLOVER, J., *Choisir ses enfants. Conception, génétique et handicap*, Genève, Labor & Fides, 2020, 202 pages. ISBN 978-2-8309-1707-9 (18 €).

[GRÉGOIRE DE NYSSE], *Trois oraisons funèbres et Sur les enfants morts prématurément*. Intro., trad. et notes par P. Maraval, Paris, Cerf, 2019, 211 pages. ISBN 978-2-204-13356-2 (29 €).

Guide de préparation au mariage interconfessionnel catholique-protestant. Par le Comité mixte catholique/luthéro-réformé en France, Lyon, Olivétan, 2019, 126 pages. ISBN 978-2-35479-501-6 (14 €).

HAFEMANN, S. J., *Paul : Servant of the New Covenant. Pauline Polarities in Eschatological Perspective*, Tübingen, Mohr Siebeck, 2019. ISBN 978-3-16-157701-7 (154 €).

HAIDER, N., *The Rebel and the Imām in Early Islam. Explorations in Muslim Historiography*, Cambridge, Cambridge U. P., 2019, XIII + 304 pages. ISBN 978-1-107-02605-6 (75 €).

HÄLLSTRÖM, G. af (éd.), *Apologists and Athens. Early Christianity Meets Ancient Greek Thinking*, Helsinki, Finnish Inst. Athens, 2020, v + 167 pages. ISBN 978-952-68500-5-4.

HEBDING, R., *Face à la souffrance. Un drame personnel*, Paris, Salvator, 2019, 192 pages. ISBN 978-2-7067-1856-4 (20 €).

HELMER, Ch. (éd.), *The Medieval Luther*, Tübingen, Mohr Siebeck, 2020, XI + 301 pages. ISBN 978-3-16-158980-5 (99 €).

HENGEL, M., SCHWEMER, A. M., *Die Urgemeinde und das Judenchristentum*, Tübingen, Mohr Siebeck, 2019, XXIV + 790 pages. ISBN 978-3-16-149474-1 (134 €).

HÉTIER, D., *Éléments d'une théologie fondamentale de la création artistique. Les écrits théologiques sur l'art chez Karl Rahner (1954-1983)*, Leuven – Paris – Walpole (MA), Peeters, 2020, XXV + 492 pages. ISBN 978-90-429-4162-5 (94 €).

HEYER, R., *Pourquoi la déontologie*, Strasbourg, P. U. de Strasbourg, 2020, 165 pages. ISBN 978-2-86820-753-1 (21 €).

HOLTZ, S., MAIER, G. (éd.), *Von der Monarchie zur Republik. Beitrage zur Demokratiegeschichte des deutschen Sudwestens 1918-1923*, Stuttgart, Kohlhammer, 2019, XII + 198 pages. ISBN 978-3-17-036524-7 (24 €).

HORT, B., *Anima et Animus au XXIᵉ siècle. Jung, la crise spirituelle contemporaine et nous*, Paris, Cerf, 2019, 86 pages. ISBN 978-2-204-13712-6 (12 €).

HOUZIAUX, A., *Job et le problème du mal. Un éloge de l'absurde*, Paris, Cerf, 2020, 239 pages. ISBN 978-2-204-13592-4 (18 €).

JENSON, R. W., *Esquisse d'une théologie. Ces ossements peuvent-ils revivre ?*. Transcrit, éd. et intro. par A. Eitel. Trad. par J. E. Jackson, Genève, Labor & Fides, 2020, 185 pages. ISBN 978-2-8309-1716-1 (18 €).

JOST, M. R., *Engelgemeinschaft im irdischen Gottesdienst. Studien zu Texten aus Qumran und dem Neuen Testament*, Tübingen, Mohr Siebeck, 2019, XVI + 454 pages. ISBN 978-3-16-156740-7 (104 €).

JOUVET, L., *Jésus mystique. La vie spirituelle de Jésus*, Bière, Éditions Cabédita, 2019, 96 pages. ISBN 978-2-88295-854-9 (14,50 €).

KAENNEL, L., MAUZ, A., PILGRAM-FRUHAUF, F. (éd.), *Pierre Buhler. Bewegende Begegnung : Aufsätze, Einmischungen, Predigten*, Zürich, Theologischer Verlag, 2020, 368 pages. ISBN 978-3-290-18262-5.

KÄFER, E., *Die Rezeption der Sinaitradition im Evangelium nach Johannes*, Tübingen, Mohr Siebeck, 2019, XIV + 479 pages. ISBN 978-3-16-156240-2 (104 €).

KÖPF, U., *Die Universität Tübingen und ihre Theologen. Gesammelte Aufsätze*, Tübingen, Mohr Siebeck, X + 568 pages. ISBN 978-3-16-159124-2 (89 €).

KRAEGE, J.-D., *Bible et Parole de Dieu*, Lyon, Olivétan, 2020, 126 pages. ISBN 978-2-35479-517-7 (13 €).

LAUNAY, M. de, *Nietzsche et la race*, Paris, Seuil, 2020, 190 pages. ISBN 978-2-02-101211-8 (20 €).

LAZRAK, R., *Jésus, une grande figure biblique du Coran*, Paris, L'Harmattan, 2019, 312 pages. ISBN 978-2-343-16831-9 (29 €).

LEMAITRE, J.-L., *Precamur fraternitatem vestram. Autour des livres, du nécrologue au martyrologe. Choix d'articles publiés de 1984 à 2009*. Textes réunis par P. Henriet, avec la coll. de P. Bouchaud, Genève, Droz, 2019, XI + 714 pages. ISBN 978-2-600-05737-0 (93,90 €).

LIBÉRATUS DE CARTHAGE, *Abrégé de l'histoire des nestoriens et des eutychiens*. Texte latin, E. Schwartz. Intro. et notes, Ph. BLAUDEAU. Trad., F. CASSINGENA-TRÉVEDY, Ph. Blaudeau, Paris, Cerf, 2019, 445 pages. ISBN 978-2-204-13415-6 (35 €).

LINCICUM, D., SHERIDAN, R., STANG, C. (éd.), *Law and Lawlessness in Early Judaism and Early Christianity*, Tübingen, Mohr Siebeck, 2019, X + 232 pages. ISBN 978-3-16-156708-7 (109 €).

LUIZARD, J.-P., *La République et l'islam. Aux racines du malentendu*, Paris, Tallandier, 2019, 240 pages. ISBN 979-1-02-103548-5 (18,90 €).

MACHILEK, F., *Jan Hus (um 1372-1415). Prediger, Theologe, Reformator*, Münster, Aschendorff, 2019, 271 pages. ISBN 978-3-402-11099-7 (29,90 €).

[MAROT, C., BÈZE, Th. de], *Les Pseaumes mis en rime françoise. Vol I : textes de 1562*. Éd. crit., variantes, notes et glossaire par M. Engammare, Genève, Droz, 2019, CXXV + 538 pages. ISBN 978-2-600-05980-0 (19,80 €).

Melanchthons Briefwechsel. Bd. T 20 : *Texte 5643-5969 (Oktober 1549 – Dezember 1550)*. Éd. par M. Dall'Asta *et al.*, Stuttgart, Frommann-Holzboog, 2019, 494 pages. ISBN 978-3-7728-2662-7 (298 €).

MICHELACCI, M., *Icone del sacro. Chiesa, arte e cultura visuale*, Milano, Vita e Pensiero, 2019, 284 pages. ISBN 9788834337806 (26 €).

MOHLER, R., *Die Reichsuniversitat Strasburg 1940-1944. Eine nationalsozialistische Musteruniversitat zwischen Wissenschaft, Volkstumspolitik und Verbrechen*, Stuttgart, Kohlhammer, 2020, LXXXVI + 1047 pages. ISBN 978-3-17-038098-1 (88 €).

MOREL, I., *Transmettre la foi en temps de crise*, Paris, Cerf, 2020, 144 pages. ISBN 978-2-204-13844-4 (10 €).

MORLEY, J.-P., *Penser Dieu aujourd'hui. Un regard protestant*, Lyon, Olivétan, 2020, 231 pages. ISBN 978-2-35479-509-2 (20 €).

MULLER, A., *The Excommunication of Elizabeth I. Faith, Politics, and Resistance in Post-Reformation England, 1570-1603*, Leiden – Boston, Brill, 2020, pages. ISBN 978-90-04-42599-6 (125 €).

MÜLLER, D., *Virage. Confinement, désir de changement et monde nouveau*, Lyon, Olivétan, 2020, 152 pages. ISBN 978-2-35479-530-6 (14 €).

NASSER, S., *The Second Canonization of the Qurʾān (324/936). Ibn Mujāhid and the Founding of the Seven Readings*, Leiden – Boston, Brill, 2020, pages. ISBN 978-90-04-40197-6 (176 €).

NICKLAS, T., SCHRÖTER, J. (éd.), *Authoritative Writings in Early Judaism and Early Christianity. Their Origin, Collection, Meaning*, Tübingen, Mohr Siebeck, 2020, VI + 356 pages. ISBN 978-3-16-156094-1 (139 €).

NIGGEMANN, A., *Martin Luther's Hebrew in Mid-Career : The Minor Prophets Translation*, Tübingen, Mohr Siebeck, 2019, XIV + 411 pages. ISBN 978-3-16-157001-8 (129 €).

OPITZ, P., *Ulrich Zwingli. Prophète, hérétique, pionnier du protestantisme*. Trad. par M. David-Bourion et G. Sosnowski, Genève, Labor & Fides, 2019, 106 pages. ISBN 978-2-8309-1695-9 (17 €).

PARMENTIER, É., *Cet étrange désir d'être bénis*, Genève, Labor & Fides, 2020, 337 pages. ISBN 978-2-8309-1685-0 (19 €).

POPKIN, R., *Histoire du scepticisme. De la fin du Moyen Âge à l'aube du XIXᵉ siècle*. Trad. par B. Gaultier. Préface de F. Brahami, Marseille, Agone, 2019, XXV + 883 pages. ISBN 978-2-7489-0413-0 (35 €).

PRUDLO, D., *A Companion to Heresy Inquisitions*, Leiden – Boston, Brill, 2019, pages. ISBN 978-90-04-36090-7 (198 €).

REGEV, E., *The Temple in Early Christianity. Experiencing the Sacred*, New Haven, Yale U. P., 2019, XIII + 480 pages. ISBN 978-0-300-19788-4 (45 €).

ROBINSON, M., *Marriage in the Tribe of Muhammad. A Statiscal Study of Early Arabic Genealogical Literature*, Berlin, De Gruyter, 2020, X + 219 pages. ISBN 978-3-11-062416-8 (86,95 €).

Rohmer, C., Vouga, F., *Jean Baptiste, aux sources*, Genève, Labor & Fides, 2020, 106 pages. ISBN 978-2-8309-1705-5 (15 €).

Rougier, B. (dir.), *Les territoires conquis de l'islamisme*, Paris, PUF, 2020, 340 pages. ISBN 978-2-13-082075-8 (23 €).

Sachet, P., *Publishing for the Popes. The Roman Curia and the Use of Printing (1527-1555)*, Leiden – Boston, Brill, 2020, pages. ISBN 978-90-04-34864-6 (138 €).

Salzbrunn, M. (éd.), *L'islam (in)visible en ville. Appartenances et engagements dans l'espace urbain*, Genève, Labor & Fides, 2019, 413 pages. ISBN 978-2-8309-1668-3 (23 €).

Schmidt, A. J., *Wisdom, Cosmos, and Cultus in the Book of Sirach*, Berlin, De Gruyter, 2019, xiii + 505 pages. ISBN 978-3-11-060110-7 (129,95 €).

Shin, M. S., *The Great Persecution : A Historical Re-Examination*, Turnhout, Brepols, 2018, xii + 280 pages. ISBN 978-2-503-57447-9 (55 €).

Tellbe, M., Wassermann, T. (éd.), *Healing and Exorcism in Second Temple Judaism and Early Christianity*, Tübingen, Mohr Siebeck, 2019, xi + 317 pages. ISBN 978-3-16-158936-2.

Tomson, P. J., *Studies on Jews and Christians in the First and Second Centuries*, Tübingen, Mohr Siebeck, 2019, xix + 827 pages. ISBN 978-3-16-154619-8 (264 €).

Vacca, A., *Non-Muslim Provinces under Early Islam. Islamic Rule and Iranian Legitimacy in Armenia and Caucasian Albania*, Cambridge, Cambridge U. P., 2017, xvi + 270 pages. ISBN 978-1-316-63855-2.

Vreugdenhil, G. C., *Psalm 91 and Demonic Menace*, Leiden – Boston, Brill, 2020, xvi + 491 pages. ISBN 978-90-04-42788-4 (198 €).

Wenzel, U. J., *L'audace de la folie. Réponses chrétiennes – questions philosophiques*. Trad. par I. Wienand, Genève, Labor & Fides, 2019, 113 pages. ISBN 978-2-8309-1699-7 (17 €).

Yacoub, J., *Le Moyen-Orient syriaque. La face méconnue des chrétiens d'Orient*, Paris, Salvator, 2019, 278 pages. ISBN 978-2-7067-1832-8 (20 €).

Zwiep, A. W., *Jairus's Daughter and the Haemorrhaging Woman. Tradition and Interpretation of an Early Christian Miracle Story*, Tübingen, Mohr Siebeck, 2019, xxvi + 454 pages. ISBN 978-3-16-157560-0 (139 €).

ÉTUDES D'HISTOIRE ET DE PHILOSOPHIE RELIGIEUSES
Collection dirigée par Matthieu ARNOLD

DERNIERS VOLUMES PARUS

Aux Presses Universitaires de France, Paris :
81. Francis GUIBAL, *Approches d'Emmanuel Levinas. L'inspiration d'une écriture*, 2005.
82. René HEYER, *La condition sexuée*, 2006.
83. Daniel FREY, *L'interprétation et la lecture chez Ricœur et Gadamer*, 2008.
84. Anne-Marie HEITZ-MULLER, *Femmes et Réformation à Strasbourg (1521-1549)*, 2009.
85. Martin GRESCHAT, *Philippe Melanchthon : théologien, pédagogue et humaniste (1497-1560)*, traduit de l'allemand par M. Arnold, 2011.

Aux éditions Classiques Garnier, Paris :
86. Marc VIAL, *Pour une théologie de la toute-puissance de Dieu. L'approche d'Eberhard Jüngel*, 2016.
87. Matthieu ARNOLD, *Les femmes dans la correspondance de Luther*, édition revue, 2017.
88. Alfred MARX, *La stratégie identitaire de l'Israël antique*, 2019.

Classiques Garnier
6, rue de la Sorbonne
75005 Paris (France)

TABLES DES ANNÉES 1996-2020

établies par Jean-Claude Ingelaere

Pour faciliter la consultation des volumes de la *RHPR* accessibles sur Internet, le numéro de fascicule figure en exposant après l'année de publication.
Les recensions sont indexées par leur première page.

Table des articles publiés : les articles, notes et études critiques sont présentés par ordre alphabétique des auteurs et par date de publication.

Table des autres contributions : les avant-propos, hommages ou bibliographies sont classés par titre (ou par genre) et par date.

Index des auteurs recensés : il inclut les auteurs, les éditeurs scientifiques et, pour les éditions de texte, les auteurs anciens et les principaux contributeurs, dans la limite des trois premiers noms cités dans la notice bibliographique de la recension.

Index des dédicataires de Mélanges.

Index des ouvrages collectifs : il répertorie les titres, éventuellement abrégés, des ouvrages dont la notice mentionne une coordination éditoriale ou plus de trois auteurs, ainsi que de certaines publications en série.

Index des recenseurs : les regroupements de pages indiquent des suites continues de comptes rendus ou de références de page.

TABLE DES ARTICLES PUBLIÉS

Abel, O., Mal, responsabilité, pardon, 1997[3], 309-329

Abel, O., Du *socius* au prochain et retour, 2012[1], 21-33

Altieri, A., Phénoménologie de l'expérience amoureuse et manifestation de Dieu, 2015[1], 71-91

Altieri, A., Piste phénoménologique pour une apologétique postmoderne, 2015[4], 443-462

Altieri, A., Phénoménologie de l'expérience de plénitude et «métamorphose de la finitude». Pour une phénoménologie de la «grâce», 2018[2], 173-191

Altieri, A., L'art est la manière. L'art comme communion des personnes, 2019[4], 517-542

Amherdt, F.-X., Vers un renouveau de l'homilétique catholique francophone?, 2018[1], 59-78

Amoudruz, F., Allocution-témoignage prononcée à l'Université de Strasbourg lors de la cérémonie commémorative du 25 novembre 2010, 2011[3], 327-330

Angers, D., L'insistance lucanienne sur l'identité des destinataires et des bénéficiaires de la *basileia* et de sa proclamation, 2016[3], 249-265

Antier, G., Penser la fin de l'histoire à l'ère post-historique. Un point de vue théologique sur l'économico-politique, 2016[3], 311-329

Aragione, G., L'émergence des notions de tolérance et de liberté religieuses dans l'Antiquité chrétienne, 2019[3], 349-374

Aragione, G., L'Antiquité chrétienne dans la *RHPR*. Remarques sur un siècle de recherches, 2020[1], 9-22

Arnold, M., L'après Clermont-Ferrand : La Faculté de Théologie Protestante de Strasbourg, automne 1944-1946, 1996[2], 195-210

Arnold, M., La notion d'*epieikeia* chez Martin Luther, 1999[2], 187-208 ; 1999[3], 315-325

Arnold, M., Jésus de Nazareth, le judaïsme de son temps et les débuts du christianisme. Un aspect des recherches néotestamentaires à la Faculté de Théologie protestante de Strasbourg, 1888-1958, 2000[1], 119-135

Arnold, M., Formation et dissolution du lien conjugal chez Bucer et Luther, 2001[3], 259-276

ARNOLD, M., Érasme et Luther selon Stefan Zweig : un antagonisme irréductible, 2002², 123-145

ARNOLD, M., « Vous les Noirs, nous les Blancs... » L'opposition entre Européens et Africains dans les sermons de Schweitzer à Lambaréné (1913-1931), 2003⁴, 421-441

ARNOLD, M., La théologie de Martin Luther et la théologie contemporaine : interpellations réciproques, 2004¹, 53-75

ARNOLD, M., La christologie de Martin Luther d'après sa correspondance, 2005¹, 151-169

ARNOLD, M., La correspondance entre Albert Schweitzer et Hélène Bresslau (1901-1905). À propos d'une édition récente (Notes et documents), 2006⁴, 515-532

ARNOLD, M., Le projet pédagogique de Jean Sturm (1507-1589) : originalité et actualité, 2007⁴, 385-413

ARNOLD, M., Écrire la biographie du Réformateur : le *Martin Luther* de Volker Leppin, 2008³, 315-337

ARNOLD, M., Oscar Cullmann et l'« affaire Lohmeyer » (1946-1951), 2009¹, 11-27

ARNOLD, M., « Moi, ton Dieu, j'ai souci de toi.» Deux lettres de Martin Luther (1531 et 1546), 2010¹, 5-17

ARNOLD, M., La rafle du 25 novembre 1943, 2011³, 353-363

ARNOLD, M., Gerhard von Rad dans les écrits de Paul Ricœur, 2012¹, 117-137

ARNOLD, M., La prédication d'Albert Schweitzer, vicaire à la paroisse de Saint-Nicolas (1898-1912), 2013³, 377-395

ARNOLD, M., Albert Schweitzer dans la mémoire des Africains (Étude critique), 2013³, 413-421

ARNOLD, M., Albert Schweitzer et l'éducation, 2015³, 289-304

ARNOLD, M., Les oraisons funèbres de Martin Luther pour les Électeurs de Saxe (1525, 1532) et son *Sermon von der Bereitung zum Sterben* (1519), 2016², 127-142

ARNOLD, M., Quand Louis Schweitzer racontait la « Grande guerre » à son fils Albert (Étude critique), 2017², 265-271

ARNOLD, M., Martin Luther et les juifs (1523, 1543). De la coexistence amicale à la ségrégation, 2017³, 423-437

ARNOLD, M., « Il faut enseigner aux chrétiens... » Martin Luther et l'éducation, 2018², 137-154

ARNOLD, M., Le concret au service de la vérité de Dieu. Les Propos de table de Luther, 2019³, 401-412

ARNOLD, M., Albert Schweitzer dans la *RHPR*, 2020¹, 23-40

ARNOLD, M., La *RHPR*, passerelle entre la théologie allemande et la théologie française, 2020², 271-306

ASSAËL, J., CUVILLIER, É., Quelques éléments de christologie dans l'*Épître de Jacques* : le « beau Nom», la « Loi de liberté », le « visage originel », la « Parole implantée », 2010³, 321-341

AUCANTE, V., Le rôle de l'intuition chez Edith Stein, 2001³, 321-332

BACKUS, I., *Apocalypse* 20,2-4 et le millénium protestant, 1999¹, 101-117

BANDERIER, G., La légende de Thann est-elle une légende trifonctionnelle ?, 2004³, 257-264

BASTIAN, J.-P., Protestantisme et comportement économique. La thèse wébérienne à l'épreuve du Costa Rica, 1998⁴, 451-466

BASTIAN, J.-P., De l'autorité prophétique chez les dirigeants pentecôtistes, 2001², 189-202

BASTIAN, J.-P., Le lien maçonnique des dirigeants protestants espagnols, 1868-1939, 2004³, 265-285

BASTIAN, J.-P., Protestantisme et Révolution au Mexique, 1872-1911, 2010², 199-217

BASTIAN, J.-P., Le protestantisme dans la latinité : une modernité religieuse de rupture en question, 2010⁴, 501-520

BASTIAN, J.-P., Religion et politique dans les révolutions latino-américaines contemporaines, 2012¹, 139-152

BASTIAN, J.-P., La transmission de la mémoire huguenote dans le canton de Vaud, xixᵉ-xxᵉ siècle, 2014⁴, 425-442

BASTIAN, J.-P., Récit de voyage et piété évangélique. Les journaux de voyage au Levant de Valérie de Gasparin-Boissier (1813-1894) et de ses deux serviteurs, 2015², 165-181

BASTIAN, J.-P., Pentecôtisme et pratiques de médiation politique au Brésil, 2016¹, 57-70

BASTIAN, J.-P., Une interprétation sociologique de la diffusion mondiale d'un christianisme de l'émotion, 2018², 155-171

BÉNÉTREAU, S., Appellation et transcendance : le nom mystérieux de *Philippiens* 2,9, « Il lui a accordé le Nom qui est au-dessus de tout nom», 2009³, 313-331

BÉNÉTREAU, S., Faut-il garder secrètes les convictions qui risquent de heurter les frères ? Une lecture de Romains 14,22a, 2003³, 273-287

BENNAHMIAS, R., Postmodernité, pragmatisme et théologie chrétienne évangélique, 1998², 57-77

BERETZ, A., Discours prononcé à l'Université de Strasbourg lors de la cérémonie commémorative du 25 novembre 2010, 2011³, 323-325

BERGAMASCO, L., Mysticisme et piétisme évangélique en Nouvelle-Angleterre au xviiiᵉ siècle : deux expériences féminines, 2000², 221-245

BERNIER, J., Richard Simon et l'hypothèse des écrivains publics : un échec humiliant, 2007², 157-176

BERTRAND, D. A., L'étang de feu et de soufre, 1999¹, 91-99

BIRAUD, M., Trois hymnes du *Corpus hermétique*. Leurs structures, leurs rythmes et leur double public, 2019⁴, 469-490

BIRMELÉ, A., De Luther à Leuenberg, 2005¹, 137-150

BIRMELÉ, A., Le ministère dans le dialogue entre les Églises de la Réforme et l'Église catholique romaine, 2013⁴, 537-551

BISCHOFF, G., Strasbourg – Clermont 1939-1945. L'Université de la Résistance, 2011³, 339-351

BIZEUL, Y., Le droit naturel dans la tradition protestante, 1999⁴, 445-461

BIZEUL, Y., Le retour en force des discours vertueux. Ampleur et limites du phénomène, 2002², 147-168

BIZEUL, Y., Protestantisme et démocratie, 2012¹, 35-47

BIZEUL, Y., La gestion locale de la diversité religieuse en Allemagne. Un mode protestant de régulation des conflits?, 2017¹, 5-21

BOARINI, S., Deux procédures de résolution des situations morales difficiles. Aux origines des conférences de consensus, 2001², 171-187

BOARINI, S., Aux origines de la «nouvelle casuistique». Le «vieux moraliste» et le «cas», 2003³, 289-300

BÖCHER, O., Das beglaubigende Vaticinium ex eventu als Strukturelement der Johannes-Apocalypse, 1999¹, 19-30

BOER, E. A. de, Jean Calvin et Ésaïe 1 (1564). Édition d'un texte inconnu, introduit par quelques observations sur la différence et les relations entre congrégation, cours et sermons, 2000³, 371-395

BOISVERT, F., L'influence protestante chez Lahontan, 2004¹, 31-51

BOLARD, L., Le mur surmonté de frondaisons : un motif du Quattrocento, 2001², 159-170

BOLARD, L., Le cortège des mages. Espace, temps et dévotion dans la peinture italienne du XVᵉ siècle, 2011¹, 3-20

BONNARD, Ch., MICHAU, M.-Ch., La *Maqālat Bal'am*, Traité sur Balaam, un traité samaritain inédit, 2009³, 289-311

BONS, E., Manger ou ne pas manger avec les étrangers? Quelques observations concernant *Genèse* 43 et le roman *Joseph et Aséneth*, 2013¹, 93-103

BOURGINE, B., Pour une théologie biblique, 2019², 209-230

BOUTTER, B., Le pentecôtisme à l'île de la Réunion : «Protestantisme émotionnel» ou nouvelle «religion populaire»?, 2001¹, 45-61

BOUTTIER, M., Ernst Lohmeyer et le martyre (Notes et documents), 2009⁴, 531-533

BRADY, Th. A., Jr., Wolfgang Capito's In-Laws : The Roettels of Strasbourg, 2005¹, 43-50

BRÄUER, S., Umgestaltung und Übergänge. Beobachtungen zu den Anfängen des reformatorischen Gottesdienstes, 2005¹, 51-71

BRAUN, L., Historiographie et iconographie philosophiques, 1998¹, 3-14

BRAUN, L., Ces jours auvergnats où la liberté a été victime, 2011³, 331-337

BRÉLAZ, C., Le contexte archéologique et historique de la mission de l'apôtre Paul à Philippes, 2019², 255-291

BREUL, W., Martin Bucer et les anabaptistes de Hesse. L'ordonnance relative aux mœurs de Ziegenhain (1539), 2017⁴, 497-526

BROSSOLLET, J., Le premier jésuite français canonisé a-t-il soigné des pestiférés?, 1997², 165-169

BROTTIER, L., De l'Église hors de l'Église au ciel anticipé. Sur quelques paradoxes chrysostomiens, 1996³, 277-292

BÜHLER, P., Le blé et l'ivraie. Réception de la parabole dans la période de la Réforme, 2005¹, 89-101

BUTTICAZ, S., Paul et le judaïsme : des identités en construction, 2014³, 253-273

BUTTICAZ, S., Aux origines du christianisme : l'événement, la mémoire et la foi, 2020³, 335-362 ; 2020⁴, 467-485

CALZOLARI, V., «Je ferai d'eux mon propre peuple». Les Arméniens, peuple élu selon la littérature apocryphe chrétienne en langue arménienne, 2010², 179-197

CAMBE, M., Isidore de Péluse, interprète de *Jacques* 3,6 : «Le cosmos de l'injustice», «la roue de l'existence», 2012³, 387-411

CAMPICHE, R. J., Éduquez! Un impératif constitutif du protestantisme?, 2017¹, 23-37

CAQUOT, A., Les textes de sagesse de Qoumrân (Aperçu préliminaire), 1996¹, 1-34

CAQUOT, A., Un exposé polémique de pratiques sectaires (4Q MMT), 1996³, 257-276

CAQUOT, A., Les Cantiques qoumrâniens de l'holocauste du sabbat, 1997¹, 1-29

CAQUOT, A., Les testaments qoumrâniens des pères du sacerdoce, 1998², 3-26

CAQUOT, A., Deux textes messianiques de Qoumrân, 1999², 155-171

CAQUOT, A., Retour à la mère du Messie : 1QH 3 (Sukenik), 6-18, 2000¹, 5-12

CAQUOT, A., Suppléments qoumrâniens à la Genèse, 2000³, 339-358

CAQUOT, A., Poésie religieuse de Qoumrân, 2001², 131-157

CAQUOT, A., Malédictions et bénédictions qoumrâniennes, 2002¹, 3-14

CAQUOT, A., Les prodromes du déluge : légendes araméennes de Qoumrân, 2003¹, 41-59

CAQUOT, A., Trois textes religieux de la Grotte 4, 2004², 129-147

CARBONNIER-BURKARD, M., Pèlerinages et Réforme protestante, 2008², 129-145

CARDON-BERTALOT, Ph., Auguste Sabatier, théologien du Saint-Esprit, 2001³, 301-319

CARDON-BERTALOT, Ph., Dieu comme «Réponse», l'Homme comme «Question». Anthropologie et tâche de la prédication dans la théologie barthienne des années 1920, 2004³, 287-310

CARREZ, M., Le déploiement de la christologie de l'Agneau dans l'Apocalypse, 1999¹, 5-17

CAUSSE, M., Les «synoptiques franciscains» et leurs sources, 1997³, 273-299

CAUSSE, M., Saint François d'Assise. Une réédition (Étude critique), 2004⁴, 471-478

CAUSSE, M., Études Franciscaines. La *Légende des Trois Compagnons* à la lumière des synopses, 2007³, 301-322

CHALAMET, Ch., «Je suis le chemin, la vérité et la vie» (Jn 14,6), 2019¹, 99-111

CHAMPEAU, S., De la morale à la politique : le *réalisme chrétien* de Reinhold Niebuhr, 2014¹, 63-82

CHANEL, C., La difficile implantation de l'œcuménisme spirituel en Suède entre 1937 et 1990, 2003⁴, 443-468

CHARLESWORTH, J. H., The Qumran Beatitudes (4Q525) and the New Testament (Mt 5:3-11, Lk 6:20-26), 2000¹, 13-35

CHEVALLIER, M., Pierre Poiret (1646-1719). Une pensée, une œuvre originales, 2000⁴, 503-525

CHILTON, B., La plate-forme de travail de Marc et le caractère achevé de son œuvre, 2011⁴, 481-506

COHEN, M., Les réformes socioreligieuses intervenues après la déposition de Rabban Gamaliel de la présidence de l'académie de Yabneh, 1996⁴, 397-414

COLLANGE, J.-F., Roger Mehl (1912-1997). L'éthique chrétienne entre distance et engagement, 2020¹, 41-54

COLLINS, J. J., Teacher and Servant, 2000¹, 37-50

COMERRO, V., Le *Quatrième Esdras* et la littérature islamique, 2000¹, 137-151

COTTIN, J., Loi et Évangile chez Luther et Cranach, 1996³, 293-314

COTTIN, J., «Ce beau chef d'œuvre du monde». L'esthétique théologique de Calvin, 2009⁴, 489-510

COTTIN, J., Le *Passional Christi und Antichristi* (1521). Une théologie militante et polémique en images, 2017³, 361-384

CRÉPEY, C., Marc Aurèle et Justin Martyr : Deux discours sur la raison, 2009¹, 51-77

CRIPPA, S., Usages rituels des papyrus gréco-égyptiens. Bricolage et marginalité, 2019³, 335-348

CUCHE, F. X., La Bruyère et le respect des cultures, 2012¹, 49-68

CULLMANN, O., Les récentes études sur la formation de la tradition évangélique [1925], 2003¹, 3-39

CUVILLIER, É., Coopération interprétative et questionnement du lecteur dans le récit d'envoi en mission (Mc 6:6b-13.30-32//Mt 10:1-11:1), 1996², 139-155

CUVILLIER, É., *cf.* Assaël, J., Cuvillier, É.

DAHAN, G., Théologie et politique aux xiiᵉ et xiiiᵉ siècles. Quelques réflexions, 2011⁴, 507-523

DAHAN, G., L'exégèse de la Bible et l'usage du vernaculaire (xiiᵉ-xiiiᵉ siècles), 2013², 181-201

DAHAN, G., Erreurs textuelles, fautes de traduction et enrichissement herméneutique dans l'exégèse chrétienne de la Bible au Moyen Âge, 2017², 197-216

DAHAN, G., Le Dieu des philosophes dans l'exégèse médiévale, 2019³, 375-399

DAHAN, G., L'exégèse de la Bible dans les écrits vaudois (xiiiᵉ-xvᵉ siècles), 2020³, 363-384

DAMIEN, A., Réflexions à propos de la séparation des Églises et de l'État, 2005², 195-205

DAMOUR, F., Le retour du fils prodigue? Interprétations juives de Paul aux xixᵉ et xxᵉ siècles : quelques jalons, 2010¹, 25-47

DEAN, J., Révélation et méthode historique chez Ibn Isḥâq, 2006⁴, 473-495

DECREPT, É., Un épisode de la Réforme : la course à l'édition princeps des *Lettres Ignatiennes*, 2002⁴, 401-416

DESPLAND, M., Des sciences aux sciences religieuses. Le programme d'André-Marie Ampère (1834-1843), 1997¹, 67-79

DESPLAND, M., *Unde lux? Ex oriente? Ex occidente?* Trois expansions de notre univers de connaissances, 1999², 209-223

DEVILLAIRS, L., Kant et le piétisme, 1997⁴, 453-465

DIETER, Th., „Ringen um die Wahrheit" : Luthers Disputation über die Tröstung der Gewissen, 2019¹, 67-81

DIMANT, D., L'*Apocryphe de Jérémie C* de Qoumrân, 2005[4], 497-515

DINGEL, I., Religion et politique dans les éloges funèbres des souverains des XVIe et XVIIe siècles, 2014[2], 137-161

DINGEL, I., Un monde en transition. L'influence de la Réformation sur la théologie, la société et la politique, 2017[3], 327-347

DÔLE, R., Le concept de *Kairos* dans la théologie de Paul Tillich et dans le Nouveau Testament grec, 1997[3], 301-307

DONET-VINCENT, D., Les Jésuites et le bagne de Guyane, 2000[3], 397-407

DORMOIS, J.-P., Étudiants Montbéliardais au « Stift » évangélique de Tübingen du XVIe au XVIIIe siècle, 2001[3], 277-299

DOV HERCENBERG, B., La transcendance du regard et la mise en perspective du *Tekhelet* (« bleu » biblique), 1998[4], 387-411

DUBS, J.-C., 4Q321 ou le calendrier bien tempéré, 2008[4], 417-450

DUBS, J.-C., Deux manuscrits calendaires de Qoumrân. Le Calendrier des Signes célestes (4Q319) et le Registre annuel des Temps sacrés (4Q394a), 2009[1], 29-50

EL JAWICH, M., Les disciples à Gethsémani (*Mc* 14,32-42). Une faillibilité à revisiter ?, 2015[4], 423-441

ERTLÉ-PERRIER, B., La *Lettre à Madame* d'Agrippa d'Aubigné : de la lettre personnelle au traité d'édification à l'usage des coreligionnaires, 2006[4], 497-506

FÉDOU, M., Le rapport à la Bible dans la théologie chrétienne. Évolutions et perspectives, 2019[2], 231-242

FLEYFEL, A., Richard Simon, critique de la sacralité biblique, 2008[4], 469-492

FÖLLMI, B., Le « Psautier de Calvin » : théologie, pratique, usage, 2009[4], 473-488

FÖLLMI, B., La psalmodie anglaise du XVIe siècle à Isaac Watts (1719). Les mutations d'un genre, 2011[2], 157-182

FÖLLMI, B., Albert Schweitzer : interprète et exégète de Bach, 2013[3], 359-376

FÖLLMI, B., Musique luthérienne et polémique confessionnelle. La musique solennelle *Gaudium Christianum* de Michael Altenburg pour le premier centenaire de la Réforme en 1617, 2017[4], 545-558

FÖLLMI, B., Théodore Gérold : au carrefour de la musicologie et de la théologie, des cultures française et germanique, 2020[1], 55-66

FRAISSE, L., L'engagement dans la neutralité : Proust et la Loi de 1905, 2005[2], 279-302

FRANK, É., De Dadelsen : « quelque parole fort brève » des Écritures, 2006[3], 377-388

FREY, D., Paul Ricœur, lecteur du *Grand Code*, 2000[2], 263-282

FREY, D., La Profession de foi de Jean-Jacques Rousseau, 2012[1], 153-174

FREY, D., Religion et régénération de la liberté dans l'œuvre de Paul Ricœur, 2012[4], 595-617

FREY, D., La croyance de l'enfant selon Rousseau. *Émile* à la lumière des philosophie et psychologie de la religion, 2015[3], 265-287

FREY, D., Comment justifie-t-on une croyance religieuse ? Retour sur le débat épistémologique entre William James et William Clifford, 2016[4], 381-401

FREY, D., Expliquer pour comprendre. Retour sur une devise de l'herméneutique ricœurienne, 2018[1], 35-58

FREY, D., Fonction symbolique et vérité dans *La Symbolique du mal* de Paul Ricœur, 2019[1], 83-97

FRIEDHEIM, E., Quelques remarques sur l'évocation de Jérusalem dans la littérature gréco-latine non chrétienne, 2010[2], 161-178

GABUS, J.-P., Paul Tillich et l'École de Francfort : Bilan d'une recherche, 1998[3], 313-331

GARCIA, H., L'enfant vieillard, l'enfant aux cheveux blancs et le Christ polymorphe, 2000[4], 479-501

GEMÜNDEN, P. von, Image de Dieu – image de l'être humain dans l'*Épître aux Romains*, 1997[1], 31-49

GERBER, D., 1 Tm 1,15b : L'indice d'une sotériologie pensée prioritairement en lien avec la venue de Jésus ?, 2000[4], 463-477

GERBER, D., La construction de l'identité en Christ dans une ville gréco-romaine d'après la première lettre de Paul aux Corinthiens, 2013[1], 105-120

GERBER, D., La vérité, joie de l'*Agapè* (1 Co 13,6b), 2019[1], 33-47

GERTZ, J. Ch., Variations autour du récit de Caïn et Abel, 2014[1], 27-50

GIRARD, J.-L., La *Bible d'une grand-mère* (1869) : la comtesse de Ségur et le *Martyre d'Isaïe*, 2010[1], 19-23

GOETSCHEL, R., La tour de Babel dans le commentaire de Bahya ben Asher (XIIIe siècle), 2001[1], 3-12

GOUNELLE, A., Le débat entre Tillich et Hartshorne, 1996[3], 315-326

GOUNELLE, A., Révélation et foi selon Troeltsch et Tillich, 2001[1], 13-28

GOUNELLE, A., Histoire et temporalité chez Paul Tillich, 2012[2], 259-274

GOUNELLE, R., Actes apocryphes des apôtres et *Actes des apôtres* canoniques. État de la recherche et perspectives nouvelles, 2004[1], 3-30 ; 2004[4], 419-441

GOUNELLE, R., L'Enfer selon l'*Évangile de Nicodème*, 2006³, 313-333

GRAPPE, Ch., L'immolation terrestre comme gage de la communion céleste (*Apocalypse* 6,9 ; 7,14-15 ; 20,6), 1999¹, 71-82

GRAPPE, Ch., Jean 1,14(-18) dans son contexte et à la lumière de la littérature intertestamentaire, 2000¹, 153-169

GRAPPE, Ch., Jésus parmi d'autres prophètes de son temps, 2001⁴, 387-411

GRAPPE, Ch., Jésus et l'impureté, 2004⁴, 393-417

GRAPPE, Ch., Les nuits de Nicodème (*Jn* 3,1-21 ; 19,39) à la lumière de la symbolique baptismale et pascale du quatrième évangile, 2007³, 267-288

GRAPPE, Ch., Les deux anges de *Jean* 20,12. Signes de la présence mystérieuse du Logos (à la lumière du targum d'*Ex* 25,22) ?, 2009², 169-177

GRAPPE, Ch., Paul et la rhétorique. Regard sur l'histoire et les enjeux d'un débat, 2009⁴, 511-530

GRAPPE, Ch., « Jésus Christ a ôté toute différence de lieu ». Portée et pertinence d'une affirmation calvinienne, 2012¹, 175-185

GRAPPE, Ch., Repas nocturnes, fêtes et identité dans les *Actes*, 2013¹, 121-134

GRAPPE, Ch., Le pavé dans la mare d'un étudiant de 26 ans : *Le secret historique de la vie de Jésus*. Ses antécédents et ses suites, 2013³, 339-358

GRAPPE, Ch., Le *Sola Scriptura* et la connaissance des langues anciennes, 2014¹, 3-25

GRAPPE, Ch., Le début du quatrième évangile (*Jean* 2 à 5), témoin d'un dialogue avec d'autres traditions religieuses ?, 2016², 113-125

GRAPPE, Ch., Le motif de l'espérance en Hébreux. Son importance à la lumière de l'Ancien Testament, de la littérature intertestamentaire et en fonction de la place qui lui revient au sein de l'épître, 2018², 117-136

GRAPPE, Ch., Du rapport aux textes fondateurs en théologie protestante, 2018⁴, 377-392

GRAPPE, Ch., Qu'est-ce que la vérité ? Qui est la Vérité ? La vérité en question dans l'Évangile de Jean, 2019¹, 13-31

GRAPPE, Ch., Ernst Lohmeyer et l'« idée » juive et chrétienne du martyre, 2020¹, 67-83

GRAPPE, Ch., La *RHPR* et la littérature intertestamentaire, 2020², 243-269

GRESCHAT, M., Vielgestaltigkeit und Geschlossenheit im Kirchenverständnis Martin Bucers, 2005¹, 103-114

GRESCHAT, M., Les Églises dans la Guerre froide : l'année 1956, 2006³, 335-355

GROSHENS, J.-C., À propos de la Loi du 9 décembre 1905 concernant la séparation des Églises et de l'État, 2005², 207-233

GUIBAL, F., Le kérygme et l'histoire : La christologie de J.-L. Segundo, 1999³, 343-363

GUIBAL, F., « Plaisir du contact » et « loi du tact » (Étude critique), 2002⁴, 443-453

GUIBAL, F., Aux sources de la philosophie selon E. Weil, 2004³, 311-334 ; 2004⁴, 443-469

GUIBAL, F., L'étrange aventure de la paternité selon Emmanuel Levinas, 2007², 177-188

GUIBAL, F., La scène de l'humain. Esquisses d'anthropologie à la suite de Derrida et Levinas, 2011², 183-197

GUIBAL, F., Le don et l'exigence : inéluctable responsabilité, 2012², 275-290

HAMIDOVIĆ, D., La *Vision de Gabriel*, 2009², 147-168

HAMM, B., La fascination de l'ordre. Martin Bucer et le virage de la ville d'Empire Ulm en faveur de la Réforme (1531), 2018⁴, 393-414

HARAN, A. Y., Le paradis en Suisse ? Élaboration d'une « cartographie messianique » autour de l'entrée d'Élisabeth d'Autriche à Paris le 29 mars 1571, 2018⁴, 415-442

HARTWEG, F., Luther et le livre, 2005¹, 125-135

HAYAT, P., Ferdinand Buisson (1841-1932). Militant de la laïcité et de la paix, 2005², 235-251

HAYAT, P., La subversion éthique contre l'ordre moral. Remarques sur la morale et la politique chez Levinas, 2006⁴, 507-514

HEITZ-MULLER, A.-M., L'ouverture du ministère pastoral aux femmes dans les Églises protestantes d'Alsace et de Lorraine, 2003³, 301-323

HEITZ-MULLER, A.-M., L'influence de la Réformation sur les liturgies de mariage strasbourgeoises (1524-1549), 2012⁴, 573-594

HENGEL, M., Ἰουδαία in der geographischen Liste Apg 2,9-11 und Syrien als « Grossjudäa », 2000¹, 51-68

HENRYOT, F., Un cénacle spirituel à Commercy au début du xviiᵉ siècle, 2017², 217-237

HEYER, R., Croyance chrétienne et fiction littéraire, 2012¹, 69-81

HIRSTEIN, J., Corrections autographes de Martin Luther. Le *Tractatus de libertate christiana* d'après les éditions de 1520 et de 1521 : des suggestions d'émendation, 2015², 129-163

HIRSTEIN, J., Des modes d'expression sublimes dans l'*Epistola ad Leonem decimum* et le *Tractatus de libertate christiana* corrigés par Martin Luther, par Beatus Rhenanus et par l'officine d'Adam Petri en vue de l'édition de 1521, 2017[3], 385-421

HOBBS, R. G., Connaissances bibliques, religion populaire : Les premiers Psaumes versifiés de la Réforme à Strasbourg 1524-1527, 1998[4], 415-433

HORT, B., Penser la mondialisation. La théologie face à la dialectique de la reconnaissance, 2003[2], 171-186

HULTGÅRD, A., La chute de Satan. L'arrière-plan iranien d'un logion de Jésus (*Luc* 10,18), 2000[1], 69-77

HUNZIKER-RODEWALD, R., « Ne me quitte plus des yeux ! » À propos du langage figuratif en *Psaume* 17,8, 2009[2], 129-146

HUNZIKER-RODEWALD, R., « Ruisselant de lait et de miel ». Une expression reconsidérée, 2013[1], 135-144

IRIGOIN, J., La version lucanienne du *Notre Père*, 2000[2], 207-212

IRIGOIN, J., La parabole de l'ivraie, la parabole du semeur et les béatitudes. Études de syllabation, 2005[4], 517-527

JACQUES, F., Transformer la philosophie de la religion, 2006[1], 41-65

JALLAIS, Th.-M., Le cheminement théologique de John Wesley (1703-1791) avec le catholicisme, 2008[3], 295-314

JALLAIS, Th.-M., L'étrange catéchisme méthodiste, 2010[3], 343-351

JOOSTEN, J., La Peshitta de l'Ancien Testament dans la recherche récente, 1996[4], 385-395

JOOSTEN, J., La tradition syriaque des évangiles et la question du « substrat araméen », 1997[3], 257-272

JOOSTEN, J., χαλκηδών (Ap 21,19), 1999[1], 135-143

JOOSTEN, J., Jésus et l'aveugle-né (Jn 9,1-34) dans l'Évangile de Barnabas et dans le Diatessaron, 2000[3], 359-369

JOOSTEN, J., « Père, j'ai péché envers le ciel et devant toi ». Remarques exégétiques et textuelles sur Luc 15,18.21, 2003[2], 145-156

JOOSTEN, J., Réflexions théologiques sur *Lévitique* 17, 2013[1], 145-156

JOOSTEN, J., Traduire la Parole. La Septante à la lumière de l'histoire, de la philologie et de la théologie, 2013[4], 481-497

JUNGHANS, H., Bibelhumanistische Anstöße in Luthers Entwicklung zum Reformator, 2005[1], 17-42

KARAGIANNIS-MAZEAUD, E., « Universel » et « œcuménique » au XVIe siècle. Deux épithètes appliquées successivement à la politique d'expansion de la France et à l'orthodoxie grecque par Étienne Pasquier, 2009[2], 179-198

KAYAYAN, É., La portée épistémologique de *la métaphore du miroir* dans l'Institution de la religion chrétienne de J. Calvin, 1997[4], 431-451

KEMP, P., Pouvoir et impuissance dans la relation thérapeutique, 2010[2], 219-229

KESSLER, M., Débats allemands sur l'*apokatastasis pantôn* précédant et suivant les Lettres de Marie Huber « Sur l'état des âmes séparées des corps », 2018[3], 301-319

KOULAGNA, J., L'image de Salomon dans l'historiographie deutéronomiste. À propos de la place de *1 Rois* 1-2, 2007[3], 289-300

KRUMENACKER, Y., La diffusion des idées de Marie Huber sur l'éternité des peines, 2018[3], 239-259

LABBÉ, Y., Dialogue et charité. Une philosophie de l'œcuménisme, 2004[1], 77-97

LAMY, A., L'ontologie accidentelle eucharistique à Paris et à Oxford (XIIIe-XIVe siècles). L'exemple de Pierre d'Ailly dans les *Questions sur les livres des Sentences* (IV, 5-6), 2015[1], 33-57

LANGE, A. de, La fin tragique des Vaudois au Nord des Alpes à la lumière du destin de Friedrich Reiser, 2008[1], 3-19

LANGLOIS, M., Les manuscrits de la mer Morte à l'aune de la philologie matérielle, 2015[1], 3-31

LAUNAY, M. de, *Genèse* 1 – Une cosmogonie ?, 2010[4], 465-477

LAZARD, M., Antoine du Pinet, sieur de Noroy, et la Taxe de la Boutique du Pape, 2003[2], 157-169

LE DU, M., Les sciences de l'esprit sont-elles narratives ?, 2012[1], 83-96

LEFEBVRE, L., La diffusion du culte de Sarapis en Grèce continentale et dans les îles de l'Égée au IIIe siècle avant J.-C., 2008[4], 451-467

LEHMKÜHLER, K., À propos du rire. Un dialogue entre la philosophie et la théologie, 2003[4], 469-487

LEHMKÜHLER, K., La « volonté de vie » et la religion historique. Le dernier cours d'Albert Schweitzer à l'Université de Strasbourg (1912), 2013[3], 397-412

LEHMKÜHLER, K., Les vertus de la vérité, 2019[1], 129-146

LEPPIN, V., Loi et Évangile : une transformation de la piété mystique, origine d'un principe de la théologie luthérienne, 2008[3], 279-293

LEVIEILS, X., La polémique anti-chrétienne des *Actes de Pilate*, 1999[3], 291-314

LIENHARD, M., Communistes et chrétiens en République Démocratique Allemande (1946-1989) (Étude critique), 1996[1], 65-78

LIENHARD, M., Luther est-il « protestant » ? Le sacrement chez Luther et dans la tradition luthérienne, 1997², 141-164

LIENHARD, M., Présence d'un maître livre de l'historiographie française. *Un destin : Martin Luther*, de Lucien Febvre, 1997⁴, 407-429

LIENHARD, M., Carl Braaten, La théologie Luthérienne. *Ses grands principes* (Étude critique), 1998¹, 85-90

LIENHARD, M., Les radicaux du XVIᵉ siècle et Érasme, 1998³, 261-279

LIENHARD, M., Schleiermacher et Luther. Une comparaison, d'après les Discours sur la Religion, 2000⁴, 527-534

LIENHARD, M., Philippe Jacques Spener et l'Alsace, 2006², 217-229

LIENHARD, M., La réception des traditions mystiques dans le luthéranisme du 17ᵉ siècle, 2007², 129-155

LIENHARD, M., Hommage à Oscar Cullmann. Allocution à l'occasion de son 90ᵉ anniversaire (1992), 2009¹, 5-10

LIENHARD, M., Expériences humaines, élan théologique et vie d'Église : Calvin à Strasbourg (1538-1541), 2009⁴, 449-471

LIENHARD, M., Regards sur l'édition des Œuvres de Martin Bucer, 2012³, 413-444

LIENHARD, M., L'établissement de l'orthodoxie luthérienne à Strasbourg au XVIᵉ siècle, 2014⁴, 381-405

LIENHARD, M., Luther et les images, 2017³, 349-360

LIENHARD, M., La *RHPR* et les dissidents des XVIᵉ et XVIIᵉ siècles, 2020¹, 85-109

LIENHARD, M., L'histoire de la théologie (Étude critique), 2020⁴, 513-532

LINGELSER, J.-P., De quelques inscriptions de l'époque protestante à la cathédrale de Strasbourg, 2018¹, 3-16

LURGO, E., « Nouveau Saint Paul » ou « Trompette de Satan » ? Le prophète Iacopo Brocardo, 2012³, 445-463 ; 2013², 203-221

MAESSCHALCK, M., Paul Ricœur et les éthiques procédurales, 2006¹, 67-96

MALAVIÉ, J., Présence et signification de la prière dans *Volupté*, 1996⁴, 415-425

MALLIMACI, F., Apprendre à décentrer le regard sur la modernité religieuse, 2017¹, 39-54

MANOEL, M., L'autorité doctrinale dans la tradition réformée. Fondements théologiques, pratique et défis, à partir de l'exemple de l'Église Réformée de France, 2006², 231-251

MARAVAL, P., Le Centre d'Analyse et de Documentation Patristiques : histoire et bilan de trente ans d'existence (Chronique), 1996², 211-221

MARAVAL, P., Apocalypse 3/20 dans l'interprétation patristique des IIIᵉ et IVᵉ siècles, 1999¹, 57-64

MARGUERAT, D., Voyages et voyageurs dans le livre des Actes et la culture gréco-romaine, 1998¹, 33-59

MARTIN, P., Le Christ autophage, 2005³, 365-400

MARTIN, Ph., Corps en repos ou corps en danger ? Le sommeil dans les livres de piété (seconde moitié du XVIIIᵉ siècle), 2000², 247-262

MARTIN, Ph., Composer et lire le *Traité de l'amour de Dieu*, 2017², 239-264

MARTIN, Ph., Alix Le Clerc : Une mystique face au sommeil, 2018⁴, 443-461

MARX, A., Mais pourquoi donc Élie a-t-il tué les prophètes de Baal (1 Rois 18,40) ?, 1998¹, 15-32

MARX, A., La chute de « Lucifer » (*Ésaïe* 14,12-15 ; *Luc* 10,18). Préhistoire d'un mythe, 2000¹, 171-185

MARX, A., Les recherches sur le *Lévitique* et leur impact théologique, 2007⁴, 415-433

MARX, A., Job, les femmes, l'argent et la lune. À propos de *Job* 31, 2012², 225-240

MARX, A., La gématrie comme technique de composition dans la Bible hébraïque, 2014¹, 51-61

MARX, A., Job et les pauvres, un rapport ambigu, 2016³, 229-247

MARX, A., « Marcher dans les chemins de vérité » (*Tobit* 1,3). Origine et histoire d'une locution, 2020², 307-322

MARX, A., *cf.* Philonenko, M., Marx, A.

MATHYS, H.-P., Die Erhebung Davids zum König nach der Darstellung der Chronik, 2013¹, 29-47

MATTER, M., À propos de *Quand notre monde est devenu chrétien (312-394)* de Paul Veyne (Notes et documents), 2008¹, 55-69

MATTER, M., Le Code Théodosien, de Constantin à Théodose II (312-450) (Étude critique), 2011², 199-224

MCDONALD, J., Anglicanisme et abolition de l'esclavage dans l'Empire britannique, 2014², 163-176

MEIR, E., La philosophie de Lévinas, sacrificielle et naïve ? S'agit-il d'un drame ? À propos d'un ouvrage récent de Daniel Sibony, 2001¹, 63-79

MESSNER, F., Les évolutions de l'enseignement religieux en droit local alsacien mosellan. De la catéchèse à l'interreligieux, 2017¹, 111-130

MICHAU, M.-Ch., *cf.* Bonnard, Ch., Michau, M.-Ch.

MILLER-BLAISE, A.-M., « Oh my black Soule ! » Vanité et conscience dans les sonnets sacrés de John Donne, 2018[1], 17-33

MILLET, O., Propagande catholique, convictions protestantes et duplicité textuelle. *La paix de Dieu* (1685/1690) du comte Gédéon de Reffuge, nouveau converti, 2005[1], 73-87

MINARD, T., Quatre logiciels pour l'exégèse biblique : *Accordance*, *Bible Parser*, *Bibleworks* et *Logos* (Notes et documents), 2014[3], 303-318

MONNOT, Ch., *cf.* Stolz, J., Monnot, Ch.

MONTEIL, A., MONTEIL, M., Luther, lecteur et commentateur de Tauler. À propos de quelques notes marginales de Martin Luther au sermon *de nativitate domini* de Jean Tauler, 2008[2], 147-171

MONTEIL, M., *cf.* Monteil, A., Monteil, M.

MOREL, G., Question(s) de religion, 1996[1], 51-64

MORGENSTERN, M., Ismaël, père de Jacob (sourate 2, 133). Une confusion généalogique entre le Coran et le Midrash, 2015[4], 405-422

MORGENSTERN, M., Le dernier sermon de Luther (14 ou 15 février 1546) et son « admonestation contre les juifs », 2017[3], 439-448

MORGENSTERN, M., NOBLESSE-ROCHER, A., La réfutation des accusations de crime rituel d'Andreas Osiander, 2017[3], 449-467

MORLEY, J.-P., Un divorce entre attentes populaires et discours religieux. Des Fraternités de la Mission Populaire Évangélique dans les années 40, 1997[1], 81-85

NOBLESSE-ROCHER, A., Le nom et l'être de Dieu (Exode 3,14) selon Thomas d'Aquin et Martin Bucer, 2001[4], 425-447

NOBLESSE-ROCHER, A., *cf.* Morgenstern, M., Noblesse-Rocher, A.

OEMING, M., « Il offrait un holocauste pour chacun d'eux » (*Job* 1,5). Pourquoi pas pour lui-même ? Opfer und Nicht-Opfer im Hiobbuch, 2013[1], 49-65

PARMENTIER, É., Le récit comme théologie. Statut, sens et portée du récit biblique, 2001[1], 29-44

PARMENTIER, É., L'œcuménisme : avancées et perplexités des Églises issues de la Réforme, 2010[4], 521-541

PARMENTIER, É., Qu'est-ce que l'Homme… quand l'horizon de la grâce est obscurci ? Les leçons du film *Noah*, 2019[1], 147-159

PARMENTIER, É., Théologie pratique, choix de société et Bible, 2019[2], 243-254

PAYA, Ch., Le discours d'envoi en mission de *Matthieu* 10 : état de la recherche et perspectives, 2010[4], 479-499

PETIT, J.-L., Sur la parole de Ricœur : « Le cerveau ne pense pas. Je pense. », 2006[1], 97-109

PHILONENKO, M., Simples observations sur les Paralipomènes de Jérémie, 1996[2], 157-177

PHILONENKO, M., De la « Prière de Jésus » au « Notre Père » (*Abba* ; targoum du *Psaume* 89,27 ; 4Q369 ; *Luc* 11,2), 1997[2], 133-140

PHILONENKO, M., La sixième demande du « Notre Père » et le livre des *Jubilés*, 1998[2], 27-37

PHILONENKO, M., « Une voix sortit du Trône qui disait… » (*Apocalypse de Jean* 19,5a), 1999[1], 83-89

PHILONENKO, M., La quatrième demande du « Notre Père » et le targoum palestinien, 1999[2], 173-185

PHILONENKO, M., Marc 1,15a et 4Q215a. La préhistoire esséno-qoumrânienne d'une proclamation eschatologique, 2000[2], 213-220

PHILONENKO, M., « Les cieux et la terre obéiront à Son Messie » (4Q521, 2, II, 1 et *Vie latine d'Adam et Ève*, 29,8), 2002[2], 115-122

PHILONENKO, M., Adonaï, le Messie et le Saoshyant. Observations nouvelles sur 4Q521, 2002[3], 259-266

PHILONENKO, M., Le Vivificateur. Étude d'eschatologie comparée (de 4Q521 aux *Actes de Thomas*), 2003[1], 61-69

PHILONENKO, M., Rhétorique paulinienne et terminologie qoumrânienne, 2004[2], 149-161

PHILONENKO, M., Pour André Caquot (1923-2004), « en pensée, parole, action » (Les origines orientales du *Confiteor*), 2004[4], 385-392

PHILONENKO, M., *Romains* 7,23, une glose qoumrânisante sur *Job* 40,32 (Septante) et trois textes qoumrâniens, 2007[3], 257-265

PHILONENKO, M., *Lux perpetua* : Un dossier, 2011[2], 145-156

PHILONENKO, M., « Voici que je vous envoie comme des brebis au milieu des loups ». L'arrière-plan araméen et qoumrânien d'un *logion* évangélique (*Matthieu* 10,16a et 4Q206 4 II 17), 2013[1], 5-13

PHILONENKO, M., La sainte Congrégation de Jérusalem, 2016[1], 3-8

PHILONENKO, M., MARX, A., Quatre « chants » pseudo-davidiques trouvés dans la Gueniza du Caire et d'origine esséno-qoumrânienne, 1997[4], 385-406

PHILONENKO-SAYAR, B. S., Les douze rêves de Šakhaiša. Destinée slave d'un récit eschatologique oriental, 1998[3], 281-297

Piqué, N., P. Jurieu et les voies contournées de l'histoire. L'origine, l'écart et la variation, 1998[4], 435-449

Piquet, J.-D., La prétendue belle-sœur de couleur de l'Abbé Grégoire. Une homonymie, cause de la bourde du club Massiac ?, 1999[4], 463-474

Piquet, J.-D., Controverses sur l'*Apologie de Las Casas* lue par l'Abbé Grégoire, 2002[3], 283-306

Piquet, J.-D., Le discours abolitionniste de Danton (16 pluviôse An II), 2010[3], 353-377

Pitassi, M.-C., Théologie genevoise du xviiie siècle et libéralisme. Généalogie ou mythologie ?, 2013[4], 519-536

Pitassi, M.-C., Le cas Marie Huber (1695-1753). Contexte, influences et censures d'une théologie radicale. Introduction, 2018[3], 231-238

Pitassi, M.-C., Regards catholiques : les censures romaines de Marie Huber, 2018[3], 321-338

Porée, J., Karl Jaspers et Paul Ricœur : le déchiffrement de l'existence, 2006[1], 7-40

Porée, J., Expliquer, comprendre et vivre la maladie, 2012[1], 5-20

Pouderon, B., L'interdiction de l'avortement dans les premiers siècles de l'Église, 2007[1], 55-73

Pouivet, R., Wittgenstein et les croyances religieuses, 2006[3], 357-375

Prieur, J.-M., La dimension cosmique de la crucifixion du Christ et de la croix dans la littérature chrétienne ancienne, 1998[2], 39-56

Prieur, J.-M., La Croix Vivante dans la littérature chrétienne du iie siècle, 1999[4], 435-444

Prieur, J.-M., « Si vous faites ce qui est à droite comme ce qui est à gauche ». Crucifixion et renversement des attitudes dans la littérature chrétienne ancienne, 2001[4], 413-424

Prieur, J.-M., L'éthique sexuelle et conjugale des chrétiens des premiers siècles et ses justifications, 2002[3], 267-282

Prieur, J.-M., Aèce selon l'*Histoire ecclésiastique* de Philostorge, 2005[4], 529-552

Prieur, J.-M., Eunome selon l'*Histoire ecclésiastique* de Philostorge, 2006[2], 171-182

Prigent, P., Images chrétiennes, images sacrées. Un problème historico-théologique du paléo-christianisme, 1996[2], 179-193

Printz, O., Quelques réflexions sur l'épilepsie à partir de la guérison de l'enfant épileptique. Marc 9,14-29 et les récits parallèles de Matthieu 17,14-21 et Luc 9,37-43, 2002[4], 391-400

Printz, O., Albert Schweitzer : La genèse des *Souvenirs de mon enfance* (1924) à partir de documents inédits, 2014[3], 275-302

Prosperi, A., L'Immaculée Conception à Séville et la fondation sacrée de la monarchie espagnole, 2007[4], 435-467

Raiser, K., Quel avenir pour le Conseil Œcuménique des Églises, 1996[2], 129-137

Raphaël, F., « Malgré tout », « *Trotzdem* », « *La'hén* » : Esquisse d'une sociologie de l'espérance juive, 2012[1], 97-115

Raphaël, F., André Neher, un aiguilleur de l'histoire, 2020[1], 111-119

Rapp, F., Les campagnes d'indulgences dans le diocèse de Strasbourg à la fin du Moyen Âge, 2003[1], 71-88

Rapp, F., Notes sur l'eucharistie à la veille de la Réformation. Ce que nous apprennent quelques documents sur la communion, 2005[1], 5-16

Rapp, F., L'art oratoire de Geiler de Kaysersberg : passion et savoir-faire, 2016[1], 9-17

Recous, N., « Nous nous réjouissons des progrès de l'Ouvrage du Seigneur parmi vous ». Le rôle de Fatio de Duillier et des *French Prophets* dans la formation de la jeune Marie Huber, 2018[3], 281-300

Renard, M.-R., Féminisme et religion dans l'œuvre de George Sand, 2004[2], 163-178

Riaud, J., Quelques observations sur les relations parents-enfants dans les *Sentences* du Pseudo-Phocylide, 2000[1], 79-92

Riaud, J., La vie communautaire dans le judaïsme ancien (Étude critique), 2005[3], 421-425

Richard, J., Ernst Troeltsch et Paul Tillich : deux tournants de la théologie, 1999[4], 475-492

Rietsch, J.-M., Paracelse et l'image, 2006[2], 183-215

Robert, Ph. de, Transparence et sagesse. Remarques sur le verre dans l'Apocalypse, 1999[1], 65-70

Rognon, F., L'anticléricalisme religieux de Kierkegaard, 2002[1], 61-86

Rognon, F., Lanza del Vasto et la modernité, 2003[3], 325-350

Rognon, F., Généalogie de la morale de conviction, 2005[4], 553-578

Rognon, F., La foi au risque du doute, 2008[1], 21-53

Rognon, F., L'éthique protestante et l'esprit du solidarisme. L'exemple de Charles Gide, 2012[1], 187-203

Rognon, F., Dietrich Bonhoeffer, Jean Lasserre et la sainteté. Repenser la lettre du 21 juillet 1944 à la lumière de deux documents inédits, 2016[4], 403-421

Rognon, F., Jacques Ellul était-il sociologue ?, 2017[1], 131-150

ROGNON, F., Un article de Maurice Leenhardt. Relire, cent ans plus tard, les « Notes sur la traduction du Nouveau Testament en langue primitive », 2020[1], 121-136

RÖMER, Th., Deux repas « en miroir » dans l'histoire de Joseph (Gn 37-50), 2013[1], 15-27

RÖMER, Th., Sigmund Mowinckel et la question de l'aniconisme dans la religion yahwiste, 2020[2], 207-221

ROSENSTIEHL, J.-M., Un voyage dans l'Au-delà, vers l'an Mil. Brèves remarques autour d'une apocalypse byzantine, 2000[1], 93-104

ROUKEMA, R., La transcendance et la proximité de Dieu dans le christianisme ancien, 2002[1], 15-31

ROUKEMA, R., L'origine du mal selon Origène et dans ses sources, 2003[4], 405-420

ROUKEMA, R., Une église ancienne à Meguiddo (Notes et documents), 2006[3], 389-395

ROUX, R. de, Le Pape François et l'« amour solide » au temps de la « modernité liquide », 2017[1], 55-67

RUOLT, A., Du rôle des fêtes et de la joie comme moyens d'exciter la jeunesse à l'étude et de lui inspirer l'amour de l'école. Le cas des Écoles du Dimanche françaises du XIXe siècle, 2011[4], 525-548

RUOLT, A., Petite histoire des récompenses. L'approche protestante de Louis-Frédéric François Gauthey (1795-1864), 2013[2], 223-246

SALTEL, Ph., Évolutionnisme et histoire des religions. Analyse de la philosophie de la religion de Jean-Marie Guyau (1854-1888), 2008[2], 173-187

SCHENKER, A., Le sort de l'Israélite à l'étranger. Implications de 1 S 26,19, 2013[1], 67-76

SCHINDLING, A., Primus Truber (Primož Trubar), le « Luther slovène », 2015[1], 59-70

SCHLOSSER, J., Les agapes et l'identité chrétienne, 2013[1], 157-170

SCHMIDT, F., Élection et tirage au sort (1QS VI,13-23 et Ac 1,15-26), 2000[1], 105-117

SCHMIDT, F., Pour une reconstitution du cycle liturgique annuel dans les Prières pour les fêtes (1Q34, 4Q507-509) : l'apport du papyrus opisthographe, 2013[1], 77-91

SCHMIDT, G. R., Dans quelle mesure l'Europe est-elle chrétienne ? Valeurs chrétiennes et identité européenne, 2003[2], 187-208

SCHRENCK, G., Les livres de théologie dans la bibliothèque du chirurgien François Rasse des Neux (c. 1525-1587), 2017[4], 527-544

SEGINGER, G., Flaubert : De la religion à l'art, 1998[3], 299-312

SIEGWALT, G., Le statut de la théologie dans la société sécularisée et pluri-religieuse, 1998[1], 61-83

SIEGWALT, G., Y a-t-il un « élémentaire humain », et quel est-il ?, 2002[2], 169-186

STOLZ, J., MONNOT, Ch., The Established and the Newcomers. A Weberian-Bourdieusian View of Congregations in the Swiss Religious Field, 2017[1], 69-90

STROHM, Ch., Le Catéchisme de Heidelberg. Sa naissance, son profil théologique et l'histoire de sa recherche, 2013[4], 499-517

STROPPA, S., « Une glace nette et polie ». Paolo Segneri, François Malaval et l'oraison de simple vue, 1999[3], 327-342

THEISSEN, G., Les quatre phases de la naissance du Nouveau Testament. Esquisse d'une histoire de la première littérature chrétienne, 2007[1], 19-53

THEISSEN, G., L'eschatologie de Jésus – expression d'un monothéisme radical ?, 2012[4], 555-571

THEISSEN, G., La foi en Jésus-Christ relie-t-elle ou sépare-t-elle les religions ? Réflexions sur la christologie dans le pluralisme religieux, 2016[4], 365-380

THEISSEN, G., Tensions politiques et compréhension théologique. Contributions allemandes dans la RHPR, 2020[1], 137-162

TINTEROFF, N.-I., Du Livre de la Prière Commune à Common Worship. La tradition de la prière commune dans l'Église d'Angleterre, 1549-2014, 2014[4], 407-424

TISSOT, Y., À propos des fragments de Basilide sur le martyre, 1996[1], 35-50

TISSOT, Y., Le rapt de Denys d'Alexandrie et la chronologie de ses lettres festales, 1997[1], 51-65

TOURNU, Ch., John Milton, Dieu et la liberté, 2002[1], 33-59

TROCMÉ, É., La Jézabel de Thyatire (Apoc. 2/20-24), 1999[1], 51-55

TÜRK, S., Marie Huber et le piétisme radical, 2018[3], 261-279

ULFGARD, H., L'Apocalypse entre judaïsme et christianisme. Précisions sur le monde spirituel et intellectuel de Jean de Patmos, 1999[1], 31-50

UMBELINO, L. A., Herméneutique, architecture et humanisation de l'espace. L'architecture des lieux de mémoire selon Paul Ricœur, 2011[1], 67-81

VANNI, U., La dimension christologique de la Jérusalem nouvelle, 1999[1], 119-133

VARLIK, S., Le Coran : clôture du livre et ouverture du sens, 2009[3], 333-345

VAZEUX, P. I., La controverse des religions politiques et séculières, 2019[4], 491-515

VAZEUX, P. I., Définition, apports et limites du concept gauchéen de religion séculière, 2020[3], 385-404

VETO, M., Beauté et compossibilité : L'épistémologie religieuse de Jonathan Edwards, 1996[4], 427-440

VIAL, M., Le *Viae Sion Lugent* de Hugues de Balma et l'évolution de la compréhension gersonienne de la théologie mystique, 2009[3], 347-365

VIAL, M., Dieu jusque dans le néant. Sur la kénose, 2015[3], 339-357

VIAL, M., La foi, lieu d'effectuation de la vérité, 2019[1], 113-127

VIAL, M., *Sachexegese*. Oscar Cullmann face à l'«École de Karl Barth», 2020[1], 163-178

VIANÈS, L., La *Lettre d'Aristée* et les origines de la Septante : à propos d'un livre récent (Étude critique), 2008[1], 71-76

VINCENT, G., Ethos protestant, éthique de la solidarité, 2002[3], 307-330 ; 2002[4], 417-441

VINCENT, G., Traditions axiologiques, imagination et sens de l'action, 2004[2], 179-201

VINCENT, G., Protestantisme libéral, tolérance et esprit laïque. L'interprétation de l'œuvre de Castellion par Ferdinand Buisson, 2005[2], 253-277

VINCENT, G., Naissance de l'individu abstrait et critique utilitariste de la pitié, 2005[3], 401-420

VINCENT, G., Le concept de tradition selon Ricœur. Perspectives herméneutiques et pragmatiques, 2006[1], 111-143

VINCENT, G., L'universalisme, à la lumière de l'hospitalité, 2010[1], 49-77

VINCENT, G., Pratiques du pèlerinage et de la marche. Perspectives phénoménologiques, 2011[1], 43-66

VINCENT, G., Cheminer, vivre, appartenir au monde. Perspectives herméneutiques, 2011[3], 365-394

VINCENT, G., Exégèse, herméneutique, théologie, 2015[2], 183-215 ; 2015[3], 305-337

VINCENT, G., Temps de l'indignation, temps de la prophétie. Lectures ricœuriennes, 2016[1], 19-55 ; 2016[2], 143-183 ; 2016[3], 267-310

VINCENT, G., Pluralité, tolérance et laïcité, 2017[1], 151-170

VINCENT, G., Présence de la sociologie dans l'histoire de la *RHPR*, 2020[1], 179-192

VINCENT, G., Phénoménologie, herméneutique du langage religieux, éthique. Paul Ricœur et la *RHPR*, 2020[2], 223-242

VINCENT, J. M., Un combat pour le progrès des sciences théologiques en France au xixe siècle. La correspondance Édouard Reuss – Michel Nicolas, 2003[1], 89-117

VINCENT, J. M., Édouard Reuss, traducteur et interprète du livre de Job. À l'occasion du bicentenaire de la naissance de l'exégète strasbourgeois, 2005[3], 337-364

VINCENT, J. M., Une interprétation historico-littéraire du Psaume 110 par Jean Masson à l'orée du xviiie siècle, 2020[4], 487-512

VOGLER, B., Les sermons d'ouverture de la session annuelle du Consistoire supérieur sous le Second Empire (1854-1865), 2005[1], 115-124

WASMUTH, J., Wahrheitsfindung oder politische Inszenierung ? Das Konzil von Ferrara-Florenz, 2019[1], 49-66

WEISS, E., Le supplice de la « catapulte » (καταπέλτης) en *4 Maccabées*, 2014[2], 129-135

WELKER, M., Qu'est-ce qui constitue la théologie en tant que telle ?, 2016[4], 423-437

WILLAIME, J.-P., Le régime ultramoderne du pluralisme religieux, 2017[1], 91-109

WISCHMEYER, J., Friedrich Schleiermacher : son apport théorique et pratique à la fondation de l'Université de Berlin (1805-1813), 2011[1], 21-42

YAMAMOTO, K., La douleur de Dieu. Actualité de la théologie de Kazoh Kitamori, 2014[2], 177-192

ZILLHARDT, M., « Et ibidem vidi alias mulieres pendentes... » Avatars de la figure apocalyptique de la mauvaise mère, 2000[1], 187-197

ZORN, J.-F., La contextualisation : un concept théologique ?, 1997[2], 171-189

ZUMSTEIN, J., Interpréter le quatrième évangile aujourd'hui. Questions de méthode, 2012[2], 241-258

TABLE DES AUTRES CONTRIBUTIONS

Adieu à Jean Rott (M. LIENHARD), 1998[4], 413-414

Avant-propos [Gerd Theissen, Docteur *honoris causa*] (M. ARNOLD et Ch. GRAPPE), 2007[1], 3

Avant-propos [Mélanges Pierre Prigent] (M. PHILONENKO et G. VINCENT), 1999[1], 3

Bibliographia Cullmanniana 1992-1999 (M. ARNOLD), 1999[2], 151-153

Bibliographie de Marc Lienhard, 2005[1], 171-190

Bibliographie de Gilbert Vincent, 2012[1], 205-219

Bibliographie d'Alfred Marx, 2013[1], 171-177

Bibliographie de Jean-Pierre Bastian, 2017[1], 171-191

Bibliographie d'André Birmelé, 2019[1], 161-192

Brève présentation [Loi de 1905] (M. PHILONENKO), 2005[2], 193

Éditorial (M. ARNOLD et Ch. GRAPPE), 2006², 169

Éloge du Professeur Gerd Theissen (Ch. GRAPPE), 2007¹, 5-12

Hommage à Marc Philonenko à l'occasion de son soixante-dixième anniversaire (Ch. GRAPPE et G. VINCENT), 2000¹, 3-4

Hommage à Marc Lienhard à l'occasion de son soixante-dixième anniversaire (M. ARNOLD et M. PHILONENKO), 2005¹, 3-4

Hommage à Gilbert Vincent à l'occasion de son soixante-dixième anniversaire (M. ARNOLD, D. FREY et Ch. GRAPPE), 2012¹, 3-4

Hommage à Alfred Marx à l'occasion de son soixante-dixième anniversaire (M. ARNOLD et Ch. GRAPPE), 2013¹, 3-4

Hommage à Albert Schweitzer (M. ARNOLD), 2013³, 337-338

Hommage à Jean-Pierre Bastian à l'occasion de son soixante-dixième anniversaire (M. ARNOLD et Ch. GRAPPE), 2017¹, 3-4

Hommage à André Birmelé. Introduction (M. ARNOLD et M. WIEGER), 2019¹, 11-12

In Memoriam [Roger Mehl] (G. VINCENT), 1997², 129-131

In Memoriam Edmond Jacob (1909-1998) (J.-F. COLLANGE), 1998³, 259-260

In Memoriam Oscar Cullmann (M. PHILONENKO), 1999², 147-149

[In Memoriam] André Benoît (J.-M. PRIEUR), 2000³, 335-337

In Memoriam Étienne Trocmé (1924-2002) (A. BIRMELÉ), 2002⁴, 387-390

In Memoriam Marc Honegger (1926-2003) (G. VINCENT), 2003⁴, 401-403

In Memoriam Bernard Keller (1929-2008) et Bernard Kaempf (1943-2008) (Ch. GRAPPE), 2008³, 273-278

In Memoriam Gabriel Vahanian (1927-2012) (M. ARNOLD et M. PHILONENKO), 2012³, 385-386

In Memoriam Jean-Marc Prieur (1947-2012) (M. ARNOLD et R. GOUNELLE), 2012⁴, 553-554

Liminaire, 2019², 207

Liminaire (M. ARNOLD), 2009¹, 3 ; 2010¹, 3 ; 2017³, 325-326

Liminaire (M. ARNOLD et Ch. GRAPPE), 2011³, 321-322

Liminaire (La Rédaction), 2018³, 229-230 ; 2020¹, 5-7

Publications de Marc Philonenko (1955-1999), 2000¹, 199-204

Reconnaissance, Paul Ricœur 1913-2005 (G. VINCENT), 2006¹, 3-5

Réponse du Professeur Gerd Theissen (G. THEISSEN), 2007¹, 13-17

INDEX DES AUTEURS RECENSÉS

AAGESON, J. W. : 2009³, 424

ABADIE, Ph. : 1996², 224 ; 1998², 94 ; 2011², 289

ABBADIE, J. : 2004³, 368

ABD-ALLAH WYMANN-LANDGRAF, U. F. : 2014⁴, 489

ABD EL-KADER : 2010¹, 137

ABDEL RAZAQ, S. S. : 2011⁴, 614

ABÉCASSIS, A. : 2004², 203 ; 2005², 311 ; 2007¹, 116 ; 2009¹, 93

ABEGG, M. G. : 2011³, 406 ; 2017⁴, 564

ÁBEL, F. : 2017⁴, 593

ABEL, O. : 1996¹, 122 ; 1996⁴, 467 ; 1997³, 371 ; 1998⁴, 476 ; 2003³, 391 ; 2008¹, 85 ; 2011¹, 130 ; 2013², 263 ; 2014¹, 106 ; 2019³, 420

ABÉLARD, P. : 2008⁴, 529

ACHENBACH, R. : 2009², 263 ; 2011², 288

ACKER, C. : 2002⁴, 500

ACKERMANN, J. : 2006⁴, 576

ADALI, S. F. : 2012³, 471

ADAM, J. : 2010³, 430

ADAM, K.-P. : 2002², 205

ADAMS, S. A. : 2012³, 533

ADAMS, S. L. : 2009³, 379 ; 2015³, 369

ADANG, C. : 2014⁴, 490

ADIDA, C. L. : 2018¹, 79

ADLER, W. : 2008⁴, 502

ÅDNA, J. : 1998², 100 ; 2001², 234

ADNÈS, P. : 1996⁴, 443

ADRIAENS, A. : 2011³, 411

AEJMELAEUS, A. : 2008², 232

AERTSEN, J. A. : 2013⁴, 573

AGUSTA-BOULAROT, S. : 2007³, 368

AHMED, A. Q. : 2012⁴, 691 ; 2016⁴, 493

AHN, J. J. : 2016⁴, 440

AICHELE, G. : 2002², 194

AÏT SABBAH, F. : 2012², 293

AJJOUB, M. : 2005³, 486

AKGÖNÜL, S. : 2010¹, 145

ALAIN DE LILLE : 1996³, 347

ALAND, B. : 2008³, 355 ; 2010⁴, 547

ALAND, K. : 2008³, 354-355

ALBANI, M. : 1999⁴, 513 ; 2001², 217

ALBERIGO, G. : 1997¹, 122 ; 2007³, 356

ALBERT LE GRAND : 1996³, 349

ALBERTZ, R. : 2004², 214 ; 2015⁴, 467

ALBRECHT, F. : 2014³, 333 ; 2015³, 362

ALBREKTSON, B. : 2011², 290
ALCOLOMBRE, Th. : 2000³, 443
ALETTI, J.-N. : 2001⁴, 460; 2007², 190
ALEX, M. : 2015², 234
ALEXANDER, Ph. S. : 2008², 213
ALEXANDERSON, B. : 2015³, 378
ALEXANDRE, J. : 2002⁴, 457; 2003², 218; 2004²,
    217; 2010³, 442; 2011¹, 116
ALEXANDRE, R. : 2009⁴, 548
ALFERI, Th. : 2019³, 435
ALI, M. : 2010¹, 149
ALI, M. M. : 2014⁴, 497
ALIBAŠIĆ, A. : 2010¹, 145
ALICHORAN, J. : 2006⁴, 567
ALIKIN, V. A. : 2012⁴, 634
ALKIER, S. : 2011³, 420
ALLEN, Ch. : 2012², 352
ALLEN, D. : 1997⁴, 471
ALLEN, D. M. : 2009³, 426
ALLEN, G. V. : 2016³, 359
ALLEN, J. S. : 2009⁴, 547
ALLEN, P. : 2005³, 484; 2016⁴, 463
ALLIEVI, S. : 2012⁴, 696
ALLIEZ, É. : 2000³, 451
ALLISON, D. C. : 1998², 108; 2014⁴, 446; 2015⁴,
    472; 2016⁴, 455; 2018⁴, 463
ALOBAIDI, J. : 2013³, 438
ALT, K. : 1996¹, 90
ALTER, R. : 2004⁴, 496
ALTERI, G. : 1998³, 348
ALTHAUS, H. : 2001¹, 115
ALVAREZ-PÉREYRE, F. : 1997¹, 97
AMACKER, R. : 2002⁴, 463
AMARGIER, P. : 1999³, 369; 2000³, 413
AMAT, J. : 1997¹, 109
AMBOISE, L. d' : 2012⁴, 703
AMBROISE DE MILAN : 2000³, 424; 2013⁴, 563
AMBROSIASTER : 2009⁴, 567
AMBROSIO, A. F. : 2009¹, 101
AMELING, W. : 2004², 218; 2011², 272; 2016³, 332
AMHERDT, F.-X. : 2007¹, 95, 122; 2008², 191;
    2013², 306-307; 2014², 224; 2016², 191,
    200, 207; 2018², 213
AMIHAY, A. : 2012³, 505
AMIR-MOEZZI, M. A. : 2009¹, 97; 2011¹, 104
AMIT, Y. : 2000², 295
AMMIEN MARCELLIN : 1997³, 343; 2000³, 424
AMOS, N. S. : 2016⁴, 483
AMPHILOQUE D'ICONIUM : 2014⁴, 453
AMPHOUX, Ch.-B. : 1997², 202; 1999², 238;
    2001⁴, 451; 2004², 233
AMRI, N. : 2010¹, 136
AMSLER, F. : 2002², 228; 2009⁴, 564
ANASTASSIADOU-DUMONT, M. : 2007¹, 77
ANDERSEN, S. : 2011⁴, 586
ANDERSON, I. H. : 2007², 221
ANDERSON, S. D. : 1998², 107
ANDIA, Y. de : 2000³, 432-433; 2018⁴, 478
ANDRESEN, C. : 1999³, 365
ANDRIEU, B. : 2003³, 393

ANDRIST, P. : 2011², 278
ANGEL, J. L. : 2011³, 410
ANGEL, M. : 1996³, 349
ANGELICI, R. : 2013⁴, 574
ANGELUS SILESIUS : 1997³, 370
ANGLARÈS, P. M. : 2009², 235
ANGLIVIEL DE LA BEAUMELLE, L. : 2000³, 424;
    2010⁴, 563; 2012⁴, 657; 2016⁴, 469
ANJUM, O. : 2013⁴, 604
ANNUS, A. : 2002², 196; 2005², 307; 2011², 285
ANONIMO DELLA PORZIUNCOLA : 2007³, 379
ANONYME MÉDIÉVAL : 2000³, 427
ANQUETIL, M. : 2019³, 444
ANSALDI, J. : 1996⁴, 465; 2003², 239; 2003⁴, 500
ANSBERRY, CH. B : 2016⁴, 452
ANTHONIOZ, S. : 2012³, 485; 2014³, 329
ANTHONY, S. W. : 2012², 292
ANTOINE, A. : 2000⁴, 550
ANTOINE DE PADOUE : 2007³, 377
ANTONI, G. : 1998³, 352
ANTONIUS, R. : 2008¹, 86
ANTTILA, M. E. : 2015¹, 94
APEL, K.-O. : 2008¹, 87
APPOLD, K. G. : 1999³, 414; 2005⁴, 600
APPONIUS : 1998³, 355
ARABI, O. : 2014⁴, 493
ARAGIONE, G. : 2006³, 441; 2011³, 477; 2012³,
    548; 2012⁴, 701; 2013⁴, 621
ARAM I : 2006², 264
ARBEL, D. V. : 2012³, 500
ARCIDIACONO, B. : 2012², 342
ARDURA, B. : 2002⁴, 464
ARISTÉE (PSEUDO) : 2018⁴, 466
ARISTIDE : 2004³, 340
ARMINJON, C. : 2019², 304
ARMOGATHE, J.-R. : 2011³, 473; 2012⁴, 641
ARMSTRONG, B. G. : 1998³, 381
ARMSTRONG, K. : 2006⁴, 585
ARNDT, K. : 2004³, 353
ARNET, S. : 2014³, 377
ARNETH, M. : 2009², 263; 2011², 288
ARNOBE : 2008⁴, 505
ARNOLD, B. T. : 2010³, 388
ARNOLD, M. : 1997⁴, 490; 1998², 115; 1999², 274;
    1999³, 432; 1999⁴, 553; 2002⁴, 516; 2003⁴,
    505; 2004⁴, 524; 2005⁴, 615, 617; 2006²,
    300; 2006⁴, 586; 2007³, 381; 2007⁴, 509;
    2009⁴, 574-575; 2010⁴, 586-587; 2012²,
    367; 2012⁴, 702; 2013², 320; 2013⁴, 621-
    622; 2015¹, 122; 2016⁴, 498; 2017¹, 193;
    2017², 307; 2017³, 492; 2017⁴, 612-614;
    2018³, 372; 2018⁴, 499; 2019², 316; 2019⁴,
    588
ARNZEN, R. : 2011⁴, 615
ARON, M. : 2008⁴, 533
ARROYO, A. S. : 1996⁴, 452
ÅRSTEIN, J. : 2010³, 399
ARTUS, O. : 1999², 251
ARWECK, E. : 2011², 243; 2014², 203
ASBILL, B. D. : 2019³, 438

ASENDORF, U. : 1999[3], 399
ASGEIRSSON, J. M. : 2001[2], 240
ASHTON, J. : 1997[2], 212
ASHWIN-SIEJKOWSKI, P. : 2010[4], 567
ASIEDU-PEPRAH, M. : 2002[2], 235
ASISI, Y. : 2012[4], 630
ASKANI, H.-Ch. : 2015[2], 217
ASKÉNAZI, L. : 2000[2], 317 ; 2007[4], 499 ; 2010[1], 128
ASPREY, Ch. : 2010[2], 262
ASSAN-DHÔTE, I. : 2007[2], 218 ; 2011[3], 398
ASSEFA, D. : 2008[2], 252
ASSELT, W. van : 2010[1], 122
ASSMANN, J. : 2007[4], 496 ; 2014[4], 486
ASSO. EUROP. DE THÉOLOGIE CATHOLIQUE : 1996[1], 122
ASSOUN, P.-L. : 1997[1], 101 ; 2007[1], 116
ASTRUC, A. : 1999[4], 546
ASURMENDI, J. : 2001[1], 91
ATALLAH, W. : 2004[4], 488
ATHANASE D'ALEXANDRIE : 2005[3], 473
ATHAS, G. : 2005[2], 309
ATKIN, T. : 2016[4], 476
ATKINSON, K. : 2002[2], 210
ATLAN, M. : 2016[1], 98
ATLAN-SAYAG, Sh. : 1997[2], 196
ATTALI, J. : 2008[1], 82
ATTIAS, J.-Ch. : 1996[1], 116 ; 2001[2], 221 ; 2004[4], 495
ATTRIDGE, H. W. : 2011[3], 451 ; 2017[4], 596
AUBERT, B. : 2011[3], 458
AUBERT, H. : 1999[3], 410 ; 2006[4], 552 ; 2007[4], 485 ; 2008[4], 548 ; 2010[1], 105 ; 2012[4], 675-676 ; 2013[4], 588 ; 2014[4], 476 ; 2015[4], 504 ; 2016[4], 487 ; 2018[4], 495 ; 2020[3], 433
AUBERT, R. : 2003[1], 140
AUBIGNAC, H. d' : 2005[4], 599
AUBIGNÉ, A. d' : 2000[4], 542 ; 2001[4], 475
AUBRUN, M. : 2010[4], 569
AUBRY, G. : 2005[3], 471
AUCANTE, V. : 2009[1], 108
AUDIC, A.-M. : 2002[4], 514
AUDISIO, G. : 1999[3], 383 ; 1999[4], 528
AUFFARTH, Ch. : 2006[4], 580
AUFFRET, P. : 2007[2], 213
AUGERON, M. : 2011[4], 596
AUGUSTIJN, C. : 2006[4], 549
AUGUSTIN : 1998[3], 352 ; 1999[3], 375 ; 2000[3], 427 ; 2006[3], 458 ; 2008[4], 514-515 ; 2009[4], 569 ; 2015[4], 487
AUGUSTIN, M. : 2007[2], 198
AULD, A. G. : 2012[3], 480
AUMONT, M. : 2005[4], 614
AUPETIT, M. : 2009[2], 212
AUQUE, H. : 1999[4], 552 ; 2001[1], 90 ; 2002[1], 104
AUSCHITZKA, A. : 2001[1], 94
AUSLOOS, H. : 2011[2], 271 ; 2016[4], 443
AUSONE : 2015[4], 487
AUWERS, J.-M. : 2000[2], 299 ; 2012[3], 484 ; 2013[4], 567
AUZÉPY, M.-F. : 1999[3], 379 ; 2000[3], 438

AVANZINI, G. : 2002[4], 514
AVEMARIE, F. : 2002[2], 191, 236 ; 2014[3], 354
AVERROES : 2011[4], 615
AVERY-PECK, A. J. : 2008[3], 389 ; 2009[1], 90
AVIT DE VIENNE : 2000[3], 431 ; 2006[3], 465 ; 2013[4], 566
AYMES, M. : 2016[4], 497
AYOUN, R. : 2000[4], 551
AZAIEZ, M. : 2016[4], 494
AZAR, É. : 1997[3], 339
AZÉMA, Y. : 1998[3], 357
AZHAR, R. A. : 2011[4], 615
BAARLINK, H. : 2005[3], 444
BABOIN-JAUBERT, C. : 1996[1], 121
BABUT, É. : 2003[4], 502
BABUT, J.-M. : 1996[2], 226 ; 1998[2], 81 ; 2008[3], 364
BACH, D. : 1998[2], 85 ; 2005[2], 316
BACH, J.-S. : 2015[1], 96-97
BACHELET, D. : 2005[2], 481
BACHMANN, M. : 2011[3], 466
BACHMANN, V. : 2010[3], 396
BACHOFEN, B. : 2017[2], 284
BACK, F. : 2013[3], 464
BACKES, U. : 2012[4], 620
BACKHAUS, K. : 2010[3], 435 ; 2011[3], 470 ; 2015[4], 474
BACKUS, I. : 1996[3], 373
BADAWI, 'A. : 2000[3], 442
BADEN, J. S. : 2011[2], 296
BADER, G. : 2012[3], 484
BADERIN, M. A. : 2010[1], 140
BADILITA, C. : 2012[4], 641
BADY, G. : 2008[3], 391 ; 2012[4], 643
BAE, H.-S. : 2006[2], 300
BAECHLER, Ch. : 2006[4], 569
BAECK, K. S. : 2012[3], 497
BAECK, L. : 2016[4], 457
BAECQUE, A. de : 1999[4], 547
BAERT, B. : 2017[4], 589
BAGINSKI, Ch. : 1997[3], 379 ; 2003[3], 388
BAHRANI, Z. : 2005[2], 303
BAILDAM, J. D. : 2000[2], 316
BAIRD, J. A. : 2003[2], 258
BAIRD, W. : 2004[2], 227 ; 2014[3], 355
BAKER, H. D. : 2012[3], 472
BAKHOUCHE, B. : 2008[2], 218
BAKKE, O. M. : 2002[2], 244
BALCH, D. L. : 2013[3], 456 ; 2016[3], 347
BALLIF, E. : 2011[2], 246
BALSERAK, J. : 2016[4], 484
BALSIGER, M. U. : 2008[1], 110
BALTES, G. : 2012[3], 523
BALTHASAR, H. U. von : 2009[2], 203
BALTZER, K. : 2001[2], 216
BANDERIER, G. : 2005[4], 599 ; 2010[1], 115
BANDINI, M. : 2005[3], 475
BANEV, K. : 2017[4], 607
BANGERT, S. : 2012[4], 631
BANO, M. : 2013[4], 609
BANON, D. : 2012[2], 323
BAR-ASHER, M. M. : 2020[3], 448

BARATAY, É. : 1997³, 368
BARBET, J. : 1996³, 348 ; 1997³, 350
BARBEY, Ph. : 2003⁴, 497
BARBIERO, G. : 2001², 215
BARC, B. : 2013⁴, 559
BARCLAY, J. M. G. : 1997¹, 104 ; 2014³, 347 ; 2016³, 352
BARDE, J.-Ph. : 2017², 293
BARDET, A. : 1996⁴, 456
BARDET, S. : 2003², 224
BARDON, H. : 2016⁴, 461
BARDOUT, J.-Ch. : 2012², 325
BARDY, G. : 2004³, 339
BARKER, E. : 2011², 243
BARKER, S. K. : 2010¹, 94
BARNARD, J. A. : 2013³, 474
BARNAVI, É. : 2007⁴, 497
BARNES, T. D. : 2017⁴, 606
BARRAL-BARON, A. : 1996¹, 126
BARRY, C. : 1996³, 334
BARSANUPHE : 1999³, 376 ; 2001³, 354 ; 2003³, 361
BARSI, M. : 2007⁴, 483
BARSTAD, H. M. : 1998², 95 ; 2010³, 381, 392
BARTH, H.-M. : 2010⁴, 575 ; 2014², 213
BARTH, K. : 2000⁴, 557 ; 2011³, 467 ; 2019³, 437
BARTHEL, J. : 1999², 255 ; 2000², 297
BARTHÉLEMY, D. : 2007², 210
BARTHES, R. : 2004¹, 114
BARTOLI, M. : 2003³, 370
BARTON, J. : 2008², 241
BARTON, S. C. : 2005³, 438 ; 2008², 215
BARTOR, A. : 2012³, 477
BARTSCH, T. : 2012², 299
BASCHET, J. : 2001³, 357
BASLEZ, M.-F. : 2000², 293 ; 2003², 209 ; 2008³, 407 ; 2009³, 437 ; 2018⁴, 469
BASSET, J.-C. : 1997¹, 88
BASSET, L. : 1996⁴, 443 ; 1998¹, 105, 112 ; 2003⁴, 504 ; 2011², 266 ; 2014², 220-221 ; 2017², 298
BAST, R. J. : 2004³, 354
BASTAIRE, H. : 2010², 246
BASTAIRE, J. : 2010², 246
BASTIAN, J.-P. : 1999⁴, 531 ; 2001⁴, 492-493 ; 2004⁴, 523 ; 2009², 220 ; 2016¹, 106
BATAILLON, M. : 1999³, 395
BATSCH, Ch. : 2006³, 397
BATTIN, M. P. : 2016², 193
BATTO, B. F. : 2006², 288
BAUBÉROT, J. : 2016², 198
BAUCKHAM, R. : 1997⁴, 484 ; 2007², 228 ; 2009³, 384, 410 ; 2014³, 332
BAUD, A. : 2011³, 476
BAUDLER, G. : 2006¹, 145
BAUDRILLART, A. : 1996¹, 96 ; 1998⁴, 485 ; 1999³, 428 ; 2000⁴, 560 ; 2002⁴, 479
BAUDRY, G.-H. : 1997³, 334 ; 2010¹, 149
BAUER, J. : 1998⁴, 467
BAUER, O. : 1998², 95 ; 2009², 231 ; 2018², 206
BAUER, U. : 2008³, 353
BAUER, W. : 2010³, 444

BAUERKÄMPER, A. : 2011⁴, 599
BAUKS, M. : 1998², 88 ; 2005², 318 ; 2009², 256 ; 2014³, 328
BAUM, G. : 2002¹, 88
BAUMAN, Z. : 2019³, 432
BAUMANN, M. : 1996⁴, 442 ; 2010², 270 ; 2011⁴, 582
BAUMKAMP, E. : 2015⁴, 480
BAUR, J. : 1998⁴, 494
BAUZON, S. : 2014², 197
BAYER, H. : 1998³, 369
BAYER, O. : 2004³, 357 ; 2008⁴, 545
BAYLE, P. : 2000⁴, 543 ; 2006⁴, 558 ; 2007⁴, 490-491 ; 2008⁴, 554 ; 2010¹, 112, 156 ; 2010⁴, 585 ; 2011⁴, 598 ; 2013⁴, 592 ; 2017³, 485 ; 2018⁴, 496
BAYNES, L. : 2013³, 445
BAŽIL, M. : 2010⁴, 552
BEARD, M. : 2007³, 339
BEAUCAMP, J. : 2007³, 368
BEAUCHAMP, P. : 2002², 188 ; 2006², 291
BEAUDE, J. : 1999³, 414
BEAUDE, P.-M. : 1999⁴, 528 ; 2013³, 468
BEAUJARD, B. : 2001³, 342
BEAUX, N. : 2011², 267
BECHOR, G. : 2013⁴, 610
BECHTOLD, J. : 2010¹, 96
BECHTOLD, M. : 2010⁴, 578
BECK, A. J. : 2018⁴, 494
BECK, M. : 2006², 298 ; 2007², 199
BECK, N. A. : 2011³, 437
BECKER, E.-M. : 2005³, 436 ; 2012³, 524
BECKER, H.-J. : 2008³, 347
BECKER, I. : 1996², 247
BECKER, J. : 2005³, 450 ; 2010³, 414
BECKER, J.-J. : 2009¹, 80
BECKER, M. : 1996³, 338 ; 2003², 226 ; 2007², 225 ; 2007³, 363 ; 2012², 299
BECKER, P. J. : 2003⁴, 492
BECKING, B. : 2008², 240 ; 2012³, 476
BECQUART, N. : 2015², 244
BÉDARIDA, F. : 2002⁴, 483
BÉDARIDA, R. : 2002⁴, 483 ; 2007⁴, 495
BÈDE LE VÉNÉRABLE : 2001³, 356
BEDORF, Th. : 2011¹, 128
BEDOUELLE, G. : 1998³, 371 ; 2004³, 365 ; 2006³, 443
BEENTJES, P. C. : 2007², 217
BEETHAM, Ch. A. : 2009³, 423
BEGG, Ch. : 2001², 228
BÉGUIN, M. : 1998¹, 127
BÉHAGUE, E. : 2010¹, 93
BEHR-SIGEL, É. : 1996¹, 97 ; 1999⁴, 542 ; 2003⁴, 502
BEINHAUER-KÖHLER, B. : 2011⁴, 607
BÉJI, H. : 2012⁴, 697
BEKKER, B. : 1998⁴, 473
BEKKUM, W. J. van : 2007¹, 106
BÉLAND, J.-P. : 1997¹, 94
BELAYCHE, N. : 2002², 216 ; 2011³, 436

BELL, R. H. : 1999⁴, 505 ; 2006³, 435
BELLENGER, Y. : 2000², 317
BELLET, M. : 2007¹, 116
BELOK, M. : 2008², 198 ; 2010², 287 ; 2012², 361
BELTING, H. : 2001³, 356
BÉLY, L. : 2001⁴, 472
BEN ACHOUR, Y. : 2019², 303
BEN BARKA, M. : 1999⁴, 533 ; 2015², 226
BENCHEIKH, S. : 2009¹, 108
BENDEMANN, R. von : 2003², 240
BENDER, C. : 2005², 312
BENEDEK, A. : 2015², 238
BENEDETTO, R. : 2009³, 430
BENEKE, D. : 2010², 288
BENERICETTI, R. : 1998³, 364
BÉNÉTREAU, S. : 2001², 241 ; 2003⁴, 505
BÉNIN, R.-M. : 2012⁴, 674
BENOIT, A. : 2004², 207
BENOIT, D. : 1996⁴, 460
BENOÎT XVI : cf. Ratzinger J.
BENRATH, G. A. : 1999³, 365
BENSUSSAN, G. : 2004¹, 107
BENTHAM, J. : 2001¹, 113
BENZ, W. : 1998⁴, 470
BENZINE, R. : 2004⁴, 489 ; 2019², 297
BEN ZVI, E. : 2015³, 367 ; 2016⁴, 441
BERCHTOLD, J. : 2016¹, 95
BERDER, M. : 1998², 104 ; 1999², 262
BERDOZZO, F. : 2012⁴, 635
BERETTA, B. : 2000³, 450
BERGAMASCO, L. : 2010¹, 115
BERGER, F. : 2011¹, 84
BERGER, P. L. : 2006², 256 ; 2009², 216 ; 2015², 227
BERGER, R. : 2001¹, 81
BERGES, U. : 2011², 299
BERGHAUS, M. : 2012⁴, 650
BERGMAN, J. : 1997⁴, 490
BERGMANN, M. : 2014³, 326
BERGMANN, W. : 1998⁴, 470
BERGON, L. : 2006⁴, 558 ; 2007⁴, 491 ; 2008⁴, 554 ; 2010¹, 112 ; 2010⁴, 585 ; 2011⁴, 598 ; 2013⁴, 592
BERG-SØRENSEN, A. : 2014², 202
BERGSTRÄSSER, G. : 2014⁴, 488
BERGUNDER, M. : 2009², 228
BERKEL, M. van : 2014⁴, 489
BERKVENS-STEVELINCK, Ch. : 2006⁴, 542
BERLEJUNG, A. : 1999², 243 ; 2007², 200 ; 2010³, 385 ; 2014³, 324
BERLIS, A. : 1996⁴, 450 ; 2013², 309
BERMAN, J. : 2010², 297
BERMON, E. : 2003³, 359
BERNABÉ, A. : 2010¹, 121
BERNARD, Ch.-A. : 1999³, 367 ; 2001³, 334 ; 2007¹, 102
BERNARD DE CLAIRVAUX : 1997³, 349 ; 1998³, 367 ; 1999³, 383 ; 2002³, 352-353 ; 2008⁴, 528 ; 2010⁴, 569
BERNARDI, A.-M. : 2007³, 368

BERNARDI, B. : 2017², 284
BERNARD SILVESTRE : 2010⁴, 565
BERNER, Ch. : 1997¹, 100 ; 1998⁴, 493 ; 2008³, 347 ; 2010², 242 ; 2017², 283
BERNETT, M. : 1999², 243
BERNHARD, J. A. : 2006⁴, 563 ; 2007⁴, 491
BERNHEIM, P.-A. : 1997², 232
BERNIER, J. : 2011², 297
BERNSTEIN, M. J. : 2014³, 342
BERQUIST, J. L. : 2009², 260
BERTHELOT, K. : 2008⁴, 556 ; 2010⁴, 588 ; 2012³, 504 ; 2014¹, 124
BERTHOD, B. : 2015¹, 105
BERTHOUD, A. : 2003³, 392
BERTIN, F. : 1999³, 389 ; 2001³, 365
BERTRAND, D. : 2011⁴, 570
BERTRAND, M. : 2012², 361
BERTRAND, R. : 2006², 266
BÉRULLE, P. de : 1999³, 414
BESANÇON, M. : 2007¹, 124
BESNIER, J.-M. : 2008¹, 88
BESSIÈRE, G. : 2001⁴, 466 ; 2008³, 361
BESSON, J. : 2017², 305
BEST, E. : 1999⁴, 508
BESTER, D. : 2008², 243
BETHGE, E. : 2006⁴, 574
BETHGE, H.-G. : 2008³, 410
BETHGE, R. : 2005⁴, 614 ; 2006⁴, 576
BETHMONT, R. : 2011², 232 ; 2018², 210
BETHMONT, S. : 2019², 306
BETHMONT-GALLERAND, S. : 2017², 274
BETTEX, P.-A. : 1996⁴, 444
BETZ, H. D. : 1997², 221 ; 1999², 264 ; 2010³, 427 ; 2014³, 374
BEUTEL, A. : 2005⁴, 585 ; 2014¹, 116
BEYER, J. : 2004³, 374
BEYLOT, R. : 2010¹, 92
BEYRAU, D. : 2001⁴, 482
BÈZE, Th. de : 1999³, 410 ; 2006⁴, 551-552 ; 2007⁴, 485 ; 2008⁴, 548 ; 2010¹, 105 ; 2012⁴, 675-676 ; 2013⁴, 588 ; 2014¹, 476 ; 2015⁴, 504 ; 2016⁴, 487 ; 2018⁴, 495 ; 2020³, 433
BEZZEL, H. : 2008², 247
BIAGIONI, M. : 2018⁴, 488
BIDAR, A. : 2010¹, 144
BIDAUT, B. : 1996², 224
BIDEZ, J. : 2009⁴, 560
BIEBERSTEIN, K. : 2015³, 361 ; 2019⁴, 548
BIEBERSTEIN, S. : 2000², 307
BIEBER-WALLMANN, A. : 2015⁴, 496
BIÉLER, A. : 1998¹, 121
BIEMMI, E. : 2012², 365-366 ; 2015², 243
BIENERT, D. C. : 2009³, 416 ; 2011³, 440
BIENERT, W. A. : 2001³, 345
BIERINGER, R. : 1997², 224 ; 1998², 110 ; 2004², 236 ; 2009³, 409, 421 ; 2011³, 432 ; 2015³, 397 ; 2017⁴, 589
BIERITZ, K.-H. : 1996², 246-247
BIERLAIRE, F. : 2015⁴, 493
BIERMANN, M. : 2014¹, 84

BIESINGER, A. : 2001[1], 95
BIETENHARD, S. K. : 1999[2], 249
BIEWALD, R. : 2006[4], 579
BIGAOUETTE, F. : 2006[2], 259
BIGET, J.-L. : 2008[4], 529
BILLIET, F. : 2005[4], 579
BINDER, D. D. : 2009[1], 92
BINGHAM, D. J. : 2012[4], 639
BIRD, M. F. : 2017[4], 591
BIRMELÉ, A. : 2000[2], 321 ; 2008[2], 256 ; 2013[3], 477
BISCHOFBERGER, P. : 2012[2], 361
BISER, E. : 2009[2], 237
BISHWENDE, A. R. : 2008[2], 209
BJÖRKMAN, R. : 1996[4], 449
BLACK, C. C. : 1997[2], 213
BLACK, D. A. : 2017[4], 588
BLAIR, J. M. : 2014[3], 325
BLAISE, F. : 2000[4], 553
BLANC, R. : 2000[4], 547
BLANCHARD, Y.-M. : 1997[2], 215 ; 2001[2], 231 ;
    2012[4], 634 ; 2017[4], 585 ; 2019[4], 576
BLANCHET, Ch. : 2016[1], 91
BLANCHETIÈRE, F. : 2002[2], 221 ; 2003[2], 235
BLASER, K. : 1996[4], 470 ; 2001[1], 100
BLASIUS, D. : 2006[4], 568
BLATTNER, J. : 1996[2], 245
BLAUMEISER, H. : 1997[3], 355
BLECKMANN, B. : 2016[4], 469
BLEMMYDÈS, N. : 2008[4], 532 ; 2014[4], 458
BLISCHKE, F. : 2016[3], 332
BLOCH, O. : 1999[3], 420 ; 2000[4], 545
BLOCH, R. : 2013[3], 435
BLOEDHORN, H. : 2004[2], 218
BLOMKVIST, V. : 2001[4], 461
BLONDEL, É. : 1997[1], 100
BLOT, J. : 2003[2], 219
BLOWERS, P. M. : 2005[3], 481
BLÜHM, R. : 1996[2], 247
BLUM, E. : 2005[2], 312 ; 2007[2], 195 ; 2008[2], 227
BLUM, O. J. : 2005[4], 579
BLUMENBERG, H. : 2012[2], 318 ; 2016[1], 96
BLUND, J. : 2006[4], 536
BOBICHON, Ph. : 2006[3], 455
BOCCACCINI, G. : 2008[2], 251 ; 2015[3], 375 ; 2017[4],
    570
BOCCACE : 2010[4], 565
BOCHET, I. : 2015[4], 486 ; 2016[1], 97
BOCHET, M. : 2008[3], 369
BOCHINGER, Ch. : 2000[3], 414 ; 2014[2], 201
BOCK, D. L. : 2011[3], 443
BOCKMUEHL, M. : 2005[3], 441
BOCQUET, C. : 2001[3], 373
BODDENS HOSANG, F. J. E. : 2011[4], 571
BODENMANN, R. : 2013[4], 584 ; 2017[3], 478-479 ;
    2018[4], 491 ; 2020[3], 424
BODI, D. : 2002[2], 200 ; 2006[2], 295 ; 2016[4], 447
BOÈCE : 2008[4], 519
BOÈCE DE DACIE : 2006[4], 536
BOEGLIN, J.-G. : 1999[4], 521
BOEHLER, J.-M. : 1996[3], 376

BOEHME, J. : 1998[1], 109
BOEKHOFF-VAN DER VOORT, N. : 2012[2], 292
BOER, E. A. de : 2015[4], 500
BOESCH GAJANO, S. : 2008[4], 520
BOESPFLUG, F. : 1998[1], 123 ; 2002[4], 495 ; 2003[4],
    489, 491 ; 2013[2], 248 ; 2014[2], 234 ; 2016[1],
    87 ; 2017[2], 275-276, 281 ; 2018[1], 82, 86 ;
    2019[2], 311
BOEVE, L. : 2012[2], 336
BOGAERT, P.-M. : 1999[2], 257
BOHAK, G. : 2009[3], 373
BÖHLEMANN, P. : 2013[2], 297
BÖHLIG, A. : 1997[3], 341
BÖHM, D. : 2012[2], 350
BÖHM, S. : 2010[1], 119
BOHNET, J.-M. : 2011[3], 467
BOHRMANN, M. : 2003[2], 224
BOILLAT, A. : 2012[2], 305
BOILLAT, J.-C. : 2014[2], 224
BOILLET, É. : 2019[2], 307
BOIS, G. : 2001[3], 366
BOISLIVEAU, A.-S. : 2016[1], 71
BOISMARD, M.-É. : 1996[2], 231 ; 2001[4], 451
BOISMORAND, P. : 2009[1], 83
BOISSAVIT-CAMUS, B. : 2007[3], 335
BOISSOUDY, F.-X. de : 2017[2], 281 ; 2018[1], 90
BÖKE, H. : 2006[2], 274
BOLIN, G. : 2013[2], 286
BOLLIGER, D. : 2009[4], 543
BOLLINGER, D. : 2004[3], 361
BOLLMANN, B. : 2010[1], 151
BÖLLMANN, W. : 2006[4], 578
BOLYKI, J. : 1999[2], 272
BOMBECK, S. : 1998[2], 82
BONDOLFI, A. : 1997[1], 96
BONFILS, F. : 2002[3], 372
BONHOEFFER, D. : 2006[4], 574 ; 2009[1], 82 ; 2011[1],
    87 ; 2014[4], 482 ; 2020[3], 444
BONIFACE, X. : 2002[4], 481
BONIVARD, F. : 2005[4], 589
BONJOUR, L. : 2007[2], 192
BONMARIAGE, C. : 2007[4], 470
BONNER, M. : 2012[4], 691
BONNET, C. : 2011[2], 288 ; 2015[4], 464
BONNET, M. : 2014[4], 453
BONS, E. : 2005[2], 320 ; 2011[4], 622
BONZON, A. : 2000[4], 539 ; 2010[1], 97
BOOTHE, B. : 2011[3], 420
BORD, L.-J. : 2001[2], 207 ; 2003[2], 216
BORDES-BENAYOUN, Ch. : 2010[1], 129
BORDEYNE, Ph. : 2008[1], 113 ; 2013[2], 279
BORDREUIL, P. : 2002[2], 188 ; 2005[2], 306
BORELLA, J. : 2003[3], 368 ; 2013[4], 575
BORELLO, C. : 2005[4], 599 ; 2020[3], 440
BORG, M. J. : 1997[2], 201
BORG, M. ter : 2012[4], 699
BORGEAUD, Ph. : 1997[1], 103 ; 2002[1], 109
BORGEN, P. : 2015[3], 387
BORGER, G. : 1999[3], 394
BORIAUD, J.-Y. : 2000[2], 317

Borm, J. : 2007³, 337
Bornhauser, Th. : 2001¹, 96
Bornkamm, G. : 2010³, 419
Bornkamm, K. : 1999³, 396
Boros, Ph. : 2002³, 374
Borrut, A. : 2012⁴, 691
Börstinghaus, J. : 2011³, 459
Bos, A.-M. : 2015², 247
Bosc, J. : 2017³, 473
Bosch, D. : 1998¹, 114
Boschki, R. : 2017², 301
Bosenius, B. : 1997², 224
Boss, M. : 2009⁴, 543
Bosse-Huber, P. : 2015⁴, 494
Bost, H. : 1998⁴, 475 ; 1999², 275 ; 2001⁴, 486 ;
    2002³, 378 ; 2010¹, 113, 156 ; 2010³, 461 ;
    2011¹, 83 ; 2013⁴, 594 ; 2017³, 485
Bost, J. : 2010¹, 156
Botet, S. : 2014¹, 100
Bots, H. : 2000⁴, 543 ; 2006⁴, 542 ; 2010¹, 112
Botta, A. F. : 2014³, 323
Böttrich, Ch. : 2008³, 344 ; 2012², 295 ; 2013⁴,
    570 ; 2020³, 446
Bouchacourt, M. : 2011¹, 111
Boucherat, J.-L. : 1999³, 415
Bouchery, É. : 2013⁴, 577
Bouchet, Ch. : 1997¹, 105
Boudens, R. : 1997¹, 118
Boudon, B. : 2013⁴, 585
Boudon, J.-O. : 2002⁴, 465
Boudon, R. : 2013², 287 ; 2015², 222
Boudon, V. : 2001³, 340
Bouet, F. : 2009⁴, 548
Bouffartigue, J. : 2018⁴, 477
Boulaese, J. : 1996³, 373
Boulnois, M.-O. : 1997¹, 114 ; 1999³, 375 ;
    2018⁴, 477
Boulnois, O. : 1999³, 387 ; 2008⁴, 524
Bourdeau, M. : 2008¹, 104
Bourdieu, P. : 2014², 200
Bourdin, Ph. : 2005⁴, 607
Bourg, D. : 2011², 234-235
Bourgeois, H. : 1999⁴, 539 ; 2019³, 447
Bourgeon, J.-L. : 1996³, 373
Bourgine, B. : 2012², 332
Bourguinat, N. : 2017², 311
Bouriau, Ch. : 2014¹, 99
Bourquin, G. : 2012², 333
Bourquin, Y. : 1997², 204 ; 1999⁴, 540 ; 2004⁴,
    505 ; 2016², 204 ; 2018², 212
Bourreau, A. : 2000³, 446
Boustan, R. (S.) : 2006³, 405 ; 2014³, 335 ;
    2014³, 350
Boutet, D. : 2000³, 440
Bouthors, J.-F. : 2012³, 532
Boutot, A. : 1997⁴, 468
Boutry, Ph. : 2003⁴, 494
Bouttier, M. : 1998¹, 95 ; 1999³, 396
Bouveresse, J. : 2008¹, 91 ; 2009¹, 114
Bouvet, J. : 1997¹, 105

Bouzar, D. : 2011¹, 99
Bouzar, L. : 2011¹, 99
Boven, N. R. : 2004², 213
Bovon, F. : 1997², 212 ; 2003², 239 ; 2005³, 443 ;
    2010³, 419 ; 2013³, 459 ; 2014⁴, 445
Bowker, J. : 1996⁴, 445
Bowley, J. E. : 2011³, 406 ; 2017⁴, 564
Boyarin, D. : 2006³, 451
Boyd-Taylor, C. : 2010², 298
Boyer, A. : 2002³, 333 ; 2002⁴, 510
Boyer, Ch. : 2006³, 418
Boyer, V. : 2010², 273
Bozóky, E. : 2010⁴, 570
Brach, J.-P. : 2012⁴, 686
Brady, Th. A. : 2010⁴, 575
Braekman, É. M. : 2006⁴, 544
Brakke, D. : 2007², 220
Brandes, W. : 2010¹, 124
Brandl, A. : 2011¹, 140
Brändl, M. : 2008³, 380
Brändle, R. : 2004³, 342
Brandom, R. : 2014¹, 110
Brandt, P.-Y. : 2004⁴, 509 ; 2011², 244 ; 2014²,
    212 ; 2017², 305 ; 2019³, 452
Brant, S. : 1999³, 390
Braulik, G. : 2010¹, 154
Braun, H. : 2007⁴, 494 ; 2011¹, 121 ; 2011³, 402,
    457
Braun, I. : 1996⁴, 448
Braun, R. : 2001³, 341
Bravmann, M. M. : 2010¹, 132
Brecht, M. : 2010¹, 108
Breck, J. : 2009², 211
Bredekamp, H. : 2012², 299
Brejon de Lavergnée, M. : 2010², 268
Bremer, J. M. : 2002², 217
Bremmer, J. N. : 1998³, 342 ; 2007¹, 106 ; 2008⁴,
    499 ; 2009², 254 ; 2011¹, 92 ; 2012⁴, 641 ;
    2018⁴, 472
Brémond, H. : 2000⁴, 556
Brems, E. : 2016¹, 82
Brenet, J.-B. : 2000³, 444
Brennecke, H. Ch. : 2008³, 396
Brenner, A. : 2015⁴, 469
Brent, A. : 1997³, 340 ; 2007³, 348
Brésard, L. : 1998³, 345 ; 2010³, 449
Bresslau, H. : 2010¹, 117 ; 2012⁴, 682
Breytenbach, C. : 2008³, 363
Brezis, D. : 2003¹, 137
Bria, I. : 2002¹, 110
Brice, C. : 2011¹, 84
Briegel, F. : 2020³, 424
Briggs, R. A. : 2001⁴, 465
Briggs, Sh. : 2013², 273
Brimlow, R. W. : 2002¹, 107
Briquel-Chatonnet, F. : 1997², 192 ; 2002²,
    188 ; 2004², 203
Brisson, L. : 2019³, 413
Britnell, J. : 1999³, 392
Brito, E. : 1996¹, 88 ; 2001⁴, 487 ; 2012², 324

BROADHEAD, E. K. : 2011[3], 435
BROCK, S. P. : 2008[2], 217; 2008[3], 403; 2008[4],
    522; 2009[4], 559; 2012[4], 654
BRODIE, Th. L. : 1997[2], 216
BROEK, R. van den : 2014[4], 455
BROISSON, I. : 2008[2], 204
BROOKE, G. J. : 2008[2], 212; 2013[3], 448
BROOKS, S. Sh. : 2012[3], 479
BROTTIER, L. : 1999[3], 372; 2005[3], 478; 2006[3], 456
BROUARD, M. : 2004[1], 117; 2006[2], 254
BROWN, C. J. : 2006[4], 544
BROWN, D. : 2010[2], 278
BROWN, D. R. : 2016[3], 354
BROWN, J. : 2010[1], 132
BROWN, P. : 1996[3], 329; 2014[4], 454
BROWN, P. J. : 2015[3], 396
BRUBAKER, L. : 2013[4], 571
BRUENING, M. W. : 2014[4], 472
BRUGGER, L. : 2017[2], 277
BRUGGISSER-LANKER, Th. : 2012[2], 310
BRUGUÈS, J.-L. : 1997[1], 96
BRÜHL, C. : 1996[3], 345
BRUINESSEN, M. van : 2012[4], 696
BRUNEL, P. : 2000[2], 313
BRUNET, E. : 2014[1], 89
BRUNETEAU, B. : 2011[1], 86
BRUNIER-COULIN, C. : 2015[1], 110
BRUNN, U. : 2007[3], 376
BRUNNER, R. : 2006[1], 161
BRUNO DE COLOGNE : 2007[3], 375
BRUYÈRE, N. : 1997[4], 468
BUBMANN, P. : 2013[2], 302
BUCER, M. : 2001[2], 246; 2007[2], 240; 2011[4], 623;
    2014[1], 123; 2014[4], 468
BÜCHSEL, M. : 2016[1], 90
BUCKWALTER, S. E. : 2014[4], 468
BUCSAY, M. : 2011[4], 595
BUCUR, B. G. : 2011[4], 559
BUDDE, M. L. : 2002[1], 107
BUDIN, S. L. : 2019[4], 549
BUELL, D. K. : 2014[4], 448
BUGENHAGEN, J. : 2015[4], 496
BUGNION-SECRETAN, P. : 1997[3], 373
BÜHLER, P. : 1996[4], 458; 1998[1], 92; 2001[3], 371;
    2002[1], 91; 2002[4], 515; 2008[2], 256; 2011[4],
    624; 2014[1], 116
BUIS, P. : 1998[2], 94
BUISSON, F. : 2011[4], 588
BUITENWERF, R. : 2009[3], 394
BUJO, B. : 2010[2], 254
BULLEN, D. A. : 2008[4], 555
BULLINGER, H. : 2010[1], 103; 2013[4], 584; 2017[3],
    479; 2018[4], 491
BULTMANN, R. : 2014[3], 356; 2016[4], 457
BÜMLEIN, K. : 2013[3], 478
BUNGE, W. van : 1998[4], 473; 2010[1], 112; 2017[3],
    485; 2018[4], 496
BUNINE, A. : 2003[2], 246
BUNNERS, Ch. : 1996[2], 247; 2007[4], 488
BÜNZ, E. : 2014[4], 462

BURANELLI, F. : 2011[4], 554
BURBACH, Ch. : 2012[2], 339
BURCH, Sh. P. : 2001[1], 83
BUREAU, B. : 2016[4], 467
BURFIN, E. : 1997[1], 98
BURGER, Ch. : 2008[4], 543
BURI, F. : 2002[4], 488
BURIN DES ROZIERS, J. : 2016[2], 200
BURKARD, Th. : 2001[3], 333
BURKARDT, A. : 2004[3], 374
BURKE, T. : 2016[4], 461; 2018[4], 467
BURKE, T. J. : 2012[3], 533
BURKERT, W. : 2002[4], 496; 2012[4], 629
BURKHALTER, C. : 1998[1], 92, 96
BÜRKI, B. : 2012[2], 338
BURNET, R. : 2005[3], 435; 2006[2], 262; 2009[3],
    402; 2017[4], 595
BURNS, M.-P. : 1997[3], 370
BURNS, W. H. : 1999[3], 375
BURTON, J. : 2016[4], 474
BUSCH, E. : 2005[4], 611; 2006[4], 549; 2008[1], 101
BÜSSER, F. : 1996[3], 372; 2008[4], 546
BUSSIÈRES, M.-P. : 2009[4], 567
BUTH, R. : 2015[3], 366
BUTLER, J. : 2017[2], 286
BÜTTGEN, Ph. : 1997[3], 357
BUTTICAZ, S. D. : 2012[3], 530; 2019[4], 559
BÜTTNER, G. : 2014[2], 216
BÜTTNER, U. : 2000[4], 561
BUTTS, A. M. : 2012[4], 654
BYNUM, C. : 1996[3], 351
BYNUM, W. R. : 2013[3], 467
BYRON, J. : 2004[4], 515
BYRSKOG, S. : 2002[2], 225; 2015[3], 381
CABANEL, P. : 1998[2], 115; 1998[3], 379; 2013[4],
    596; 2014[4], 470
CABY, C. : 2014[4], 459
CACITTI, R. : 1997[1], 108
CADENA, G. R. : 1996[4], 452
CAHEN, S. : 1997[2], 195
CAHIER, G. : 1997[3], 369; 2002[3], 374
CAILLE, L. : 2014[2], 204
CAILLEAU, R. : 2002[4], 514
CAIN, A. : 2010[4], 548
CAIN, H.-U. : 2012[4], 630
CAJETAN : 1996[3], 362
CALABI, F. : 2010[1], 127
CALAME, P. : 2000[2], 300
CALASSO, G. : 2019[2], 299
CALAWAY, J. C. : 2014[4], 443
CALDUCH-BENAGES, N. : 2000[2], 303; 2013[3], 438
CALLEROT, F. : 2002[3], 352; 2010[4], 569
CALLEWAERT, M. : 2012[2], 343
CALLU, J.-P. : 2011[4], 573
CALVET-SÉBASTI, M.-A. : 1996[3], 337
CALVIN, J. : 1997[3], 360-361; 1999[3], 402-404;
    2000[3], 459; 2000[4], 535; 2001[3], 379; 2002[3],
    370; 2006[4], 549-550; 2007[4], 482; 2009[4],
    535-536; 2011[4], 592-593; 2013[4], 584; 2015[4],
    500; 2017[3], 478, 481; 2020[3], 431

CAMERON, A. : 2012[4], 626
CAMERON, R. : 2013[3], 469
CAMPAGNA, N. : 2013[2], 284
CAMPAGNOLO, M. : 1997[3], 369
CAMPBELL, H. A. : 2015[2], 246
CAMPENHAUSEN, H. von : 2004[4], 521
CAMPI, E. : 1998[4], 471 ; 2000[3], 412 ; 2004[3], 363 ; 2011[4], 581, 587, 595
CAMPICHE, R. J. : 1996[4], 451 ; 1998[1], 120 ; 2007[1], 105 ; 2011[2], 240
CAMUS, J.-P. : 2004[3], 367
CAÑAS BOTTOS, L. : 2009[2], 224
CANDAUX, J.-D. : 2001[4], 468
CANELLIS, A. : 2007[3], 360 ; 2014[4], 452
CANÉVET, M. : 2011[3], 426
CANIVET, P. : 2007[3], 366
CANTAGREL, G. : 2015[1], 96
CANTIN, A. : 2007[4], 470
CANTIN, S. : 2012[2], 356
CANTÓN DELGADO, M. : 2007[1], 111
CANTONE, C. : 2013[4], 610
CANTO-SPERBER, M. : 1997[4], 467
CAPELLE-DUMONT, Ph. : 2007[1], 87 ; 2010[3], 442 ; 2012[2], 325-326
CAPITANT, R. : 2005[4], 611
CAPITON, W. : 2006[4], 547 ; 2016[4], 480
CAPODIECI, L. : 2020[3], 436
CAPPELØRN, N. J. : 2008[2], 204
CAPUTO, J. D. : 2018[2], 197
CARBAJOSA, I. : 2009[3], 367
CARBONELL ESTELLER, E. : 2009[1], 109
CARBONNIER, J. : 2010[2], 237
CARBONNIER-BURKARD, M. : 1998[3], 379 ; 1999[3], 402 ; 2009[4], 541
CARLETON PAGET, J. : 1997[1], 107
CARLSTON, Ch. E. : 2015[3], 386
CARN, E. G. O. : 2001[1], 93
CAROLI, P. : 2017[3], 478
CAROZZI, C. : 2005[3], 490
CARPENT, Th. : 2003[3], 385
CARR, D. M. : 2007[2], 194
CARRAUD, Ch. : 1999[3], 388
CARRÉ, O. : 2006[1], 160
CARREZ, M. : 1996[2], 232
CARRIÉ, J.-M. : 2003[3], 354
CARRIÈRE, D. : 2006[4], 566
CARRIÈRE, É. : 2006[4], 566
CARRILLO, F. : 1997[2], 198 ; 1998[1], 105
CARRUTH, S. : 1998[2], 107
CARSON, D. A. : 2002[2], 208 ; 2005[3], 457
CARTER, Ch. E. : 2011[2], 286
CARTER, W. : 2007[2], 227
CASABONNE, O. : 2005[2], 312
CASANOVA, P. : 2014[2], 200
CASARELLA, P. J. : 2006[4], 541
CASPERS, Ch. : 1996[4], 445
CASSIERS, L. : 2011[2], 233
CASSINGENA, F. : 1998[3], 349
CASSINGENA-TRÉVEDY, F. : 2007[3], 357 ; 2010[1], 80

CASSIRER, E. : 2003[1], 138
CASTA, I. : 2009[2], 240
CASTAGNA, L. : 2008[3], 389
CASTAGNET, V. : 2010[1], 97
CASTAN, P. : 2018[4], 477
CASTEL, P.-H. : 2001[1], 86 ; 2014[1], 97
CASTELLI-GATTINARA, E. : 2008[1], 85
CASTELLION, S. : 2010[1], 103
CASTORIADIS, C. : 2009[1], 115 ; 2017[2], 285
CATCHPOLE, D. : 2007[2], 231
CATHELINOT, I. : 2010[1], 115
CATHERINE DE SIENNE : 2008[4], 534
CAUBET, A. : 2006[2], 285
CAUSSÉ, F. : 2011[1], 115
CAUSSE, J.-D. : 2001[1], 124 ; 2008[1], 94 ; 2009[1], 118 ; 2010[2], 263
CAVALLO, G. : 2007[3], 372
CAVICCHIOLI, S. : 2019[2], 307
CAVIGLIOLO, J.-D. : 2001[3], 364
CAZEAUX, J. : 1999[2], 255 ; 2004[4], 494, 500 ; 2007[2], 201 ; 2009[2], 267 ; 2009[3], 369 ; 2010[3], 418, 424
CAZIER, P. : 1996[3], 344
CÉARD, J. : 2016[4], 486
CERBELAUD, D. : 1996[3], 338 ; 1998[3], 349 ; 2006[2], 261
CÉRÉZUELLE, D. : 2013[2], 269
CERONE, J. N. : 2017[4], 588
CERTEAU, M. de : 2010[1], 111
CÉSAIRE D'ARLES : 2001[3], 352
CHAIEB, M.-L. : 2011[2], 281 ; 2018[4], 470
CHAIX, G. : 2003[3], 352
CHALAMET, Ch. : 2001[4], 468 ; 2014[4], 481 ; 2015[1], 124 ; 2016[2], 185 ; 2017[2], 294, 310
CHALENDAR, X. de : 2007[1], 116
CHALIER, C. : 2004[1], 110
CHALMEL, L. : 2007[4], 492
CHAMAY, Ch.-A. : 2006[4], 551
CHAMAYOU, A. : 2000[4], 546
CHAMAZA, G. W. V. : 2006[2], 285
CHAMBERS, B. Th. : 1997[3], 369
CHAMBON, A. : 2017[4], 565
CHAMPAGNE, E. : 2016[2], 213
CHAMPEAUX, J. : 2008[4], 505
CHAMPION, F. : 1999[4], 534 ; 2001[4], 493
CHANIKUZHY, J. : 2013[3], 466
CHANSON, Ph. : 2002[1], 110 ; 2012[2], 349
CHANTRAINE, G. : 2008[1], 106
CHANTRE, B. : 2008[2], 207
CHAPMAN, A. : 2015[4], 491
CHAPMAN, D. W. : 2009[3], 388 ; 2016[3], 341
CHAPMAN, H. : 2010[3], 404
CHAPOT, F. : 2000[3], 417
CHAPPEY, J.-L. : 2005[4], 607
CHAPPUIS, M. : 2007[3], 340 ; 2009[3], 433
CHARFI, A. : 2006[1], 151
CHARGUÉRAUD, M.-A. : 1998[4], 487 ; 2000[4], 567
CHARLES, M. : 2008[1], 80
CHARLES DE LORRAINE : 1998[3], 374
CHARLES DE SAINT-PAUL : 1999[3], 415

CHARLESWORTH, J. H. : 1997², 232-233 ; 1999⁴, 514 ; 2007², 232 ; 2009³, 397 ; 2010³, 403 ; 2012³, 502 ; 2019⁴, 552
CHARMASSON, Th. : 1999³, 369
CHARPENTIER, F. : 2000², 317
CHARPIN, D. : 1998², 79 ; 2003², 215
CHARRAK, A. : 2017², 284
CHARRAS SANCHO, J. : 2016², 204 ; 2018², 212
CHASTELAIN, G. : 2003³, 371
CHATELAIN, H. : 1999³, 402
CHÂTILLON, J. : 1998³, 366
CHAUNU, P. : 2000³, 454 ; 2001³, 335 ; 2007¹, 81
CHAUSSON, F. : 2007³, 335
CHAUVIN, J. : 1997², 198
CHAVEL, F. : 2017³, 473
CHEBEL, M. : 2014⁴, 498
CHEDDADI, A. : 2013⁴, 607
CHEDOZEAU, B. : 1999³, 423
CHENAUX, P. : 2000⁴, 558
CHESTER, A. : 2008³, 349 ; 2013³, 433
CHESWORTH, J. : 2016¹, 83
CHEVALLIER, M. : 1998³, 384 ; 2005⁴, 616 ; 2014², 234
CHEVALLIER, Ph. : 2012², 316
CHEVREL, Y. : 2013², 280
CHILDS, B. S. : 2006³, 444 ; 2009³, 414
CHILTON, B. : 2001², 238 ; 2006³, 431 ; 2012³, 511
CHIRON, P. : 1999³, 409
CHIRPAZ, F. : 2002², 206
CHOI, G. D. : 2019⁴, 546
CHOLVY, G. : 2000⁴, 549
CHOPITEL, J. : 2004², 238
CHOUTET, P. : 1997¹, 98
CHOVELON, B. : 2013², 318
CHRISMAN, M. U. : 1997³, 358
CHRISTE, Y. : 2003⁴, 490
CHRISTIN, O. : 2001³, 333 ; 2003³, 371 ; 2010¹, 97 ; 2011¹, 114
CHRISTMAN, A. R. : 2008², 245
CHRISTOPHE, P. : 1996¹, 96 ; 1998⁴, 481, 485 ; 1999³, 428 ; 2000⁴, 560 ; 2002⁴, 473-475, 479 ; 2004⁴, 498
CHRISTOPHER, D. : 2019⁴, 577
CHURCH, Ph. : 2018³, 363
CIAMPA, R. E. : 1999⁴, 507
CIAPPA, R. : 2002⁴, 467
CIMOSA, M. : 1997², 193
CIOLI, G. : 2018¹, 85
CIRAOLO, L. : 2003², 214
CLAIR, A. : 2001¹, 116 ; 2007¹, 92 ; 2010¹, 157
CLARKE, A. D. : 1997², 223 ; 2005³, 437
CLASSEN, C. J. : 2001², 233
CLAUDEL, C. : 2006⁴, 571
CLAUSSEN, C. : 2011³, 427 ; 2012³, 500
CLAVELIN, M. : 2006⁴, 556
CLAVERIE, P. : 2006², 265
CLAVIER, P. : 2013², 265
CLAYER, N. : 2014⁴, 494
CLÉMENT, B. : 2001¹, 122
CLÉMENT, F. : 2007¹, 96

CLÉMENT, J.-L. : 1996¹, 96
CLÉMENT, O. : 1997¹, 94
CLÉMENT D'ALEXANDRIE : 1998³, 344 ; 2000³, 419 ; 2002³, 341
CLEMENTS, R. A. : 2010³, 401
CLERMONT-TONNERRE, É. T. de : 2008⁴, 534
CLÉRO, J.-P. : 2001¹, 113, 121
CLIFFORD, R. J. : 2008², 219
CLIFFORD, W. : 2019³, 422
CLOONEY, F. X. : 2007⁴, 506
CLOSSON, M. : 2001⁴, 468
COBB, P. M. : 2013⁴, 611
COCAGNAC, M. : 1996², 224
COCHAVI-RAINEY, Z. : 2005², 307
COCKERILL, G. L. : 2013³, 473
CODOU, Y. : 2011³, 474
COHEN, A. : 2017⁴, 580
COHEN, E. H. : 2012⁴, 690
COHEN, H. : 2001⁴, 487
COHEN, L. : 2002², 206
COHEN, M. : 1999⁴, 534
COHEN, R. : 2000², 284
COHN-SHERBOK, D. : 2004⁴, 484 ; 2009¹, 95
COLIN, G. : 2005³, 487 ; 2009³, 432
COLIN, P. : 2011¹, 128
COLLATZ, Ch.-F. : 2007³, 358
COLLET, B. : 2013², 291
COLLIN, M. : 2009³, 368
COLLINS, A. Y. : 2002², 219 ; 2009², 243
COLLINS, J. J. : 2009², 243 ; 2013³, 440 ; 2015³, 364
COLLINS, N. L. : 2015³, 385
COLLINS-MAYO, S. : 2011², 246
COLLONGES, J. : 2007⁴, 509
COLONGE, P. : 2002⁴, 470
COLONNA, M.-L. : 2008², 200
COLONOMOS, A. : 2001¹, 104
COLSON, A. : 2010², 239
COMBES, A. : 2003¹, 123
COMBY, J. : 1999⁴, 520, 548
CÔME DE JÉRUSALEM : 1999³, 378
COMTE, F. : 1997⁴, 473 ; 2001², 205
CONCHE, M. : 2019³, 415
CONE, J. H. : 2009², 208
CONF. DES ÉVÊQUES DE FRANCE : 2001¹, 98
CONGAR, Y. : 2002⁴, 484
CONGOURDEAU, M.-H. : 1997³, 350 ; 2000³, 435 ; 2009³, 442 ; 2009⁴, 548 ; 2012⁴, 643
CONINCK, F. de : 1997², 197 ; 2011², 267
CONRING, B. : 2001³, 347
CONTE, G. : 1997², 246
CONTRERAS, J. : 2014², 201
CONYBEARE, F. C. : 2008⁴, 494
COOK, E. M. : 2011³, 406 ; 2017⁴, 564
COOK, J. G. : 2011⁴, 550 ; 2015⁴, 476 ; 2019⁴, 566
COOK, L. S. : 2012³, 468
COOK, M. A. : 2006¹, 156 ; 2016¹, 84
COQ, G. : 2007¹, 94
CORAM-MEKKEY, S. : 2005⁴, 592 ; 2007⁴, 483
CORBIC, A. : 2003¹, 140 ; 2004³, 376 ; 2008¹, 98

CORBIN, A. : 2008³, 386
CORBIN, M. : 2005³, 491 ; 2006⁴, 535 ; 2009⁴, 562 ; 2018⁴, 478
CORCUFF, Ph. : 2009², 215
CORISH, P. J. : 1996⁴, 447
CORMIER, Ph. : 2016², 192
CORNELIUS, I. : 2009², 252
CORNELL, V. J. : 2002⁴, 509
CORNETTE, J. : 2010⁴, 574
CORNU, D. : 2014², 225
CORNUZ, M. : 2002¹, 96 ; 2004³, 380
CORSTJENS, R. : 1999⁴, 493
CORTÈS, E. : 1998², 93
COSGROVE, Ch. H. : 2011², 257
COSTA, J. : 2006³, 407
COSTE, C. : 2004¹, 114
COSTE, R. : 2011², 229
COTTIER, G. : 2003³, 387
COTTIN, J. : 1998¹, 126 ; 2008¹, 77 ; 2012², 368 ; 2012⁴, 702 ; 2013², 321 ; 2014⁴, 499 ; 2015², 248 ; 2016², 217 ; 2017², 308 ; 2018², 221-222 ; 2020³, 453
COTTON, H. M. : 2011², 272
COTTRET, B. : 1998³, 382 ; 2001³, 382 ; 2003³, 379 ; 2006⁴, 560 ; 2007³, 337 ; 2009⁴, 536
COTTRET, M. : 2003³, 379 ; 2006⁴, 560
COUFFIGNAL, R. : 2000², 314 ; 2004⁴, 501
COUJOU, J.-P. : 2001¹, 111
COUNET, J.-M. : 2001³, 365
COURREAU, J. : 2001³, 352
COURTINE-DENAMY, S. : 2011¹, 131
COURTRAY, R. : 2010⁴, 562
COUSIN, H. : 2000², 303
COUTURE, A. : 2006³, 423
COUTURIER, G. : 1999², 248 ; 2009², 263
COVA, A. : 2002⁴, 480 ; 2012², 346
COWLING, D. : 2003³, 371
COZ, M. : 2002¹, 103
CRAMER, C. : 2013², 312
CRAWFORD, S. W. : 2009³, 375
CRÉTÉ, L. : 2010¹, 98
CRÉTÉ-PROTIN, I. : 2003³, 363
CRETTAZ, B. : 2011², 254
CROUTER, R. : 2008², 204
CROUZEL, H. : 1998³, 345
CROUZET, D. : 2001³, 377
CROWE, B. D. : 2013³, 461
CRUSEMANN, F. : 1998², 89
CSEPREGI, Z. : 2011⁴, 595
CUISIAT, D. : 1998³, 374
CULLIÉRE, A. : 2016⁴, 489
CULLMANN, O. : 1997², 204
CULPEPPER, R. A. : 1997², 213 ; 2017⁴, 587
CUMIN, D. : 2008¹, 83
CUNNINGHAM, M. N. : 2013⁴, 571
CUNTZ, O. : 1997¹, 109
CURRÒ, S. : 2013², 305
CURTIS, A. : 2002², 187
CUSACK, C. M. : 2013², 289

CUVILLIER, É. : 2003², 239 ; 2006³, 422 ; 2008¹, 94 ; 2011³, 438
CYPRIEN DE CARTHAGE : 2000³, 420 ; 2007³, 355 ; 2009⁴, 556
CYRILLE D'ALEXANDRIE : 1999³, 375 ; 2008⁴, 516 ; 2018⁴, 477
CYRILLE DE JÉRUSALEM : 1997³, 344
CYRILLE DE JÉRUSALEM (PSEUDO) : 2014⁴, 455
CZACHESZ, I. : 2008⁴, 499
DAGENS, C. : 2015⁴, 489
DAHAN, G. : 2000³, 440 ; 2003³, 368 ; 2007³, 334 ; 2010⁴, 586 ; 2012², 367 ; 2012⁴, 702 ; 2013⁴, 575, 621 ; 2017⁴, 613-614 ; 2019², 318-319
DAHL, N. A. : 2001⁴, 461
DAHLGRÜN, C. : 2010², 290
DAHMEN, U. : 2012³, 496
DAIBER, H. : 2013⁴, 607
DAILEADER, Ph. : 2005³, 490
DAKHLIA, J. : 2012⁴, 692 ; 2014⁴, 495
DALFERTH, I. U. : 2007¹, 117 ; 2011¹, 139 ; 2011², 229
DALL'ASTA, M. : 2001³, 368 ; 2004³, 350 ; 2010⁴, 578 ; 2011⁴, 590 ; 2012⁴, 672 ; 2013⁴, 583 ; 2014⁴, 468 ; 2016⁴, 481 ; 2017³, 480 ; 2019², 293 ; 2020³, 421
DAM, H. : 2013², 297
DAMMASCHKE, M. : 2014⁴, 467
DANDELION, P. : 2011², 246
D'ANNA, A. : 2009³, 440
DANZ, Ch. : 2010¹, 116 ; 2011², 232
DARBY, E. : 2018³, 339
DARCONDO, J. : 1999⁴, 542
DARRAS-WORMS, A.-L. : 2008³, 387
DARRIGRAND, R. : 2014¹, 83
DARTEVELLE, P. : 1996¹, 125
DASCHKE, D. : 2011³, 403
DAUZAT, P.-E. : 2000², 311 ; 2009⁴, 560
DAVIDSON, N. : 2014², 207
DAVIE, G. : 1998¹, 122 ; 2009², 216
DAVIES, G. : 2019⁴, 545
DAVIES, Ph. A. : 2019⁴, 583
DAVIES, Ph. R. : 2014³, 323
DAVIES, R. : 1996³, 375
DAVIES, W. D. : 1998², 108 ; 2001⁴, 459
DAVILA, J. R. : 2002², 212 ; 2014³, 332, 349
DAVIS, M. Th. : 2008³, 340
DAVIS, S. J. : 2016⁴, 464
DAVIS, Th. J. : 1997³, 362
D'AVRAY, D. L. : 2012², 347
DAWOOD, H. : 2006¹, 147
DAWSON, A. : 2008¹, 115
DAY, J. M. : 2014², 212
D'COSTA, G. : 1996¹, 104
DEACY, Ch. : 2011², 243
DE ANDRADO, P. N. : 2014³, 341
DE ANGELIS, B. : 2005³, 482
DE ANGELIS, S. : 2011⁴, 581
DE ANGELIS-NOAH, P. : 1999³, 376 ; 2001³, 354 ; 2003³, 361

DEBBASCH, H. : 2002³, 362
DEBIDOUR, M. : 1998¹, 127
DEBIÈVE, R. : 1997¹, 121
DeBOER, L. J. : 2018¹, 92
DEBRAY, R. : 2004², 206
DÉCLAIS, J.-L. : 1999², 233 ; 2001², 218
DeCONICK, A. D. : 2007³, 347 ; 2009⁴, 553
DECOSSAS, J. : 2008¹, 90
DECOT, R. : 2000³, 455 ; 2002⁴, 516 ; 2006⁴, 559 ;
    2007³, 381
DEFOIS, G. : 2014⁴, 474
DEFRANCE, C. : 1996¹, 100 ; 2001⁴, 483
DEGEN-BALLMER, S. : 2010², 290
DE GROOT, A. : 2012², 363
DE GROOT, Ch. : 2010², 277
DEHANDSCHUTTER, B. : 2008⁴, 497
DEHEUVELS, N. : 2014², 219 ; 2017², 303
DEIBERT-DAM, G. : 2013², 297
DEINES, R. : 2005³, 431, 445 ; 2012³, 517 ; 2014³,
    356
DEKONINCK, R. : 2009², 219 ; 2014⁴, 461 ; 2015¹,
    99 ; 2019², 309
DELAGE, M.-J. : 2012⁴, 652
DE LANGE, N. : 2010², 298
DELAULNAYE, F. H. S. : 2010¹, 125
DELAURENTI, B. : 2008⁴, 530
DelCOGLIANO, M. : 2011⁴, 572
DELEBECQUE, É. : 1996², 229
DELECROIX, V. : 2008¹, 79 ; 2016¹, 101 ; 2018¹, 108
DELEFIX, Ch. : 1996², 224
DELELIS, B. : 2017², 274
DELFORGE, F. : 2004³, 366
DELGADO, M. : 2012⁴, 621
DELL, K. J. : 2011³, 395
DELMAIRE, R. : 2006³, 464 ; 2010⁴, 564
DELMEDIGO, E. : 1996¹, 116
DELOFFRE, M.-H. : 2001³, 363
DEL OLMO LETE, G. : 2009², 251
DELORME, J. : 2007², 233 ; 2008³, 368 ; 2009³,
    404 ; 2011³, 471
DELPLA, I. : 2003⁴, 506 ; 2004³, 371
DELPORTE, Ch. : 1999⁴, 543
DELSOL, Ch. : 2012², 321
DELTEIL, G. : 1998¹, 101 ; 2004², 237
DELTEIL, R. : 2016⁴, 490
DE LUCA, G. : 1997¹, 102
DELUMEAU, J. : 1998³, 371
DELVILLE, J.-P. : 2007⁴, 475 ; 2009¹, 87
DEMAISON, Ph. Y. : 2007¹, 81
DEMASURE, K. : 2016⁴, 213 ; 2017⁴, 589
DEMIRI, L. : 2014⁴, 491
DEMISSY, C. : 2008², 196
DENAUX, A. : 2019⁴, 571
DENEKEN, M. : 1999⁴, 522 ; 2010², 300-301 ;
    2014², 235
DEN HOLLANDER, W. : 2015³, 374
DENIS, J.-P. : 1999³, 380
DENJEAN, C. : 2016⁴, 475
DENNERLEIN, N. : 2013², 297
DENNIS, J. A. : 2007², 238

DENTAN, P.-É. : 2002⁴, 484
DENYS L'ARÉOPAGITE (PSEUDO) : 2018⁴, 478
DENYS LE CHARTREUX : 2007³, 375
DEPPE, D. B. : 2016³, 342
DÉPRAZ, C. : 1996⁴, 451
DEREMBLE, C. : 2014¹, 85
DERINGIL, S. : 2013⁴, 608
DERKSEN, J. D. : 2003³, 374
DERMANGE, F. : 2019², 303
DÉROCHE, F. : 2010¹, 130 ; 2016¹, 71
DE ROSA, G. : 1997¹, 119 ; 1997³, 331 ; 2000³, 414
DE ROSSI, G. B. : 1997¹, 110
DERRIDA, J. : 2002⁴, 443
DERROITTE, H. : 2013², 299, 303 ; 2014², 213 ;
    2015², 242-243 ; 2018², 214, 221
DESAN, Ph. : 2010¹, 104 ; 2019³, 418
DES CHAMPS, J. : 2006⁴, 562
DESCOURTIEUX, P. : 2000³, 419 ; 2010⁴, 553 ;
    2016⁴, 466
DESCREUX, J. : 2014⁴, 444
DESHAYES, L. : 2007¹, 80
DESMAZIÈRES, A. : 2012², 316
DESMULLIEZ, J. : 2009², 219
DES PLACES, É. : 2016⁴, 469
DESPLAND, M. : 1998¹, 106 ; 1999³, 424 ; 2011⁴,
    608
DESPREZ, V. : 2000³, 416
DesROSIERS, N. P. : 2017⁴, 604
DESROUSSEAUX, L. : 1999², 232
DESSI, R. M. : 2014⁴, 459
DESSING, N. M. : 2014², 206
DESTEPHEN, S. : 2009⁴, 544
DESTRO, A. : 2017⁴, 573
DÉSVEAUX, E. : 2013², 288
DETERING, N. : 2016², 195
DETMERS, A. : 2002³, 370
DE TROYER, K. : 2001², 240 ; 2011³, 416
DETTWILER, A. : 2003², 229 ; 2006³, 428 ; 2009³,
    399 ; 2011³, 447 ; 2014³, 356 ; 2018³, 353
DEUTSCH, Y. : 2012³, 513
DEVER, W. G. : 2013³, 432
DEVERS, G. : 2006¹, 155
DEVILLAIRS, L. : 2009¹, 113 ; 2016¹, 94
DEVILLERS, L. : 2003², 244
DEVRIENDT, J. : 2011⁴, 580
DE WAARD, J. : 1999², 256 ; 2005², 320
DEYMIÉ, B. : 2014², 237
DIANICH, S. : 2016¹, 86
DI CESARE, M. : 2012⁴, 693
DICK, M. (B.) : 2000², 285 ; 2002², 195
DICKEN, F. : 2015³, 387
DICKSON, J. P. : 2004⁴, 514
DIDEBERG, D. : 2009⁴, 569
DIEHL, J. (F.) : 2009², 255 ; 2010³, 379
DIERKENS, A. : 1999³, 411 ; 1999⁴, 529 ; 2003⁴,
    498 ; 2004³, 336
DIETERICH, V.-J. : 2014², 216
DIETERLÉ, Ch. : 1998², 85 ; 2015¹, 103
DIETERLÉ, J.-D. : 2015¹, 103
DIETRICH, J. : 2014³, 324

DIETRICH, W. : 1999², 248 ; 2006², 288, 294 ; 2014³, 377
DIETRICH DE FREIBERG : 1999³, 385
DIETSCHY, N. : 2016², 217 ; 2017², 280
DIETZ, Th. : 2010⁴, 576
DIETZFELBINGER, Ch. : 2012³, 535
DIK, J. : 2011³, 411
DILLEN, A. : 2013², 317
DILTHEY, W. : 2000⁴, 553 ; 2003¹, 139
DIMANT, D. : 2013³, 446 ; 2015³, 370
DIMIER-PAUPERT, C. : 2007³, 377
DINGEL, I. : 2011¹, 91 ; 2017³, 470 ; 2017⁴, 613
DINKEL, Ch. : 2001¹, 84
DION, M. : 1997¹, 97
DION CHRYSOSTOME : 2014⁴, 451
D'IORIO, P. : 2014¹, 99
DI PEDE, E. : 2006², 297 ; 2008², 248 ; 2012³, 484
DITHMAR, R. : 2010¹, 98
DITOMMASO, L. : 2002², 207 ; 2006³, 401 ; 2013⁴, 570
DIWERSY, A. : 2002², 199
DMITRIEV, M. : 1998³, 335
DOBER, H. M. : 2011², 262 ; 2016², 207
DOBLER, E. : 2002³, 361
DOCHERTY, S. E. : 2010³, 437
DOCHHORN, J. : 2012³, 544 ; 2017⁴, 560
DODDS, E. R. : 2011⁴, 558
DOEING, D. A. : 2001¹, 101
DOERING, L. : 2013³, 451
DOGNIEZ, C. : 2004⁴, 502
DOHNA, L. Graf zu : 2020³, 412
DOHNA, Y. zu : 2014¹, 90
DOIG, A. : 2011¹, 118
DOLBEAU, F. : 2014⁴, 456
DOMÍNGUEZ REBOIRAS, F. : 1999³, 366
DOMPNIER, B. : 2005⁴, 598
DOMRÖSE, S. : 2011⁴, 588
DONALDSON, T. L. : 2008³, 345
DONEGANI, I. : 2011³, 471
DONEGANI, J.-M. : 1996¹, 125
DONIGER O'FLAHERTY, W. : 2011⁴, 611
DONNER, F. M. : 2013⁴, 603
D'ONORIO, J.-B. : 2002⁴, 493
DORÉ, D. : 2008², 229
DORÉ, J. : 1998³, 340 ; 2002⁴, 488 ; 2011¹, 141 ; 2018³, 350
DORION, L.-A. : 2008², 203 ; 2010¹, 155
DORIVAL, G. : 1996², 226 ; 1997³, 342 ; 1998³, 336 ; 2004⁴, 479
DORMEYER, D. : 2011³, 440
D'ORNELLAS, P. : 2011², 238
DÖRNER, G. : 2001³, 368 ; 2004³, 350
DOSSE, F. : 2007¹, 116 ; 2010², 236 ; 2013², 262
DOST, T. P. : 2002³, 364
DO THI YEN, M. : 2011³, 450
DOUCET, H. : 1997¹, 98
DOUCHEVSKY, A. : 2001¹, 109
DOUGLASS, K. : 2015², 237
DOUGLASS, S. : 2008⁴, 508
DOUSSE, M. : 2006¹, 157

DOUTRELEAU, L. : 2002⁴, 460
DOUTRERY, F. : 2013², 281
DOV GOITEIN, Sh. : 2011⁴, 618
DOWNS, D. J. : 2009³, 418
DOYÉ, G. : 2013², 302
DOZEMAN, Th. B. : 2008², 234 ; 2015⁴, 467
DRAÏ, R. : 1998⁴, 468
DRAKE, L. : 2014⁴, 445
DRAMM, S. : 2006⁴, 578
DRANE, J. W. : 2010², 283
DRECOLL, V. H. : 2012⁴, 650
DREHSEN, V. : 1998¹, 99
DREUILLE, Ch. de : 2001³, 354
DREYFUS, F.-G. : 1999³, 426
DROBNER, H. R. : 2009³, 438 ; 2010³, 456
DROIN, J.-M. : 1997², 199
DROIT, R.-P. : 2016¹, 98
DRUGEON, F. : 2013², 252
DSCHULNIGG, P. : 1996², 237 ; 2008³, 367
DUBARLE, D. : 1997¹, 92
DUBRAU, A. A. : 2018³, 345
DUBREUCQ, A. : 1996³, 347
DU CHASTEL, P. : 1999³, 409
DUCHESNE, L. : 1997¹, 110
DUCHET-SUCHAUX, G. : 1998³, 368
DUCHET-SUCHAUX, M. : 1998³, 366-367 ; 2002³, 353
DUECK, A. : 2009², 237
DUFF, P. B. : 2016³, 355
DUFFÉ, B.-M. : 1996¹, 121 ; 1996⁴, 468
DUFLO, C. : 1996⁴, 469
DUFOUR, A. : 1999³, 410 ; 2006⁴, 552 ; 2007⁴, 485 ; 2008⁴, 548 ; 2010¹, 105 ; 2012⁴, 675-676 ; 2013⁴, 588 ; 2014⁴, 476 ; 2015⁴, 504 ; 2016⁴, 487 ; 2018⁴, 495 ; 2020³, 433
DUFOUR, X. : 2011¹, 111
DUHAIME, J. : 2012³, 497
DUHAMEL, B. : 2009¹, 80 ; 2011¹, 85
DUHAMEL, G. : 2009¹, 80 ; 2011¹, 85
DUHL, O. A. : 2006⁴, 543
DUKAN, M. : 2007⁴, 470
DUKE, R. R. : 2011³, 418
DULAEY, M. : 1998³, 346
DUMAS, A. : 1998¹, 95
DUMAS, M. : 2015⁴, 510
DUMONS, B. : 2012², 346
DUNAND, F. : 1998¹, 123 ; 2002⁴, 495 ; 2003⁴, 489
DUNANT GONZENBACH, A. : 2020³, 415
DUNKERTON, J. : 2000³, 457
DUNN, J. D. G. : 1997², 227 ; 2006³, 429 ; 2014³, 360
DÜNNHAUPT, G. : 1999³, 416
DUNS SCOT, J. : 1998¹, 91 ; 2000³, 445 ; 2001³, 364
DUPÈBE, J. : 2005⁴, 595 ; 2018⁴, 491
DUPEUX, C. : 2001³, 370
DUPEUX, L. : 2002⁴, 469
DUPONCHEELE, J. : 2007¹, 100
DUPUIGRENET DESROUSSILLES, F. : 2008⁴, 555
DUPUIS, J. : 1999⁴, 524
DURAND, D. : 2006⁴, 562

DURAND, E. : 2016², 189
DURAND, É. : 2018¹, 95
DURAND, G.-M. de : 1996³, 330 ; 2000³, 430 ;
    2001³, 351
DURAND, J. D. : 1997¹, 123 ; 1997⁴, 472
DURAND, J.-M. : 1998², 79 ; 1999², 234 ; 2001²,
    208 ; 2003², 215
DUREL, A. : 2008⁴, 509
DURHAM, W. C. : 2013⁴, 612
DURISCH, N. : 2002¹, 109
DURKHEIM, É. : 2011¹, 90
DUTTON, Y. : 2009¹, 106
DUVAL, A. : 1997¹, 117
DUVAL, Y.-M. : 2012⁴, 653
DU VAL D'ÉPRÉMESNIL, D. : 2018², 214
DVOŘÁČEK, J. : 2017⁴, 581
DWORKIN, R. : 2018¹, 107
DYER, A. E. : 2012², 354
DYER, B. R. : 2018³, 366
DYMA, O. : 2009², 242 ; 2010³, 393
EATWELL, R. : 2009¹, 80
EBEL, E. : 2005³, 458
EBELING, G. : 1998¹, 103 ; 1998³, 374 ; 2002¹,
    91 ; 2014¹, 116
EBERHARD, Ch. A. : 2014³, 366
EBERTZ, M. : 2001¹, 84
EBNER, M. : 2012³, 467
ÉCHIVARD, J.-B. : 2010¹, 90
ECK, W. : 2011², 272 ; 2015⁴, 475
ECKEY, W. : 2011³, 466
ECKHART (MAÎTRE) : 2011⁴, 580
ECKSTEIN, H.-J. : 2013³, 426
ECO, U. : 2011³, 472
EDART, J.-B. : 2008², 217
EDDELBÜTTEL, A. : 2006³, 442
EDELBROCK, A. : 2012², 364
EDELMAN, D. V. : 2015³, 367
EDGAR, W. : 1998¹, 119
EDGERTON, W. D. : 2011², 257
EDWARDS, B. v. N. : 2001³, 359
EFTHYMIADIS, S. : 2013⁴, 570
ÉGASSE, C. : 2016³, 344
EGELHAAF-GAISER, U. : 2003³, 355
EGGER-WENZEL, R. : 2010², 293 ; 2014², 229
EGO, B. : 2001², 236 ; 2002², 201 ; 2012², 295
EHLERS, W.-W. : 2001³, 368
EHRENFREUND, J. : 2014¹, 121 ; 2016¹, 103
EHRLICH, C. S. : 2014³, 337
EHRMAN, B. D. : 2008³, 401 ; 2013³, 452 ; 2014⁴,
    449 ; 2015³, 360
EIBACH, U. : 1996⁴, 441
EICHEL-LOJKINE, P. : 2007⁴, 472
EISENBERG, J. : 2000², 318
EISENSTEIN, S. : 1999⁴, 547
EISSLER, F. : 2012², 295
ELAYI, J. : 2001², 211
EL CHEIKH, N. M. : 2014⁴, 489
ELHAUS, Ph. : 2014², 222
ÉLIÉZER SELIGMANN : 1999⁴, 518
ELIOR, R. : 2006³, 404

ELLEDGE, C. D. : 2005³, 429
ELLENIUS, A. : 2002⁴, 457
ELLIOTT, J. K. : 2004², 233 ; 2007³, 348 ; 2009³,
    397 ; 2017⁴, 575
ELLIOTT, N. : 2010³, 431
ELLSIEPEN, Ch. : 2009¹, 119
ELLUL, D. : 2000², 289
ELLUL, J. : 2009³, 428 ; 2014¹, 101 ; 2017², 292 ;
    2018¹, 111 ; 2019³, 427
ELMER, I. J. : 2018³, 357
ELSENBAST, V. : 2013², 312
ELSHOBAKI, A. : 2011⁴, 616
ELSIG, F. : 2014¹, 91
EMANE, A. : 2013³, 413
EMERTON, J. A. : 2019⁴, 545
EMERY, G. : 2005³, 491 ; 2014¹, 112
ÉMERY, P.-Y. : 2010⁴, 569
EMMEL, S. : 2010¹, 123
EMMENDÖRFFER, M. : 2000², 294
EMMENEGGER, G. : 2008³, 400
ENCREVÉ, A. : 1996¹, 99 ; 2002⁴, 465 ; 2003⁴, 494
ENDO, M. : 2003², 242
ENDO, Y. : 1997², 191
ENDSJØ, D. Ø. : 2009⁴, 550
ENGAMMARE, M. : 1996³, 368 ; 2000⁴, 535 ; 2005⁴,
    594 ; 2010¹, 103 ; 2011⁴, 588 ; 2015⁴, 493 ;
    2018⁴, 486 ; 2020⁴, 431
ENGEMANN, J. : 2017², 273
ENGSBERG-PEDERSEN, T. : 2011³, 460
ENGSTER, D. : 2014⁴, 451
ENNAJI, M. : 2009¹, 102
EPHRAT, D. : 2010¹, 135
ÉPHREM DE NISIBE : 1996³, 338 ; 1998³, 349 ;
    2007³, 357 ; 2009⁴, 559
ÉPIPHANE DE SALAMINE : 2007³, 358 ; 2010³, 455 ;
    2018⁴, 466
ÉPITALON, Ch. : 1997¹, 110
EPP, E. J. : 2015³, 394
EPP, V. : 2000³, 437
ERAN, M. : 2009², 249
ÉRASME : 2003³, 372
ERHARDT, M. A. : 2014¹, 87
ERICKSEN, R. P. : 2013⁴, 597
ERICKSON BOUZRARA, N. : 2007⁴, 479
ERNE, Th. : 2013², 247 ; 2014¹, 96
ERNST, M. : 2010², 293 ; 2014², 229
ERNY, P. : 2002¹, 110-112 ; 2004¹, 124 ; 2007⁴, 498
ESACK, F. : 2004⁴, 491
ESCAMILLA, M. : 2000³, 454
ESKOLA, T. : 2003², 231 ; 2016³, 337
ESSER, A. : 1999⁴, 527 ; 2013², 274
ÉTIENNE LE DIACRE : 1999³, 379 ; 2000³, 438
ETZELMÜLLER, G. : 2016², 208
EUBANK, N. : 2014³, 362
EUDOCIE : 1999³, 378
EULER, A. : 2017⁴, 578
EUNOME : 2010¹, 135
EUSÈBE DE CÉSARÉE : 2001³, 346 ; 2002⁴, 463 ;
    2004³, 339 ; 2007³, 356 ; 2008⁴, 494 ; 2010³,
    453

EUTHÈRIOS DE TYANE : 2016[4], 468
ÉVAGRE LE PONTIQUE : 1999[3], 373 ; 2008[4], 510 ; 2018[4], 476
ÉVAGRE LE SCHOLASTIQUE : 2012[4], 657 ; 2016[4], 469
EVANG, M. : 1997[2], 229
ÉVANGÉLINE (SŒUR) : 2016[2], 215
EVANS, C. A. : 1999[2], 260 ; 2001[2], 238 ; 2002[2], 215 ; 2003[2], 258 ; 2008[3], 360 ; 2015[3], 386 ; 2015[4], 467
EVDOKIMOV, M. : 1998[1], 97
EVE, E. : 2003[2], 226
ÉVIEUX, P. : 1996[3], 341 ; 1998[3], 356 ; 2001[3], 349
EWALD, F. : 2012[2], 319
EYEZO'O, S. : 2016[4], 492
EYNIKEL, E. M. M. : 2012[3], 480 ; 2013[4], 560
FABIEN, P. : 2011[3], 457
FABRY, H.-J. : 2012[3], 496
FAESSLER, M. : 1997[2], 198 ; 2011[4], 593
FAILLER, A. : 2000[3], 448
FAIVRE, A. : 2012[4], 632
FAIVRE, D. : 1998[2], 86 ; 2002[2], 190 ; 2009[1], 89
FAIX, G. : 2000[3], 450
FALK, D. K. : 2011[3], 414
FALQUE, E. : 2001[1], 92
FAMERÉE, J. : 2009[2], 205 ; 2012[2], 332
FANCELLO, S. : 2007[1], 115
FANGER, U. : 2001[4], 492
FANSA, M. : 2006[3], 470 ; 2010[1], 151
FANTINO, J. : 1999[4], 528
FARAGO, F. : 2007[1], 89
FAREL, G. : 2020[3], 424
FARELLY, N. : 2012[3], 527
FAROUKI, N. : 2001[2], 204
FARRIS, S. R. : 2014[2], 199
FASSETTA, R. : 1997[3], 349 ; 1999[3], 383 ; 2002[3], 352 ; 2008[4], 528
FATH, S. : 2002[1], 99 ; 2003[4], 496 ; 2007[1], 108 ; 2013[2], 292
FATIO, O. : 1999[3], 403 ; 2014[4], 474
FATTAL, M. : 2007[3], 341
FAUSTIN : 2007[3], 360
FAVRE, J.-F. : 2011[3], 445
FAVRE, O. : 2007[1], 109 ; 2014[2], 204
FEDERSCHMIDT, K. : 2003[1], 126
FÉDOU, M. : 1998[3], 345 ; 2002[1], 93 ; 2010[3], 449 ; 2018[4], 471
FEIERTAG, J.-L. : 1996[3], 340
FEISS, H. : 2012[4], 660
FEIX, M. : 2013[1], 478 ; 2019[3], 442
FELD, H. : 1997[3], 361 ; 1999[3], 404 ; 2001[3], 379 ; 2002[3], 370
FELDKAMP, M. F. : 2002[4], 455
FELDMANN, L. H. : 1998[2], 103
FELDMEIER, R. : 1997[2], 236 ; 2014[3], 333 ; 2015[3], 362
FELICI, L. : 1997[3], 364 ; 2018[4], 488
FÉLIX, B. : 2003[3], 369 ; 2009[2], 233
FELSCH, D. : 2012[3], 528
FENDLER, F. : 2016[2], 209

FENSKE, W. : 2009[1], 79 ; 2011[1], 133
FER, Y. : 2011[2], 245 ; 2016[2], 199
FERGUSON, E. : 2010[3], 444
FERGUSSON, D. A. S. : 2012[2], 329
FERRAGU, G. : 2011[1], 84
FERRARI, M. : 2003[1], 136
FERREIRO, J. : 2012[4], 696
FERRER, V. : 2007[4], 476 ; 2015[4], 506 ; 2018[4], 481 ; 2020[3], 408
FERRETTI, G. : 2001[4], 487
FERRY, J.-M. : 2008[1], 90 ; 2013[2], 270
FERY, R. : 2009[2], 233
FERZOCO, G. : 2002[3], 351
FESTUGIÈRE, A.-J. : 1998[3], 359 ; 2006[3], 463 ; 2010[4], 563 ; 2012[4], 657 ; 2016[4], 469
FEUILLEBOIS, È. : 2009[1], 101
FEVRY, S. : 2018[1], 88
FEWELL, D. N. : 2017[4], 559
FEWSTER, G. P. : 2014[3], 370
FIASSE, G. : 2009[1], 111
FICHERA, G. : 1997[1], 115
FIEDROWICZ, M. : 1998[3], 353
FIELDS, L. M. : 2015[4], 488
FIELDS, W. W. : 2011[3], 409
FIERRO, M. : 2014[4], 490
FILIU, J.-P. : 2007[4], 504 ; 2010[1], 143
FILONI, M. : 2012[2], 314
FILTVEDT, O. J. : 2017[4], 597
FINALDI, G. : 2000[3], 412
FINE, S. : 2012[3], 493 ; 2014[3], 319
FINKIELKRAUT, A. : 2007[1], 116
FINNEY, M. T. : 2013[3], 470
FIORES, S. de : 1996[4], 457
FIRTH, K. : 2015[1], 97
FISCHER, B. : 2008[3], 391 ; 2008[4], 493
FISCHER, E. : 2012[3], 470
FISCHER, H. : 2003[3], 389
FISCHER, I. : 2004[2], 213 ; 2009[3], 370 ; 2011[2], 292 ; 2012[3], 467, 486
FISCHER, M. : 2016[2], 195-196
FISHER, A. : 2014[1], 121
FITZGERALD, A. D. : 2006[3], 444
FITZMYER, J. A. : 2008[3], 351
FLACHMANN, H. : 1998[3], 376
FLAGEAT, M.-C. : 2010[1], 118
FLASCH, K. : 2012[4], 663
FLAVIUS JOSÈPHE : 2001[3], 227 ; 2006[3], 402 ; 2010[3], 404 ; 2012[3], 506 ; 2014[3], 347 ; 2015[3], 373
FLÉCHIER, E. : 1998[4], 474
FLEDERMANN, H. T. : 1997[2], 210 ; 2006[3], 420
FLEINERT-JENSEN, F. : 2006[2], 258 ; 2011[3], 445 ; 2015[1], 109 ; 2017[2], 289 ; 2018[1], 95
FLESHER, P. V. M. : 2012[3], 511
FLETCHER, R. : 2006[3], 469
FLICHE, B. : 2014[4], 494
FLICHY, O. : 2000[2], 289 ; 2008[3], 378
FLINT, P. W. : 2002[2], 211 ; 2012[3], 497
FLOOD, Ch. : 2013[4], 613
FLORY, É. : 2011[1], 122
FLÖTER, J. : 2004[3], 358

FLÖTTMANN, H. B. : 2006², 275
FLUSSER, D. : 2008³, 342, 359
FLUSSER, V. : 2018¹, 98
FOCANT, C. : 2005³, 446 ; 2016³, 336
FŒSSEL, M. : 2013², 260
FOGAZZARO, A. : 2000⁴, 556
FOGIELMAN, Ch.-A. : 2018⁴, 476
FOGLIADINI, E. : 2016¹, 88 ; 2017², 275 ; 2018¹, 83, 86
FOISTER, S. : 2000³, 457
FOITZIK, K. : 1999⁴, 537
FOKAS, E. : 2009², 216
FOLEY, M. P. : 2004⁴, 481
FONDATION CH. DE GAULLE : 2012⁴, 681
FONTAINE, J. : 1997³, 343 ; 2007³, 343, 365
FONTANA, A. : 2012², 319
FONTANIER, J.-M. : 1998³, 353 ; 2000³, 428 ; 2009⁴, 572
FONTUS, F. : 2002¹, 101
FOREMAN, B. A. : 2015⁴, 470
FORMEY, J. H. S. : 2005⁴, 606 ; 2006⁴, 562
FORNBERG, T. : 2001⁴, 461
FORNEL, M. de : 2013², 288
FORNEROD, N. : 2002³, 374 ; 2020³, 415
FORNEROD, S. : 2015⁴, 494
FORRESTER, D. B. : 2010², 284
FORSTER, E. : 1999³, 382
FÖRSTER, H. : 2008⁴, 511
FÖRSTER, N. : 2008³, 369 ; 2013³, 462
FORSTER, R. : 2008⁴, 525
FORSTER, Th. R. V. : 2011², 226
FORTHOMME, B. : 2008¹, 77
FORTI, T. L. : 2009³, 369
FOSSION, A. : 2012², 366 ; 2018², 207
FOSTER, P. : 2012⁴, 636
FOUCAULT, M. : 2012², 319
FOUCHE, I. : 2006⁴, 536
FOUILLOUX, É. : 2002⁴, 484
FOURNET, J.-L. : 2012³, 489
FOURNIÉ, É. : 2014⁴, 457
FOURNIÉ, M. : 1999³, 388
FOURNIER, C.-A. : 2011², 244
FOURNIER, E. : 2016¹, 100
FOWDEN, G. : 2016¹, 73
FRAENKEL, P. : 2014⁴, 474
FRAENKEL-GOLDSCHMIDT, Ch. : 2010¹, 102
FRAGONARD, M.-M. : 2000², 317 ; 2010¹, 96
FRAISSE, G. : 1999³, 424
FRANCE, R. T. : 2001⁴, 450 ; 2008³, 366
FRANCILLON, F. : 1999³, 417
FRANCIS, Ph. S. : 2018¹, 91
FRANK, É. : 1998⁴, 491 ; 2008¹, 122
FRANK, G. : 2004³, 361 ; 2005⁴, 582 ; 2006⁴, 548
FRANKE, E. : 2003¹, 122 ; 2006⁴, 581
FREDE, H. J. : 2008³, 391 ; 2008⁴, 493
FREDRIKSEN, P. : 2018³, 359
FREIBERGER, O. : 2012⁴, 688
FRÉMOND-VERGGOBI, F. : 1996³, 342
FRÉMONT, Ch. : 2004³, 368
FRENKEL, M. : 2011¹, 94

FRESE, T. : 2014¹, 85
FREUDENBERG, M. : 2006⁴, 539 ; 2010⁴, 582
FREVEL, Ch. : 2014², 232
FREY, A. : 1996¹, 98 ; 1999², 238 ; 2007³, 356, 380
FREY, D. : 2008³, 411 ; 2009³, 444 ; 2010², 299 ; 2011⁴, 624 ; 2013⁴, 623 ; 2014⁴, 501 ; 2016¹, 106
FREY, J. : 1996², 236 ; 1999⁴, 497, 513 ; 2000³, 414 ; 2001⁴, 453 ; 2005³, 449 ; 2006³, 411 ; 2008², 250 ; 2008³, 363, 373 ; 2010², 295 ; 2010³, 423 ; 2011³, 441, 446 ; 2012³, 467, 500 ; 2013³, 476 ; 2014³, 354, 363 ; 2017⁴, 569 ; 2019⁴, 575
FREYLINGHAUSEN, J. A. : 2012², 310
FREYNE, S. : 2001², 239 ; 2009³, 397
FRICKER, D. : 2005³, 442
FRICKER, J. : 2007¹, 116
FRIEBEL, K. G. : 2006², 288
FRIEDHEIM, E. : 2007³, 330
FRIEDMANN, Y. : 2006¹, 156
FRIEDRICH, R. : 2001², 246 ; 2007², 240 ; 2011⁴, 623 ; 2014¹, 123
FRIELING, R. : 2008¹, 112
FRIES, P. C. : 2014⁴, 478
FRIESEN, S. J. : 2011³, 465 ; 2015³, 395
FRISHMAN, J. : 1999², 230
FRITZ, A. X. J. : 2015³, 393
FRITZ, N. : 2012⁴, 679
FRÖHLICH, K. : 2013⁴, 599
FROIDURE, M. : 2008², 194
FROLOV, S. : 2015⁴, 469
FRUGONI, A. : 2014⁴, 457
FRUGONI, Ch. : 2014⁴, 457
FRYE, N. : 2000², 314
FRYMIRE, J. M. : 2011⁴, 595
FUCHS, É. : 1996¹, 125 ; 1998¹, 95 ; 2007¹, 82 ; 2010², 257
FÜHRER, Ch. : 1999⁴, 525
FUHRMANN, S. : 2013³, 428
FULGENCE : 2010⁴, 565
FULGENCE DE RUSPE : 2005³, 481
FULGENCE (PSEUDO) : 2010⁴, 565
FULKERSON, M. M. : 2013², 273
FUMAROLI, M. : 2000³, 409
FUNK, R. W. : 1997², 202
FUNK, W.-P. : 2012⁴, 638 ; 2013⁴, 559
FURLEY, W. D. : 2002², 217
FÜRST, A. : 2012⁴, 645
FUSCO, V. : 1999², 267
GÄBEL, G. : 2007³, 326
GÄBLER, Ch. : 2002¹, 105
GABORIAU, F. : 2001¹, 117, 120
GABORIEAU, M. : 2009¹, 98
GABUS, J.-P. : 1997¹, 92
GACHET, C. : 2014², 204
GACHOUD, F. : 2010², 249
GÄCKLE, V. : 2006³, 437 ; 2015³, 379
GADAMER, H.-G. : 2008¹, 78 ; 2011¹, 129
GADENZ, P. T. : 2010³, 431

GADILLE, J. : 2002¹, 110
GAGEY, H.-J. : 2016², 191
GAGNÉ, A. : 2013⁴, 558
GAGNEBIN, L. : 1998¹, 104, 119 ; 1999³, 402 ;
   2001⁴, 481 ; 2007¹, 101, 116, 120
GAILLARD, A. : 2001¹, 123
GAILUS, M. : 2010¹, 120
GAIN, B. : 1996³, 336
GALIEN : 2001³, 340
GALIL, G. : 2013³, 430
GALINIER, J. : 2008¹, 114
GALL, D. : 2014⁴, 451
GALLOWAY, L. E. : 2005³, 461
GALONNIER, A. : 2008⁴, 519
GALVAGNO, G. : 2010³, 388
GAMBAROTTO, L. : 1997³, 376
GAMBAROTTO, S. : 2002¹, 106
GAMBLE, H. Y. : 2014⁴, 449
GAMBONI, D. : 2001³, 333
GANOCZY, A. : 2019³, 440
GANTENBEIN, J.-G. : 2017², 300
GANTENBEIN, U. L. : 2011⁴, 582
GANTERT, K. : 2013⁴, 553
GANTZ, U. : 2000³, 426
GANZER, K. : 2010¹, 101
GARCÍA MARTÍNEZ, F. : 2004², 223 ; 2006², 290 ;
   2009³, 377 ; 2010³, 401 ; 2011³, 432
GARCILAZO, A. V. : 2008³, 381
GARDNER, G. : 2010¹, 79
GAREIS, B. : 1996², 245
GARO, I. : 2001¹, 116
GARR, W. R. : 2006², 292
GARSKY, A. : 1998², 107
GARSOÏAN, N. : 2002³, 346
GASSER, Ch. A. : 2011³, 419
GATZ, E. : 2001⁴, 477
GAUDELET, B. : 2012⁴, 625
GAUDIN, Ph. : 2006⁴, 582
GAULTIER, B. : 2019³, 422
GAULTIER, R. : 2000⁴, 542
GÄUMANN, A. : 2002³, 366
GAUSE, U. : 2013⁴, 582
GAUTHIER, P. : 1996⁴, 444 ; 1998¹, 103
GAVRILYUK, P. L. : 2008³, 406
GAY, D. : 2010², 284
GAYOT, G. : 2005⁴, 605
GEBAUER, G. : 2008², 202
GEERK, F. : 2002¹, 94
GEERLINGS, W. : 2003³, 357
GEFFRÉ, C. : 2001¹, 128
GÉHIN, P. : 1999³, 373 ; 2006³, 442 ; 2008⁴, 510
GEHRING, P. : 2011², 257
GEIGER, M. : 2010³, 383
GEISSLER, R. : 2005⁴, 606
GELARDINI, G. : 2017⁴, 582, 596
GELJON, A. C. : 2017⁴, 602
GELZER, H. : 1997¹, 109
GEMBICKI, D. : 2014⁴, 478
GEMBICKI-ACHTNICH, H. : 2014⁴, 478
GEMEINHARDT, P. : 2008³, 395 ; 2010², 258

GEMÜNDEN, P. von : 2008³, 352
GENDRIN, B. : 1998¹, 126
GENRE, E. : 1998¹, 94 ; 2005⁴, 588 ; 2006², 267 ;
   2009², 232
GENTHE, H. J. : 1997³, 357
GENTON, H. : 2013⁴, 588 ; 2014⁴, 476 ; 2015⁴,
   504 ; 2016⁴, 487 ; 2018⁴, 495 ; 2020³, 433
GENUYT, F. : 1998², 91
GENZ, R. : 2016³, 348
GEOFFROY, É. : 2011¹, 100
GEONGET, S. : 2007⁴, 474
GEORGES, T. : 2014³, 333
GEORGES PACHYMÉRÈS : 2000³, 448
GÉRARD-ZAI, M.-C. : 1998³, 371
GERBER, D. : 2008², 254 ; 2009², 271
GERBER, U. : 2010², 276
GERDES, A.-M. : 2016², 195
GERDES, U. : 2006⁴, 568
GERHARD, J. : 1999³, 415 ; 2001⁴, 470 ; 2002³,
   372 ; 2003³, 380 ; 2006⁴, 555 ; 2008⁴, 552
GERHARDS, A. : 2008³, 346
GERHARDSSON, B. : 1998², 98
GERMA-ROMANN, H. : 2002³, 373
GERSON, J. : 2010¹, 92
GERSTEN, A. : 2012², 300
GESCHÉ, A. : 1997⁴, 474 ; 2001¹, 127 ; 2003⁴,
   503 ; 2007¹, 101
GETCHA, J. : 2010⁴, 567
GEVERS, L. : 1997¹, 118
GHAZĀLĪ, A. H. al- : 2007⁴, 503 ; 2011⁴, 617
GHEORGHITA, R. : 2004⁴, 518
GHERMANI, N. : 2010¹, 97
GHORASHI, H. : 2012², 351
GIACONE, F. : 2016⁴, 486
GIANNI, M. : 2011¹, 105
GIANTO, A. : 2006², 288
GIBSON, J. J. : 2014³, 365
GIDION, A. : 2014², 226
GIERE, S. D. : 2016⁴, 448
GIESEN, H. : 2005³, 441
GIGNAC, A. : 2015³, 392
GILBERT, M. : 2007², 190 ; 2009¹, 91 ; 2013³,
   438-439
GILBERT, P. : 2010², 237
GILBOA, A. : 2013³, 430
GILL, S. : 1996¹, 104
GILLET, J.-P. : 2003³, 372
GILLIAT-RAY, S. : 2014⁴, 497
GILLIÈRON, B. : 1998², 99 ; 1999⁴, 493 ; 2000²,
   310 ; 2001⁴, 455 ; 2002², 220 ; 2006³, 425
GILLIOT, C. : 2013⁴, 602
GILLIS, Ch. : 1997⁴, 475
GILMONT, J.-F. : 1999³, 404 ; 2004³, 351 ; 2007⁴,
   474 ; 2014⁴, 471
GILSON, É. : 1999³, 374
GINISTI, J.-P. : 2001¹, 119
GINTHER, J. R. : 2011⁴, 576
GINZBERG, L. : 2007³, 331
GIOANNI, S. : 2010¹, 86
GIORDA, M. : 2013⁴, 566

GIORDAN, G. : 2015², 228
GIOVANNINI, A. : 2009³, 397
GIOVINO, M. : 2008², 224
GIRARD, R. : 2003³, 390 ; 2008², 207
GIRARDET, K. M. : 2011⁴, 568
GIRAUD, C. : 2011⁴, 578
GIRAUD, J.-C. : 1998³, 361
GISEL, P. : 1996⁴, 449 ; 2001², 221 ; 2002¹, 90 ;
    2002², 187 ; 2004⁴, 495 ; 2006², 269 ; 2010²,
    247 ; 2012², 331 ; 2014¹, 121 ; 2015¹, 113 ;
    2016¹, 103-104
GLADD, B. L. : 2009³, 420
GLARDON, Th. : 2010², 291
GLEAVE, R. : 2016¹, 78
GLEEDE, B. : 2008⁴, 545
GNILKA, J. : 2003², 237 ; 2009¹, 106 ; 2010¹, 146
GOBRY, Ch. : 2004², 238
GODARD, B. : 2007⁴, 503
GODDING, R. : 2002³, 349
GODO, E. : 2018¹, 90
GOEHRING, J. E. : 2008³, 399
GOEING, A.-S. : 2011⁴, 581
GOELDEL, D. : 2010¹, 93
GOENKA, S. N. : 2011⁴, 612
GOERTZ, H.-J. : 1996³, 353
GOFF, M. : 2012³, 494
GOLD, F. : 1997¹, 98
GOLDINGAY, J. : 1998², 85
GOLDMANN, M. : 2010¹, 128
GOLTZ, A. : 2010⁴, 558
GOMBAULT, A. : 1999⁴, 548
GOMEZ-GÉRAUD, M.-Ch. : 2000³, 451 ; 2000⁴,
    537 ; 2008⁴, 536 ; 2020³, 408
GONNEAU, P. : 1998³, 335
GONNET, D. : 2009⁴, 545
GONZALEZ, P. : 2016², 191
GONZALEZ, Ph. : 2014¹, 120 ; 2015², 225
GOODHEW, D. : 2015², 235
GOODRICH, J. K. : 2013³, 472
GORDON, R. : 2019⁴, 545
GORDON, R. L. : 2011⁴, 555
GORDON-LENNOX, J. : 2009², 233 ; 2014², 222
GORI, F. : 2006³, 458
GORIELY, S. : 2018¹, 88
GOSBELL, L. A. : 2019⁴, 568
GOSSIN, R. : 2003³, 396 ; 2017², 301
GOTTER, U. : 2010¹, 123
GÖTTLER, Ch. : 2012⁴, 679
GOULD, M. : 2015², 245
GOULET, R. : 2007³, 334
GOUNELLE, A. : 1997⁴, 481 ; 2007¹, 103 ; 2008¹,
    103
GOUNELLE, É. : 2014⁴, 481
GOUNELLE, R. : 2001³, 349 ; 2007³, 380 ; 2008²,
    255 ; 2008⁴, 557-558 ; 2009³, 445 ; 2013⁴,
    621 ; 2015¹, 122 ; 2016¹, 107
GOURDAIN, J.-L. : 2006³, 458
GOURGUES, M. : 2010³, 434
GOURISSE, B. : 2016⁴, 497
GOUTIERRE, M.-D. : 2001¹, 92

GOWLER, D. : 2010³, 411
GOYETTE, J. : 2005⁴, 580
GRÁB, W. : 2012², 368 ; 2012⁴, 702
GRABBE, L. L. : 2012³, 476
GRABNER, W.-J. : 2015², 233
GRABNER-HAIDER, A. : 2009³, 434
GRAESSLÉ, I. : 2002⁴, 515
GRAF, G. : 2008⁴, 535
GRAF, K. : 2004³, 346
GRAFTON, A. : 2008⁴, 503 ; 2019³, 417
GRAHAM, P. M. : 2000², 297
GRAHAM, W. A. : 2011⁴, 609
GRAN, M. : 2009⁴, 562
GRANADO, C. : 1997¹, 110
GRANDJEAN, A. : 2012², 315
GRANDJEAN, M. : 1996⁴, 447 ; 2011², 240 ; 2017²,
    298
GRANE, L. : 1996³, 353, 357 ; 1999³, 393 ; 2000³,
    412, 455
GRANERØD, G. : 2012³, 478
GRANIER, J. : 2004¹, 113
GRANJON, É. : 2015¹, 99
GRAPPE, Ch. : 1999⁴, 554 ; 2001², 244 ; 2005²,
    322 ; 2006², 302 ; 2008³, 412 ; 2010³, 460 ;
    2013⁴, 623 ; 2014⁴, 499, 501 ; 2020³, 454
GRÄSSER, E. : 1997², 229
GRAUPNER, A. : 2008², 214
GRAVES, M. : 2009⁴, 568
GRAVIL, A. : 2010², 249
GRAY, P. : 2009², 247
GRAZIANI, F. : 2010⁴, 565
GREENBERG, L. A. : 2011⁴, 553
GREENMAN, J. P. : 2013², 261
GREER, J. S. : 2014³, 320
GREER, R. A. : 2008³, 404
GRÉGOIRE DE NAREK : 2012⁴, 658 ; 2016⁴, 472
GRÉGOIRE DE NAZIANZE : 1996³, 337 ; 1997¹, 111 ;
    1998³, 350
GRÉGOIRE DE NYSSE : 1996³, 336 ; 1997¹, 112 ;
    1997³, 346 ; 1998³, 350-351 ; 2005³, 475 ;
    2008⁴, 508 ; 2009⁴, 561 ; 2010³, 456 ; 2012⁴,
    649 ; 2018⁴, 474-475
GRÉGOIRE LE GRAND : 1999³, 377 ; 2001³, 360
GREGORY, A. : 2006³, 424 ; 2018⁴, 468
GREGORY, T. : 1997³, 331
GREILSAMMER, I. : 2014⁴, 484
GREINER, A. : 1996³, 360
GREINER, D. : 1999⁴, 538 ; 2013², 315
GREISCH, J. : 2001⁴, 490 ; 2004¹, 102 ; 2007¹, 85 ;
    2012², 326 ; 2013², 264 ; 2017², 283
GRELLIER, I. : 2004¹, 125 ; 2006¹, 164 ; 2011²,
    301 ; 2017², 309 ; 2018³, 373
GRELOT, P. : 1996², 230 ; 1997⁴, 480 ; 1999², 262 ;
    2000², 305 ; 2002¹, 95 ; 2002², 189
GREMMELS, Ch. : 2005⁴, 613 ; 2006⁴, 575
GRESCH, E. : 2010⁴, 582
GRESCHAT, M. : 2000⁴, 561 ; 2002⁴, 517 ; 2005⁴,
    589 ; 2006⁴, 538, 564
GRESHAKE, G. : 2011², 231
GRETHLEIN, Ch. : 2008¹, 118

GRÉVIN, B. : 2010¹, 86
GREYERZ, K. von : 2007⁴, 473 ; 2012⁴, 666 ; 2015⁴, 505
GRIBETZ, S. K. : 2014³, 338
GRIESER, H. : 2010⁴, 544
GRIESSLER, E. : 2010², 264
GRIEU, É. : 2010², 279
GRILLET, B. : 1998³, 359 ; 1999², 237 ; 2006³, 463
GRILLMEIER, A. : 1998³, 360 ; 2006³, 450
GRIMKÉ, S. M. : 2017², 298
GRIMM, R. : 1999³, 398 ; 2003¹, 131
GRIMONPREZ, C. : 1996¹, 122
GRINDAL, G. : 2013⁴, 590
GRINDHEIM, S. : 2006³, 435
GRINGORE, P. : 2006⁴, 544
GRINTCHENKO, M.-H. : 2010⁴, 584
GRIPENTROG, S. : 2008², 250
GRITSCH, E. W. : 2013⁴, 581
GROB, E. M. : 2011⁴, 618
GRONDEUX, J. : 2014⁴, 482
GRONDIN, J. : 2014¹, 104
GRONEBERG, B. : 2008², 223
GROOTAERS, J. : 1999³, 430
GROS, F. : 2010², 238 ; 2012², 319 ; 2014¹, 109
GROS, J.-M. : 2007⁴, 490
GROSOS, Ph. : 2012², 322
GROSRICHARD, A. : 2016¹, 95
GROSS, M. : 2018², 210
GROSS, W. : 1998², 82
GROSSE, Ch. : 2020³, 415
GROSSE, H. W. : 2005⁴, 613 ; 2006⁴, 575
GROSSE KRACHT, K. : 2006⁴, 573
GROSSER, A. : 1996¹, 122
GROSSHANS, H.-P. : 2011¹, 117
GROSSI, R. : 1998⁴, 479, 484 ; 1999³, 412 ; 2000⁴, 559
GROSSMANN, B. : 2002³, 372
GROTE, A. E. J. : 2004⁴, 483
GROTE, R.-J. : 2004³, 347
GROUPE PASCAL THOMAS : 1998¹, 92
GRÖZINGER, A. : 2003¹, 120 ; 2006², 268
GRUHL, R. : 2017³, 484
GRUMBER, S. : 2014², 210
GRÜN, A. : 2011², 254
GRUND, A. : 2014³, 326
GRUNDEKEN, M. : 2016⁴, 459
GRUNDMANN, R. : 2013³, 428
GRÜNWALDT, K. : 2016², 204
GRÜNZINGER, G. : 2001⁴, 481 ; 2002⁴, 482 ; 2007⁴, 494
GRUSON, Ph. : 2017², 274
GRYPEOU, E. : 2014³, 339
GRYSON, R. : 2008², 211 ; 2008³, 391 ; 2008⁴, 493 ; 2009⁴, 546 ; 2014⁴, 453
GRZYBECK, E. : 2009³, 397
GUELPA, B. : 2012², 359
GUERRIER, M. : 2015¹, 103
GUERRIER KŒGLER, D. : 2015¹, 95
GUEST, M. : 2014², 203
GUETNY, J.-P. : 2008², 200

GUEUDET, G. : 2006⁴, 541
GUEUNIER, N. : 2010¹, 103 ; 2017³, 481 ; 2020³, 431
GUIBERT DE TOURNAI : 2012⁴, 662
GUICHARD, F. : 1999⁴, 531
GUIDA, A. : 1997¹, 111
GUIDERDONI, A. : 2014⁴, 461 ; 2015¹, 99
GUIGNARD, Ch. : 2012⁴, 644
GUILLAUME D'AUVERGNE : 2000³, 444 ; 2012⁴, 661
GUILLAUME DE TOCCO : 2006⁴, 538
GUILLAUMONT, A. : 1997¹, 107 ; 1999³, 373
GUILLAUMONT, C. : 1999³, 373
GUILLEBAUD, J.-C. : 2007¹, 116 ; 2013², 267
GUILLET, J. : 1996², 235
GUIMET, C. : 2012³, 467
GUINOT, J.-N. : 1997³, 346 ; 2011², 199 ; 2012⁴, 626
GUIRAU, J. : 2008⁴, 497
GUNDLACH, Th. : 2015⁴, 494
GUNNEWEG, J. : 2011³, 411
GÜNTER, A. : 1997⁴, 485
GÜNTER, W. : 2020³, 411
GÜNTHER, R. : 2006², 272
GUNTON, C. E. : 1997⁴, 475
GUPTA, N. K. : 2011³, 462
GUSCIN, M. : 2011¹, 113
GUSELLA, L. : 2005³, 421
GUSSMANN, O. : 2009³, 380
GUY, J.-C. : 2006³, 466
GUYÉNOT, L. : 1996², 233
GUYON, J.-M. : 2002³, 376
GWILLIAM, G. H. : 2008⁴, 494
GWYNN, D. M. : 2012⁴, 631
GZELLA, H. : 2010², 296
HAAG, P. : 2013², 288
HAARSCHER, G. : 1998¹, 123
HAAS, G. H. : 1999³, 406
HABER, S. : 2009³, 378
HABERMAS, J. : 2011¹, 132
HABETS, M. : 2011², 227
HACHLILI, R. : 2011¹, 94 ; 2014³, 334
HADAS-LEBEL, M. : 2005³, 432 ; 2007³, 328
HADEWIJCH : 1999³, 384
HADJIEV, T. S. : 2012³, 483
HADOT, P. : 2011⁴, 559
HAEGEMANS, K. : 2011⁴, 563
HAELEWYCK, J.-C. : 2007², 192
HAESE, P. : 2019³, 416
HAFEMANN, S. J. : 1998², 100
HAFEZ, K. : 2011⁴, 619
HAFIZ, Ch.-E. : 2006¹, 155
HÄFNER, R. : 1999³, 420
HAGEDORN, A. C. : 2007², 213 ; 2010³, 382 ; 2016⁴, 452
HAGEN, K. : 2011⁴, 592
HAHN, F. : 2004², 228
HAHN, J. : 2003², 211 ; 2010¹, 123
HAHN, U. : 2000³, 454 ; 2008⁴, 552
HAHN, W. : 2008¹, 116

HAIDER, N. : 2020³, 450
HAIGIS, P. : 2009¹, 83
HAINTHALER, Th. : 1998³, 360
HAKE, J. : 2001¹, 85
HALL, D. J. : 2001¹, 123
HALL, S. G. : 1997¹, 112
HALLAQ, W. B. : 2011⁴, 620
HALLASCHKA, M. : 2014³, 330
HALLO, W. W. : 1998², 79 ; 2004², 203
HALPERN, B. : 2012³, 474
HALTER, D. : 1998², 109 ; 2004⁴, 499
HAM, B. : 2000³, 421
HAMÈS, C. : 2009¹, 101
HAMESSE, J. : 2002³, 350
HAMIDOVIĆ, D. : 2012³, 503
HAMM, B. : 1997³, 352 ; 2001², 246 ; 2003⁴, 505 ;
    2004³, 354 ; 2005⁴, 584 ; 2007², 240 ; 2011⁴,
    601, 623 ; 2014¹, 123
HAMMAN, A.-G. : 1996³, 342 ; 1997¹, 105 ; 1997³,
    337, 345 ; 1998³, 361 ; 2008³, 391 ; 2008⁴, 497
HAMMANN, K. : 2010³, 408
HAMMER, O. : 2010³, 440 ; 2013², 289
HAN, K. S. : 2003², 238
HANKS, J. M. : 2008², 206
HANNAH, D. D. : 2001², 230
HANNEKEN, T. : 2013³, 444
HANOTTE, Ch. : 2001¹, 103
HANUS, M. : 2008², 200
HARAN, A. Y. : 2001³, 381
HARASIMOWICZ, J. : 2017², 278
HARDING, M. : 2014³, 369
HÄRING, H. : 2001¹, 90
HARL, M. : 2004⁴, 502 ; 2005³, 488
HÄRLE, W. : 2012², 340
HARLOW, D. C. : 2012³, 494 ; 2013³, 440
HARNACK, A. von : 2000⁴, 554 ; 2004³, 337 ;
    2005³, 467 ; 2016⁴, 457
HARRIES, R. : 2014¹, 93
HARRIS, R. : 2000⁴, 552
HART, A. : 1996⁴, 466
HART, T. : 2015¹, 120
HARTLEY, D. E. : 2007², 234
HARTLIEB, E. : 1999⁴, 527
HARTMAN, L. : 1999², 268 ; 1999⁴, 511
HARTOG, H. : 1996¹, 85
HARTSOCK, Ch. : 2009³, 407
HARTVIGSEN, K. M. : 2019⁴, 554
HARVEY, S. A. : 2009³, 433
HARZ, F. : 2010², 288
HASEGAWA, Sh. : 2016⁴, 439
HÄSELER, J. : 2005⁴, 606 ; 2006⁴, 542
HASENFRATZ, H.-P. : 2011⁴, 604
HATZFELD, H. : 2009¹, 122
HAUBENESTEL, J. : 2016¹, 91
HAUERWAS, S. : 2008¹, 111
HAUG, A. : 2012⁴, 630
HAUPTMAN, J. : 2006³, 408
HAUSCHILD, W.-D. : 1997³, 335 ; 2000³, 410 ;
    2015⁴, 496
HAUSCHILDT, E. : 2000³, 414 ; 2003¹, 119, 126

HÄUSSLING, A. A. : 2011², 264
HAUSSY, Ch. d' : 1998⁴, 479
HAYOUN, M.-R. : 1996¹, 115 ; 1998⁴, 476 ; 2002³,
    333
HEAD, P. M. : 2005³, 437
HÉBERT, G. : 2012², 326
HÉBERT, M. : 2009⁴, 543
HECK, Ch. : 1998³, 365 ; 2013², 247
HECK, E. : 2008⁴, 506 ; 2010³, 451 ; 2013⁴, 563
HECKEL, U. : 1997², 226, 236 ; 2003², 233
HECKMANN, F. : 2012², 339
HECQUET-NOTI, N. : 2000³, 431 ; 2006³, 465 ;
    2013⁴, 566
HEEMSTRA, M. : 2011³, 422
HEGEL, G. W. F. : 2004¹, 105
HEGER, P. : 2013³, 450
HEHL, U. von : 1999³, 427
HEIDL, G. : 2011⁴, 561
HEIJNE, C. H. von : 2013³, 434
HEIL, Ch. : 2006³, 419
HEILIG, Ch. : 2017⁴, 591 ; 2018³, 362
HEIM, M. : 2008³, 386
HEIMBROCK, H.-G. : 2004¹, 124 ; 2006², 268, 271
HEIMBUCHER, M. : 2010¹, 99
HEIMBURGER, M. : 2011¹, 87
HEIN, H. : 2008⁴, 545 ; 2011⁴, 590 ; 2012⁴, 672 ;
    2013⁴, 583 ; 2014⁴, 468 ; 2016⁴, 481 ; 2017³,
    480 ; 2019², 293 ; 2020³, 421
HEIN, M. : 2004³, 358 ; 2008⁴, 535
HEINEN, U. : 2007², 205
HEINISCH, K. J. : 2017³, 469
HEINRICH, A. : 2011², 298
HEINRICHS, U. : 2010¹, 152
HEINTZ, F. : 1999⁴, 500
HEINTZ, J.-G. : 1996³, 381 ; 1997³, 380 ; 1999²,
    276 ; 2004², 242 ; 2016⁴, 498
HEINZLE, J. : 2006³, 468
HEINZMANN, R. : 2009², 237
HEIT, A. : 2009², 217
HEITZ, F. : 2002³, 332
HELL, L. : 2001⁴, 474
HELLHOLM, D. : 1999², 268 ; 2001⁴, 461 ; 2018³,
    368
HELMER, Ch. : 2016⁴, 455 ; 2018⁴, 463
HELMER, É. : 2014¹, 98
HELTZER, M. : 2010³, 380
HEMPEL, Ch. : 2004², 222 ; 2011³, 412 ; 2014³,
    343
HEMPELMANN, H. : 2016², 203, 206
HENDEL, R. S. : 2003², 214
HENDERSON, T. P. : 2012³, 546
HENDRIKSE, K. : 2013², 277
HENGEL, M. : 1996², 236 ; 1997², 236-238 ; 1997³,
    339 ; 1998², 98 ; 1999², 263 ; 1999⁴, 501 ;
    2001², 243 ; 2002², 232 ; 2003², 248 ; 2007²,
    230 ; 2008³, 356-358 ; 2009³, 398 ; 2011³, 441
HENGELAAR-ROOKMAAKER, M. : 2014¹, 92
HENKYS, J. : 2006⁴, 579
HENNAUX, J.-M. : 1996¹, 125

HENNE, Ph. : 2005³, 470 ; 2007³, 359 ; 2008⁴, 520 ; 2010⁴, 561 ; 2013⁴, 557
HENNEAU, M.-E. : 1997³, 334
HENNEBELLE, G. : 1998¹, 127
HENRICH, R. : 2010¹, 103 ; 2013⁴, 584
HENRI DE GAND : 2007³, 378
HENRIET, P. : 2001³, 355
HENRY, Ch. : 2010², 274
HENRYOT, F. : 2010¹, 114
HENSEL, B. : 2014³, 327
HENTEN, J. W. van : 2015³, 373
HENZE, B. : 2013³, 478
HENZE, M. : 2002³, 348 ; 2012³, 510 ; 2015³, 375
HENZER, J. : 2008³, 344
HERBERT, S. : 2002⁴, 511
HERBST, M. : 2013², 297 ; 2016², 203
HERING, J. P. : 2008³, 382
HERKOMMER, H. : 2007³, 374
HERMANN, E. : 1997⁴, 470
HERMANN, M.-L. : 2017⁴, 598
HERMANN, S. : 2014², 215
HERMANT, D. : 2001⁴, 449
HERMISSON, H.-J. : 2000², 297
HERNÁNDEZ MARIANO, F. : 2019², 313
HERNANDEZ MARTÍN, R. : 1998³, 381
HERRENSCHMIDT, N. : 2010², 271
HERRING, S. L. : 2014³, 323
HERRMANN, F. : 2011³, 449
HERRMANN, K. : 2014³, 335
HERRMANN, S. : 2004², 214
HERVIEU-LÉGER, D. : 2002¹, 97 ; 2003⁴, 495
HERVIEU-WANE, F. : 2006², 270
HERZER, J. : 1999⁴, 510, 517 ; 2012³, 517 ; 2013³, 453
HERZOG, M. : 2002¹, 104
HESS, R. : 2013², 251
HÉTIER, D. : 2018², 222
HETTEMA, T. L. : 2013², 262
HETZEL, A. : 2016⁴, 445
HEWITT, J. Th. : 2017⁴, 591
HEYER, R. : 1996¹, 84 ; 2013², 267
HEZSER, C. : 2011³, 404 ; 2012³, 492
HICKEL, P. : 2020³, 417
HIECKE, Th. : 2008³, 353
HIERSEMANN, A. : 1998³, 351
HIGMAN, F. : 1997³, 353 ; 2007⁴, 482 ; 2009⁴, 536
HILAIRE, Y.-M. : 2011³, 473
HILAIRE DE POITIERS : 2000³, 423 ; 2002³, 344 ; 2010⁴, 553 ; 2016⁴, 466
HILBER, J. W. : 2006², 299
HILBERATH, B. J. : 2001¹, 95
HILBERG, I. : 1997¹, 112
HILDEGARDE DE BINGEN : 1997³, 349 ; 1998³, 366
HILDENBRAND, U. : 2012², 313
HILGENFELD, H. : 1997¹, 109
HILHORST, A. : 1998³, 341
HILL, R. C. : 2008⁴, 516
HILLEL, V. : 2012³, 505
HIMBAZA, I. : 2007², 210 ; 2008², 217
HIMMELFARB, M. : 2014³, 350 ; 2015³, 368

HINNELLS, J. : 2011¹, 89
HIRSCH, M.-Th. : 2007⁴, 503
HIRSCHBERG, I. : 2010², 264
HIRSCHMANN, F. G. : 1999³, 380
HOBBS, R. G. : 2013⁴, 624
HOBEIKA, G. : 2000⁴, 546
HOBSBAWM, E. : 2007³, 334
HÖCHST-STÖHR, J. : 2001¹, 82
HOCHULI-DUBUIS, P. : 2005⁴, 592
HODGSON, M. G. S. : 2006¹, 163
HOEGGER, M. : 2016², 191
HOEK, A. van den : 2002³, 341
HOEPS, R. : 2015¹, 119
HÖFFE, O. : 2017³, 469
HOFFER, H. : 2017⁴, 571
HOFFMANN, M. : 2015⁴, 495
HOFFMANN, P. : 2002², 228 ; 2008³, 353
HOFFSÜMMER, W. : 1996⁴, 446 ; 2003¹, 123
HOFHEINZ, M. : 2014², 196
HOFIUS, O. : 1998², 100
HOFMANN, G. : 1999³, 384
HOFRICHTER, P. L. : 2005³, 438
HOGAN, K. M. : 2012³, 494
HØGENHAVEN, J. : 2019⁴, 543
HOGETERP, A. L. A. : 2007³, 325 ; 2011³, 433 ; 2019⁴, 571
HOGGA, M. : 2011⁴, 617
HOLL, K. : 2007³, 358
HOLLANDER, A. A. den : 1998², 81 ; 2008⁴, 537
HOLLANDER, H. W. : 2009³, 394
HOLLERICH, M. J. : 2008², 245
HOLLOWAY, S. W. : 2008², 218
HOLM, B. K. : 2007⁴, 479
HOLMÉN, T. : 2012³, 519 ; 2015³, 381
HOLMES, Ch. T. : 2019⁴, 586
HOLMES, M. W. : 2013³, 452
HOLTZ, T. : 2009³, 428
HOLVAST, R. : 2010², 272
HOLZER, V. : 2014¹, 115
HOLZERN, A. : 1996³, 378
HOMANN, F. A. : 2004³, 365
HOMOLKA, W. : 2014², 196
HONIGMAN, S. : 2008¹, 71
HONIGMANN, J. : 2016⁴, 477
HONORAT DE MARSEILLE : 1998³, 361
HOOVER, R. W. : 1997², 202
HÖPFLINGER, A.-K. : 2012³, 472
HOPKINS, J. : 1996³, 350
HORBURY, W. : 2017⁴, 562
HORN, F. W. : 2014³, 367
HORNICAR, D. : 2004², 242
HORSTER, D. : 2013², 264
HORT, B. : 1997⁴, 486
HORT, F. J. A. : 2009³, 389
HÖSLE, V. : 2003¹, 141
HOTTMANN, K. : 2010¹, 153
HOTZE, G. : 1999⁴, 503
HOUDARD, S. : 2010¹, 109
HOUGHTON, H. A. G. : 2017⁴, 600
HOURCADE, M. : 2014¹, 101

HOUSSET, E. : 2004¹, 121 ; 2012², 322
HOUZIAUX, A. : 1998², 88 ; 1999⁴, 552 ; 2000², 307
HOYLAND, R. : 2012⁴, 626
HROBON, B. : 2014³, 328
HUBER, A. : 2014⁴, 499
HUBLER, L. : 2001⁴, 468
HÜBNER, H. : 1999², 259
HÜBNER, H.-P. : 2011¹, 121
HÜBNER, U. : 2003², 213
HUCK, B. : 2014², 210
HUDRY, F. : 1996³, 347
HUGO, Ph. : 2005², 313
HUGONNARD-ROCHE, H. : 2010³, 439
HUGUES, K. L. : 2006³, 445
HUGUES DE BALMA : 1996³, 348 ; 1997³, 350
HUIZING, K. : 2018², 200
HULSTER, I. J. de : 2011², 300 ; 2014³, 331
HULTGÅRD, A. : 1996³, 382
HUMAN, D. J. : 2012³, 540
HUMBERT, G. : 2014⁴, 481
HUMBERT, J.-B. : 2017⁴, 565
HUMBLE, S. E. : 2017⁴, 587
HUME, D. A. : 2012³, 531
HUMMEL, R. : 1999⁴, 544
HÜNECKE, R. : 2005³, 465
HUNSINGER, G. : 2015¹, 115
HUNT, S. A. : 2014³, 364
HUNTER, D. G. : 2009³, 433
HUNT OVERZEE, A. : 1999⁴, 527
HUNZIKER, A. : 2011¹, 139
HUOT DE LONGCHAMP, M. : 2000⁴, 542
HURTADO, L. W. : 2004⁴, 506 ; 2010³, 443 ;
    2012³, 515
HUSS, J. : 2007³, 380
HUSSEIN, M. : 2006¹, 149 ; 2009¹, 100 ; 2010¹, 144
HUSSON, É. : 2001⁴, 483
HUTCHINGS, S. : 2013⁴, 613
HUTTEN, U. von : 2005⁴, 585
HUTTON, J. M. : 2010³, 390
HUTZLI, J. : 2008², 239
HUXLEY, F. : 2010¹, 125
HUXUEL, K. : 2001¹, 88
HVALVIK, R. : 1998³, 339 ; 2008³, 397
IANCU-AGOU, D. : 2010⁴, 571
IBN HICHÂM : 2004⁴, 488
IBN KHALDÛN : 2013⁴, 607
ICARD, S. : 2011⁴, 597
IGERSHEIM, F. : 2006⁴, 569
ILG, W. : 2013², 312
IMBACH, R. : 1998³, 369 ; 2006⁴, 536
IMBERT, A. : 2019², 310
IMBERT, Y. : 2015¹, 118
IMODA, F. : 2007¹, 102
INGELAERE, J.-C. : 2006², 302
INGLEBERT, H. : 2007³, 335 ; 2010³, 459
INGREMEAU, Ch. : 2008⁴, 506
INKELAAR, H.-J. : 2013³, 471
INOWLOCKI, S. : 2012⁴, 648
INSTONE-BREWER, D. : 2005³, 433 ; 2012³, 510
INTROVIGNE, M. : 1999⁴, 545

IRÉNÉE DE LYON : 1998³, 343
ISAAC LE SYRIEN : 2005³, 485
ISEBAEST-CAUUET, I. : 2008⁴, 518
ISIDORE DE PÉLUSE : 1998³, 356 ; 2001³, 349
ISIDORE DE SÉVILLE : 2010⁴, 565
ISRAËL, G. : 2007¹, 116
IZRE'EL, Sh. : 2002², 196
IZYDORCZYK, Z. : 2008⁴, 534
JACKSON, B. S. : 2009³, 387
JACKSON, T. R. : 2011³, 461
JACOB, E. : 1998⁴, 494
JACOB, F. : 2016¹, 95
JACOB, P.-A. : 1998³, 361
JACOBI, Ch. : 2018³, 348
JACOBI, Th. : 1999³, 397
JACOBSEN, A.-Ch. : 2007², 220 ; 2010³, 447
JACON, Ch. : 2007³, 325
JACOPONE DA TODI : 1996³, 350
JACQUARD, A. : 2007¹, 116
JACQUART, D. : 2002³, 350
JACQUES, F. : 2010², 243
JACQUES, R. : 2006², 280
JACQUES DE SAROUG : 2008⁴, 518 ; 2010¹, 85
JACQUES DE VITRY : 1998³, 368
JACQUIER, N. : 2014⁴, 461
JAFFÉ, D. : 2010³, 412 ; 2011³, 423
JÄGGI, C. : 2010¹, 94
JAKAB, A. : 2002³, 343
JAMA, S. : 1999⁴, 550
JAMBET, Ch. : 2012⁴, 693
JAMES, E. : 2000⁴, 543
JAMES, F. A. : 2004³, 363 ; 2011⁴, 587
JAMES, S. A. : 2015³, 395
JAMES, W. : 2019³, 422
JANNERET, M. : 2007⁴, 476
JANOWSKI, B. : 2002², 201 ; 2009³, 367 ; 2010³,
    385 ; 2011², 294 ; 2014³, 322 ; 2015³, 364
JANSSENS, U. : 2006⁴, 562
JANTET, A. : 2017⁴, 571
JANTON, P. : 1998¹, 119 ; 2009⁴, 539
JANZ, T. : 2011³, 399
JAQUINOD, Ch. : 2002³, 352
JARCZYK, G. : 2001¹, 128
JAUHIAINEN, M. : 2006³, 439
JAUSS, H. : 2000², 297
JEAN CASSIEN : 2000³, 429
JEAN CHRYSOSTOME : 1997³, 344 ; 1999³, 372 ;
    2010⁴, 560
JEAN DAMASCÈNE : 2012⁴, 655
JEAN DE GAZA : 1999³, 376 ; 2001³, 354 ; 2003³,
    361
JEAN DE JÉSUS MARIE : 1996⁴, 464
JEAN DE LA CROIX : 2000⁴, 542 ; 2002³, 372
JEANJEAN, B. : 2005³, 477 ; 2013⁴, 565
JEANNE DE CHANTAL : 1997³, 370
JEANROND, W. G. : 1996¹, 81
JEAN SCOT ÉRIGÈNE : 2001³, 365
JEFFERY, A. : 2011⁴, 621
JEFFORD, C. N. : 2008⁴, 495
JEFFREY, D. L. : 2018¹, 81

JELDTOFT, N. : 2014², 206
JENAL, G. : 1996³, 331
JENNI, E. : 2013³, 423
JENNI, H. : 2013³, 423
JENNY, M. : 2011¹, 105
JENOTT, L. : 2014³, 338
JENSEN, M. H. : 2007², 227
JENSON, R. W. : 2018², 194
JEREMIAS, J. : 2010³, 384
JÉRÔME : 1997¹, 112 ; 2005³, 477 ; 2006³, 458 ;
    2008⁴, 513 ; 2012⁴, 653 ; 2013⁴, 565 ; 2015⁴,
    487
JÉRÔME (PSEUDO) : 2013³, 462
JERVELL, J. : 1999⁴, 499
JESKA, J. : 2002², 238 ; 2009³, 416
JEVTITCH, A. : 1996⁴, 466 ; 1997¹, 90
JÉZÉQUEL, J.-P. : 2014¹, 101
JIMÉNEZ SAN CRISTÓBAL, A. I. : 2010¹, 121
JINDRA, I. W. : 2015², 223
JOAS, H. : 2017², 297
JOASSART, B. : 2002⁴, 476
JOBBÉ-DUVAL, É. : 2002⁴, 506
JOHANNES VON TEPL : 1999³, 389
JOHNSON, A. : 2002³, 332
JOHNSON, I. : 2015⁴, 492
JOHNSON, T. M. : 2011¹, 96
JOHNSTON, H. E. : 2009², 218
JOHNSTON, S. I. : 2005², 303 ; 2011⁴, 605
JOIN-LAMBERT, A. : 2018¹, 88 ; 2019³, 449
JOKISCH, B. : 2009¹, 104
JOLIBERT, B. : 2007¹, 88
JOLIVET, J. : 1998³, 370
JONAS D'ORLÉANS : 1996³, 347
JONES, A. E. : 2011⁴, 565
JONES, Ch. P. : 2006³, 447
JONES, F. S. : 2013⁴, 593
JONES, K. R. : 2012³, 509
JONES, L. G. : 2013⁴, 606
JONES, P. : 1997², 225
JONGENEEL, J. A. B. : 1996⁴, 451 ; 1998¹, 116
JONGY, B. : 2013², 280
JONKER, L. C. : 1998², 83
JONVILLER, Ch. de : 2020³, 431
JOOSTEN, J. : 1998², 91 ; 2005³, 493 ; 2008², 253-
    254 ; 2015¹, 122
JOPPICH, G. : 2010¹, 154
JORDENS, C. : 1997³, 370
JÖRNS, K.-P. : 1998¹, 100
JOSEL DE ROSHEIM : 2010¹, 102
JOSEPH, S. J. : 2013³, 460
JOSSA, G. : 2001², 242
JOSSUA, J.-P. : 1997¹, 117
JOSUTTIS, M. : 2001¹, 89 ; 2006², 267
JOUANNA, A. : 2008⁴, 541
JOURDAIN DE SAXE : 2008⁴, 533
JOVANE, O. : 2000⁴, 556
JOYAL, M. : 2010³, 440
JUGNON, A. : 2018¹, 102
JULIEN : 2009⁴, 560
JULIEN, É. : 2011⁴, 599

JULIEN POMÈRE : 1998³, 356
JULIUS AFRICANUS : 2008⁴, 502
JULIUS VALERIUS : 2011⁴, 573
JULLIEN, C. : 2004², 206
JULLIEN, F. : 2016¹, 99
JUNG, C. G. : 1998¹, 113
JUNG, M. H. : 1999³, 407 ; 2009³, 430 ; 2014⁴,
    464
JUNGHANS, H. : 2006⁴, 545
JUNOD, É. : 2002⁴, 463 ; 2006³, 441 ; 2011³, 439
JUNOD, S. : 2010⁴, 584
JUSTIN : 1996³, 333 ; 2006³, 455 ; 2007³, 350-351
JUSTIN (PSEUDO) : 2010³, 454
KACZYNSKI, R. : 1997³, 344
KADELBACH, A. : 2012², 312
KAEMPF, B. : 1997⁴, 489 ; 2001⁴, 493 ; 2002³, 381
KAEMPFER, J. : 2012², 305
KAENEL, Ph. : 2012², 305 ; 2016², 217
KAENNEL, L. : 1998³, 375 ; 2001², 221 ; 2011¹, 140
KAESTLI, J.-D. : 2006³, 428 ; 2008², 213
KAHLOS, M. : 2010³, 447
KAHN, J.-G. : 2007⁴, 499
KAISER, J.-Ch. : 2004³, 379
KAISER, O. : 2004², 212
KAISER, U. U. : 2008³, 410 ; 2019⁴, 558
KAISER, W. : 2014⁴, 495
KALER, M. : 2006³, 453
KALMBACH, H. : 2013⁴, 609
KAMENAROUIC, I. P. : 1996¹, 117
KAMESAR, A. : 2011³, 425
KAMLAH, J. : 2014³, 321
KÄMMERER, Th. R. : 2008², 218
KAMMLER, H.-Ch. : 2005³, 460
KAMPEN, J. : 2012³, 504
KAMPTNER, M. : 1997¹, 112
KAMRAN, H. : 2010¹, 141
KANKAANNIEMI, M. : 2015³, 381
KAPLAN, F. : 2010², 265
KAPPLER, É. : 2004³, 370
KARAKASH, C. : 1996⁴, 458
KARFÍKOVÁ, L. : 2008⁴, 508
KARLE, I. : 1998¹, 91
KARMANN, Th. R. : 2010³, 458 ; 2018⁴, 472
KARRER, M. : 2012³, 491
KARSTEN, M. : 2001³, 356
KASANDA LUMEMBU, A. : 2007¹, 97
KASHER, A. : 2008³, 343
KASHOUH, H. : 2013⁴, 604
KASPER, W. : 2006², 263 ; 2008¹, 122
KÄSS, I. : 2012², 364
KÄSSMANN, M. : 2013², 318
KATHER, R. : 2009², 210
KATO, T. : 1997², 203
KATTAN, A. E : 2005³, 483
KATZ, M. H. : 2009¹, 99
KATZ, S. Th. : 2002³, 334
KAUFMAN, L. : 2007¹, 96
KAUFMANN, Th. : 2012⁴, 670 ; 2017³, 476
KAUPP, A. : 2013², 299 ; 2018², 216
KAY, W. K. : 2012², 354

KAZEN, Th. : 2014[3], 358
KEARNS, C. : 2013[3], 438
KEEL, O. : 1999[2], 243, 257 ; 2002[2], 194 ; 2003[2], 220 ; 2006[2], 282 ; 2012[3], 473 ; 2016[4], 498
KEHL, M. : 2010[2], 259
KEITH, Ch. : 2015[3], 391 ; 2017[4], 561
KEITH, P. : 2009[2], 271
KELBER, W. H. : 1999[4], 494
KÉLER, Y. : 2015[1], 95
KELHOFFER, J. A. : 2013[3], 476
KELLER, C.-A. : 2002[3], 367
KELLER, H. E. : 2001[3], 366
KELLER, P. : 1998[1], 101
KELLER, R. : 1996[3], 360, 370
KELLER, V. : 2004[3], 347
KELLY, Ch. J. : 2015[4], 487
KELLY, Th. F. : 2015[1], 93
KELLY, Th. R. : 2013[2], 316
KELSAY, J. : 2010[1], 139
KEMP, P. : 2012[2], 320
KEMPER, Th. D. : 2013[2], 290
KENNEDY, H. : 2014[4], 489
KEOWN, D. : 2011[1], 93
KERLAN, A. : 2014[1], 107
KERMODE, F. : 2004[4], 496
KERSTEN, C. : 2016[1], 81
KESS, A. : 2010[1], 103 ; 2013[4], 584 ; 2017[3], 479 ; 2018[4], 491
KESSLER, A. : 2013[2], 294
KESSLER, E. : 2012[4], 698
KESSLER, H. : 2013[2], 302
KESSLER, H. L. : 2016[1], 90
KESSLER, M. : 2015[4], 495
KESSLER, N. : 2012[3], 500
KHALIDI, T. : 2004[1], 100
KHIMINETS, P. : 2007[1], 113
KHOSROYEV, A. : 1998[3], 342
KHOURY, A. Th. : 2010[1], 134
KIDNER, D. : 2013[3], 437
KIEFFER, R. : 1997[4], 490
KIERKEGAARD, S. : 2008[1], 80
KIERSPEL, L. : 2007[2], 237
KILBY, K. : 2012[2], 329
KILLE, D. A. : 2002[2], 193
KIM, H.-A. : 2011[1], 123
KIM, J.-H. : 2011[3], 398
KIM, S. : 2002[2], 239
KIM, S.-J. : 2016[4], 448
KIM, Y. : 2012[3], 526
KINDER, G. : 2007[4], 488
KING, U. : 1996[1], 104
KINGDON, R. M. : 1997[3], 361 ; 2005[4], 593 ; 2015[4], 502
KINGREEN, J. : 2018[4], 488
KINTZ, J.-P. : 2020[3], 416
KINZIG, W. : 1997[3], 340
KIPPENBERG, H. G. : 2006[4], 580
KIRAZ, G. A. : 2009[2], 241 ; 2009[4], 559 ; 2012[4], 654
KIRBY, T. : 2010[1], 106 ; 2011[4], 587

KIRK, A. N. : 2016[3], 350
KIRK-DUGGAN, Ch. A. : 2009[2], 213
KIRKHAM, D. M. : 2013[4], 612
KIRSCHLEGER, P.-Y. : 2001[4], 477
KIRSNER, I. : 2015[2], 239
KISALU, Th. : 2013[2], 299
KITCHEN, K. A. : 2014[3], 321
KLAES, M. : 1999[3], 381
KLAIBER, W. : 2011[3], 448
KLAINE, R. : 2012[2], 338
KLAUCK, H.-J. : 2004[4], 504 ; 2007[2], 233 ; 2010[3], 445 ; 2012[4], 622 ; 2013[4], 553 ; 2014[4], 446
KLAUSNITZER, W. : 2009[1], 106
KLEIN, J. : 2003[2], 219
KLEIN, P. : 2010[3], 390
KLEIN, R. : 2010[4], 550
KLEIN, S. : 2001[1], 93
KLEINE, Ch. : 2012[4], 688
KLINGHARDT, M. : 2013[3], 455
KLINGSHIRN, W. E. : 2008[4], 504
KLÖCKENER, M. : 2011[2], 264
KLOPPENBORG, J. S. : 2002[2], 228 ; 2007[2], 235 ; 2010[3], 417 ; 2015[3], 383 ; 2019[4], 564
KLUMBIES, P.-G. : 2011[3], 450 ; 2019[4], 569
KNAUF, E. A. : 2003[2], 213 ; 2009[2], 270
KNAUSS, S. : 2013[2], 275
KNIBB, M. A. : 2008[2], 233
KNIELING, R. : 2010[2], 286
KNITTEL, Th. : 2003[2], 223
KNOBLOCH, H. : 2012[3], 482
KNOPPERS, G. N. : 2008[2], 233
KNYSH, A. : 2019[2], 300
KOCH, Ch. : 2009[2], 269
KOCH, G. : 2014[4], 480 ; 2015[4], 507 ; 2017[4], 610 ; 2019[2], 295 ; 2020[3], 438
KOCH, M. : 2005[3], 464
KOCH, T. : 2002[3], 371
KÖCKERT, Ch. : 2010[4], 555
KÖCKERT, M. : 2007[2], 196
KODER, J. : 2006[4], 533
KOENEN, K. : 2000[2], 297
KOERRENZ, R. : 2015[2], 239
KOESTER, C. R. : 2009[3], 409
KOET, B. J. : 2014[3], 352
KOGELMANN, F. : 2016[1], 83
KOGLER, F. : 2010[2], 293
KOH, Y. V. : 2008[2], 242
KOHLBERG, E. : 2011[1], 104
KOHLER, M.-É. : 1996[4], 463
KÖHLER, Th. W. : 1998[1], 122
KOHLMEYER, K. : 2001[2], 210
KÖHLMOOS, M. : 2011[3], 396
KOHMANN, M. : 2010[2], 261
KÖHN, A. : 2005[3], 440
KOHNLE, A. : 2013[4], 601
KOJÈVE, A. : 2012[2], 314
KOK, J. : 2015[3], 379
KOKOSZKA, V. : 2007[1], 88
KOLB, R. : 2007[4], 481
KOLDE, A. : 2002[1], 109

Kollamparampil, Th. : 2010[1], 85
Kolletzki, C. : 1999[4], 541
Kollmann, B. : 2011[3], 428, 466 ; 2015[3], 384
Kommer, D. : 2014[4], 466
König, A. : 2010[2], 278
Koningsveld, P. S. van : 1998[1], 106
Konradt, M. : 2007[2], 222 ; 2017[4], 577-578
Konstantinovsky, J. S. : 2010[1], 82
Kontzi-Méresse, N. : 2011[2], 266
Kooij, A. van der : 2011[3], 400
Kooistra, M. : 2016[4], 480
Kooten, G. H. van : 2004[4], 515 ; 2009[3], 419
Koperski, V. : 2004[2], 236
Köpf, U. : 2003[3], 366 ; 2004[3], 361 ; 2012[4], 670
Kopp, R. : 2002[3], 332
Korsch, D. : 1998[1], 99 ; 2011[4], 584 ; 2017[3], 474
Körtner, U. H. J. : 2012[2], 335
Kosciusko-Morizet, N. : 2011[2], 238
Koslowski, P. : 1996[1], 122
Kotzur, H.-J. : 2004[3], 348
Kraege, J.-D. : 1998[1], 97 ; 2001[2], 242
Kraft, F. : 2013[2], 304
Krailsheimer, A. J. : 2001[4], 471
Krämer, G. : 2009[1], 98 ; 2011[1], 100
Kramer, N. : 2013[4], 598
Kranemann, B. : 2011[2], 264
Krans, J. : 2014[3], 367
Kratz, R. G. : 2005[3], 428 ; 2010[2], 292 ; 2010[3], 392 ; 2011[2], 287, 291
Krauer, S. : 2010[2], 295
Kraus, Th. : 2002[2], 242
Kraus, W. : 2004[2], 232 ; 2010[2], 269
Krause, K. : 2003[4], 493
Krauss, H. : 2012[3], 479
Krauter-Dierolf, H. : 2006[4], 557
Krawietz, B. : 2014[4], 492
Kremer, K. : 2005[3], 492
Krens, H. : 2006[2], 278
Krens, I. : 2006[2], 278
Kreplin, M. : 2003[2], 236
Kress, Ch. : 2001[1], 91
Kreuzer, J. : 1996[3], 339
Kreuzer, S. : 2012[3], 491
Krieger, Ch. : 2005[4], 617 ; 2009[1], 125
Kries, D. : 2004[4], 481
Kristeva, J. : 2009[1], 121
Krivoruchko, J. G. : 2010[2], 298
Kroeze, J. H. : 2000[2], 286
Kroon, M. de : 2002[3], 369
Kropač, U. : 2008[2], 198 ; 2010[2], 287
Krüger, A. : 2012[3], 485
Krüger, M. D. : 2011[1], 117 ; 2018[2], 199
Krüger, Th. : 2011[2], 295
Krumenacker, Y. : 1997[3], 333, 371 ; 2009[4], 538 ; 2010[4], 581
Krummacher, Ch. : 1996[3], 363
Kuberski, P. : 2013[2], 313
Kuch, M. : 2017[2], 302
Küchler, M. : 2012[3], 479 ; 2015[3], 361
Kugel, J. L. : 2013[3], 443

Kühlmann, W. : 2012[3], 483
Kuhn, D. : 2006[3], 409
Kuhn, M. : 2009[2], 227
Kuhn, Th. K. : 2002[3], 335
Kühne, H. : 2014[4], 462
Kühneweg, U. : 2001[3], 345
Kuisma, O. : 2006[3], 447
Kulik, A. : 2011[3], 419
Külling, H. : 2010[3], 433
Kumlehn, M. : 2001[1], 83
Küng, H. : 2008[1], 108 ; 2012[2], 296
Kunz, K. M. Ch. : 2013[2], 271
Kunz, R. : 2012[2], 362 ; 2016[2], 201
Kupper, J.-R. : 1999[2], 234
Kuran, T. : 2007[1], 78
Kurek-Chomycz, D. : 2009[3], 421
Kuru, A. T. : 2011[2], 241
Kurz, S. : 2011[4], 590
Kusch, A. : 2019[3], 451
Kushner, H. : 2006[2], 272
Küster, V. : 2011[1], 137 ; 2013[2], 275
Labahn, M. : 2001[4], 456 ; 2008[2], 216 ; 2010[3], 420
Labarthe, O. : 2017[3], 478 ; 2020[3], 424
Labbé, Y. : 2004[1], 111
La Beaumelle : 2013[4], 594
Labelle, M. : 2008[1], 86
Labre, Ch. : 2003[2], 209
Labriolle, P. de : 2006[3], 448
Labrousse, É. : 2000[4], 543 ; 2006[4], 558 ; 2007[4], 491 ; 2008[4], 554 ; 2010[1], 112 ; 2010[4], 585 ; 2011[4], 598 ; 2013[4], 592 ; 2017[3], 485 ; 2018[4], 496
Labrousse, M. : 1997[3], 343
LaCocque, A. : 1999[2], 225
Lacordaire, H.-D. : 1997[1], 117
Lacoste, J.-Y. : 1997[4], 477 ; 2001[4], 490 ; 2010[2], 252
Lactance : 2008[4], 506 ; 2010[3], 451 ; 2013[4], 563
Ladous, R. : 1997[1], 123 ; 2015[1], 105 ; 2019[2], 311
Laes, Ch. : 2017[4], 601
Lafay, A. : 2009[1], 80
La Ferrière, J. de : 2000[3], 435
Lafont, Gh. : 2003[1], 125
Lafont, S. : 2000[2], 285
Lafouasse, M. : 2012[2], 342
Lagarrigue, J.-C. : 2018[4], 480
Lagerwey, J. : 2012[4], 687
Lagier, J.-F. : 2015[1], 106
Lagny, A. : 2002[3], 375
Lagouanère, J. : 2015[4], 485
Lagrange, M.-J. : 2018[3], 347
La Héronnière, É. de : 2004[1], 109
Laitin, D. D. : 2018[1], 79
Lake, K. : 2008[4], 494
Laks, A. : 2011[1], 126
Lalla, S. : 2004[3], 361
Lalou, F. : 2000[2], 300 ; 2012[4], 637
Lalouette, J. : 2007[1], 119
Lamberichs, M. : 1999[3], 430

LAMBERIGTS, M. : 1997³, 372 ; 2008⁴, 537 ; 2012², 336
LAMBERS-PETRY, D. : 2004⁴, 519
LAMBERT, A. : 2002³, 373
LAMBERT, F. : 2015², 229
LAMBERT, M. : 2007⁴, 470
LAMBERT, Th. A. : 1997³, 361 ; 2005⁴, 593 ; 2015⁴, 502
LAMBERT, W. G. : 2009², 254
LAMBERT, Y. : 2008¹, 117
LAMBRECHT, J. : 1997², 220, 224
LAMINE, A.-S. : 2017², 306
LANCEL, S. : 2000³, 427 ; 2003³, 362
LANCIONI, G. : 2019², 299
LANÇON, B. : 2005³, 477
LAND, Ch. D. : 2014³, 370
LANDAU, B. : 2018⁴, 467
LANDI, A. : 1999³, 390
LANDMESSER, Ch. : 2013³, 426
LANDSBERG, P.-L. : 2010², 231
LANE, A. N. S. : 2000⁴, 536
LANG, B. : 1996⁴, 442 ; 2003², 212
LANG, M. : 2008², 216
LANGE, A. : 1999⁴, 513 ; 2001², 236 ; 2004², 222 ; 2010³, 397 ; 2011², 272 ; 2011³, 416 ; 2012³, 498
LANGE, Ch. : 2010², 285
LANGE, D. : 1997¹, 95 ; 2008¹, 112
LANGE VAN RAVENSWAAY, J. M. J. : 2010⁴, 582
LANGLOIS, M. : 2009³, 374 ; 2014¹, 124
LANZILLOTTA, L. R. : 2009⁴, 552
LAOUREUX, S. : 2007¹, 98
LAPIERRE, J.-P. : 2015¹, 98
LAPINKIVI, P. : 2005², 308 ; 2011², 284
LAPLANCHE, F. : 1997¹, 116 ; 1999³, 413 ; 2002³, 331 ; 2007², 219
LAPORTE, J. : 2001³, 343 ; 2003¹, 133
LARCHET, J.-C. : 1996⁴, 466 ; 1997¹, 90, 93 ; 1999³, 370 ; 2001¹, 125 ; 2003¹, 131 ; 2006², 279 ; 2008¹, 122 ; 2011², 230, 254 ; 2013⁴, 568
LA RONCIÈRE, M. de : 2011², 265
LARRE, C. : 1996¹, 118 ; 2007¹, 80
LARSEN, A. E. : 2012⁴, 663
LARSEN, K. B. : 2009³, 410
LARSEN, S. U. : 2009¹, 80
LARSSON, G. : 2013², 286
LARTIGOLLE, J. : 2006⁴, 584
LASSAVE, P. : 2013², 293
LASSUS, P. : 1998¹, 110
LASTRAIOLI, Ch. : 2010¹, 120
LA TAILLE, J. de : 2000², 317
LATAIRE, B. : 2004², 236
LATKOVIC, M. S. : 2005⁴, 580
LATOUCHE, S. : 2014¹, 102 ; 2015², 220
LATTKE, M. : 2000², 310 ; 2001³, 338 ; 2004⁴, 522 ; 2006³, 452
LÄTZEL, M. : 2015⁴, 509
LAU, I. M. : 2007¹, 76
LAU, P. H. W. : 2016⁴, 453
LAUBER, S. : 2007², 216 ; 2016⁴, 498

LAUNAY, M. : 1997¹, 119 ; 2002⁴, 472 ; 2010², 268
LAUNAY, M. de : 2004¹, 107
LAURENCE, P. : 2012⁴, 653 ; 2013⁴, 565
LAURENT, A. : 1996¹, 88
LAURENT, J.-P. : 2018², 207
LAURENT, P.-J. : 2003⁴, 497
LAURENT, S. : 2018², 202
LAURET, B. : 1996³, 330 ; 2020³, 444
LAURIOL, C. : 1998⁴, 475
LAUTMANN, F. : 1999⁴, 551
LAUWERS, M. : 2011³, 474
LAUX, H. : 2008⁴, 551
LAV, D. : 2013⁴, 613
LAVAL, Ch. : 2001¹, 113
LAVAN, L. : 2012⁴, 631
LAVANT, C. : 1998³, 361
LAVATER-BRINER, H. R. : 2015⁴, 501
LAVELLE, L. : 2010², 231
LAVERGNE, C. : 2018³, 347
LAWRENCE, P. J. N. : 2014³, 321
LEBEAU, R. : 1999², 250
LE BOHEC, Y. : 2012², 296
LE BOULLUEC, A. : 1996¹, 111, 113 ; 1997³, 342 ; 1998³, 344 ; 2000², 292
LE BRUN-GOUANVIC, C. : 2006⁴, 538
LÉCHOT, P.-O. : 2013², 256 ; 2014⁴, 474 ; 2017³, 473
LECKER, M. : 2006¹, 150
LECLANT, J. : 2006², 282
LECLERC, P. : 2008⁴, 513
LE CONTE, J. : 2000⁴, 556
LE COURAYER, P.-F. : 2005⁴, 598
LECUIT, J. : 2008¹, 84
LECUIT, J.-B. : 2008¹, 119
LÉCUREUR, B. : 2013⁴, 601
LEDEGANG, F. : 2002³, 342
LEDERHILGER, S. J. : 2009², 210
LE DOUX, C. : 2016⁴, 489
LEDRUX, P. : 2012⁴, 655
LEDUC-FAYETTE, D. : 1999³, 419
LEDURE, Y. : 2003³, 395
LEE, Ch.-J. : 2010², 257
LEE, P. : 2002², 243
LEE, S. S. : 2010³, 416
LEEMANS, J. : 2007³, 337 ; 2012⁴, 642
LEENHARDT, F. J. : 1997², 222
LEENHARDT, M. : 2002⁴, 512
LEFEBVRE, Ph. : 2016⁴, 443
LE FÈVRE DE LA BODERIE, G. : 2016⁴, 486
LEFÈVRE D'ÉTAPLES, J. : 2011⁴, 582
LE GALL, J.-M. : 2002³, 363
LÉGASSE, S. : 1996², 233 ; 2001⁴, 459 ; 2003², 252
LEGRAND, L. : 2003², 245
LEGRAND, Th. : 2008⁴, 556 ; 2010⁴, 588 ; 2011⁴, 622 ; 2012³, 548 ; 2014¹, 124 ; 2014², 234
LEGRAS, A.-M. : 2001³, 355
LEHMANN, G. A. : 2014⁴, 451
LEHMANN, H. : 1997³, 375
LEHMANN, Y. : 2002⁴, 499
LEHMKÜHLER, K. : 2009³, 444 ; 2013⁴, 623 ; 2015¹, 123 ; 2018⁴, 499

LEHNARDT, A. : 2005³, 434
LEIBOWITZ, Y. : 2004², 207 ; 2007⁴, 500 ; 2009¹, 96
LEICHT, I. : 2000³, 449
LEICHT, R. : 2014³, 335
LEICK, G. : 2008², 218
LEIMGRUBER, S. : 2013², 299
LEINER, M. : 2007¹, 104
LELIÈVRE, A. : 2000², 299
LEMAIRE, A. : 1999², 228 ; 2007³, 329 ; 2012³, 476
LEMAIRE, P.-M. : 2013², 268
LEMAIRE DE BELGES, J. : 1999³, 392
LEMAITRE, J.-L. : 1998³, 335
LEMAITRE, N. : 2008³, 386 ; 2011¹, 140
LEMARCHAND, L. : 2004³, 376
LEMAY, J.-P. : 2015¹, 117
LEMCHE, N. P. : 1999², 246
LEMIEUX, C. : 2013², 288
LEMKE, H. : 2001¹, 87
LEMMELIJN, B. : 2011², 271 ; 2016⁴, 443
LE MOIGNE, J.-L. : 1997⁴, 469
LE MOIGNE, Ph. : 2005³, 493 ; 2008², 218
LEMOINE, L. : 2012³, 466
LEMOINE, M. : 2007³, 373
LEMOINE, S. : 2013², 255
LEMON, J. M. : 2015⁴, 471
LÉMONON, J.-P. : 2000², 303 ; 2009³, 421
LEMOUZY, J. : 2009⁴, 569
LENOIR, F. : 2001¹, 100 ; 2009¹, 123 ; 2010², 244 ; 2011⁴, 549
LENSKI, N. : 2010⁴, 548
LENTIAMPA SHENGE, A. : 2012², 320
LENZI, A. : 2011², 285
LÉONARD, A. : 2008¹, 89
LÉONARD-ROQUES, V. : 2013², 280
LÉONAS, A. : 2007², 217 ; 2008², 231
LÉON-DUFOUR, X. : 1997², 217
LEONHARD, C. : 2007³, 329 ; 2008³, 346 ; 2010², 285
LEONHARDT, J. : 2002², 213
LEONHARDT, R. : 2010¹, 116
LÉON-JONES, K. S. de : 1998¹, 109
LÉON LE GRAND : 1998³, 357
LEPLAY, M. : 1996⁴, 465 ; 1997¹, 105 ; 2003², 210
LEPPIN, H. : 2010⁴, 558
LEPPIN, V. : 2011⁴, 584 ; 2012⁴, 621 ; 2013⁴, 572 ; 2014⁴, 446 ; 2015⁴, 472
LEROUX, G. : 2008¹, 86 ; 2008², 196
LEROUX, N. R. : 2008⁴, 544
LESCH, W. : 1997¹, 96
LESCOURRET, M.-A. : 1997⁴, 469
LESOT, S. : 2015¹, 106
LESSING, E. : 2001⁴, 480 ; 2002⁴, 478 ; 2005⁴, 610
LESTIENNE, M. : 1997¹, 110 ; 1999², 237
LESTRINGANT, F. : 1998³, 380 ; 2000⁴, 537 ; 2005⁴, 597
LÉTHEL, F.-M. : 1997³, 350
LEU, U. B. : 2008⁴, 547
LEUBA, J.-L. : 1996¹, 86
LEUENBERGER, M. : 2009², 261

LEUENBERGER-WENGER, S. : 2010³, 457
LEUTRAT, E. : 2020³, 436
LEV, Y. : 2011¹, 94
LEVAIN, C. : 2002¹, 104
LEVASSEUR, C. : 2010³, 459
LEVEAU, R. : 2007¹, 78
LEVERING, M. : 2014¹, 112
LEVEY, G. B. : 2011², 242
LEVIEILS, X. : 2008³, 408
LEVIN, Ch. : 2004², 214 ; 2016⁴, 441
LEVINAS, E. : 1997⁴, 469 ; 2001¹, 120
LEVINE, A.-J. : 2012⁴, 640
LEVINE, É. : 2011², 294
LEVINSON, B. M. : 1999², 252 ; 2006², 288 ; 2008², 233
LÉVY, C. : 2001¹, 107
LÉVY, J. : 2001³, 370
LEVY, P. : 2004⁴, 482
LÉVY WILLARD, D. : 2010¹, 89
LEWIS, J. R. : 2011², 248
LEWIS, S. M. : 2011², 248
LEXUTT, A. : 1996³, 367 ; 2012⁴, 671
LEYRA CURIÁ, M. : 2018⁴, 479
L'HOSPITAL, M. de : 2003³, 377
LI, S. Y. : 2018³, 360
LIBERA, A. de : 1999³, 385
LICHTENBERGER, H. : 1999⁴, 514 ; 2002², 191 ; 2003², 221 ; 2004², 222 ; 2010², 295 ; 2010³, 394 ; 2013³, 426 ; 2015³, 399
LIEBERS, R. : 1997², 208
LIEBIG, E. : 2010¹, 110
LIEBURG, F. van : 2004³, 374
LIENEMANN-PERRIN, Ch. : 2003¹, 132
LIENHARD, F. : 2001¹, 96 ; 2007¹, 117 ; 2017², 309 ; 2018², 207
LIENHARD, M. : 1997³, 382 ; 1999³, 432 ; 2000², 320 ; 2008¹, 125 ; 2008⁴, 558 ; 2011¹, 140-141 ; 2011², 302 ; 2011⁴, 624 ; 2016⁴, 499-500 ; 2017², 307 ; 2019³, 456
LIERMAN, J. : 2004², 240 ; 2007², 236
LIETAERT PEERBOLTE, B. J. : 2014³, 367
LIEU, J. M. : 1998³, 338 ; 2007², 189 ; 2017⁴, 603
LILL, R. : 2002⁴, 470
LIMENTANI VIRDIS, C. : 2007¹, 84
LINDARS, B. : 1996², 238
LINDBERG, C. : 1999³, 395 ; 2005⁴, 602
LINDE, C. : 2015⁴, 491
LINDEMANN, A. : 1996³, 332 ; 2002², 228 ; 2010³, 410
LINDHOLM, T. : 2013⁴, 612
LINDNER, H. : 2013², 301
LINDSAY, M. R. : 2008², 205
LINGUITI, A. : 2007³, 340
LINK, A. : 1997², 218
LINK, Ch. : 2009⁴, 542 ; 2010², 260
LINNER, M. M. : 2011¹, 124
LIOY, D. : 2011³, 430
LIOY, P. : 2000⁴, 556
LIPIŃSKI, E. : 2007², 194 ; 2011², 286
LIPS, H. von : 2009³, 424

LIPTON, D. : 2014[3], 327
LITTIG, B. : 2010[2], 264
LITTLE, E. : 2000[2], 308
LITZ, G. : 2005[4], 584
LIU, Y. : 2014[3], 373
LIVERANI, M. : 2000[2], 284 ; 2009[2], 258
LIVERANI, P. : 2011[4], 554
LIVET, G. : 1998[4], 483
LIVINGS, F. : 2012[2], 350
LIZZI TESTA, R. : 2003[3], 354
LLEWELLYN, D. : 2011[2], 265
LLINARÈS, A. : 1999[3], 387
LLOYD, A. B. : 2013[3], 431
LOADER, W. R. G. : 1998[2], 105
LOAIZA CANO, G. : 2012[2], 357
LOBRICHON, G. : 2008[4], 526
LOEHR, J. : 2003[3], 376 ; 2008[4], 545
LOEWE, A. : 2015[1], 97
LOGAN, G. M. : 2012[4], 667
LOH, J. : 2010[2], 286
LOHFINK, G. : 1999[4], 535
LOHFINK, N. : 2010[1], 154
LOHNER, A. : 2001[1], 92
LÖHR, H. : 1997[2], 230, 237 ; 2004[4], 521
LOHR, J. N. : 2015[4], 467
LOHSE, B. : 1996[3], 358 ; 1999[3], 365, 394
LOHSE, E. : 1996[1], 106 ; 2008[3], 381 ; 2009[3], 383, 396
LOHSE, T. H. : 2004[1], 122 ; 2008[2], 197 ; 2013[2], 316
LOLLAR, J. : 2010[4], 566
LONGENECKER, B. W. : 2005[3], 438
LONGÈRE, J. : 1998[3], 366, 368 ; 2007[3], 336
LONGHI, A. : 2019[2], 315
LONGO, A. : 2010[3], 449
LONGVA, A. N. : 2013[4], 615
LOOKADOO, J. : 2019[4], 587
LOONBECK, R. : 2006[4], 565
LORENTZ, C. : 2017[2], 279
LORENZ, S. : 2011[4], 591 ; 2015[4], 498
LORETAN-SALADIN, F. : 2016[2], 207
LORETZ, O. : 2004[2], 210, 214
LORIGA, S. : 2008[1], 85
LOSSKY, A. : 2019[3], 454-455
LOSSKY, N. : 2002[1], 109
LOUF, A. : 2005[3], 485
LOULIER-PAJOR, J. : 2013[2], 306
LOVSKY, F. : 1996[4], 457 ; 1999[4], 549 ; 2002[4], 496
LÖWENTHAL, R. : 2011[1], 85
LÖWNER, G. : 2012[2], 306
LOWRY, J. E. : 2010[1], 134
LOWY, M. : 1999[4], 530
LUBAC, H. de : 2000[4], 568 ; 2002[4], 463 ; 2007[4], 495 ; 2008[1], 106 ; 2009[2], 204
LUBETSKI, M. : 2008[2], 221
LUBRINA, J.-J. : 2011[1], 131
LUCA, N. : 1998[1], 125 ; 2001[1], 100
LUCIANI, D. : 2006[2], 294 ; 2013[3], 429 ; 2017[4], 595
LUCINGE, R. de : 2007[4], 486
LUDOLPHE LE CHARTREUX : 2007[3], 375
LUEZ, Ph. : 2019[2], 310

LUGARESI, L. : 1997[1], 111
LUISIER, Ph. : 2001[2], 233
LUIZARD, P.-J. : 2020[3], 452
LUIZ DE MORI, G. : 2008[1], 93
LÜKEN, S. : 2001[3], 367
LUKINOVICH, A. : 1998[3], 350
LUKKEN, G. : 1996[4], 445
LUNDBERG, M. D. : 2011[2], 225
LUNDBERG, M. J. : 2014[3], 319
LUNDBOM, J. R. : 2015[4], 468
LUNEAU, R. : 1996[4], 453
LUOMANEN, P. : 2009[3], 381
LÜTGEHETMANN, W. : 1996[2], 240
LUTHER, M. : 1996[3], 360 ; 1997[3], 357 ; 1999[3], 396, 432 ; 2004[4], 524 ; 2012[4], 670 ; 2014[3], 376 ; 2015[1], 95 ; 2016[4], 477 ; 2017[2], 307 ; 2017[3], 473-475 ; 2018[4], 488 ; 2020[3], 417
LUTTERBACH, H. : 2010[1], 100
LUTTON, R. : 2008[4], 538
LUX, R. : 2002[2], 204 ; 2007[2], 195
LUZ, U. : 2006[3], 421 ; 2010[2], 260 ; 2019[4], 555
LYOTARD, J.-F. : 2014[1], 108
LYS, D. : 2000[2], 283 ; 2001[2], 203, 216
MACASKILL, G. : 2014[3], 346
MACCHI, J.-D. : 1998[2], 92 ; 2001[2], 219
MacDONALD, N. : 2013[3], 436 ; 2014[3], 331
MACHIELA, D. A. : 2011[3], 408 ; 2019[4], 552
MACKAY, I. D. : 2005[3], 452
MACKEY, J. P. : 2009[3], 396
MACKIE, T. P. : 2016[4], 450
MADDEN, P. J. : 1998[2], 109
MAEGER, S. : 2015[1], 112
MAEIR, A. M. : 2013[3], 430
MAGARY, D. R. : 2006[2], 288
MAGER, R. : 2009[2], 229 ; 2012[2], 356
MAGNIN, P. : 2002[4], 497
MAGNOU-NORTIER, É. : 2004[3], 343
MAGUIRE ROBINSON, J. : 2002[3], 361
MAHDI, H. M. A. : 2009[1], 104
MAHÉ, A. : 2016[4], 472
MAHÉ, J.-P. : 2008[3], 409 ; 2008[4], 527 ; 2016[4], 472
MAHFOUZ, H. : 2005[3], 447
MAHMOUD-VINTAM, K. : 2010[2], 281
MAIER, Ch. M. : 2010[3], 383
MAIER, J. : 2009[3], 434
MAILLARD, A. : 2004[1], 120
MAILLARD, Ch. : 2012[4], 682
MAILLARD, N. : 2012[2], 345 ; 2015[2], 219
MAILLARD-LUYPAERT, M. : 2020[3], 407
MAILLOT, A. : 1996[2], 232 ; 1998[2], 96 ; 2000[2], 299
MAINE DE BIRAN : 1997[4], 468
MAINVILLE, O. : 2002[2], 192
MAIRE, Ch.-D. : 1998[2], 85
MAISONNEUVE, R. : 2002[3], 335-337
MAÎTRE, J. : 1996[1], 95 ; 1996[3], 379 ; 2000[3], 415
MÄKINEN, V. : 2002[3], 358
MALAMAT, A. : 1999[2], 234
MALDAMÉ, J.-M. : 2002[4], 513 ; 2009[2], 200
MALINA, B. J. : 2010[3], 424
MALINAR, A. : 2010[1], 122 ; 2011[4], 611

MALINGREY, A.-M. : 1997[3], 338
MALKA, S. : 2008[1], 82
MALLETT, A. : 2012[2], 298 ; 2013[4], 620 ; 2014[4], 493
MALOGNE-FER, G. : 2016[2], 199
MALOUIN, M.-P. : 1999[4], 550
MALUSA, L. : 2001[4], 478
MANDEL, M. S. : 2016[1], 74
MANDOUZE, A. : 2015[4], 484
MANDOUZE, Ch. : 2015[4], 484
MANENTI, C. : 2018[1], 89
MANIACORIA, N. : 2015[4], 491
MANIGNE, J.-P. : 1997[4], 477
MANN, F. : 1998[3], 350
MANSELLI, R. : 2004[4], 471
MANSON, S. : 2010[3], 404
MANTERO, A. : 2007[4], 476
MANTEY, V. : 2006[4], 547
MANUEL, Ch. : 2013[2], 320
MARANGON, P. : 2000[4], 554 ; 2002[4], 470
MARAVAL, P. : 1996[2], 247 ; 1997[3], 381 ; 2000[3],
    431 ; 2001[3], 346 ; 2006[3], 461 ; 2008[4], 512 ;
    2010[4], 551 ; 2011[4], 554 ; 2012[4], 646 ; 2015[4],
    482 ; 2018[4], 474
MARCELLIN : 2007[3], 360
MARCHANDISSE, A. : 2020[3], 407
MARC LE MOINE : 2000[3], 430 ; 2001[3], 351
MARCO SIMÓN, F. : 2011[4], 555
MARCOTTE, D. : 2001[3], 336
MARÉCHAL, B. : 2010[1], 141
MARGERIE, B. de : 2001[3], 371
MARGOLIN, J.-C. : 1996[3], 364
MARGUERAT, D. : 1997[2], 243 ; 1999[4], 532, 540 ;
    2000[2], 309 ; 2001[4], 457 ; 2002[2], 187, 192 ;
    2004[1], 125 ; 2004[2], 205 ; 2006[2], 273 ; 2006[3],
    428 ; 2008[3], 376 ; 2009[3], 383, 391, 399 ;
    2011[2], 281 ; 2011[3], 439, 456 ; 2012[3], 514 ;
    2013[3], 429 ; 2016[3], 336, 345 ; 2017[4], 576
MARGUERITE DE NAVARRE : 2007[4], 479
MARIANELLI, D. : 2000[3], 427
MARIN, C. : 2014[1], 106
MARIN, D. : 2014[2], 214
MARIN, O. : 2014[4], 461
MARINA, J. A. : 2006[2], 257
MARINESCU, P. : 2014[1], 106
MARION, J.-L. : 2001[1], 120 ; 2007[1], 99
MARIOTTE, J.-Y. : 2010[4], 579
MARITZ, P. : 2006[3], 426 ; 2010[3], 420
MARKHAM, I. : 2007[1], 79
MARKL, D. : 2008[2], 237
MARKSCHIES, Ch. : 1997[3], 341 ; 2000[3], 456 ;
    2004[4], 521 ; 2008[3], 393 ; 2017[4], 599
MARMION, D. : 2011[1], 118
MAROLLES, P.-M. de : 2016[2], 200
MARROU, H.-I. : 2007[3], 333
MARSAUX, J. : 2010[4], 560
MARSH, Ch. : 2017[3], 488
MARSHALL, E. O. : 2012[2], 340
MARSHALL, I. H. : 2001[4], 464
MARSHALL, J. E. : 2019[4], 580
MARTENS, D. : 2009[3], 420

MARTI, A. : 2012[2], 312, 362
MARTIG, Ch. : 2012[4], 679
MARTIN, A. : 1998[3], 346 ; 2007[3], 366
MARTIN, C. : 2001[4], 472
MARTIN, D. : 2012[2], 348
MARTIN, H. : 1997[3], 347
MARTIN, L. P. : 2002[1], 99
MARTIN, Ph. : 2004[3], 375 ; 2010[1], 114 ; 2012[4],
    627 ; 2013[4], 578 ; 2017[4], 609
MARTIN-ACHARD, R. : 1999[2], 225
MARTIN DE VIVIÉS, P. de : 1997[2], 208
MARTÍNEZ, T. : 1998[2], 93
MARTÍNEZ DE CODES, R. M. : 2014[2], 201
MARTÍNEZ DE PISÓN, R. : 2016[2], 213
MARTINEZ-GROS, G. : 2006[1], 162
MARTINGAY, C. : 1998[3], 350
MARTINI, É. : 2007[1], 116
MARTTILA, M. : 2012[3], 488
MARX, A. : 1999[4], 554 ; 2005[3], 493 ; 2008[3], 412 ;
    2011[2], 303 ; 2019[2], 317
MARX, J. : 2004[3], 336
MARX, M. : 2011[1], 102
MASON, E. F. : 2009[3], 427 ; 2013[3], 441
MASSAUT, J.-P. : 1997[3], 334
MASSICARD, É. : 2016[4], 497
MASSIE, A. : 2013[4], 564
MASSIGNON, B. : 2009[2], 221
MASSINI, A. : 1998[2], 85
MASSON, C. : 2002[4], 486 ; 2007[4], 479
MASSON, G. : 2010[2], 250
MASSON, J.-Y. : 2013[2], 280
MASSON, R. : 1999[4], 549
MASSONNET, J. : 2000[2], 303 ; 2014[3], 351
MASTROCINQUE, A. : 2006[3], 404
MATAND BULEMBAT, J.-B. : 1999[4], 504
MATHÉ, S. : 2008[2], 199
MATHEUS, M. : 2020[3], 414
MATHEW, B. : 2019[4], 573
MATHIESON, E. A. : 2017[4], 608
MATHON, G. : 1997[3], 334
MATHWIG, F. : 2014[2], 196
MATHYS, F. : 2011[2], 293
MATHYS, H.-P. : 2013[3], 423
MATILE, M. : 1999[3], 391
MATRINGE, D. : 2011[4], 609
MATSOUKAS, N. A. : 1998[3], 363
MATT, P. von : 2000[2], 315
MATTEI, P. : 1998[3], 343 ; 2004[3], 336 ; 2007[3], 355
MATTHEWS, V. H. : 2007[2], 198
MATTHEY, J. : 2011[3], 439 ; 2018[2], 215
MATTHIAE, G. : 2003[1], 122
MATY, M. : 2006[4], 562
MATZ, B. J. : 2012[4], 642
MATZ, W. : 2001[3], 376
MAUR DE L'ENFANT-JÉSUS : 2007[4], 489
MAURER, C. : 2013[2], 319
MAURER, E. : 1997[4], 471
MAURO, E. : 2019[3], 432
MAUSS, M. : 2015[2], 229
MĀWARDĪ, al- : 2016[4], 495

MAXIME DE TURIN : 1997³, 345
MAXIME LE CONFESSEUR : 1997³, 350 ; 2005³, 481 ; 2010⁴, 566 ; 2013⁴, 568
MAYER, B. : 2001², 220
MAYERHOFER, K. : 2011², 269
MAYEUR, J.-M. : 2001³, 336 ; 2002³, 331
MAYORDOMO, M. : 2015⁴, 501
MAZAL, O. : 1997³, 336
MAZOYER, M. : 2005², 312
MAZUZ, H. : 2016¹, 74
MAZZEGA, M. : 1997¹, 115
MBURU, E. W. : 2011³, 455
McCARTER, P. K. : 1998², 79
McCARTHY, C. : 2009², 268
McCORMACK, B. L. : 2016², 187
McCRUDEN, K. B. : 2009³, 425
McDONALD, L. M. : 2008³, 402
McDONALD, W. : 2002³, 373 ; 2016⁴, 485
McDONOUGH, S. M. : 2001⁴, 466 ; 2011³, 442
McDOUGALL, I. : 2010³, 440
McFARLAND, I. A. : 2012², 329
McGILL, S. : 2011⁴, 564
McGINNIS, C. M. : 2008², 246
McGOWAN, A. B. : 2013³, 453
McKEE, E. A. : 1999³, 400 ; 2006³, 425
McKENNA, A. : 1999³, 420 ; 2000⁴, 543-545 ; 2006⁴, 557-558 ; 2007⁴, 491 ; 2008⁴, 554 ; 2010¹, 112 ; 2010⁴, 585 ; 2011¹, 83 ; 2011⁴, 598 ; 2013⁴, 592 ; 2017³, 485 ; 2018⁴, 496
McKENZIE, S. L. : 2000², 203, 297 ; 2015³, 359 ; 2018⁴, 463
McKINNON, J. : 2007³, 345
McKNIGHT, S. : 2012³, 542
McLAY, R. T. : 2016³, 333
McLEOD, H. : 1998⁴, 479
McMULLEN, D. M. : 2012², 310
McNAMARA, M. : 2012³, 512 ; 2016⁴, 473
MEATTINI, U. : 2008⁴, 534
MECELLA, L. : 2010⁴, 546
MÉCHOULAN, H. : 2000², 318
MECHTHILD DE MAGDEBOURG : 2002³, 354
MECKENSTOCK, G. : 2013², 271
MECKLENBURG, N. : 2017³, 472
MEDDEB, A. : 2016¹, 74
MÉDEVIELLE, G. : 2009², 201
MEEKS, W. A. : 1996¹, 119
MEER, M. van der : 2011³, 400
MEERHOFF, K. : 2003³, 375
MEERSON, M. : 2012³, 513 ; 2015³, 376
MEIER, J. P. : 2006³, 412 ; 2010³, 413
MEILLAND, J.-M. : 2001³, 364
MELANCHTHON, Ph. : 1996³, 365-366 ; 1999³, 406 ; 2001³, 375 ; 2004³, 359-360 ; 2005⁴, 587-588 ; 2007⁴, 480 ; 2008⁴, 545 ; 2010¹, 100 ; 2010⁴, 578 ; 2011⁴, 590 ; 2012⁴, 672 ; 2013⁴, 583 ; 2014⁴, 468 ; 2016⁴, 481 ; 2017³, 480 ; 2019², 293 ; 2020³, 421
MELANÇON, L. : 1997¹, 97
MELION, W. S. : 2004³, 365 ; 2014⁴, 461
MELL, U. : 1997², 211 ; 2008³, 379

MELLER, H. : 2006³, 470
MELLET, P.-A. : 2019², 307
MELLONI, A. : 1999³, 431 ; 2002⁴, 488 ; 2009², 234
MÉNAGER, D. : 2002³, 362
MÉNARD, C. : 1998¹, 111
MENASSEH BEN ISRAËL : 2000², 318
MENDOZA, C. : 2015², 217
MENGE, H. : 2001³, 333
MENIUS, J. : 2013⁴, 582
MENSING, B. : 1999³, 425
MENTZER, R. A. : 2007⁴, 477 ; 2010¹, 95
MERIBOUTE, Z. : 2011¹, 101 ; 2013⁴, 605
MERK, O. : 1997², 229
MERKLEIN, H. : 1999², 269
MERKT, A. : 2006³, 467 ; 2009⁴, 549 ; 2010⁴, 544
MÉROZ, Ch. : 1996², 229 ; 1999⁴, 548
MERRIGAN, T. : 2012², 336
MERSWIN, R. : 2013⁴, 577
MERZ, R. : 2014², 224
MESCHONNIC, H. : 2004⁴, 500
MESNAGE, C. : 2010², 291
MESSADIÉ, G. : 1999², 250
MESSAGE, J. : 2018¹, 95
MESSIANT, C. : 1999⁴, 531
MESSNER, F. : 2002¹, 102 ; 2009², 220
MESURE, S. : 2000⁴, 553
METAXAS, E. : 2017³, 488
METHUEN, Ch. : 1999⁴, 527
METSO, S. : 2011³, 414 ; 2012³, 501
METTINGER, T. N. D. : 2009², 265
METZENTHIN, Ch. : 2011³, 417
METZGER, M. : 1999⁴, 518
METZGER, Th. : 1999⁴, 518
METZNER, R. : 2011³, 421
MEUNIER, B. : 1999³, 375 ; 2007³, 344
MEWS, C. J. : 2006⁴, 534
MEWS, S. : 1998⁴, 479
MEYENDORFF, J. : 2002³, 355
MEYER, D. : 2009¹, 108 ; 2016⁴, 469
MEYER, F. : 2006⁴, 540
MEYER, J. P. : 1996³, 369
MEYER, J.-M. : 2013², 321
MEYER, M. M. : 2001², 240
MEYER, N. A. : 2017⁴, 592
MEYER, R. : 1999², 239
MEYER-BLANCK, M. : 2009², 229 ; 2013², 310
MEYER-WILMES, J. H. : 1996⁴, 450
MEYER ZU SCHLOCHTERN, J. : 2015¹, 104
MEYFART, J. M. : 2012⁴, 678 ; 2013⁴, 591
MEYNEN, D. : 1996⁴, 457 ; 1999⁴, 528
MEYNET, R. : 2001², 204 ; 2008², 211
MIAZHEVICH, G. : 2013⁴, 613
MICAELLI, C. : 1996³, 334
MICHAELS, A. : 2006⁴, 580
MICHEL, A. : 2009², 242
MICHEL, J. : 2009¹, 117 ; 2016¹, 100 ; 2017², 285 ; 2019³, 430
MICHEL, M.-J. : 2003³, 379
MICHEL, P. : 1996⁴, 453 ; 1999⁴, 534 ; 2008⁴, 525
MICHELAT, G. : 2003⁴, 496

MICHELAU, H. : 2014³, 321
MICHON, C. : 1999³, 385 ; 2012², 327
MIDANI, M. A. al- : 2012², 291
MIDDLETON, J. R. : 2006², 293
MIEGGE, M. : 2002¹, 108
MIERSEMANN, W. : 2012², 310
MIES, F. : 2008², 241 ; 2011¹, 112
MIETHKE, J. : 2002³, 352
MIGSCH, H. : 2012³, 482
MIKKONEN, J. : 2010⁴, 580
MILDENBERGER, I. : 2014², 218
MILER, J. : 2001⁴, 449
MILLER, M. P. : 2013³, 469
MILLER, P. C. : 2002⁴, 462
MILLET, O. : 1999³, 402 ; 2001⁴, 491 ; 2003², 259 ;
    2004⁴, 495 ; 2007⁴, 482 ; 2009³, 431 ; 2009⁴,
    535, 537 ; 2017³, 494
MILLET-GÉRARD, D. : 2006⁴, 571
MILLOT, L. : 1999², 276 ; 2004², 242
MILSTEIN, W. : 2006², 270
MIMOUNI, S. C. : 2002², 222 ; 2004³, 344 ; 2007³,
    329 ; 2011³, 436 ; 2016³, 358
MINESHIGE, K. : 2004⁴, 510
MINK, G. : 2008³, 355
MINNERATH, R. : 2002⁴, 473
MINOIS, G. : 1999³, 368
MINUNNO, G. : 2014³, 320
MIRGUET, F. : 2010³, 387
MIR-KASIMOV, O. : 2016¹, 76
MISSÈGUE, M.-G. : 2013², 278
MISSIÉ, J.-P. : 2008¹, 115
MITCHELL, M. M. : 2001³, 344 ; 2002², 219 ;
    2008³, 404
MITTMANN, S. : 2001², 243
MITTMANN-RICHERT, U. : 2010³, 394
MLYNARCZYK, J. : 2017⁴, 565
MOATTI-FINE, J. : 2007², 218 ; 2011³, 398
MOBERLY, R. W. L. : 2011², 297
MOCHEL-CABALLERO, A.-F. : 2014², 228
MODA, A. : 1998³, 352
MODOOD, T. : 2011², 242
MOEGLIN, J.-M. : 2005⁴, 581
MOEHN, W. H. Th. : 2002³, 368 ; 2013⁴, 584
MOELLER, B. : 1997³, 359 ; 2004³, 353, 359 ;
    2005³, 466 ; 2012⁴, 669
MOFFET, S. H. : 2009², 227
MOFFIT, D. M. : 2012³, 541
MOGHISSI, H. : 2012², 351
MOHR, J. : 2014¹, 94
MOHSEN-FINAN, Kh. : 2007¹, 78
MOLAC, Ph. : 2007³, 361
MOLDENHAUER, Ch. : 2015², 234
MOLENDIJK, A. L. : 2007¹, 106 ; 2012², 349
MOLINARIO, J. : 2011², 260 ; 2015², 241, 244
MOLINIÉ, A. : 1998¹, 104 ; 2008¹, 114
MOLLA, S. : 2002¹, 108 ; 2018², 203
MÖLLER, Ch. : 1996⁴, 441 ; 2006², 271
MOLTMANN, J. : 2008², 206 ; 2010², 255 ; 2016²,
    188
MOMBERT, M. : 1997³, 378

MOMMAERS, P. : 2008¹, 97
MONAT, P. : 1997³, 349 ; 1998³, 366
MONCELON, C. : 1996⁴, 458
MONCELON, J. : 2013⁴, 577
MONDÉSERT, C. : 2002³, 341 ; 2012⁴, 626
MONDOT, J.-F. : 2007², 193
MONDRAIN, B. : 2007³, 372
MONDZAIN, M. J. : 2003¹, 142 ; 2004¹, 112
MONET, G. : 2015², 232
MONFERRER-SALA, J. P. : 2011², 270
MONNOT, Ch. : 2014¹, 120
MONOD, A. : 2013², 254
MONTAGNES, B. : 2005³, 439
MONTANARI, E. : 1998³, 357
MONTAUBIN, P. : 2011³, 473
MONTCLOS, X. de : 1996¹, 101 ; 1998⁴, 480
MONTEIL, P.-O. : 1999⁴, 532 ; 2016¹, 96
MONTFERRANT, J. de : 2003³, 371
MONTLEAU, F. de : 2003³, 364
MOOG, F. : 2015², 244
MOON, B.-H. : 2007⁴, 482
MOONEY, E. F. : 2009¹, 113
MOOR, J. C. de : 1999², 247
MOORE, J. D. : 2008⁴, 549 ; 2010¹, 107
MOORE, N. J. : 2016³, 357
MOORE, R. : 1999³, 382
MOR, M. : 2012³, 507
MORALES, E. M. : 2008⁴, 513
MORAN, W. L. : 2003², 214
MOREAU, D. : 2014¹, 111
MOREAU, P.-F. : 1997³, 371 ; 1998⁴, 476
MOREL, P.-M. : 2001¹, 107
MORELLI, A. : 2003⁴, 498
MORENZ, L. : 2008², 222
MORENZONI, F. : 2012⁴, 661 ; 2015⁴, 490
MOREROD, Ch. : 1996³, 362
MORESCHINI, C. : 2001³, 339, 341
MORGEN, M. : 2006³, 438
MORGENSTERN, M. : 2017³, 475 ; 2017⁴, 615
MORGENTHALER, Ch. : 2001¹, 89 ; 2003¹, 127
MORI, G. : 2008⁴, 554
MORLET, S. : 2011⁴, 566 ; 2015¹, 107
MORLOK, E. : 2013⁴, 575
MORRAY-JONES, Ch. R. A. : 2010³, 406
MORRILL, B. T. : 2013², 279
MORRIS, A. M. : 2014¹, 87
MORTIAU, J. : 2006⁴, 565
MORTON, R. S. : 2008³, 385
MOSCOW, M. : 2008², 239
MOSER, Ch. : 2010¹, 103
MOSER, F. : 1996⁴, 446 ; 2014², 209
MOSER, M. : 2015³, 389
MOSHEIM, J. L. von : 1999³, 421
MOSSER, C. : 2009³, 410
MOST, G. W. : 2010³, 422
MOSTERT, W. : 2002¹, 91
MOTTU, H. : 1996⁴, 444 ; 2001¹, 102 ; 2012², 359 ;
    2014⁴, 482 ; 2015¹, 114 ; 2020³, 444
MOTZKI, H. : 2012², 292
MOUHOT, J.-F. : 2013², 285

MOULINE, N. : 2012⁴, 694
MOULINET, D. : 2009², 223
MOUNIER, B. : 2016¹, 107
MOUNIER, E. : 2007¹, 94
MOUNIER, P. E. : 2007¹, 94
MOURLAM, C. : 2003³, 396
MOYISE, S. : 2014³, 352
MUDRY, Y. : 2001¹, 93
MUELLER-JOURDAN, P. : 2008⁴, 521
MUESSIG, C. : 2002³, 351
MÜGGE, M. : 2000³, 454
MUGNAIONI, R. : 2003², 216
MÜHLEGGER, F. : 2008⁴, 550
MUKENGE, A. K. : 1999², 258
MULLEN, R. L. : 2009³, 390
MULLER, F. : 1997³, 354 ; 1998³, 378 ; 2014¹, 88
MULLER, J.-M. : 2011², 237
MULLER, Ch. D. : 2002⁴, 515
MÜLLER, D. : 1997¹, 96 ; 1997⁴, 488 ; 2006², 273 ;
      2010², 263 ; 2014², 198 ; 2015², 217
MÜLLER, H. : 2001¹, 98 ; 2009⁴, 570
MÜLLER, J. : 2010², 263
MÜLLER, M. : 2006², 273
MÜLLER, P. : 2010³, 433 ; 2013³, 472
MÜLLER, R. : 2016¹, 85, 90
MÜLLER, Th. T. : 2014⁴, 462
MÜLLER-ROTH, M. : 2012³, 471
MÜLLER-SPAHN, M. : 2006², 277
MULSOW, M. : 1999³, 420, 422
MUNCH, P. : 2014², 219
MUND, L. : 2001³, 368
MUNDHENK, Ch. : 2005⁴, 587 ; 2007⁴, 480 ; 2008⁴,
      545 ; 2010¹, 100 ; 2010⁴, 578 ; 2012⁴, 672 ;
      2013⁴, 583 ; 2014⁴, 468 ; 2016⁴, 481 ; 2017³,
      480 ; 2019², 293 ; 2020³, 421
MUNIER, Ch. : 1996³, 333-334 ; 2007³, 350-351 ;
      2012⁴, 662
MUNNICH, O. : 1998³, 336
MUNSTERMAN, H. : 2007¹, 105
MUNT, H. : 2016¹, 77
MURAOKA, T. : 1999², 229 ; 2011³, 397 ; 2013³, 424
MURCIA, Th. : 2015³, 376
MURPHY, F. A. : 2010², 262
MURPHY-O'CONNOR, J. : 1997², 221 ; 2006³, 433 ;
      2009³, 417
MURRAY, M. J. : 2014³, 326
MURRAY, R. : 2008³, 405
MURRAY, S. : 1999⁴, 535
MURRMANN-KAHL, M. : 2011², 232
MUSTAKALLIO, K. : 2017⁴, 601
MUTSCHLER, B. : 2011³, 469
MUZJ, M. G. : 2007¹, 102
MYERS, R. S. : 2005⁴, 580
MYERS, S. E. : 2014⁴, 447
MYLLYKOSKI, M. : 1996², 234
NAAB, E. : 1999³, 375
NABATI, M. : 2013², 296
NADAL, J. : 2004³, 365
NADEAU, J.-G. : 2008², 190
NAEF, Th. : 2011², 274

NA'IM, A. an- : 2010¹, 138 ; 2011¹, 98
NAHON, G. : 1996¹, 114
NAJMAN, H. : 2012³, 501
NALDINI, M. : 1998³, 357
NANCY, J.-L. : 2018¹, 102
NAPHY, W. G. : 1997³, 363
NARBY, J. : 2010¹, 125
NARCY, M. : 2010¹, 155
NARINSKAYA, E. : 2012⁴, 649
NASIO, J.-D. : 2007¹, 116
NASIR, K. M. : 2014², 205
NASSER, Sh. H. : 2014⁴, 487
NÄSSTRÖM, B.-M. : 1996¹, 111
NATAF, A. : 1998¹, 124
NATHAN, E. : 2009³, 421 ; 2015³, 397
NAUCK, I. : 2014², 226
NAUDÉ, J. A. : 2000², 286
NAUER, D. : 2013², 314
NAULT, F. : 2001⁴, 489
NAURATH, E. : 2001¹, 90
NAUROY, G. : 2009⁴, 566, 571 ; 2013⁴, 563
NAUTIN, P. : 1999², 271
NAVARRO PUERTO, M. : 2007², 236
NEBEL, M. : 2008¹, 100
NEESER, D. : 2016², 210
NEFONTAINE, L. : 1998¹, 124
NEHER, M. : 2005², 321
NEHMÉ, L. : 2000², 288
NEIJENHUIS, J. : 2012², 312 ; 2013², 309
NEIL, B. : 2005³, 484 ; 2016⁴, 463
NEIRYNCK, F. : 1997², 210 ; 1999⁴, 493 ; 2002²,
      227
NEMBACH, U. : 1998¹, 102
NÉMETH, C. : 2011⁴, 561
NEMO, Ph. : 1999³, 368
NESCHKE-HENTSCHKE, A. : 2011¹, 126
NESSELRATH, A. : 2020³, 414
NESSELRATH, H.-G. : 2014², 230
NESTORI, A. : 1998³, 348
NEUENSCHWANDER, U. : 1998¹, 97
NEUMANN, F. : 1999³, 420
NEUNER, P. : 2003³, 384
NEUSCH, M. : 1997¹, 101
NEUSER, W. H. : 1999³, 403 ; 2010⁴, 579
NEUSNER, J. : 2008³, 389 ; 2009¹, 89-90
NEUWIRTH, A. : 2011¹, 102
NEWMAN, J. H. : 1996⁴, 444 ; 1998¹, 103
NEYRAND, L. : 1998³, 355 ; 2004³, 339 ; 2006⁴, 533
NEYT, F. : 1999³, 376 ; 2001³, 354 ; 2003³, 361
NEYTON, A. : 1996¹, 112
NGIEN, D. : 1997³, 356
NICK, H. : 2014⁴, 481
NICKEL, G. : 2012⁴, 700
NICKLAS, T. : 2002², 234 ; 2010³, 395 ; 2011³, 402,
      428 ; 2013⁴, 560 ; 2015³, 379 ; 2018⁴, 472
NICOL, M. : 2001¹, 81
NICOLAISEN, C. : 2001⁴, 481 ; 2002⁴, 482
NICOLAS, É. : 2010⁴, 571
NICOLAS DE CUES : 1996³, 350 ; 1999³, 389 ;
      2013⁴, 577

Nicollier, B. : 1999[3], 410 ; 2006[4], 552 ; 2007[4], 485 ; 2008[4], 548 ; 2010[1], 105 ; 2012[4], 675-676 ; 2013[4], 588
Nicolotti, A. : 2013[4], 568
Niebuhr, K.-W. : 2004[2], 232 ; 2005[3], 431 ; 2009[3], 428 ; 2012[3], 517 ; 2016[3], 332
Niehr, H. : 2011[2], 288 ; 2015[4], 464
Nielsen, J. S. : 2010[1], 145 ; 2014[2], 206
Nielsen, J. T. : 2019[4], 543
Nielsen, K. : 1996[1], 82
Nielsen, N. C. : 1996[1], 105
Niemand, Ch. : 1996[2], 241
Niemann, H. M. : 2007[2], 198, 200
Nieto, J. C. : 1998[1], 107
Nietzsche, F. : 1997[1], 100 ; 2001[1], 117
Niewöhner, F. : 2005[4], 582
Nigosian, S. A. : 2007[2], 194
Nihan, Ch. : 2008[2], 237 ; 2009[2], 256 ; 2014[2], 232
Nijenhuis, W. : 1999[3], 411
Nissinen, M. : 2004[2], 211 ; 2007[2], 196 ; 2009[2], 242 ; 2011[2], 286
Nissing, H.-G. : 2010[2], 263
Nix, E. : 2012[2], 334
Nobbs, A. : 2014[3], 369
Noblesse-Rocher, A. : 2005[4], 615 ; 2008[4], 558 ; 2009[1], 125 ; 2010[4], 586 ; 2012[2], 367 ; 2012[4], 702 ; 2013[4], 621, 624 ; 2017[4], 613-615 ; 2019[2], 318-319
Nocquet, D. : 2004[2], 216 ; 2012[3], 484
Nodet, É. : 1999[2], 265 ; 2001[2], 226-227 ; 2002[2], 227 ; 2006[3], 402 ; 2012[3], 506 ; 2015[3], 361
Noegel, S. B. : 2009[2], 253
Noël, F. : 2005[3], 448
Nöldeke, Th. : 2014[4], 488
Nolland, L. S. : 2006[4], 564
Nolte, D. : 2014[2], 223
Nordmann, S. : 2009[1], 96
Norelli, E. : 1997[2], 245 ; 2001[3], 339 ; 2005[3], 468 ; 2006[3], 441 ; 2009[3], 439 ; 2011[3], 477 ; 2012[3], 548 ; 2019[4], 559
Norman, A. : 2013[2], 289
Norman, D. : 2001[3], 364
Norrington, D. C. : 1998[1], 102
Nort, J. : 2007[3], 339
Norton, G. : 2013[3], 438
Notley, R. S. : 2015[3], 366
Notley, S. : 2008[3], 359
Nouailhat, Y.-H. : 2010[2], 251
Nouis, A. : 1998[1], 98 ; 2003[1], 125 ; 2011[2], 261 ; 2013[2], 295 ; 2017[2], 295
Nouzille, Ph. : 2000[3], 441
Novakovic, L. : 2004[4], 509
Novotny, J. R. : 2002[2], 196
Nowak, K. : 2004[3], 379
Noy, D. : 2004[2], 218
Numani, Sh. : 2006[1], 151
Nüssel, F. : 2009[2], 207
Nuvolone, F. G. : 2012[3], 548
Nygaard, M. : 2013[3], 460
Nyíri, K. : 2015[2], 238

Nyk, P. : 2005[3], 455
Oberdorfer, B. : 2010[2], 258
Oberlin, J. F. : 2014[4], 480 ; 2015[4], 507 ; 2017[4], 610 ; 2019[2], 295 ; 2020[3], 438
Oberman, H. : 2011[4], 593
Oberwinter, K. : 2009[1], 81
O'Brien, P. T. : 2002[2], 208 ; 2005[3], 457
Ocker, Ch. : 2008[4], 539
O'Conaill, S. : 2001[1], 84
O'Day, G. R. : 2009[2], 247
O'Donovan, O. : 1997[4], 487
Oedeven, K. : 2006[2], 270
Oegema, G. S. : 1999[4], 514 ; 2003[2], 221 ; 2007[2], 221 ; 2010[3], 403
Oelke, H. : 2011[4], 601
Oeming, M. : 2006[2], 288 ; 2007[2], 197
Oestreich, B. : 2014[3], 372
Offenstadt, N. : 2012[4], 619
O'Hear, A. : 2016[1], 89
O'Hear, N. : 2016[1], 89
Öhler, M. : 1998[2], 111 ; 2004[4], 511 ; 2007[2], 225 ; 2011[3], 427
Ohlig, K. H. : 1996[3], 330
Ohst, M. : 2018[4], 482
Økland, J. : 2010[3], 409
Olbrich, R. : 2010[2], 285
Olbricht, Th. H. : 1998[2], 100
Olchewski, U. : 2001[3], 383
O'Leary, D. J. : 1999[4], 536
O'Leary, J. S. : 2013[4], 562
Olgiati, G. : 2000[2], 307 ; 2001[4], 457
Oliver, I. W. : 2014[3], 361
Olivetti, M. M. : 1997[1], 99
Ollion, É. : 2018[2], 217
Olofsson, S. : 2013[3], 437
Olson, D. C. : 2014[3], 345
Olsson, B. : 2009[1], 92
Olsson, S. : 2016[1], 81
O'Meara, D. : 2000[3], 420
Omerzu, H. : 2003[2], 247 ; 2019[4], 543
Onians, R. B. : 2002[4], 503
Opitz, C. : 1999[3], 385
Opitz, J. : 2004[3], 363
Opitz, P. : 2014[4], 463 ; 2020[3], 419
Oppenheimer, A. : 2006[3], 403
Oppenheimer, N. : 2006[3], 403
Optat de Milève : 1997[3], 343
Optimus : 1999[3], 378
Opwis, F. : 2012[2], 293
Origène : 1998[3], 345 ; 2002[4], 459-460 ; 2010[3], 449-450
Orlov, A. A. : 2006[3], 406 ; 2012[3], 500 ; 2014[3], 346 ; 2017[4], 567
Ortmann, V. : 2002[3], 365 ; 2012[4], 671
Osborn, E. : 2008[4], 500
Osiander, A. : 2017[4], 615
Osier, J.-P. : 2012[4], 689
Osmer, R. R. : 2010[2], 275
Ossipow, W. : 1996[1], 125
Østebø, T. : 2013[4], 616

OSTEN-SACKEN, P. von der : 2003³, 373
OSTERLOH, K. L. : 2010¹, 79
OSTERMANN, S. : 2011³, 429
OSTMEYER, K.-H. : 2001⁴, 463 ; 2007², 226
OSTORERO, M. : 2012⁴, 665
OSUJI, A. Ch. : 2014³, 329
OTTO, E. : 2006², 288 ; 2009², 262-263 ; 2010³, 386
OUAKNIN, M.-A. : 1997², 195
OUBROU, T. : 2011¹, 109
OUNSWORTH, R. : 2013³, 475
OVERGAAUV, E. : 2003⁴, 492
OZDEMIR, I. : 2007¹, 79
OZGUR, I. : 2013⁴, 617
PACHMANN, H. : 2012², 363
PACIEN DE BARCELONE : 1997¹, 110
PACOT, S. : 2001¹, 86 ; 2003¹, 130
PADILLA, O. : 2009³, 413
PAGANINI, G. : 2006⁴, 557
PAGANINI, S. : 2010³, 398
PAGET, J. C. : 2011³, 434
PAGNIER, D. : 1999³, 389
PAILHÈS, C. : 2000², 322 ; 2010³, 461
PAILLIER, M. : 2007¹, 86
PAINCHAUD, L. : 2012⁴, 638
PAJDA, Z. : 1998³, 368
PAJUNEN, M. S. : 2014³, 344
PAKKALA, J. : 2012³, 488
PALARDY, W. B. : 2006³, 465
PALÉOLOGUE, A. : 1998³, 364
PAMPHILE DE CÉSARÉE, : 2002⁴, 463
PANAYOTOV, A. : 2004², 218 ; 2014³, 332
PANIKKAR, R. : 2003¹, 122
PANNENBERG, W. : 2010², 256 ; 2012², 330 ; 2014¹, 119
PANTOJA, S. : 1996⁴, 452
PAOLINI, P. : 1998³, 348
PAPACONSTANTINOU, A. : 2012⁴, 656
PAPADAKIS, A. : 2002³, 355
PAPAS, A. : 2014⁴, 494
PAPENBROCK, M. : 2013², 251
PAPINI, C. : 2002³, 353
PAPOUTSAKIS, M. : 2009³, 435
PARACELSE : 2011⁴, 582
PARAMELLE, J. : 2006⁴, 533 ; 2016⁴, 468
PARDEE, D. : 2005², 306
PARDEE, N. : 2013⁴, 560
PARENTE, U. : 1998⁴, 482
PARISSE, M. : 2007³, 333, 371
PARIZET, S. : 2013², 280
PARK, R. H.-Ch. : 2007¹, 121
PARKER, D. C. : 2000³, 459 ; 2009³, 388 ; 2011², 277
PARKER, T. H. L. : 1997³, 360 ; 2000³, 459
PARMENTIER, É. : 2003³, 396 ; 2008³, 413 ; 2010², 300-301 ; 2014², 235 ; 2015², 248
PARMENTIER, F. : 2018², 209
PAROZ, P. : 2002⁴, 515 ; 2011², 254
PARPOLA, S. : 2002², 199 ; 2009², 240
PARRY, D. K. : 2011³, 414

PARRY, D. W. : 2015³, 369
PARTOUCHE, M. : 2018¹, 98
PARVU, S. : 2018¹, 98
PASCHOUD, F. : 2001³, 353
PASNAU, R. : 2011⁴, 575
PASQUIER, A. : 2011², 281 ; 2012⁴, 637
PASSAMANECK, S. M. : 2010⁴, 572
PASSARELLI, G. : 2007¹, 83
PASTOR, J. : 2012³, 507
PASTORELLI, D. : 2008³, 370
PATAR, B. : 2007³, 371
PATITUCCI UGGERI, S. : 2012², 301
PATLAGEAN, É. : 1996¹, 113
PATRICIUS : 1999³, 378
PATTE, D. : 1996², 223 ; 2001⁴, 451
PATTISON, S. : 2014⁴, 497
PAUL, A. : 2006², 286 ; 2006³, 398 ; 2008⁴, 556 ; 2009³, 377
PAUL, G. : 2014¹, 101
PAUL, I. : 2016³, 359
PAUL, Sh. M. : 2007², 201
PAULIN DE NOLE : 2015⁴, 487
PAULY, S. : 2003¹, 120
PAULY, W. : 2010², 252
PAYA, Ch. : 2014², 210 ; 2017², 303
PEDOTTI, Ch. : 2018³, 350
PÉDRON-COLOMBANI, S. : 2001¹, 106
PEELER, A. L. B. : 2016³, 356
PEELMAN, A. : 2008¹, 109
PEG, A. : 2009², 218
PEIER, M. : 2008², 189
PEKAR LEMPEREUR, A. : 2010², 239
PELIKAN, J. : 1996³, 378
PELLUCHON, C. : 2012², 344 ; 2018¹, 104
PENNER, J. : 2013³, 443, 449
PENNER, K. M. : 2013³, 449
PENNY, N. : 2000³, 457
PERES, I. : 2004², 234
PÉRÈS, J.-N. : 2013², 313
PÉRICHON, P. : 2006³, 461 ; 2008⁴, 512
PERKINS, J. : 2010⁴, 545
PERLINI-PFISTER, F. : 2012⁴, 679
PERNOT, L. : 2011², 273
PERREGAUX ALLISSON, B. : 2000², 300
PERRIN, M. : 1996¹, 122
PERRIN, M.-Y. : 2011³, 473
PERRONI, M. : 1998², 102
PERROT, Ch. : 2000², 306
PERROUSSEAUX, Y. : 2006⁴, 555
PERRU, O. : 2007¹, 85
PERRY, P. S. : 2010³, 438
PERSON, R. F. : 2012³, 487
PÉRY, A. : 1998¹, 113
PESANT, M. : 2005³, 447
PESCE, M. : 2017⁴, 573
PESTHY-SIMON, M. : 2013⁴, 557
PETERS, A. : 1996³, 360
PETERS, D. M. : 2010¹, 126
PETERS, F. E. : 2006⁴, 583
PETERSON, B. N. : 2017⁴, 586

Petit, F. : 2007³, 367
Petit, Th. : 2015⁴, 463
Pétrarque : 1999³, 388
Petris, L. : 2003³, 377
Petrosino, S. : 2009¹, 116
Pétrossian, L. : 2012⁴, 658
Pezzoli-Olgiati, D. : 2011⁴, 607 ; 2012², 303
Pfaffen, M.-C. : 2007³, 374
Pfefferkorn, O. : 2005³, 465
Pfefferl, H. : 2012⁴, 677 ; 2013⁴, 588 ; 2014⁴, 477
Pfeiffer, H. : 2010³, 382
Pfeiffer, M. : 2006³, 442
Pfeil, U. : 2006⁴, 572
Pfister, R. : 1997³, 377 ; 1998⁴, 485
Pfleiderer, G. : 2003¹, 120 ; 2009², 217
Phenix, R. R. : 2010¹, 82
Philip, F. : 2006³, 434
Philip, M. : 2012³, 539
Philon d'Alexandrie : 2013³, 439
Philon (Pseudo) : 2001², 224
Philonenko, M. : 1996³, 382 ; 2001², 243
Philostorge : 2016⁴, 469
Philostrate : 2006³, 447
Pian, Ch. : 2011¹, 135
Picard, J.-C. : 2001², 225
Pichaud, J.-C. : 2014¹, 92
Pickstock, C. : 2000⁴, 569
Picon, R. : 2007¹, 101 ; 2008¹, 120 ; 2010², 285 ; 2014², 220
Pieper, N. : 2011¹, 140
Pierce, Ch. T. : 2012³, 544
Pieri, F. : 2010³, 450
Pierrard, P. : 1998⁴, 481 ; 2000⁴, 567
Pierrat-Bonnefois, G. : 2006², 285
Pierre, M.-J. : 2004³, 340
Pierre Chrysologue : 2006³, 465 ; 2009⁴, 573
Pierre Damien : 2005⁴, 579
Pierre de Cava : 1999³, 377 ; 2001³, 360
Pierre de Tarentaise : 2003³, 368
Pierre Fourier : 1998¹, 93
Pierron, J.-Ph. : 2019³, 425
Pietersma, A. : 1996², 242
Pietri, Ch. : 2000³, 422 ; 2001³, 346
Pietri, L. : 2000³, 422 ; 2001³, 336, 346 ; 2007³, 366 ; 2015⁴, 484
Pietrogiovanna, M. : 2007¹, 84
Pietrzyk, Z. : 2007⁴, 488
Pietsch, M. : 2005², 312
Pigasse, N. : 2000⁴, 567
Pigeaud, O. : 1998¹, 105
Pigler, A. : 2005³, 472
Pilch, J. J. : 2010³, 424
Pilhofer, P. : 2001², 236 ; 2001⁴, 462 ; 2003², 234
Pinchard, B. : 2001¹, 111
Pinckaers, S. : 2001³, 362 ; 2003³, 358
Pinto, A. C. : 2009¹, 80
Piny, A. : 2001⁴, 473
Piovanelli, P. : 2016⁴, 461
Piper, H. Ch. : 1999⁴, 539

Piqué, N. : 2000⁴, 541
Pirart, É. : 2007⁴, 505
Piret, P. : 2011¹, 110
Piron, S. : 2000³, 446
Piskiewicz, P. : 1999³, 380
Pitard, W. T. : 2011², 283 ; 2014³, 319
Pitre, B. : 2006³, 417
Pizzuto, V. A. : 2008³, 383
Planchart, A. E. : 2014¹, 83
Plantinga, R. J. : 2011², 225
Plasger, G. : 2006⁴, 539 ; 2011⁴, 594
Plazanet-Siarri, N. : 1997³, 345
Plewa, A. : 1996², 245
Plongeron, B. : 1998⁴, 477
Plotin : 2000³, 420-421 ; 2005³, 471-472 ; 2007³, 340 ; 2008³, 387 ; 2009³, 433 ; 2010³, 449
Plummer, M. E. : 2015⁴, 497
Plüss, D. : 2008², 189 ; 2010², 290 ; 2011², 262 ; 2012², 362 ; 2013², 294, 309 ; 2017², 299
Poché, F. : 2008², 208 ; 2010², 267 ; 2019³, 435
Podselver, L. : 2007¹, 76
Poeschke, J. : 2011¹, 113
Pohlmann, K.-F. : 2009³, 371
Poinsotte, J.-M. : 2002⁴, 460
Poiret, P. : 1998³, 384 ; 2005⁴, 616
Poirier, M. : 2000³, 420 ; 2007³, 355 ; 2009⁴, 556
Poirier, P.-H. : 2007³, 354 ; 2008³, 409
Poirson-Dechonne, M. : 2013², 252
Pokorný, P. : 1999², 270 ; 1999⁴, 496
Polanco Fermandois, R. : 2000³, 418
Poletti, R. : 2014², 221
Politis, H. : 2007¹, 90
Pollefeyt, D. : 2011³, 432 ; 2013², 317 ; 2015³, 397
Pompe, H.-H. : 2016², 202
Ponga, S. : 2009², 199
Pongratz-Leisten, B. : 2001², 209
Ponnou-Delaffon, A.-M. : 2009², 199
Popkes, E. E. : 2006³, 427 ; 2015³, 364 ; 2017⁴, 569
Poplutz, U. : 2011³, 447
Popović, M. : 2011³, 400
Popovitch, J. : 1997¹, 89 ; 1998⁴, 490 ; 1999³, 371
Porée, J. : 2011¹, 130 ; 2018¹, 98
Porrer, Sh. M. : 2011⁴, 582
Porter, J. R. : 1997², 196
Porter, M. : 2002², 199
Porter, S. E. : 1998², 100 ; 2003², 258 ; 2009³, 389, 414 ; 2010³, 428-429 ; 2012³, 519, 533 ; 2013³, 454 ; 2014³, 370
Porter, W. J. : 2009³, 389
Portier, L. : 1996³, 350
Portier-Young, A. E. : 2012³, 495
Porzig, P. : 2014³, 330
Possenti, V. : 2003³, 394
Post, P. : 2012², 349
Postel, C. : 2005⁴, 596
Postel, G. : 1996³, 373
Potel, J. : 2003⁴, 496
Potin, J. : 2004⁴, 482
Poton, D. : 2011⁴, 596
Pott, Th. : 2019³, 455

PÖTTERING, H.-G. : 2014², 196
POTTIER, B. : 2009⁴, 561 ; 2012⁴, 649
POTTMEYER, H. J. : 2002⁴, 491
POUDERON, B. : 1998³, 340 ; 2004³, 340 ; 2006³,
    454 ; 2009³, 439 ; 2010³, 454 ; 2012⁴, 634 ;
    2013⁴, 561
POUEY-MOUNOU, A.-P. : 2013⁴, 585
POUILLARD, C. : 1996³, 375
POUIVET, R. : 2012², 327
POUJOL, J. : 1996¹, 99
POULAT, É. : 1998⁴, 481
POULET, F. : 2019³, 435
POUPARD, P. : 1996¹, 122
POUPIN, R. : 2002³, 356-357
POURTALÈS, Y. de : 2002⁴, 477
POUSSOU, J.-P. : 2005⁴, 607
POUZET, L. : 2001², 204
POWERS, D. S. : 2014⁴, 493
PRADEAU, J.-F. : 2012², 313
PRALON, D. : 2004⁴, 479
PRATESI, M. : 1998³, 357
PRATSCHER, W. : 2008⁴, 496
PREBISH, Ch. S. : 2011¹, 93
PREDAL, R. : 1996⁴, 460
PREISWERK, M. : 1996¹, 102
PRÉMARE, A.-L. de : 2004⁴, 485
PRÉVOTAT, J. : 2007⁴, 495
PRICE, S. : 2007³, 339
PRIETO, Ch. : 2016³, 339
PRIEUR, A. : 1999⁴, 495
PRIEUR, J.-M. : 2003⁴, 507 ; 2005⁴, 615 ; 2008⁴,
    557 ; 2009³, 445
PRIGENT, P. : 1996², 248 ; 1998¹, 128 ; 2001², 245 ;
    2002³, 380-381 ; 2010², 301 ; 2015³, 380
PRINTY, M. : 2008⁴, 539
PRINZIVALLI, E. : 1998³, 345
PROSPER D'AQUITAINE : 1996³, 342
PROUST, J. : 1998³, 383
PRZYREMBEL, A. : 2005⁴, 612
PUCHTA, A. : 2001², 246
PUECH, V. : 2012⁴, 646
PUJADE-RENAUD, C. : 2017², 289
PUJIULA, M. : 2007³, 352
PUMMER, R. : 2004², 226 ; 2010³, 405
PUNT, J. : 2016³, 349
PURDY, V. L. : 2011¹, 136
PURY, A. de : 1998², 92
PURY, R. de : 2011⁴, 600
PUTALLAZ, F.-X. : 1996³, 349 ; 2001³, 364
PUTTER, É. de : 2012², 309
PYE, M. : 2006⁴, 581
PYPER, H. S. : 2014², 227
PYYSIÄINEN, I. : 2009³, 381
QADRI, J.-Ph. : 2019³, 427
QUACK, J. F. : 2014³, 324
QUANTIN, J. L. : 2002³, 337
QUÉNARDEL, O. : 1999³, 386
QUÉRÉ, F. : 1996¹, 121
QUESNEL, M. : 2001², 231
QUESNEL, S. : 1998³, 362

RAATZ, G. : 2017², 302
RABIER, L. : 2014¹, 83
RACHET, G. : 2000², 284
RACINE, J.-F. : 2013⁴, 558
RACINE, P. : 2006⁴, 569
RAGAZZINI, L. : 2007⁴, 488
RAHDEN, T. van : 2001⁴, 480
RAHN, M. : 2011², 262
RAIOLA, M. : 2008⁴, 534
RAISER, K. : 2006², 265
RAJAK, T. : 2012³, 491
RAKE, M. : 2007², 207
RAKOTOHARINTSIFA, A. : 1999⁴, 506
RAMADAN, T. : 2007⁴, 501
RAMBAUD, P. : 2004³, 364
RAMEIX, S. : 1997¹, 98
RAMÍREZ KIDD, J. E. : 2001², 213
RAMOND, S. : 2007², 209 ; 2008², 240
RANFF, V. : 2002³, 358
RANGER, T. : 2007³, 334
RANKIN, D. : 2010³, 448
RANZATO SANTIN, F. : 2000⁴, 556
RAPHAËL, F. : 2010¹, 129
RAPP, F. : 2001³, 359 ; 2006⁴, 539
RAPP, U. : 2004², 213
RAQUET, S. : 1999⁴, 544
RASCHER, A. : 2008³, 384
RASCHZOK, K. : 2013², 315
RASHED, R. : 2011¹, 103
RASTOIN, M. : 2005³, 461
RATTMANN, A. : 2007³, 358
RATZINGER, J. : 2007¹, 123 ; 2009², 202 ; 2010²,
    284 ; 2011¹, 132
RATZMANN, W. : 2014², 218
RAU, A. : 2016¹, 85
RAUSKY, F. : 2014², 210
RAYMOND LULLE : 1999³, 387 ; 2007⁴, 470
RAYNAUD, P. : 2009¹, 115
REA, M. C. : 2014³, 326
READ-HEIMERDINGER, J. : 2016³, 342
REBILLARD, É. : 2016⁴, 465
REDALIÉ, Y. : 1997², 228 ; 2012³, 538
REDEKER, M.-Ch. : 2013², 276
REEVES, J. C. : 2019⁴, 550
REGENBOGEN, A. : 2015¹, 108
REGEV, E. : 2008³, 341
REGNAULT, L. : 1999³, 376 ; 2001³, 354 ; 2003³,
    361
REICH, R. : 2006², 284
REIN, M. : 1997², 215
REINHARD, K. : 2002⁴, 511
REINHARDT, K. : 2013⁴, 577
REINHART, A. K. : 2016¹, 78
REINHARTZ, A. : 2009³, 378
REINHOLD, M. : 1998², 103
REINHUBER, Th. : 2001³, 374
REINMUTH, E. : 1997², 239 ; 2011³, 420
REISER, M. : 2009², 248
REITERER, F. V. : 1998², 97 ; 2008², 249 ; 2010³,
    395

Remaud, O. : 2013[2], 288
Rémi d'Auxerre : 2001[3], 359
Renaud, B. : 1999[2], 251 ; 2008[2], 230
Renaudet, A. : 1999[3], 395
Rendtdorff, T. : 2000[4], 554
Renoux, Ch. : 2012[4], 651
Reppenhagen, M. : 2011[2], 253
Resnick, I. M. : 2005[4], 579
Resweber, J.-P. : 2010[2], 245
Rétat, C. : 2010[1], 125
Reucher, A. : 2012[2], 350
Reuchlin, J. : 2001[3], 368 ; 2004[3], 350
Reutter, U. : 2010[4], 554
Revault d'Allonnes, M. : 2019[3], 433
Revelli, M. V. : 2005[4], 588
Reventlow, H. G. : 2012[4], 624
Rey, A.-L. : 1999[3], 378
Rey, J.-S. : 2008[2], 254 ; 2010[3], 400 ; 2015[3], 371
Reydellet, M. : 1996[3], 343
Reyff, S. de : 1998[3], 371 ; 1999[3], 418
Reymond, B. : 1996[4], 466 ; 1999[4], 532 ; 2003[1], 124 ; 2008[1], 120 ; 2009[2], 206 ; 2010[1], 154 ; 2011[1], 125
Reynier, Ch. : 2009[3], 413 ; 2010[3], 427 ; 2013[3], 458
Rhétoré, J. : 2006[4], 567
Riaud, J. : 2009[2], 244 ; 2011[2], 281 ; 2018[3], 342
Ribbens, B. J. : 2018[3], 365
Riccardi, A. : 1997[1], 123 ; 1999[3], 427
Rich, A. D. : 2008[4], 507
Richard, F. : 2004[3], 339 ; 2011[2], 199
Richard, J. : 2001[3], 360
Richard, M.-E. : 1996[3], 374
Richard, N. : 2016[3], 339
Richard de Saint-Victor : 1998[3], 366 ; 2013[4], 574
Richards, K. H. : 2013[3], 453
Richards, W. A. : 2004[4], 517
Richardt, A. : 2001[4], 475
Riché, P. : 2004[3], 345 ; 2016[4], 472
Richter, H. A. : 2020[3], 442
Richter, M. : 2003[3], 380
Richter, S. : 1997[3], 342
Ricœur, P. : 1999[2], 225 ; 2003[2], 209 ; 2010[2], 233-234, 299 ; 2014[1], 103 ; 2014[3], 356 ; 2016[1], 97 ; 2017[2], 285, 290 ; 2018[1], 97
Ricolleau, M. : 2009[2], 266
Riecke, J. : 2005[3], 465
Riedel, F. W. : 2012[2], 311
Riedinger, R. : 2000[3], 436
Riedo-Emmenegger, Ch. : 2006[3], 416
Riedweg, Ch. : 2004[1], 103 ; 2007[1], 86 ; 2009[2], 245 ; 2012[4], 628
Rieger, H.-M. : 2011[2], 226
Riegner, I. E. : 2011[2], 270
Riemeyer, J. : 2003[1], 129
Ries, J. : 2012[4], 685
Riesner, R. : 1997[2], 219
Rigoni, I. : 2014[2], 208
Ring, Th. G. : 2002[4], 461
Ringleben, J. : 2011[4], 585

Rinuy, P.-L. : 2015[1], 101
Rippin, A. : 2010[1], 129 ; 2011[1], 97
Risch, F. X. : 2009[4], 565
Ritter, A. M. : 2000[3], 412 ; 2006[3], 448
Rius-Camps, J. : 2016[3], 342
Rivera, A. : 2012[2], 353
Rivero, M. : 2018[3], 347
Rizzi, M. : 2011[4], 556
Roald, A. S. : 2013[4], 615
Robbins, C. M. : 2008[3], 364
Robbins, M. M. : 2012[4], 640
Roberge, M. : 2012[4], 639
Robert, M.-H. : 2011[3], 439
Robert, Ph. de : 1998[2], 115 ; 1999[2], 275 ; 2000[2], 322 ; 2001[4], 491 ; 2003[2], 259 ; 2003[4], 506 ; 2004[3], 371 ; 2010[3], 461 ; 2017[3], 492-494
Robertet, J. : 2003[3], 371
Roberto, U. : 2008[4], 502
Roberts, J. J. M. : 2004[2], 204
Roberts, K. L. : 2006[2], 288
Robertson, J. M. : 2009[4], 557
Robinet, A. : 1997[4], 468
Robinet, I. : 1996[1], 118-119
Robinson, Ch. F. : 2006[1], 152
Robinson, J. : 2007[1], 111
Robinson, J. M. : 2002[2], 228 ; 2006[3], 419
Roch, Ph. : 2011[2], 234 ; 2013[2], 259
Rochais, H. : 1998[3], 367 ; 2002[3], 353
Rochat, V. : 2013[2], 298
Rochat de la Vallée, É. : 1996[1], 118 ; 2007[1], 80
Rochefort, I. : 2001[4], 472
Rochester, S. T. : 2012[3], 525
Röcker, F. W. : 2010[3], 433
Roddy, N. : 2014[3], 324
Rodin, D. : 2009[2], 214
Roedenbeck-Wachsmann, P. : 2013[2], 311
Rogerson, J. W. : 2007[2], 189
Roggelin, H. : 2000[4], 566
Rognon, F. : 2008[2], 257-258 ; 2009[1], 126 ; 2010[3], 462 ; 2010[4], 589 ; 2011[3], 477-478 ; 2012[2], 369 ; 2014[2], 236-237 ; 2014[4], 500-501 ; 2016[1], 108 ; 2016[3], 361 ; 2017[2], 310-311 ; 2018[1], 110-112 ; 2020[3], 456
Rohmer, C. : 2019[3], 453
Rohner-Hégé, P. : 2006[1], 164
Röhser, G. : 1997[2], 206
Rolin, P. : 2002[2], 233
Roll, S. : 1999[4], 527
Rölli, M. : 2011[2], 257
Roloff, H.-G. : 2001[3], 368
Romanens, M. : 2002[4], 514
Romer, J. : 1997[2], 196
Römer, Th. : 1997[2], 195 ; 1998[2], 85, 92 ; 2000[2], 300 ; 2001[2], 219 ; 2002[2], 203 ; 2007[2], 192 ; 2008[2], 212, 235, 244 ; 2009[2], 264, 267 ; 2014[3], 323 ; 2016[4], 455 ; 2018[4], 463
Romey, G. : 2006[2], 275
Roose, H. : 2013[2], 304
Roquefort, D. : 2003[1], 128 ; 2010[2], 288

RORDORF, B. : 2006², 258; 2017², 310
ROSATI, M. : 2011², 249
ROSE, Ch. : 1997², 231
ROSE, E. : 2010⁴, 568
ROSE, M. : 2000², 300
RÖSEL, H. N. : 2000², 296
RÖSEL, M. : 2009², 257
ROSENBLUM, J. D. : 2017⁴, 604
ROSENQVIST, J. O. : 2008⁴, 523
ROSENSTIEHL, J.-M. : 2006³, 453
ROSNER, B. S. : 2012³, 533
ROSS, K. R. : 2011¹, 96
ROSSI-OSMIDA, G. : 2003², 217
ROST, M. : 2013², 315
ROTEN, Ph. de : 2007³, 363
ROTH, D. : 2011⁴, 582
ROTH, D. T. : 2015³, 379; 2016⁴, 458
ROTH, E. : 2008², 195
ROTH, M. T. : 1998², 79
ROTH, S. J. : 1999⁴, 495
ROTHAUS, R. M. : 2002³, 345
ROTHER, U. : 2002⁴, 456
ROTHGANGEL, M. : 2017², 302
ROTHKEGEL, M. : 2006⁴, 546
ROTHSCHILD, C. K. : 2006³, 424; 2010³, 423,
    436; 2015⁴, 478
ROTHSCHILD, J.-P. : 2014⁴, 482
ROTHSTEIN, M. : 2013², 289
RÖTTGERS, K. : 2011¹, 128
ROTZETTER, A. : 2009², 236
ROUGÉ, J. : 2006³, 464; 2010⁴, 564
ROUILLARD, Ph. : 1997¹, 106; 2004¹, 119
ROUKEMA, R. : 2007², 199; 2011⁴, 550; 2017⁴, 602
ROULET, J. de : 2001², 224
ROUSSEAU, A. : 1998³, 343; 2005³, 473; 2009⁴,
    561
ROUSSEAU, J.-J. : 2013², 256; 2016¹, 95
ROUSSEAU, Ph. : 2009³, 435
ROUSSEL, B. : 2009⁴, 536
ROUSSE-LACORDAIRE, J. : 2012⁴, 686
ROUSSELET, K. : 2001⁴, 493
ROUTHIER, G. : 1998⁴, 488; 2008¹, 99; 2009², 205
ROWE, C. K. : 2007³, 323
RÖWEKAMP, G. : 1997³, 344
ROWLAND, Ch. : 2010³, 406; 2012², 303
ROY, A. : 2011², 301; 2018³, 373
ROY, O. : 2009², 217
RUBBOLI, M. : 1998⁴, 471
RUBENS, P. : 2007¹, 75
RUCKSTUHL, E. : 1996², 237
RUCQUOI, A. : 2003³, 351
RUDHARDT, J. : 2002⁴, 501
RUDNIG, Th. A. : 2007², 209
RUDNIG-ZELT, S. : 2017⁴, 560
RUEF, M. : 2015², 228
RÜEGGER, H. : 2007¹, 118
RUELLO, F. : 1996³, 348; 1997³, 350
RUEL ROBINS, M. : 1997³, 366
RUFIN D'AQUILÉE : 2002⁴, 463
RUITEN, J. T. A. G. M. van : 2002², 209

RUMMEL, E. : 2006⁴, 547; 2016⁴, 480
RUNESSON, A. : 2009¹, 92; 2012³, 524; 2014³, 337
RUOLT, A. : 2013⁴, 595; 2016², 211
RUPP, H. : 2014², 215
RUPSCHUS, N. : 2018³, 343
RUSSELL, B. : 1998⁴, 489
RUSSELL, B. D. : 2007², 204
RUST, U. : 2016², 212
RUTGERS, L. V. : 2011⁴, 574
RUTGERS-CARDIS, J. : 2008², 201; 2011², 239
RUWE, A. : 2001², 214
RYÁD, U. : 2012², 297
RYAN, S. D. : 2007², 210
RYBA, B. : 2007³, 380
RYSSEL, I. : 2001¹, 94
SABBAH, G. : 1998³, 359; 2000³, 424; 2006³,
    463; 2010⁴, 563; 2012³, 657; 2016⁴, 469
SABOROWSKI, M. : 2011², 257
SACCHI, P. : 2001², 223
SACHOT, M. : 1999², 273; 2008³, 392
SADEGHI, B. : 2012⁴, 691; 2014⁴, 496; 2016⁴, 493
SÆBØ, M. : 1998², 84; 2001³, 358
SAFFREY, H. D. : 2004³, 352
SAFRAN, A. : 1998⁴, 469
SAFRAN, L. : 2008⁴, 504
SAGEMAN, M. : 2006¹, 163
SAGHI, O. : 2012³, 293
SAGNOL, M. : 2004¹, 108
SAÏD, S. : 2000², 292; 2011⁴, 604
SAINT-MARTIN, I. : 2013², 252; 2015¹, 100
SAINT-ROCH, P. : 1997¹, 110
SAINT-SERNIN, B. : 2010², 240
SAITTA, E. : 2014², 208
SALA, S. : 2014¹, 91
SALADIN, J.-Ch. : 2005⁴, 585
SALAMITO, J.-M. : 2012⁴, 643
SALEH, W. A. : 2010¹, 148
SALETTE, A. de : 2014¹, 83
SALIÈGE, J.-G. : 2011¹, 88
SALIER, W. H. : 2005³, 453
SALLMANN, M. : 2000³, 458; 2002³, 335; 2013⁴,
    599; 2015⁴, 501
SALMANN, E. : 1998², 102
SALS, U. : 2005⁵, 427
SALTER, E. : 2008⁴, 538
SALVAING, B. : 1998¹, 117
SALZER, J. : 2010², 239
SAMSON, C. M. : 2009², 225
SAMUEL-SCHEYDER, M. : 1996³, 355
SAMUELSSON, G. : 2012⁴, 629
SANCHEZ, S. J. G. : 2010⁴, 556
SANDER, R. : 2011², 269
SANDNES, K. O. : 2010³, 441; 2019⁴, 579
SANDYS-WUNSCH, J. : 2006², 287
SÄNGER, D. : 2007², 222; 2008³, 379; 2014³,
    374; 2018³, 368
SANTELLI, E. : 2013², 291
SANTOS, D. M. : 2011⁴, 557
SAPIN, J. : 2001², 211
SARASIN, S. : 2013³, 423

SATAKE, A. : 2009[3], 428
SATTLER, D. : 2009[2], 207
SAUERBREY, A. : 2013[4], 580
SAULNIER, S. : 2013[3], 446
SAUR, M. : 2005[2], 316; 2009[3], 372
SAUSSURE, Th. de : 1998[1], 118
SAUTER, G. : 2008[1], 101
SAVY, P. : 2016[4], 477
SAWCHUK, D. : 2007[1], 114
SAWYER, D. F. : 2011[2], 265
SAXER, E. : 2020[3], 419
SAXER, V. : 2003[3], 367
SAYYĀRĪ, A. b. M. al- : 2011[1], 104
SCARPI, P. : 2005[4], 598
SCATENA, S. : 2009[2], 234
SCHAAFSMA, P. : 2008[1], 96
SCHADE, G. : 1999[3], 422
SCHAEFER, P. : 2014[1], 94
SCHAEFFLER, R. : 2004[1], 120
SCHÄFER, A. : 2003[3], 355
SCHÄFER, Ch. : 2010[4], 551
SCHÄFER, P. : 2003[3], 356; 2004[2], 224; 2006[3], 404; 2011[3], 424; 2012[3], 513; 2014[3], 350; 2015[3], 376; 2016[3], 331
SCHÄFER-LICHTENBERGER, Ch. : 2012[3], 480
SCHALLER, B. : 2012[4], 702
SCHAPER, J. : 1996[2], 227; 2001[2], 212; 2010[3], 380
SCHARER, M. : 2001[1], 95
SCHATTNER-RIESER, U. : 1999[2], 238; 2005[3], 430
SCHAUB, J.-F. : 2013[2], 288
SCHAUER, E. J. : 2017[3], 482
SCHAUER, M. : 2001[3], 333
SCHÄUFELE, W.-F. : 2007[4], 469
SCHECK, Th. P. : 2002[4], 459
SCHEEL, J. : 2016[1], 85
SCHEIBLE, H. : 1996[3], 366-367; 1999[3], 406; 2004[3], 360; 2005[4], 588; 2010[1], 100
SCHEIDECKER, M. : 2005[4], 605
SCHEIDEGGER, Ch. : 2008[4], 547
SCHEIDHAUER, M. : 1996[4], 448; 2001[1], 88
SCHEIDLER, M. : 2013[2], 299
SCHEILKE, Ch. Th. : 2004[1], 124
SCHELL, S. : 1998[1], 105
SCHENKE, H.-M. : 2008[3], 410
SCHENKER, A. : 2005[2], 313; 2007[2], 210; 2008[2], 217
SCHEUER, B. : 2010[3], 391
SCHEUNEMANN, J. : 2011[4], 603
SCHIBILSKY, M. : 2001[1], 82
SCHIBLER, G. : 2003[1], 127
SCHIEDER, M. : 2018[1], 87
SCHIFFMAN, L. H. : 2009[3], 377; 2011[3], 413
SCHILLER, J. : 2004[2], 213
SCHILLING, H. : 2014[4], 465
SCHILLING, J. : 1999[3], 409; 2004[3], 359
SCHILLINGS, J. : 2006[4], 562
SCHILSON, A. : 2001[1], 85
SCHIMANOWSKI, G. : 2003[2], 257
SCHINDLER, A. : 1996[3], 353, 372; 1999[3], 393; 2002[3], 365

SCHINDLING, A. : 2015[4], 498
SCHLAG, Th. : 2014[1], 116; 2016[2], 201, 210
SCHLANGE-SCHÖNINGEN, H. : 2010[4], 558
SCHLEGEL, J. : 2014[3], 363
SCHLEGEL, Th. : 2015[2], 234
SCHLEIERMACHER, F. D. E. : 1998[4], 493; 2013[2], 271; 2014[1], 114
SCHLERITT, F. : 2008[3], 374; 2012[3], 536
SCHLICHT, M. : 1996[3], 361
SCHLINGENSIEPEN, F. : 2006[4], 575
SCHLINK, E. : 2009[2], 207
SCHLOSSER, J. : 2005[3], 463; 2007[2], 224; 2012[3], 543
SCHLOTHEUBER, E. : 2020[3], 405
SCHLUMBERGER, L. : 2006[2], 255; 2018[2], 205
SCHMANDT-BESSERAT, D. : 1999[2], 242
SCHMEITZNER, M. : 2011[1], 85
SCHMID, H. H. : 2002[2], 203
SCHMID, K. : 2006[2], 288; 2007[2], 197; 2008[2], 234; 2009[2], 245, 259, 264; 2013[3], 433
SCHMID, M. : 2003[1], 136
SCHMID, V. : 2009[4], 543
SCHMIDT, A. : 2009[4], 545
SCHMIDT, E. D. : 2011[3], 468
SCHMIDT, F. : 1997[2], 234
SCHMIDT, H. : 2000[4], 557
SCHMIDT, L. : 1999[2], 239
SCHMIDT, M. : 1999[3], 366
SCHMIDT, U. : 2010[3], 383
SCHMIDT, W. H. : 2008[2], 246
SCHMIDTKE, S. : 2014[4], 490
SCHMIDT-LAUBER, H.-Ch. : 1996[2], 246
SCHMIEDER, F. : 2010[1], 124
SCHMITT, Ch. : 2001[1], 95
SCHMITT, R. : 2005[2], 314
SCHMITT, Y. : 2017[2], 288
SCHMITZ, F. : 2014[4], 483
SCHNABEL, E. J. : 2013[3], 454; 2016[3], 341
SCHNABEL-SCHÜLE, H. : 2018[4], 484
SCHNAPPER, D. : 2010[1], 129
SCHNEIDER, N. : 2013[2], 251
SCHNEIDER-FLUME, G. : 2015[2], 217
SCHNEIDER-HARPRECHT, Ch. : 2003[1], 126
SCHNEIDER-LUDORFF, G. : 2011[4], 601
SCHNELLE, U. : 2004[4], 513; 2005[3], 449; 2011[3], 463; 2017[4], 587
SCHNEPPER, A. E. : 2015[2], 236
SCHNERB, B. : 2020[3], 407
SCHNETZLER, J.-P. : 1999[4], 539
SCHNEUWLY PURDIE, M. : 2011[1], 105
SCHNIERINGER, H. : 2005[2], 317
SCHNIEWIND, A. : 2008[3], 387
SCHOEN, U. : 1997[4], 488
SCHOFIELD, Ph. : 2001[1], 113
SCHOLER, D. M. : 2010[3], 445
SCHOLL, M. C. : 2011[1], 119
SCHOLL, R. : 2003[2], 220
SCHOLL, S. : 2011[2], 240; 2015[2], 224
SCHOLTISSEK, K. : 2001[4], 455
SCHOLZ, S. : 2013[4], 582

SCHOORS, A. : 2000[2], 302
SCHORCH, S. : 2008[2], 222
SCHORI, K. : 1999[4], 538
SCHORN, U. : 2007[2], 199
SCHOTTROFF, L. : 2008[1], 123
SCHOWALTER, D. N. : 2011[3], 465 ; 2015[3], 395
SCHRECKENBERG, H. : 1996[2], 244
SCHREIBER, S. : 2001[2], 222 ; 2004[1], 120
SCHREINER, P. : 2004[1], 124
SCHRENCK, G. : 2006[4], 554 ; 2007[4], 486
SCHRÖDER, B. : 2010[2], 269 ; 2013[2], 300
SCHRÖDER, B.-J. : 2008[4], 516
SCHROEDER, J. A. : 2016[4], 444
SCHROER, S. : 2006[2], 282 ; 2012[3], 475 ; 2015[4], 465
SCHROETER-WITTKE, H. : 2016[2], 194
SCHRÖTER, J. : 2006[3], 411, 442 ; 2008[3], 362 ;
    2010[3], 423 ; 2011[3], 446 ; 2014[3], 353 ; 2015[4],
    478 ; 2018[3], 348 ; 2019[4], 561
SCHUBERT, K. : 1996[2], 244
SCHUCHARDT, R. M. : 2013[2], 261
SCHÜLE, A. : 2006[2], 288
SCHULLER, E. : 2012[3], 501 ; 2014[3], 337
SCHULTE, L. L. : 2011[3], 416
SCHULTHEISS, T. : 2013[3], 465
SCHULZ, F. : 1996[3], 360
SCHULZ-FLÜGEL, E. : 1998[3], 343
SCHUPPENER, F. : 2006[2], 274
SCHÜSSLER, W. : 1997[4], 485
SCHUTZ, J. L. : 2002[3], 360
SCHÜZ, P. : 2014[1], 96
SCHWAB, U. : 2003[1], 119
SCHWAETZER, H. : 2013[4], 577
SCHWAIGER, B. : 1998[1], 122
SCHWALLY, F. : 2014[4], 488
SCHWARTZ, D. R. : 2008[2], 250 ; 2009[3], 382 ; 2010[3],
    401 ; 2014[3], 349
SCHWARTZ, E. : 1998[3], 357
SCHWARZ, H. : 2010[2], 259
SCHWARZ, R. : 2017[3], 471
SCHWARZFUCHS, S. : 2006[4], 534
SCHWEBEL, H. : 2003[4], 490 ; 2012[2], 308
SCHWEID, E. : 2009[1], 94
SCHWEITZER, A. : 1997[2], 199 ; 1998[1], 109 ; 2002[3],
    381 ; 2002[4], 488 ; 2010[1], 117 ; 2012[4], 682
SCHWEITZER, F. : 2011[4], 591 ; 2013[2], 312 ; 2014[2],
    217
SCHWEMER, A. M. : 1997[2], 238, 240 ; 1997[3],
    339 ; 1999[4], 501, 516 ; 2001[2], 243 ; 2002[2],
    232 ; 2008[3], 358
SCHWEMER, D. : 2004[2], 208 ; 2014[3], 322
SCHWIER, H. : 2008[1], 118
SCHWINDT, R. : 2003[2], 255
SCHWINGES, R. Ch. : 2007[3], 374
SCIULLI, D. : 2012[2], 355
SCOLA, A. : 2000[4], 568
SCOLAS, P. : 2001[1], 127 ; 2012[2], 332
SCOPELLO, M. : 2009[4], 553 ; 2012[4], 634
SCYMNOS (PSEUDO) : 2001[3], 336
SEBTI, M. : 2001[1], 107
SEDDIK, Y. : 2006[1], 153

SEDULIUS : 1997[1], 115 ; 2016[4], 467
SEEBASS, G. : 1996[3], 360
SEELIGMANN, I. L. : 2005[2], 312
SÉGAL, A. : 1997[2], 197
SÉGUIN, M. S. : 2002[3], 379
SEIDEL, J. : 2003[2], 214
SEIDEL MENCHI, S. : 1997[3], 367
SEIDL, E. : 2011[4], 591
SEIFRID, M. : 2002[2], 208 ; 2005[3], 457
SEIM, T. K. : 2010[3], 409
SEKINE, S. : 1999[2], 239
SEKULOVSKI, G. : 2019[3], 454-455
SELDERHUIS, H. J. : 2005[4], 590-591 ; 2006[4], 548 ;
    2007[4], 478 ; 2009[4], 539 ; 2011[4], 594
SELINGER, R. : 1996[3], 335
SELLIN, G. : 2009[3], 422 ; 2011[3], 463
SELLNER, H. J. : 2009[3], 406
SÉNÉCHAL, V. : 2010[3], 389
SENNEVILLE-GRAVE, Gh. de : 2000[3], 428
SEO, H.J. : 2019[3], 424
SEOW, Ch.-L. : 2015[4], 472
SEPIÈRE, M.-Ch. : 1996[3], 328
SERVAIS, J. : 1998[1], 107
SERVET, M. : 2005[4], 595 ; 2012[4], 674 ; 2018[4], 491
SERVIER, J. : 1996[1], 109 ; 2002[4], 511
SESBOÜÉ, B. : 2000[3], 425 ; 2002[4], 490 ; 2008[1],
    107 ; 2011[1], 138 ; 2014[2], 195
SESÉ, B. : 2003[3], 378
SETZLER, W. : 2015[4], 498
SÉVÈRE D'ANTIOCHE : 2007[3], 367
SEVRIN, J.-M. : 2017[4], 584
SEYBOLD, K. : 2008[2], 227 ; 2011[2], 299
SFAR, M. : 1999[2], 233 ; 2002[4], 507
SHADID, W. A. R. : 1998[1], 106
SHAHRUR, M. : 2011[1], 105
SHANKS, H. : 2006[2], 284
SHAVIT, Y. : 2009[2], 249 ; 2011[2], 289
SHAW, B. D. : 2012[4], 652
SHE, K. L. : 2012[3], 539
SHECTMAN, S. : 2011[2], 296
SHEHATA, D. : 2002[2], 196
SHEPARD, W. : 2011[4], 613
SHEPHERD, T. : 2013[3], 427
SHERMAN, Ph. M. : 2014[3], 340
SHERWOOD, A. : 2014[3], 368
SHODU, E. L. : 2009[4], 555
SHUM, Sh.-L. : 2003[2], 253
SIBONY, D. : 2006[1], 146 ; 2007[1], 116
SICARD, D. : 2007[1], 116
SICILIANI, J. M. : 2013[2], 308
SIDDIQUI, M. : 2013[4], 618
SIEBENHÜNER, K. : 2015[4], 505
SIEFFER-WIEDERHOLD, N. : 2006[3], 410
SIEGERT, Ch. : 2010[1], 153
SIEGERT, F. : 2001[2], 224
SIEGWALT, G. : 1997[1], 124 ; 2000[2], 321 ; 2004[3],
    381 ; 2005[4], 617 ; 2007[1], 125 ; 2007[4], 508 ;
    2012[4], 703 ; 2014[4], 501 ; 2015[2], 248 ; 2015[4],
    513 ; 2016[2], 217 ; 2017[1], 194 ; 2020[3], 457
SIEMONS, S. : 2004[1], 120

SIEVERNICH, M. : 1996¹, 103 ; 2010², 282
SIFTON, E. : 2015⁴, 511
SIGAL, Ph. : 2008³, 366
SIGGELKOW-BERNER, B. : 2012³, 508
SIGISMUND, M. : 2012³, 491
SIGNORI, G. : 2008⁴, 531
SIIKAVIRTA, S. : 2016³, 353
SILVERMAN, J. M. : 2015⁴, 466
SILVERSTEIN, A. : 2016⁴, 493
SILVERSTEIN, Th. : 1998³, 341
SIM, D. C. : 2018³, 357
SIMARD, D. : 2014¹, 107
SIMOENS, Y. : 2009¹, 108
SIMOJOKI, H. : 2016², 210
SIMON, R. : 1997⁴, 488
SIMON, W. : 2004³, 356 ; 2007², 240 ; 2011⁴, 623 ;
    2012⁴, 671 ; 2014¹, 123
SINAI, N. : 2011¹, 102
SINGER, A. : 2011¹, 106
SINGLES, D. : 1999⁴, 548
SINISCALCO, P. : 2007³, 355
SINTOMER, Y. : 2016², 197
SIRAT, C. : 2010¹, 88
SIRRIYEH, E. : 2002⁴, 509
SISINNO, A. G. : 1999³, 421
SKA, J.-L. : 2007², 190 ; 2009³, 403
SKALI, F. : 2006¹, 159
SKARSAUNE, O. : 2008³, 397
SKOYLES JARKINS, S. K. : 2010⁴, 549
SKUBISZEWSKI, P. : 2001², 207
SKUPIEN DEKENS, C. : 2011⁴, 589
SKYLITZES, J. : 2013⁴, 572
SLENCZKA, R. : 2018⁴, 488
SLINGERLAND, H. D. : 1998³, 337
SMALL, B. C. : 2015³, 398
SMEND, R. : 2005², 312
SMID, M. : 2006⁴, 577
SMIT, P.-B. : 2010³, 415 ; 2014³, 367
SMITH, C. L. : 2012², 358
SMITH, Ch. : 2018², 219
SMITH, J. : 2012³, 490
SMITH, M. S. : 2011², 283 ; 2015⁴, 464
SMITH, T. L. : 2003³, 369
SMITH, W. A. : 2015³, 381
SMOLINSKY, H. : 2005⁴, 598
SMYTH-FLORENTIN, F. : 2010², 287
SNODGRASS, K. R. : 2009³, 401
SOCRATE DE CONSTANTINOPLE : 2006³, 461 ;
    2008⁴, 512
SÖDERBLOM, N. : 2008¹, 112
SOETENS, C. : 1999³, 430
SOGGIN, J. A. : 2006², 286
SOGNO, C. : 2011⁴, 564
SOLÉ, J. : 1998⁴, 472
SOLVI, D. : 2007³, 379
SOMERVILLE, R. : 2004², 241 ; 2006³, 437
SOMMER, A. U. : 2002⁴, 488
SOMMER, B. D. : 2012³, 474
SOMMER, G. : 2002¹, 109
SOMMER, R. : 2003¹, 122

SOMMER, W. : 2011⁴, 601
SOMOS, R. : 2011⁴, 561
SONDAG, G. : 1998¹, 91 ; 2000³, 445
SONEK, K. : 2012³, 478
SONNET, J.-P. : 1999², 254
SOPHRONE DE JÉRUSALEM : 2000³, 435
SORABJI, R. : 2009², 214
SOREL, R. : 1996¹, 110 ; 1997¹, 102 ; 2002⁴, 505
SORENSEN, E. : 2003², 227
SORG, J.-P. : 1998¹, 109 ; 2012⁴, 682
SOROUSH, A. : 2011¹, 107
SÖRRIES, R. : 2007⁴, 507
SOUČEK, J. B. : 1999², 270
SOUCHE-DAGUES, D. : 1997⁴, 471
SOUTER, A. : 2009³, 389
SØVIK, A. O. : 2014², 193
SOZOMÈNE : 1998³, 359 ; 2006³, 463 ; 2010⁴, 563
SPAETH, J. : 2011³, 446
SPANNEUT, M. : 2008⁴, 526
SPECTORSKY, S. A. : 2014⁴, 493
SPENER, Ph. J. : 2005⁴, 603-604 ; 2014⁴, 478
SPENN, M. : 2010², 288
SPEYR, A. von : 1996⁴, 445
SPIDLIK, Th. : 1998³, 350
SPIECKERMANN, H. : 2002², 202 ; 2008², 223 ;
    2010², 292 ; 2011², 287, 291
SPIJKER, W. van't : 2001³, 377
SPINOLA, G. : 2011⁴, 554
SPITTLER, J. E. : 2010³, 446
SPRINKLE, P. M. : 2009³, 385
SPURLING, H. : 2014³, 339
STACKMANN, K. : 1997³, 359
STAECKER, J. : 2010¹, 94
STAM, F. P. van : 2006⁴, 549
STANCATI, C. : 2002³, 378
STANDAERT, F. : 2013², 250
STANDHARTINGER, A. : 2014³, 354
STANLEY, CH. D. : 2010³, 429
STANTON, G. : 2005³, 438
STARBATTY, J. : 2017³, 469
STARENKO, P. : 2008⁴, 539
STATIUS, P. : 2012⁴, 682
STAUBLI, Th. : 2015⁴, 465
STAVROU, M. : 2008⁴, 532 ; 2014⁴, 458
STECK, W. : 2001¹, 82
STEFANIW, B. : 2011⁴, 560
STEFFANN, M. : 2009⁴, 573
STEFFEK, E. : 2004⁴, 505 ; 2011³, 438
STEGMANN, A. : 2018⁴, 482
STEGNER, W. R. : 1999², 260
STEIGER, J. A. : 1999³, 415, 421 ; 2001⁴, 470 ;
    2002³, 372 ; 2003³, 380 ; 2005⁴, 601 ; 2006⁴,
    555 ; 2007², 205 ; 2008⁴, 552 ; 2012³, 483 ;
    2012⁴, 678 ; 2013⁴, 591
STEIGER, R. : 2003³, 381
STEIN, H. J. : 2010³, 426
STEIN, V. A. : 2007², 214
STEINER, R. C. : 2016⁴, 441
STEINIGER, J. : 2008⁴, 545 ; 2013⁴, 584 ; 2017³,
    479 ; 2018⁴, 491

STEINMEIER, A. M. : 2012[3], 465
STEINMETZ, D. C. : 2000[4], 536
STEINSALTZ, A. : 2000[2], 318 ; 2004[4], 485
STEINWEDE, D. : 2001[1], 94
STEMBERGER, G. : 2008[3], 396
STENGER, J. : 2010[4], 557
STENGERS, I. : 2003[3], 385
STENS, O. : 2008[2], 198
STEPHENS, M. B. : 2012[3], 545
STEPHENS, P. : 1999[3], 401
STERCK-DEGUELDRE, J.-P. : 2005[3], 456 ; 2013[2], 303
STERN, F. : 2015[4], 511
STERN, P. : 2012[3], 507
STERN, S. : 2013[3], 425
STETTLER, Ch. : 2002[2], 241
STETTLER, H. : 1999[4], 509 ; 2015[3], 391
STEWART, K. J. : 2007[1], 112
STEWART-SYKES, A. : 2010[3], 452
STEYMANS, H. U. : 2007[2], 212 ; 2011[3], 429 ; 2014[3], 319 ; 2016[4], 498
STEYN, G. J. : 2012[3], 540
STICKELBERGER, H. : 2002[3], 365
STIEGLER, B. : 2018[1], 102
STÖBER, K. : 2016[4], 474
STOCK, K. : 2014[2], 193
STOCK, W. J. : 2012[2], 306
STÖCKLIN-KALDEWEY, S. : 2015[4], 483
STOCKMAYER, J. : 2013[2], 317
STÖKL BEN EZRA, D. : 2004[2], 230 ; 2012[3], 504
STOLARSKI, G. : 2002[3], 360
STOLT, B. : 2001[3], 372
STOLZ, J. : 2010[2], 270 ; 2011[2], 246 ; 2014[2], 204
STOLZ, L. : 2019[4], 585
STOLZENBERG, J. : 2013[2], 260
STONE, M. E. : 2007[3], 332 ; 2012[3], 505
STORA, B. : 2016[1], 74
STORNE-SENGEL, C. : 2005[4], 609
STORTZ, M. E. : 1999[4], 537
STOVELL, B. M. : 2013[3], 463
STRÄTER, U. : 2014[4], 478
STRAWN, B. A. : 2004[2], 213 ; 2008[3], 340
STRECK, M. P. : 2000[2], 291
STRECKER, G. : 1997[2], 200 ; 2010[3], 444
STRELAN, R. : 1997[2], 226 ; 2009[3], 405
STRICKER, N. : 2004[3], 372 ; 2010[2], 299
STRINE, C. A. : 2016[4], 451
STROHL, H. : 2001[3], 370
STROHM, Ch. : 2001[3], 376 ; 2012[4], 680
STROOBANT DE SAINT-ÉLOY, J.-É. : 2003[3], 368 ; 2013[4], 575
STROUMSA, G. G. : 2018[4], 466
STÜCKELBERGER, J. : 2013[2], 294
STUCKENBRUCK, L. T. : 2008[2], 215 ; 2008[3], 339 ; 2016[3], 334 ; 2017[4], 561, 570
STUCKRAD, K. von : 2009[1], 84
STUHLMAN, B. D. : 2012[4], 655
STURM, J. : 2007[4], 509
STURZO, L. : 1997[1], 119
SUÁREZ, F. : 2001[1], 111 ; 2004[1], 104

SUBILIA, V. : 1997[2], 246
SUBLON, R. : 2008[2], 193
SUCHLA, B. R. : 2010[1], 84
SUERMANN, Th. : 2012[4], 683
SUGIRTHARAJAH, R. S. : 2008[1], 123
SUIRE, É. : 2004[3], 335 ; 2017[4], 609 ; 2018[3], 346
SULPICE SÉVÈRE : 2000[3], 428 ; 2007[3], 365 ; 2015[4], 487
SUNDELIN, L. : 2006[1], 148
SUNDERMEIER, Th. : 2012[2], 307
SUNG, Ch-H. : 1997[2], 207
SUPESTEIJN, P. M. : 2006[1], 148
SUPPLE, J. J. : 2007[4], 486
SURIN, J.-J. : 2008[4], 551 ; 2010[1], 111
SUSMAN, M. : 2004[4], 501
SUSO, H. : 2018[4], 480
SUTTER, J. : 2003[4], 496
SUTTER REHMANN, L. : 2017[4], 568
SWATOS, W. H. : 2015[2], 228
SWINBURNE, R. : 1996[1], 82 ; 2012[2], 327
SYMÉON LE NOUVEAU THÉOLOGIEN : 2006[4], 533
SYNAN, E. A. : 2002[3], 360
SYSLING, H. : 1998[2], 113
TABB, B. J. : 2018[3], 354
TAFT, R. E. : 1997[3], 336
TAISNE, A.-M. : 2015[4], 487
TALANDIER, C. : 1996[1], 107
TALBERT, Ch. H. : 2013[3], 458
TALLON, A. : 2001[3], 383
TAMBAR, K. : 2016[1], 79
TAMER, G. : 2014[4], 492
TANGEN, K. I. : 2013[2], 292
TANNER, K. : 2010[2], 253
TANOÜARN, G. de : 2018[1], 105
TAPIERO, M. : 2012[3], 477
TARDIEU, J. : 2011[3], 476
TARDIEU, M. : 2004[3], 337
TASCHL-ERBER, A. : 2008[3], 375
TASSIN, C. : 2001[2], 231
TATE, W. R. : 2007[2], 190
TAUBMANN, F. : 1999[4], 540
TAUSSIG, H. : 2013[3], 455
TAUSSIG, S. : 2007[4], 503
TAVAGLIONE, N. : 2011[2], 236
TAVENEAUX, R. : 1998[1], 93
TAVIANI-CAROZZI, H. : 2005[3], 490
TAYLOR, Ch. : 2006[4], 581 ; 2009[1], 120
TAYLOR, J. : 1999[2], 265
TAYLOR, M. A. : 2010[2], 277
TAYLOR, M. C. : 2014[1], 95
TCHETVERIKOV, S. : 1998[4], 478
TECKEMEYER, L. : 2013[2], 305
TEISSIER DU CROS, R. : 2000[3], 459
TEIXIDOR, J. : 2007[3], 346
TEREM, E. : 2016[1], 80
TERIAN, A. : 2010[1], 84
TERME, J. : 2008[2], 256
TERRIEN, S. : 1998[3], 333
TERRIEUX, J. : 1996[3], 336

TERTULLIEN : 1996³, 334 ; 1998³, 343 ; 2000³, 417 ; 2001³, 341 ; 2008⁴, 501
TESKE, D. : 1998³, 350-351
TESKE, R. (J.) : 2007³, 378 ; 2008⁴, 514
TÉTAZ, J.-M. : 2014¹, 103 ; 2014², 219 ; 2014³, 356 ; 2014⁴, 482 ; 2016⁴, 457
TEUFEL, O. : 2014², 223
TEULIÉ, G. : 2007⁴, 493 ; 2008², 199
TEUTSCH, G. M. : 1996¹, 87
THACKERAY, H. S. J. : 2001², 226
THAREKADAVIL, A. : 2008², 244
THEISSEN, G. : 1996⁴, 444 ; 1997², 241 ; 2000², 310 ; 2002², 223 ; 2008³, 352 ; 2009², 234 ; 2011³, 429 ; 2012³, 517, 522 ; 2013², 273
THELAMON, F. : 2008³, 386
THEOBALD, M. : 2003², 241 ; 2011³, 452-454
THÉODORE DE MOPSUESTE : 1997¹, 111
THÉODORE STOUDITE : 2003³, 364
THÉODORET DE CYR : 1998³, 357 ; 2007³, 366
THÉRÈSE D'AVILA : 2003³, 378
THÉRIAU, J.-Y. : 2008³, 368 ; 2009³, 404
THIEL, M.-J. : 2009², 239 ; 2019³, 442
THIERRY, A. : 2000⁴, 542 ; 2001⁴, 475
THIESSE, A.-M. : 2000⁴, 548
THIESSEN, G. : 2011¹, 118
THIMEAU, D. : 1998², 114
THIREAU, I. : 2013², 288
THIRION, B. : 2004¹, 110
THOMAS, D. : 2010¹, 147 ; 2012², 298 ; 2012⁴, 700 ; 2013⁴, 620 ; 2014⁴, 493
THOMAS D'AQUIN : 1999³, 385 ; 2001³, 362-363 ; 2002³, 359-360 ; 2003³, 368 ; 2006⁴, 536 ; 2010¹, 90 ; 2010⁴, 573 ; 2013⁴, 575
THOMAS MORE : 2017³, 469
THOMASSEN, E. : 2012⁴, 638
THOMASSET, A. (Y.) : 2008¹, 105 ; 2013², 282
THOMPSON, Th. L. : 2014³, 325
THOMPSON, Th. R. : 2011², 225
THORNTON, C.-J. : 2007², 230 ; 2008³, 356 ; 2011³, 441
THÓT, F. : 2007³, 327
THOUARD, D. : 1998⁴, 493 ; 2013², 266 ; 2017², 283
THROO, B. : 1996³, 342
THUNBERG, L. : 1996³, 344
THÜRINGER, W. : 1996³, 366 ; 1999³, 406 ; 2004³, 359
TIDIMAN, B. : 2011³, 395
TIETZ, Ch. : 2011¹, 91
TILLICH, P. : 1999⁴, 519 ; 2003³, 386 ; 2013², 272 ; 2015¹, 117 ; 2015⁴, 510 ; 2018², 193
TILLIETTE, X. : 2004⁴, 496 ; 2008¹, 95
TIMBIE, J. A. : 2008³, 399
TIMM, S. : 2005², 312
TIŇO, J. : 2011³, 396
TIRYAKIAN, E. A. : 2011², 250
TOLAN, J. : 2004³, 349 ; 2019², 302
TOLLET, D. : 2001⁴, 476
TOLMIE, D. F. : 2014³, 364
TOLY, N. J. : 2013², 261
TOMATIS, P. : 2011², 263

TOMKA, M. : 2012², 353
TOMSON, P. J. : 2004², 239 ; 2004⁴, 519 ; 2008², 253
TONDA, J. : 2008¹, 115
TONGEREN, L. van : 1996⁴, 445 ; 2001³, 357
TONNAC, J.-Ph. de : 2007¹, 116
TOORN, K. van der : 1999², 243-245
TORDESILLAS, A. : 2010¹, 155
TORFS, R. : 2013⁴, 612
TORRANCE, I. : 2010², 253
TORRELL, J.-P. : 2000³, 445 ; 2001³, 361 ; 2009², 202 ; 2010¹, 90 ; 2010⁴, 573
TOSI, R. : 2011³, 472
TÓTH, F. : 2013³, 476
TOUBIANA, S. : 1999⁴, 547
TOURAILLE, J. : 1996³, 342
TOURNU, Ch. : 2013⁴, 590, 622
TOV, E. : 2009², 246 ; 2011³, 405 ; 2012³, 498 ; 2015³, 369
TRAPP, M. : 2009¹, 110
TREBILCO, P. : 2005³, 464
TRÉDÉ, M. : 2000², 292
TREMBLAY, H. : 2004⁴, 503
TREML, A. K. : 2002¹, 105
TREPP, L. : 2002³, 333
TREUE, W. : 2012⁴, 668
TRIGANO, P. : 2006², 275 ; 2008², 193
TRIGANO, Sh. : 2016⁴, 454
TRINTIGNAC, A. : 1998², 86
TRIPET, A. : 2002⁴, 467
TRIPET, M. : 2005⁴, 589
TRISTAN, F. : 1996³, 327
TRIVELLONE, A. : 2011⁴, 577
TROBISCH, D. : 2001⁴, 467
TROCMÉ, A. : 2009¹, 83
TROCMÉ, É. : 1997¹, 125 ; 2000², 319 ; 2001⁴, 491 ; 2003², 260
TROCMÉ, M. : 2009¹, 83 ; 2017², 311
TROELTSCH, E. : 2016⁴, 457
TROMP, J. : 2009³, 394
TRONC, D. : 2002³, 376 ; 2007⁴, 489
TROUDE-CHASTENET, P. : 2018¹, 100
TROWITZSCH, M. : 2000³, 456
TROXEL, R. L. : 2006², 288
TRUBLET, J. : 1997², 194
TRUILLET, J. : 2013², 255
TSELEGGIDIS, D. : 2000³, 456
TUCKER, J. E. : 2011¹, 108
TUCKETT, Ch. : 1996², 238 ; 1997², 209 ; 2008⁴, 498 ; 2011³, 431 ; 2015³, 382
ṬŪFĪ, N. al-Dīn al- : 2014⁴, 491
TUKASI, E. O. : 2009³, 412
TULL, P. K. : 2008², 246
TUOR-KURTH, Ch. : 2002⁴, 494
TURCAN, M. : 2008⁴, 501
TURETTI, L. : 2010¹, 117
TURFA, J. M. : 2019⁴, 549
TÜRK, E. : 1999⁴, 545
TURNER, B. S. : 2014², 205
TUSCHLING, R. M. M. : 2008³, 347

TUVAL, M. : 2014[3], 348
TYCONIUS : 2005[3], 476 ; 2014[4], 453
UBIERNA, P. : 2011[4], 557
UDO, T. : 2002[4], 511
UEBERSCHAER, F. : 2008[2], 249
UEHLINGER, Ch. : 2002[2], 194
UGEUX, B. : 2011[2], 253
ULANOV, A. B. : 2009[2], 237
ULFGARD, H. : 1999[4], 512
ULICH, D. : 2001[1], 86
ULLERN, I. : 2016[1], 104
ULLRICH, W. : 2013[2], 253
ULRICH, E. : 2011[3], 407
ULRICH, J. : 2007[2], 220 ; 2010[3], 447
ULRICHS, H.-G. : 2014[2], 218
ULRICHS, L.-Th. : 2013[2], 260
UNVERFEHRT, G. : 2002[3], 362
URBÁN, Á. : 2011[2], 270
URLACHER-BECHT, C. : 2016[4], 471
URO, R. : 2009[2], 242 ; 2009[3], 381 ; 2017[4], 572
URVOY, M.-Th. : 2012[4], 695
UTZSCHNEIDER, H. : 2008[2], 227
VAHANIAN, G. : 1997[4], 478
VALADIER, P. : 2001[4], 488 ; 2013[2], 255
VALDÉS, J. de : 1997[3], 365
VALENSI, L. : 2006[1], 162 ; 2013[4], 614
VALENTIN, B.-Y. : 2007[1], 93
VALENTIN, C. : 2011[1], 96
VALENTIN, J. : 2011[4], 607
VALENTIN, J.-M. : 2004[3], 355
VALETTE, J.-R. : 2018[4], 481 ; 2020[3], 408
VALFORT, M.-A. : 2018[1], 79
VALKENBERG, W. G. B. M. : 2001[3], 361
VALLÉE, G. : 1998[1], 106
VALLET, O. : 2004[1], 99
VALLIERE, P. : 2013[4], 556
VALLIN, Ph. : 2001[3], 362
VALLOTTON, C. H. : 2004[1], 123 ; 2006[2], 279
VAN AMBERG, J. : 2013[4], 579
VANAUTGAERDEN, A. : 2015[4], 493
VAN BELLE, G. : 1997[2], 214 ; 2006[3], 426 ; 2008[3], 375 ; 2009[3], 408 ; 2010[3], 420 ; 2017[4], 584
VAN CANGH, J.-M. : 2009[3], 392
VAN DAM, R. : 2011[4], 567
VANDECASTEELE, P. : 2010[2], 235 ; 2013[2], 262
VAN DE POLL, E. : 2015[2], 221, 231
VANDERBURG, W. H. : 2019[3], 429
VANDERKAM, J. C. : 2005[3], 428 ; 2013[3], 447
VANDERMEERSCH, P. : 2003[3], 367
VAN DER MERWE, Ch. H. J. : 2000[2], 286
VAN DER STEDE, V. : 2011[2], 283
VANDER STICHELE, C. : 1996[4], 450 ; 2014[2], 227
VAN DER VEKENE, E. : 1997[3], 354
VAN DER WATT, J. G. : 2006[3], 426 ; 2008[3], 373 ; 2009[3], 408 ; 2012[3], 516 ; 2014[3], 357 ; 2017[4], 587
VANDE VEIRE, Ch. : 2012[4], 659
VANEIGEM, R. : 2003[1], 135
VAN HECKE, P. : 2008[2], 228
VANHOYE, A. : 2019[4], 582

VAN IERSEL, F. : 1997[4], 489
VANNIER, M.-A. : 2000[3], 429 ; 2002[3], 338 ; 2006[3], 444 ; 2008[4], 514 ; 2009[4], 571 ; 2011[4], 579 ; 2012[4], 664 ; 2013[4], 576-577 ; 2015[4], 480 ; 2018[4], 480
VAN OYEN, G. : 2013[3], 427 ; 2017[4], 595
VAN PARYS, M. : 2018[4], 475
VAN ROMPAY, L. : 1999[2], 230 ; 2007[3], 367
VAN RUYMBEKE, B. : 2011[4], 596
VAN SETERS, J. : 2000[2], 295
VANSINA, F. D. : 2010[2], 235
VARONE, F. : 1996[4], 468
VAUCHEZ, A. : 1997[3], 331
VAUX, R. de : 2017[4], 565
VEEN, M. van : 2006[4], 550
VEGGE, T. : 2007[3], 323
VEIJOLA, T. : 1998[2], 92
VENANCE FORTUNAT : 1996[3], 343 ; 1998[3], 362
VENARD, M. : 2001[3], 384 ; 2010[1], 97
VENARD, O.-Th. : 2010[2], 295
VERCRUYSSE, J.-M. : 2005[3], 476
VERDEYEN, P. : 1997[3], 349 ; 1999[3], 383 ; 2002[3], 352 ; 2008[4], 528 ; 2012[4], 659
VERGER, J. : 1998[3], 370
VERHEIJ, A. : 2008[2], 226
VERHEYDEN, J. : 1999[4], 493 ; 2001[4], 452 ; 2006[3], 419 ; 2009[3], 408 ; 2010[3], 395 ; 2011[3], 428 ; 2013[2], 262 ; 2013[4], 560 ; 2014[2], 231 ; 2014[3], 352 ; 2016[4], 459 ; 2019[4], 564
VERLAGUET, W. : 2002[3], 354 ; 2006[4], 537
VERLET, L. : 2010[2], 241
VERMEYLEN, J. : 1999[2], 228, 232 ; 2000[2], 303 ; 2008[2], 230 ; 2012[3], 469 ; 2016[4], 449
VERNETTE, J. : 1996[1], 87 ; 1996[4], 458 ; 1999[4], 549 ; 2003[1], 121
VERNIER, J.-M. : 2002[3], 359
VÉROT, P. : 2016[1], 91
VERSKIN, A. : 2016[4], 495
VERSNEL, H. S. : 2010[4], 543
VERSTRAETEN, J. : 2012[4], 642
VERTIGANS, S. : 2011[2], 251
VERVENNE, M. : 1998[2], 90 ; 2006[2], 290 ; 2011[2], 271
VERWEYEN, H. : 2010[2], 253
VESCO, J.-L. : 2007[2], 211 ; 2013[3], 457
VETO, M. : 2001[1], 126
VEY, J.-L. : 1999[4], 546
VEYNE, P. : 2008[1], 55
VIAL, M. : 2007[4], 471 ; 2009[4], 541 ; 2010[1], 92 ; 2015[1], 123-124 ; 2016[2], 218 ; 2018[4], 499 ; 2020[3], 454
VIAL KAYSER, Ch. : 2016[1], 92
VIALLE, C. : 2011[3], 439
VIALLON, M. : 2005[4], 598
VIANÈS, L. : 2018[4], 466
VIANIN, P. : 2013[2], 307
VICTOR DE VITA : 2003[3], 362
VICTORIN DE POETOVIO : 1998[3], 346
VIDAL, D. : 1998[4], 472, 474 ; 2001[4], 473 ; 2004[3], 367

VIEILLARD-BARON, J.-L. : 2001[1], 115 ; 2010[2], 231
VIELHAUER, R. : 2008[2], 248
VIGNE, D. : 1997[2], 206 ; 2010[2], 232 ; 2012[2], 317
VILAÇA, A. : 2010[2], 272
VILAR, J. B. : 1996[3], 380 ; 2003[4], 494
VILLARD, A. : 2002[3], 376
VILLEMIN, L. : 2008[1], 99, 113
VILLENEUVE, A. : 2017[4], 563
VILLENEUVE, F. : 1998[1], 111
VILLEPELET, D. : 2011[2], 258 ; 2018[1], 99
VINCENT, A. : 2006[2], 275 ; 2008[2], 193
VINCENT, B. : 2012[4], 692
VINCENT, J.-M. : 2011[1], 127
VINCENT, L.-H. : 2006[2], 284
VINEL, F. : 1997[3], 346 ; 2004[4], 502 ; 2013[4], 568
VINZENT, M. : 2012[3], 526
VIRET, P. : 2014[4], 472
VIRMOND, W. : 2014[1], 114
VISCHER, L. : 2010[2], 260
VISON, M. : 2005[3], 474
VITORIA, F. de : 1998[3], 381
VIVENZA, J.-M. : 2006[4], 561
VIVIANO, B. T. : 2002[2], 225
VOEGELIN, E. : 1996[1], 126 ; 2004[3], 377
VOGEL, B. : 2013[2], 311
VOGEL, J. : 1999[3], 416
VOGELS, W. : 2009[3], 370
VOGLER, G. : 1996[3], 371 ; 2014[4], 467
VOGT, F. : 2015[2], 237
VOGÜÉ, A. de : 1997[3], 338 ; 1999[3], 377 ; 2001[3], 360 ; 2003[3], 360 ; 2005[3], 479 ; 2007[3], 370 ; 2008[4], 513, 522 ; 2009[4], 550
VOICU, S. J. : 2004[3], 344
VOLKMAR, F. : 1999[2], 246
VOLLENWEIDER, S. : 2003[2], 230
VOLP, R. : 1996[4], 444
VOLTAIRE : 2008[4], 555
VOM BROCKE, Ch. : 2002[2], 240
VONDER BRUEGGE, J. M. : 2017[4], 574
VOS, J. S. : 2003[2], 251
VOSS, R. : 2012[4], 668
VOUGA, F. : 1999[2], 266 ; 1999[4], 506 ; 2004[2], 237 ; 2006[3], 419, 423, 430 ; 2007[2], 223 ; 2008[3], 365 ; 2009[3], 393 ; 2011[3], 445 ; 2014[3], 359 ; 2017[4], 571
VRÉGILLE, B. de : 1998[3], 355
VROOM, H. M. : 2003[1], 132
VULETIĆ, A.-S. : 2000[4], 561
VUOLANTO, V. : 2017[4], 601
VUONG, L. C. : 2017[4], 604
WAARDENBURG, J. : 1996[1], 108 ; 2002[4], 510 ; 2009[1], 86
WACKENHEIM, Ch. : 2003[4], 501 ; 2009[2], 230
WACKER, M.-Th. : 2008[1], 123
WAGEMAKERS, J. : 2013[4], 619
WAGENER, U. : 1997[2], 229 ; 1997[4], 485
WAGNER, A. : 1999[2], 242 ; 2008[2], 225 ; 2011[2], 293
WAGNER, Ch. : 1997[3], 365
WAGNER, D. : 2018[1], 84

WAGNER, J.-P. : 1999[4], 518 ; 2002[4], 490
WAGNER, J. R. : 2012[3], 536
WAGNER, M. : 1999[4], 540-541 ; 2012[2], 341
WAGNER-PETERSON, B. : 2014[4], 473
WAGNER-RAU, U. : 2001[1], 85
WAHLEN, C. : 2005[3], 443
WALBAUM, R. : 1998[1], 126
WALCH, A. : 2003[3], 352
WALKER, Ch. : 2002[2], 195
WALKER, D. D. : 2003[2], 254
WALLACE, M. A. : 2008[1], 101
WALLMANN, J. : 2005[4], 603-604 ; 2014[4], 478
WALLRAFF, M. : 1998[3], 358 ; 2007[3], 353 ; 2008[4], 502 ; 2010[4], 546 ; 2020[3], 414
WALSER, G. A. : 2014[3], 375
WALTER, M. : 2003[2], 250
WALTER, P. : 2005[4], 598 ; 2009[1], 85
WALTERS, J. C. : 2011[3], 465
WALTI, Ch. : 2013[2], 309
WAND, G. : 2002[2], 199
WANDER, B. : 1997[2], 244
WANEGFFELEN, Th. : 1998[3], 371-373 ; 2000[4], 540
WANG FU : 1996[1], 117
WARD, G. : 1997[4], 481
WARE, K. : 1999[4], 542
WARNECKE, G. : 2015[2], 234
WARNING, W. : 2001[2], 214
WARTENBERG, G. : 2004[3], 358
WASIM, A. Th. : 2006[4], 581
WASSEN, C. : 2013[3], 449
WATERLOT, Gh. : 2000[4], 541 ; 2013[2], 258
WATSON, W. G. E. : 2001[2], 211
WATT, I. M. : 1997[3], 361 ; 2002[3], 373 ; 2005[4], 593 ; 2013[4], 586 ; 2014[4], 471 ; 2015[4], 501 ; 2016[4], 485 ; 2018[4], 493 ; 2020[3], 429
WATT, J. R. : 2013[4], 586 ; 2014[4], 471 ; 2015[4], 501 ; 2016[4], 485 ; 2018[4], 493 ; 2020[3], 429
WATTHEE-DELMOTTE, M. : 2009[2], 219
WATTS, E. : 2011[4], 564
WEBB, R. L. : 2011[3], 443
WEBER, D. : 2009[4], 570
WEBER, É. : 2009[1], 109
WEBER, H.-R. : 2000[2], 311
WEBER, M. : 2016[2], 197
WEBSTER, J. : 2010[2], 253
WECKEL, U. : 2004[3], 378
WEDDERBURN, A. J. M. : 2012[3], 518
WEDER, H. : 2011[3], 444
WEEDA, R. : 2015[1], 96
WEHR, I. : 2001[4], 492
WEHRLI-JOHNS, M. : 1999[3], 385
WEIDE, Ch. : 2018[4], 485
WEIDEMANN, H.-U. : 2015[3], 399
WEIDMANN, C. : 2009[4], 570
WEIGEL, V. : 2012[4], 677 ; 2013[4], 588 ; 2014[4], 477
WEIGOLD, M. : 2011[2], 272 ; 2012[3], 498
WEIHNACHT, H. : 2010[1], 99
WEIL, P. : 2009[2], 221
WEIL, R. : 2006[2], 284
WEILAND, P. : 2013[2], 271

WEIMER, M. : 2016², 203
WEINHARDT, J. : 2005³, 492
WEINRICH, M. : 2003¹, 132
WEIPPERT, H. : 2007², 200
WEIPPERT, M. : 1999², 247; 2011², 289
WEISSENBERG, H. von : 2012³, 488
WEISSENRIEDER, A. : 2013³, 456
WEKWERTH, A. : 2015⁴, 479
WELBURN, A. J. : 2009³, 400
WELKER, M. : 2006², 288; 2008¹, 101
WELLS, B. : 2005², 315
WENDEBOURG, D. : 2008⁴, 553; 2010¹, 110; 2010⁴, 577; 2018⁴, 482
WENDEL, S. J. : 2012³, 527
WENGERT, T. J. : 2005⁴, 587; 2010⁴, 577; 2012⁴, 673
WENGST, K. : 2005³, 451; 2008³, 371
WÉNIN, A. : 1997², 196; 1999², 230; 2002², 204; 2007², 202; 2011², 281; 2013³, 429
WENNEMUTH, U. : 2011⁴, 591
WENZ, G. : 2003³, 384
WENZEL, S. : 2014⁴, 460
WERMELINGER, O. : 2002³, 338
WESSELS, A. : 2007⁴, 505
WEST, G. O. : 2010², 276
WESTBROOK, R. : 2000², 284
WESTCOTT, B. F. : 2009³, 389
WESTERHOFF, M. : 2009⁴, 563
WESTERHOLM, S. : 2005³, 457; 2012³, 531
WESTHEUSER, D. : 2001¹, 94
WESTPHAL, F. : 2012⁴, 703
WETH, R. : 2011¹, 87
WETZEL, R. : 1996³, 365; 2001³, 375; 2020³, 412
WEYDE, K. W. : 2004², 215
WEYEL, B. : 2009², 229
WEYL, R. : 1999⁴, 518
WHITE, J. F. : 1996⁴, 446
WHITE, R. M. : 2014¹, 112
WHITE, Th. J. : 2016², 187
WHITESIDE, K. : 2011², 235
WHITING, R. M. : 2002², 196; 2009², 240
WHITLARK, J. A. : 2013³, 458
WICK, P. : 2002², 220
WICKER, B. : 1997⁴, 489
WIDENGREN, G. : 1996³, 382
WIECZOREK, A. : 2006³, 470
WIEDEN, H. bei der : 2013⁴, 587
WIEGER, M. : 2014⁴, 501
WIEMER, A. : 2004³, 356; 2012², 364
WIEN, U. A. : 2018⁴, 482
WIERINGEN, A. L. H. M. van : 2012³, 481
WIES-CAMPAGNER, E. : 2012³, 514
WIESEL, É. : 1998², 114
WIGGERSHAUS, R. : 1996¹, 89
WILCKE, C. : 2008², 218
WILD, F. : 2006⁴, 541
WILDT, B. te : 2014², 226
WILHELMI, Th. : 1999³, 390; 2014⁴, 468
WILK, F. : 2012³, 536; 2014², 230
WILKEN, R. L. : 2005³, 481; 2008², 245

WILKINSON, K. : 2016⁴, 465
WILKINSON, R. J. : 2009², 250
WILLAIME, J.-P. : 1996⁴, 454; 1998¹, 123; 2002¹, 97; 2009², 223; 2013², 292; 2015², 240
WILLARD, L. Ch. : 2010⁴, 559
WILLIAMS, C. H. : 2001², 229
WILLIAMS, D. H. : 1996³, 339
WILLIAMS, F. : 2010³, 455
WILLIAMS, M. : 2008⁴, 503
WILLIAMS, P. J. : 2005³, 437
WILLIAMSON, H. G. M. : 2011², 300
WILLING, M. : 2009⁴, 558
WILLIS, R. : 1997², 196
WILLITTS, J. : 2009³, 403
WILSON, W. T. : 2013³, 439
WINLING, R. : 2006², 263; 2006³, 459; 2009³, 395; 2010³, 456; 2018⁴, 475
WINQUIST, Ch. E. : 1997¹, 87
WINTER, J. M. : 2000⁴, 561
WINTZERITH, A. : 2001³, 370
WIRTH, J. : 2000³, 439; 2005⁴, 583; 2010¹, 87; 2012², 301
WISCHMEYER, O. : 2005³, 436; 2010², 293; 2013³, 467; 2018³, 357
WISSE, M. : 2012², 336
WIT, H. de : 2010², 276
WITHACRE, R. A. : 2008³, 390
WITHERINGTON, B. : 2005³, 435; 2008³, 383; 2012³, 538
WITT, U. : 1997³, 373
WITTE, M. : 2000², 296; 2005², 312; 2007², 206; 2009², 255; 2010³, 379
WITTKE, A.-M. : 2012⁴, 619
WITULSKI, Th. : 2009³, 416
WLOSOK, A. : 2008⁴, 506; 2010³, 451; 2013⁴, 563
WÖHRLE, J. : 2007², 215
WÖHRMANN, M. : 2014², 222
WOKLER, R. : 2013², 257
WOLD, B. (G.) : 2006³, 400; 2008², 215; 2017⁴, 560
WOLF, G. Ph. : 2005⁴, 583
WOLF, M.-A. : 2006², 278
WOLFF, É. : 2010⁴, 565
WOLFF, F. : 2014¹, 97
WOLFF, H. W. : 2011², 294
WOLFRUM, E. : 2004³, 378
WOLTER, M. : 2008², 214; 2009³, 405; 2014³, 357
WOLTING, P. : 2001¹, 117
WONG, E. K.-Ch. : 2013³, 462
WONG, S. H.-F. : 2010³, 417
WOOD, A. : 2010³, 382
WOODMAN, S. P. : 2016³, 359
WOODS, E. J. : 2002², 233
WORKS, C. S. : 2017⁴, 594
WORMS, F. : 2017², 282
WOUDE, A. van der : 2012³, 481
WRIEDT, M. : 1996³, 353; 1999³, 393; 2007⁴, 478
WRIGHT, A. T. : 2006³, 399
WRIGHT, D. F. : 1997³, 364
WRIGHT, J. L. : 2016⁴, 446

WRIGHT, R. M. : 2010², 272
WRIGHT, T. R. : 2010², 277
WRIGHT IV, W. M. : 2010³, 421
WUCHERPFENNIG, A. : 2002³, 340
WULF, Ch. : 2008², 202
WURST, G. : 2002³, 338
WURSTEN, D. : 2011⁴, 583
WÜTHRICH, M. D. : 2017², 299
WÜTHRICH, S. : 2014³, 362
WYATT, N. : 2001², 211
WYDMUSCH, S. : 2002¹, 102
WYDRA, W. : 2008⁴, 534
XERAVITS, G. G. : 2011³, 415 ; 2012³, 488
YAGIL, L. : 2006⁴, 570 ; 2011¹, 89 ; 2011⁴, 602
YAMAN, H. : 2012⁴, 697
YARDENI, M. : 2003³, 383 ; 2008⁴, 540 ; 2010⁴, 583
YARDLEY, J. C. : 2010³, 440
YASIN, A. M. : 2011⁴, 573
YATES, N. : 2011¹, 120
YEE, G. A. : 2015⁴, 469
YON, E. : 2011², 268
YOREH, T. L. : 2011², 295
YOSHIKO REED, A. : 2019⁴, 550
YOUNG, F. M. : 2008³, 407
YOUNG, I. : 2013³, 423
YOUNGER, K. L. : 2004², 203
ZACCAÏ-REYNERS, N. : 2014¹, 106
ZACHHUBER, J. : 2008⁴, 508
ZAGEN, W. : 1998¹, 97
ZAGER, W. : 1998², 106 ; 2010³, 419
ZAHNER, W. : 2012², 306
ZAMAGNI, C. : 2007³, 356 ; 2009³, 440 ; 2010³, 453 ; 2012⁴, 648
ZAMFIR, K. : 2011³, 402, 428
ZAMMIT, M. : 2009², 241
ZANDER, P. : 2011⁴, 554
ZANGENBERG, J. : 1997², 234 ; 2014³, 353
ZANOTTI-SORKINE, M.-M. : 2018¹, 90
ZARCONE, Th. : 2009¹, 101
ZAUGG, R. : 2015⁴, 505
ZEHNDER, M. Ph. : 1999², 240

ZEHR, H. : 2013², 283
ZEINDLER, M. : 2014², 196 ; 2017², 299
ZEKIYAN, B. L. : 2008⁴, 527
ZELLER, D. : 2012³, 535
ZENGER, E. : 2003², 220
ZERBE, D. : 2015⁴, 499
ZERFASS, A. : 2010¹, 150
ZEVIT, Z. : 2000², 287
ZGOLL, A. : 2005², 310
ZIEGLER, Y. : 2009², 260
ZIEMER, B. : 2007², 203
ZIMMERLING, P. : 2012⁴, 670 ; 2016², 214
ZIMMERMANN, J. : 1999⁴, 515
ZIMMERMANN, M. : 2014², 229
ZIMMERMANN, R. : 2005³, 452 ; 2008³, 373 ; 2014², 229 ; 2014³, 364 ; 2015³, 384
ZINK, J. : 2004¹, 119
ZIOLKOWSKI, J. M. : 2008⁴, 529
ZOBEL, H.-J. : 1999², 239
ZORACH, R. : 2020³, 436
ZORDAN, D. : 2013², 275
ZORN, J.-F. : 2007³, 337 ; 2013⁴, 596 ; 2016⁴, 492 ; 2017³, 488
ZOSIME : 2001³, 353
ZSENGELLÉR, J. : 2011², 272 ; 2012³, 488
ZUBER, V. : 2004⁴, 482 ; 2005⁴, 594 ; 2018¹, 94
ZUGMANN, M. : 2010³, 425
ZUMSTEIN, J. : 1996², 224 ; 2001², 241 ; 2001⁴, 454 ; 2002², 187 ; 2003², 229 ; 2003⁴, 499 ; 2008³, 371 ; 2015³, 388 ; 2016³, 344 ; 2017⁴, 583 ; 2018³, 355
ZÜND, A. : 2000⁴, 538
ZÜRCHER, J. : 2002³, 381
ZUR MÜHLEN, K.-H. : 1996³, 355 ; 2000³, 453 ; 2010¹, 101 ; 2012⁴, 671
ZWICK, R. : 2001¹, 84
ZWICKEL, W. : 1996², 228 ; 2014², 229
ZWIEP, A. W. : 2005³, 454 ; 2012³, 529
ZWIERLEIN, O. : 2011⁴, 551
ZWILLING, A.-L. : 2014², 234 ; 2014⁴, 485 ; 2018³, 373
ZWINGLI, H. : 2005⁴, 588 ; 2020³, 419

INDEX DES DÉDICATAIRES DE MÉLANGES

ATTRIDGE, H. W. : 2013³, 453
BABOIN-JAUBERT, Ch. : 1996⁴, 468
BAUMANN, M. : 2013², 294
BAUMEISTER, Th. : 2010⁴, 544
BECKFORD, J. A. : 2011², 243
BETZ, H. D. : 2002², 219
BIRMELÉ, A. : 2014², 235
BOER, M. C. de : 2014³, 367
BRADY, Th. A. : 2008⁴, 539
BROWN, P. : 2009³, 435
BÜCHSEL, M. : 2016¹, 85
BÜHLER, P. : 2011¹, 140

BURCHARD, Ch. : 2007², 222
BURKERT, W. : 2012⁴, 628
BUSSE, U. : 2009³, 408
CAQUOT, A. : 2011², 281
CHAUVET, L.-M. : 2013², 279
COLLINS, J. J. : 2012³, 494
COOK, M. A. : 2012⁴, 691
CRACCO RUGGINI, L. : 2003³, 354
CRONE, P. : 2016⁴, 493
DAN, J. : 2006³, 404
DONNER, F. M. : 2013⁴, 611
DUNN, J. D. G. : 2005³, 438

ELIOR, R. : 2012³, 500
FAIVRE, A. : 2002³, 338
FELDMAN, L. H. : 2012³, 493
FORTIN, E. L. : 2004⁴, 481
FOX, M. V. : 2006², 288
GÄBLER, U. : 2002³, 335
GARCÍA MARTÍNEZ, F. : 2011², 271
GILBERT, M. : 2000², 303
GOUHIER, H. : 1999³, 419
HABER, S. : 2014³, 337
HARL, M. : 1998³, 336
HARTWEG, F. : 2010¹, 93
HAYWARD, R. : 2016³, 333
HOLLADAY, C. R. : 2009², 247
HOUTMAN, C. : 2007², 199
JOHNSON, D. W. : 2008³, 399
JONGE, H. J. de : 2009³, 394
JUNOD, É. : 2007³, 380
JUNGHANS, H. : 2013⁴, 601
KAESTLI, J.-D. : 2007³, 380
KAISER, O. : 2005², 312
KESSLER, R. : 2010³, 383
KLEIN, H. : 2011³, 402
KOCH, D.-A. : 2014³, 374
KÖCKERT, M. : 2010³, 382
KÜCHLER, M. : 2011³, 429
LAMBRECHT, J. : 2004², 236
LAURANT, J.-P. : 2012⁴, 686
LEBRUN, R. : 2005², 312
LEGRAND, H. : 2008¹, 99
L'HERMITTE-LECLERCQ, P. : 2001³, 355
LÖHRER, M. : 1998², 102
LUST, J. : 2006², 290
MADEC, G. : 2015⁴, 486
MARBÖCK, J. : 2004², 213
MARGAIN, J. : 1999², 238

MARGUERAT, D. : 2004⁴, 505
MENKEN, M. J. J. : 2014³, 352
MILLE, P. D. : 2004², 213
MORAN, W. L. : 2006², 288
OSBORNE, G. R. : 2013³, 454
OTTO, E. : 2011², 288
PARROT, A. : 2003², 215
PERROT, Ch. : 2001², 231
PORTEN, B. : 2014³, 323
PURY, A. (de) : 2001², 219
REVERDIN, O. : 2001³, 380
RIEDLINGER, H. : 1999³, 366
ROBERTS, J. J. M. : 2006², 288
ROBINSON, J. M. : 2001², 240
ROUSSEL, B. : 2013⁴, 624
RUDHARDT, J. : 1997¹, 103
SCHÄFER, P. : 2014³, 335
SCHEIBLE, H. : 2003³, 376
SCHINDLER, A. : 2000³, 412
SCHMITT, H.-Ch. : 2007², 199
SCHULLER, E. : 2013³, 449
STUHLMACHER, P. : 1998², 100
TARAZI, P. N. : 2014³, 324
THIERRY, A. : 2006⁴, 554 ; 2007⁴, 486
TOV, E. : 2011², 272
TRAGAN, P.-R. : 1998², 102
VACHON, L. : 1997¹, 97
VANDERKAM, J. C. : 2013³, 441
VAN SETERS, J. : 2002², 203
VERCRUYSSE, J. E. : 2008¹, 120
VERVENNE, M. : 2016⁴, 443
WEIPPERT, M. : 2003², 213
WEISS, B. : 2016¹, 78
WINTER, B. W. : 2005³, 437
ZUCKERMAN, B. : 2014³, 319
ZUMSTEIN, J. : 2011³, 447

INDEX DES OUVRAGES COLLECTIFS

100 mots de la philosophie (Les) : 2017², 282
450 Jahre Reformation in Baden und Kurpfalz : 2011⁴, 591
A Companion to Ancient Egypt : 2013³, 431
A Companion to Peter Martyr Vermigli : 2011⁴, 587
A Companion to Richard Hooker : 2010¹, 106
À Diognète. Visions chrétiennes face à l'empire romain : 2012³, 548
A Farewell to the Yahwist? : 2008², 234
A Feminist Companion to Patristic Literature : 2012⁴, 640
A God So Near : 2004², 213
A Gospel Synopsis of the Greek Text of Matthew, Mark and Luke : 2016³, 342
À haute voix : 1999⁴, 540
A History of Jewish-Muslim Relations : 2016¹, 74
A Pillar of Cloud to Guide : 2016⁴, 443
A Teacher for All Generations : 2013³, 441
Accords et dialogues œcuméniques : 2008², 256
Accueil radical (L') : 2016², 204 ; 2018², 212
Actes et passions des martyrs chrétiens des premiers siècles : 2011⁴, 554
Actualité de Jean Daniélou : 2007³, 343
Aderlaß und Seelentrost : 2003⁴, 492

Adolphe Franck : 2014⁴, 482
Affrontements religieux en Europe du début du XVIᵉ au milieu du XVIIᵉ s. (Les) : 2010¹, 97
African and European Readers of the Bible in Dialogue : 2010², 276
Afrique politique 2002 (L') : 2004⁴, 493
Akten der deutschen Reichsreligionsgespräche im 16. Jh. : t. 2 : 2010¹, 101
Aktiv in der Gemeinde : 2013², 297
Albert Schweitzer et le respect de la vie : 2018³, 372
Alexandria : 2014³, 333
All Things to All Cultures. Paul Amongs Jews, Greeks, and Romans : 2014³, 369
Allégorie des poètes, allégorie des philosophes : 2007³, 334
Alltag und Frömmigkeit am Vorabend der Reformation : 2014⁴, 462
Alte Testament und die Kultur der Moderne (Das) : 2006², 288
Alternative Christs : 2010³, 440
Alternative Islamic Discourses and Religious Authority : 2016¹, 81
Amarna Diplomacy : 2000², 284
Ambivalenzen des Todes : 2011², 257
Analecta Paracelsica : 1996¹, 92
Analyse narrative et Bible : 2007², 191
Ancien Testament à travers 100 chefs-d'œuvre de la peinture (L') : 2004², 206
Ancient and Modern Scriptural Historiography : 2008², 212
Ancient Near East in the 12ᵗʰ-10ᵗʰ Centuries BCE (The) : 2013³, 430
Annoncer l'Évangile (XVᵉ-XVIIᵉ siècles) : 2006², 300
Anthologie du chamanisme : 2010¹, 125
Anthologie I. Philosophie et théologie dans la période antique : 2010³, 442
Anthropos laïkos : 2002³, 338
Antichrist (Der). Historische und systematische Zugänge : 2012⁴, 621
Antichrist (L') : 2012⁴, 641
Antike Rom und sein Bild (Das) : 2012⁴, 630
Antimachiavélisme, de la Renaissance aux Lumières (L') : 1999³, 411
Antiquité tardive dans les collections médiévales (L') : 2010¹, 86
Antiquity and Humanity : 2002², 219
Antiquity in Antiquity : 2010¹, 79
Antiquus Oriens & Studia Anatolica et Varia : 2005², 312
Antonio Rosmini e la Congregazione dell'Indice : 2001⁴, 478
Apocalypse de Paul (L') (NH VS, 2) : 2006³, 453
Apocryphal Acts of John (The) : 1998³, 342
Apocryphon of Jannes and Jambres the Magicians (The) : 1996², 242
Apokalyptik als Herausforderung neutestamentlicher Theologie : 2007², 225
Apologistes chrétiens et la culture grecque (Les) : 1998³, 340
Apophtegmes des Pères (Les) : 2006³, 466
Apostelgeschichte im Kontext antiker und frühchristlicher Historiographie (Die) : 2010³, 423
Apport de la Septante aux études sur l'antiquité (L') : 2005³, 493
Approaches to the Visual in Religion : 2012², 303
Approaching Yehud : 2009², 260
Aramaica Qumranica : 2012³, 504
Archäologie der Reformation : 2010¹, 94
Architettura delle chiese provvisorie : 2018¹, 89
Architettura e liturgia : 2019², 315
Art actuel dans l'Église (L') : 2013², 252
Art de ne croire en rien (L') : 2003¹, 135
Art de prêcher (L') : 2010², 285
Art of Preaching (The). Five Medieval Texts and Translations : 2014⁴, 460
Articulation of Early Islamic State Structures (The) : 2013⁴, 603
As It Is Written. Studying Paul's Use of Scripture : 2010³, 429
« As Those Who Are Taught ». The Interpretation of Isaiah from the LXX to the SBL : 2008², 246
Ascension of Isaiah (The) : 2018⁴, 472
Ashgate Research Companion to Byzantine Hagiography (The) : t. 1 : 2013⁴, 570
Assyrian-English-Assyrian Dictionary : 2009², 240
Atlas of Global Christianity : 1910-2010 : 2011¹, 96
Atrium of San Marco in Venice (The) : 2016¹, 90

Attentes religieuses dans le protestantisme en France et en Allemagne : 2017², 309
Au cloître et dans le monde : 2001³, 355
Au tournant de l'histoire chrétiens et chrétiennes vivent de nouvelles alliances : 1999⁴, 548
Auctoritas Patrum : 1996³, 353 ; t. II : 1999³, 393
Auf dem Weg zur Endgestalt von Genesis bis II Regum : 2007², 199
Auf den Spuren der schriftgelehrten Weisen : 2004², 213
Auferstehung : 2002², 191
Aufgabe und Durchführung einer Theologie des Neuen Testaments : 2008³, 363
Aufstieg und Niedergang der römischen Welt : t. II, 27, 1 : 1996³, 332
Augustin philosophe et prédicateur : 2015⁴, 486
Augustine and Postmodern Thought : 2012², 336
Augustinisme à l'ancienne Faculté de Théologie de Louvain (L') : 1997³, 372
Ausstrahlung der Reformation (Die) : 2013⁴, 587
Authoritative Scriptures in Ancient Judaism : 2011³, 400
Autonomie et l'autochtonie des Églises nées de la mission (L') : 2016⁴, 492
Autorité religieuse et ses limites en terres d'islam (L') : 2014⁴, 494
*Autour de l'*Histoire Universelle *d'Agrippa d'Aubigné* : 2006⁴, 554 ; 2007⁴, 486
Autour du 500ᵉ anniversaire de Catherine Schütz-Zell : 1999⁴, 553
Aventure de la TOB (L') : 2011², 275
Avot de-Rabbi Natan. Synoptische Edition beider Versionen : 2008³, 347
Baptême d'après les Pères de l'Église (Le) : 1997³, 337
Bar Kokhba War Reconsidered (The) : 2004², 224
Barmer Theologische Erklärung (Die) : 2011¹, 87
Beim Wort genommen. Kommunikation in Gottesdienst und Medien : 2008², 189
Bergson, la vie et l'action : 2010², 231
Between Evidence and Ideology : 2012³, 476
Between Gospel and Election : 2012³, 536
Beyond Eden : 2009², 245
Beyond Reception : 2007², 220
Bible at Qumran (The) : 2002², 211
Bible d'Alexandrie (La) : t. IV : 1996², 226 ; t. VIII : 2011³, 398 ; t. IX : 1999², 237 ; t. XI,2 : 2011³,
     399 ; t. XVIII : 2004⁴, 502
Bible de 1500 à 1535 (La) : 2019², 319
Bible de 1611 (La) : 2013⁴, 622
Bible de bois du Moyen Âge : 2005⁴, 579
Bible de Jérusalem (La) : 1999², 228
Bible des Septante (La). Le Pentateuque d'Alexandrie : 2004⁴, 502
Bible en récits (La) : 2004², 205
Bible en ses Traditions (La) : 2011², 279
Bible et art. L'âme des sens : 2011¹, 112
Bible et littérature : 2004⁴, 495
Bible, histoire et société : 2013⁴, 624
Bible in Arab Christianity (The) : 2012⁴, 700
Bible juive dans l'Antiquité (La) : 2015¹, 122
Bible (La) : 2004², 203
Bible (La). Notes intégrales. TOB : 2011², 275
Bible (La). Trad. de S. Cahen : 1997², 195
Bible par l'art (La) : 2014¹, 85
Biblia Hebraica Quinta : Fasc. 5 : 2009², 268
Biblia. Les Bibles en latin au temps des Réformes : 2008⁴, 536
Biblia Sacra iuxta Vulgatam versionem : 2008², 211
Biblical and Oriental Essays : 2006², 288
Biblical Qumran Scrolls (The) : 2011³, 407
Bibliographia Gerhardina 1601-2002 : 2006⁴, 555
Bibliotheca Dissidentium : t. XXV : 2007⁴, 488
Bibliotheca Gerhardiana : 2005⁴, 601
Bibliothèque de Qumrân (La) : t. 1 : 2008⁴, 556 ; t. 2 : 2010⁴, 588 ; t. 3a : 2014¹, 124
Biblische Weltbild und seine altorientalischen Kontexte (Das) : 2002², 201
Bilder predigen : 2014², 218

Bilderecke der Hildesheimer Michaeliskirche (Die) : 2004³, 347
Bildung als Kunst : 2013², 260
Bildung als protestantisches Modell : 2015², 239
Bildung und Konfession : 2007⁴, 478
Biographie, modes et méthodes (La) : 2002³, 332
Blackwell Companion to Paul (The) : 2012³, 531
Blackwell Companion to the Qur'an (The) : 2010¹, 129
Blasphèmes et libertés : 1996¹, 125
Book of Exodus (The) : 2015⁴, 467
Book of Genesis in Jewish and Oriental Christian Interpretation (The) : 1999², 230
Book of Revelation (The) : 2016³, 359
Books of Leviticus and Numbers (The) : 2009², 267
« Born in Heaven, Made on Earth » : 2000², 285
Böse, der Teufel und Dämonen (Das) : 2017⁴, 560
Brill's New Pauli Historical Atlas of the Ancient World : 2012⁴, 619
Buissonnement monothéiste (Le) : 2010³, 462
Calvin et l'humanisme : 2013⁴, 585
Calvin et ses contemporains : 1999³, 402
Calvin und seine Wirkungen : 2010⁴, 582
Calvins Theologie – für heute und morgen : 2011⁴, 594
Calvinus, Praeceptor Ecclesiae : 2005⁴, 590
Cambridge Companion to Jesus (The) : 2005³, 441
Cambridge Companion to New Religious Movements (The) : 2013², 289
Cambridge Companion to Philo (The) : 2011³, 425
Cambridge Companion to Thomas More (The) : 2012⁴, 667
Cambridge Dictionary of Christian Theology (The) : 2012², 329
Cambridge History of Medieval Philosophy (The) : 2011⁴, 575
Canon du Nouveau Testament (Le) : 2006³, 441
Canon of Scripture in Jewish and Christian Tradition (The) : 2008², 213
« Car c'est l'amour qui me plaît, non le sacrifice... » : 2005², 320
Care, une nouvelle approche de la sollicitude (Le)? : 2018², 209
Carnets du Cardinal Alfred Baudrillart (Les) : 1914-1918 : 1996¹, 96 ; 1919-1921 : 2002⁴, 479 ;
     1935-1939 : 1998⁴, 485 ; 1999³, 428 ; 1941-1942 : 2000⁴, 560
Catéchèse au service de la Nouvelle évangélisation (La) : 2015², 244
Catéchèse, communauté et seconde annonce : 2015², 243
Catéchèse narrative (La) : 2012², 366
Catéchèse protestante et enseignement religieux : 2013², 321
Catéchisme de Heidelberg (Le) : 2014⁴, 474
Catéchuménat des premiers chrétiens (Le) : 1997¹, 105
Cathares et camisards. L'œuvre de Napoléon Peyrat : 1998², 115
Catholic Epistles and the Tradition (The) : 2005³, 463
Catholicisme. Hier, aujourd'hui, demain : t. 14 : 1997³, 334
Celebrating the Dead Sea Scrolls : 2012³, 497
Célébrer Luther ou la Réforme ? : 2015⁴, 494
Centons homériques : 1999³, 378
Centrality of Religion in Social Life (The) : 2011², 243
Challenging Perspectives on the Gospel of John : 2007², 236
Changes in Scripture : 2012³, 488
Changing Face of Judaism, Christianity, and Greco-Roman Religions (The) : 2007², 221
Character Studies in the Fourth Gospel : 2014³, 364
Charisma and Fascism in Interwar Europe : 2009¹, 80
Charity and Giving in Monotheistic Religions : 2011¹, 94
Charles de Gaulle. Chrétien, homme d'État : 2012⁴, 681
Children and Family in Late Antiquity : 2017⁴, 601
Children's Voices : 2013², 317
Chrétiens et Églises face au nazisme : 2005⁴, 617
Chrétiens face à leurs adversaires dans l'Occident latin au ivᵉ s. (Les) : 2002⁴, 460
Christ réenvisagé (Le) : 2016², 217
Christen und Juden im Reformationszeitalter : 2007³, 381

Christianisation des campagnes (La) : 1997³, 334
Christianisme dans la société (Le) : 1999⁴, 528
Christianisme et cinéma : 1998¹, 127
Christianisme et identité nationale : 1996/1, 122
Christian-Muslim Relations : t. 2 : 2012², 298 ; t. 4 : 2013⁴, 620 ; t. 5 : 2014⁴, 493
Christliche Existenz in einer überwiegend nicht-christlichen Umgebung : 2010², 278
Christologie : t. I-II : 1996³, 330
Christologie chez les mystiques rhénans et Nicolas de Cues (La) : 2013⁴, 576
Christologie et la Trinité chez les Pères (La) : 2015⁴, 480
Christus : n° 197 : 2003¹, 128 ; n° 198 HS : 2004¹, 123
Chronicler as Author (The) : 2000², 297
Church as Counterculture (The) : 2002¹, 107
Church Growth in Britain : 2015², 235
Cité de Dieu (La) : 2001², 243
City of David (The). Revisiting Early Excavations : 2006², 284
Clavis conciliorum occidentalium septem : 2015⁴, 479
Code Théodosien (Le), Livre XVI, et sa réception au Moyen Âge : 2004³, 343
Colère, indignation, engagement : 2020³, 456
Collatio Augustini cum Pascentio : 2009⁴, 570
Collecting Early Christian Letters : 2016⁴, 463
Collège royal et l'Académie protestante de Nîmes aux XVIᵉ et XVIIᵉ s. (Le) : 1999³, 412
Comment la Bible saisit-elle l'histoire ? : 2008², 229
Commentaire à plusieurs voix de Genèse 25-36 : 2001², 219
Commissions conciliaires à Vatican II (Les) : 1999³, 430
Comparatisme en Histoire des Religions (Le) : 2002⁴, 495
Concept of Exile in Ancient Israel and its Historical Contexts (The) : 2016⁴, 441
Concile Vatican II (Le) : 2004¹, 118 ; 2006², 263
Confessional Sanctity (c. 1500-c. 1800) : 2004³, 374
Confessions de foi réformées contemporaines : 2001¹, 102
Congress Volume Ljubljana 2007 : 2012³, 476
Connaissance et expérience de Dieu : 2020³, 454
Conquista und Evangelisation : 1996¹, 103
Conscience morale (La) : 1996¹, 121
Conservatism and Innovation in the Hebrew Language of the Hellenistic Period : 2008², 254
Consistoire de l'Église wallonne de Rotterdam 1681-1706 (Le) : 2010¹, 113
Constellations du croire (Les) : 2012², 331
Contemporary Buddhism. An Interdisciplinary Journal : 2002⁴, 499
Contested Spaces : 2013³, 456
Contesting Secularism : 2014², 202
Context of Scripture (The) : t. 1 : 1998², 79 ; t. 2 : 2004², 203
Continuity and Discontinuity in Early Christian Apologetics : 2010³, 447
Controverse religieuse et ses formes (La) : 1996¹, 111
Controverses et polémiques religieuses : 2009², 219
Conversion religieuse (La) : 2011², 244
Convertir / Se convertir : 2007³, 337
Convertis (Les). Parcours religieux, parcours politiques : t. I : 2017⁴, 609
Coran et talismans : 2009¹, 101
Corinth in Context : 2011³, 465
Corinth in Contrast. Studies in Inequality : 2015³, 395
Corinthian Correspondence (The) : 1998², 110
Corps de Dieu en Fêtes (Le) : 1998¹, 104
Corpus Inscriptionum Iudaeae/Palaestinae : t. I : 2011², 272
Correspondance d'Ambroise de Milan (La) : 2014⁴, 452
Correspondance de Giovanni Battista de Rossi et de Louis Duchesne : 1997¹, 110
Correspondance de Jean Henri Samuel Formey (La). Inventaire alphabétique : 2005⁴, 606
Correspondance de Paul Claudel avec les ecclésiastiques de son temps : 2006⁴, 571
Correspondance de Pierre Bayle : t. I : 2000⁴, 543 ; t. II-III : 2006⁴, 558 ; t. IV : 2007⁴, 491 ; t. V : 2008⁴, 554 ; t. VI : 2010¹, 112 ; t. VII : 2010⁴, 585 ; t. VIII : 2011⁴, 598 ; t. IX : 2013⁴, 592 ; t. X-XIII : 2017³, 485 ; t. XIV-XV : 2018⁴, 496

Correspondance de Théodore de Bèze : t. XX : 1999³, 410 ; t. XXV-XXVII : 2006⁴, 552 ; t. XXVIII : 2007⁴, 485 ; t. XXIX : 2008⁴, 548 ; t. XXX : 2010¹, 105 ; t. XXXI : 2012⁴, 675 ; t. XXXIII-XXXIV : 2012⁴, 676 ; t. XXXV-XXXVI : 2013⁴, 588 ; t. XXXVII : 2014⁴, 476 ; t. XXXVIII-XXXIX : 2015⁴, 504 ; t. XL : 2016⁴, 487 ; t. XLI-XLII : 2020³, 433 ; t. XLIII : 2018⁴, 495
Correspondence of Wolfgang Capito (The) : t. I : 2006⁴, 547 ; t. III : 2016⁴, 480
Côté chaire, côté rue. L'impact de la Réforme sur la vie quotidienne à Genève : 2020³, 415
Couples protestants-musulmans : 2016², 213
Cranach und die Kunst der Renaissance unter den Hohenzollern : 2011¹, 123
Creation and Re-Creation in Jewish Thought : 2006³, 404
Création et l'anthropologie chez Eckhart et Nicolas de Cues (La) : 2012⁴, 664
Creator est Creatura. Luthers Christologie [...] : 2008⁴, 545
Crise écologique, crise des valeurs? : 2011², 234
Crise écologique et sauvegarde de la Création : 2017², 293
Crises de l'image religieuse : 2001³, 333
Crisis and Continuity at the Abbasid Court : 2014⁴, 489
Cristianesimi nell'antichità : 2009³, 440
Critical Edition of Q (The) : 2002², 228
Critique, savoir et érudition à la veille des Lumières : 2000⁴, 543
Cult of the Mother of God in Byzantium (The) : 2013⁴, 571
Culte et culture en dialogue : 1996⁴, 455
Culturas juveniles, educacion religiosa escolar y catequesis : 2013², 308
Culture and Religion. An International, Interdisciplinary Journal : 2002⁴, 495
Culture, Entertainment and the Bible : 2002², 194
Culture et christianisme : t. I-II : 2011¹, 111
Cultures de la confession : 2008², 199
Cultures et théologies en Europe : 1996/1, 122
Cultures jeunes et religions en Europe : 1998¹, 120
Cultures of Conversions : 2007¹, 106
Cusanus. The Legacy of Learned Ignorance : 2006⁴, 541
Dār al-islām / dār al-ḥarb. Territories, People, Identities : 2019², 299
David and Zion : 2006², 288
David und Saul im Widerstreit : 2006², 294
De bonne vie s'ensuit bonne mort : 2007⁴, 472
De la Bible à la littérature : 2004⁴, 495
De l'Édit de Nantes à la Révocation : 2007⁴, 487
De l'éthique en politique : 1996⁴, 468
De l'objet cultuel à l'œuvre d'art en Europe : 2014¹, 88
Dead Sea Scrolls and Pauline Literature (The) : 2015³, 371
Dead Sea Scrolls Concordance (The) : t. 2 : 2017⁴, 564
Dead Sea Scrolls (The). Hebrew, Aramaic and Greek Texts with English Translations : t. 1-2 : 1997², 232-233 ; t. 4a : 1999⁴, 514 ; t. 7 : 2012³, 502 ; t. 8A : 2019⁴, 552
Dead Sea Scrolls in Context (The) : 2012³, 498
Dead Sea Scrolls in Scholarly Perspective (The) : 2013³, 446
Dead Sea Scrolls Reader (The) : t. 2 : 2015³, 369
Dead Sea Scrolls (The). Texts and Contexts : 2011³, 412
Dead Sea Scrolls (The). Transmission of Traditions and Production of Texts : 2012³, 501
Death of Jesus in the Fourth Gospel (The) : 2008³, 375
Décalogue au miroir des Pères (Le) : 2008⁴, 557
Décalogue (Le) : 2008⁴, 558
Déchirement (Le). Juifs et chrétiens au premier siècle : 1997², 243
Défi de la fraternité (Le) : 2019³, 442
Défi de l'enseignement des faits religieux à l'école (Le) : 2015², 240
Défis de la modernité (Les) : 1998⁴, 477
Della legge all'amore : 2008¹, 120
D'encre de Brésil. Jean de Léry : 2000⁴, 537
Denys l'Aréopagite et sa postérité en Orient et en Occident : 2000³, 432
Dernières rédactions du Pentateuque, de l'Hexateuque et de l'Ennéateuque (Les) : 2009², 264
Des évêques, des écoles et des hérétiques : 2011³, 477
Des Protestantismes en « lusophonie catholique » : 1999⁴, 531
Des Tibbonides à Maïmonide : 2010⁴, 571

Destin, prédestination, destinée : 1997[4], 474
Destins de femmes : 2012[2], 346
Deuterocanonical and Cognate Literature : Yearbooks 2008-2009 : 2010[3], 394-395
Deuteronomistischen Geschichtswerke (Die) : 2007[2], 206
Deutungen des Todes Jesu im Neuen Testament : 2006[3], 411
Deux visages de la religion (Les) : 2007[1], 105
Développements récents en théologie trinitaire dans l'aire anglo-saxonne : 2015[1], 124
Devoir de mémoire et les politiques du pardon (Le) : 2008[1], 86
Diaconat permanent (Le) : 2001[1], 98
Dictionnaire critique de l'ésotérisme : 2002[4], 511
Dictionnaire de l'Antiquité : 2006[2], 282
Dictionnaire de Michel de Montaigne : 2019[3], 418
Dictionnaire de psychologie et de psychopathologie des religions : 2014[2], 210
Dictionnaire de spiritualité ascétique et mystique : t. 16, fasc. CVI-CVII : 1996[2], 245
Dictionnaire de spiritualité montfortaine : 1996[4], 457
Dictionnaire de théologie pratique : 2014[2], 210
Dictionnaire des Civilisations de l'Orient ancien : 2000[2], 284
Dictionnaire des monothéismes : 2004[4], 482
Dictionnaire des mythes littéraires : 2000[2], 313
Dictionnaire du Coran : 2009[1], 97
Dictionnaire historique de l'éducation chrétienne d'expression française : 2002[4], 514
Dictionnaire œcuménique de missiologie : 2002[1], 110
Dienst der ganzen Gemeinde Jesu Christi und das Problem der Herrschaft (Der) : 2000[4], 564
Dietrich Bonhoeffer lesen und verstehen : 2006[4], 579
Dieu à l'épreuve de notre cri : 2001[1], 127
Dieu à nostre commerce et société. Montaigne et la théologie : 2010[1], 104
Dieu agit-il dans l'histoire ? : 2009[2], 229
Dieu est-il violent ? : 2005[4], 615
« Dieu parle la langue des hommes » : 2008[2], 218
Dieu sauve la raison : 2009[1], 107
Dieu Trinité d'hier à demain avec Hilaire de Poitiers : 2011[4], 570
Digital Religion : 2015[2], 246
Dimensions bibliques de la catéchèse : 2014[2], 213
Diocèse (Le). Espaces, représentations, pouvoirs : 2003[3], 352
Diplomatie de Jean-Paul II (La) : 2002[4], 493
Dire la guerre, penser la paix : 2014[2], 236
Discours mystique entre Moyen Âge et première modernité (Le) : t. 1-2 : 2020[3], 408
Dissertation sur la formation du monde (1738). Dissertation sur la résurrection de la chair (1743) : 2002[3], 378
Diversité évangélique (La) : 2003[4], 496
Divine Evil? The Moral Character of the God of Abraham : 2014[3], 326
Divine Father (The) : 2015[3], 362
Divine Presence and Absence in Exilic and Post-Exilic Judaism : 2014[3], 331
Divine Wrath and Divine Mercy in the World of Antiquity : 2011[2], 287
Doctrine and Debate in the East Christian World : 2012[4], 626
Documenta Q. Q 11 : 2b-4 : 1998[2], 107
Dokumente zur Kirchenpolitik des Dritten Reiches : t. IV : 2001[4], 481 ; 2002[4], 482
Dom Augustin Calmet. Un itinéraire intellectuel : 2010[1], 114
Dona Melanchthoniana : 2003[3], 376
Drama « Gottesdienst » : 2001[1], 85
Droit ecclésial protestant (Le) : 2002[1], 102
Droits de l'Homme et l'islam (Les) : 2012[2], 291
Dualism in Qumran : 2011[3], 415
Durch Gottes Gnade bin ich wohlauf. Martin Luthers Leben in seinen Briefen : 2010[1], 98
Durchhalten! Krieg und Gesellschaft im Vergleich : 2011[4], 599
Dynamiques de la Pastorale : 1998[1], 92
Early Christian Book (The) : 2008[4], 504
Early Christian Communities between Ideal and Reality : 2016[4], 459
Echoes from the Caves : Qumran and the New Testament : 2010[3], 401
« Éclaircissements » de Pierre Bayle (Les) : 2011[1], 83

Éclats de vie. Un enseignement protestant de culture religieuse : 2008², 196
École et laïcité : 2009¹, 126
Écrire la Bible en français au Moyen Âge et à la Renaissance : 2018⁴, 481
Écrits gnostiques. La bibliothèque de Nag Hammadi : 2008³, 409
Écrivains face à la Bible (Les) : 2013², 280
Ecumenism Today : 2010², 262
Édit de Nantes revisité (L') : 2001⁴, 468
Education and Learning in the Early Islamic World : 2013⁴, 602
Eerdmans Dictionary of Early Judaism (The) : 2013³, 440
Église et la mission au vıᵉ siècle (L') : 2001³, 354
Église locale en mission interculturelle (L') : 2015², 231
Église protestante Saint-Paul, Strasbourg-Koenigshoffen (L') : 2016¹, 91
Églises aux marges, Église en marche : 2011², 301
Églises et la société congolaise d'aujourd'hui (Les) : 2008¹, 115
Églises face aux évolutions contemporaines de la conjugalité (Les) : 2018³, 373
Ehe und Familie im Geist des Luthertums : 2013⁴, 582
Eine Gott und die Götter (Der) : 2007², 197
Einführung in die historische Textanalyse : 2005³, 465
Ekklesiologie der Volkskirche : 2017², 299
Élites dans le monde biblique (Les) : 2009², 244
Émile Carrière : un professeur dans les tranchées : 2006⁴, 566
Emmanuel Mounier : l'actualité d'un grand témoin : 2007¹, 94
Empereur Julien et son temps (L') : 2011⁴, 569
Empire chrétien et Église aux ıvᵉ et vᵉ siècles : 2011², 199
En dialogue avec le judaïsme : 2012³, 548
En marge du canon : 2013⁴, 558
Encyclopaedia of Islam Three : 2007/1-3 et 2008/1 : 2009¹, 98 ; 2008/2 et 2009/1 : 2011¹, 100
Encyclopedia of Religious and Philosophical Writings in Late Antiquity : 2008³, 389
Encyclopedia of the Bible and its Reception : t. 1-2 : 2012⁴, 622 ; t. 3-5 : 2013⁴, 553 ; t. 6 : 2014⁴, 446 ; t. 7-9 : 2015⁴, 472 ; t. 10-11 : 2016⁴, 455 ; t. 12-14 : 2018⁴, 463
Encyclopédie du Catholicisme : 2010², 252
Encyclopédie du protestantisme : 1996⁴, 449
Encyclopédie littéraire de la Bible : 2004⁴, 496
Encyclopédie saint Augustin. La Méditerranée et l'Europe ıvᵉ-xxıᵉ s. : 2006³, 444
Endzeiten. Eschatologie in den monotheistischen Weltreligionen : 2010¹, 124
Enfance de Jésus (L') : 2008⁴, 555
Enfance de la Bible hébraïque (L') : 2005², 313
Enfer ou paradis. Aux sources de la caricature : 2014¹, 91
Engel. Mittler zwischen Himmel und Erde : 2012², 304
Engel, Teufel und Dämonen : 2007³, 374
« Enlarge the Site of Your Tent ». The City as Unifying Theme in Isaiah : 2012³, 481
Enoch and the Messiah Son of Man : 2008², 251
Enoch and the Synoptic Gospels : 2017⁴, 570
Enseignement supérieur dans les mondes antiques et médiévaux (L') : 2010³, 439
Entre Désert et Europe, le pasteur Antoine Court : 1998⁴, 475
Entre lignes de partage et territoires de passage : 2011³, 436
Envisioning Judaism : 2014³, 335
Ephemera catholiques : 2013⁴, 578
Epistle to the Hebrews (The). Writings at the Borders : 2017⁴, 595
Épître de Jacques dans sa tradition d'exégèse (L') : 2012⁴, 702
Érasme et les théologiens réformés : 2006⁴, 544
Erinnerte Reformation : 2010¹, 116
Erkennen und Erleben : 2008³, 352
Ernst Lohmeyer. Beiträge zu Leben und Werk : 2020³, 446
Erscheinung des Sakralen : 2012², 350
Erzählte Geschichte : 2002², 204
Erzväter in der biblischen Tradition (Die) : 2010³, 382
Eschatologie : 2013³, 426
Eschatology of the New Testament and Some Related Documents : 2012³, 516
Esprit de croisade (L') : 2001³, 360

Esprit de Spinoza (L'). Traité des trois imposteurs : 2003¹, 134
Essen und Trinken in der Bibel : 2010³, 383
État sans confession (L') : 2011², 240
Ethics of Suicide (The) : 2016², 193
Ethics of War (The) : 2009², 214
Éthiques en médecine : 1997¹, 98
Ethische Fragen genetischer Beratung : 2010², 264
Étranger au Moyen Âge (L') : 2001³, 367
Études : n° 394 : 2002¹, 102
Études d'histoire de l'ésotérisme : 2012⁴, 686
Études sémitiques et samaritaines : 1999², 238
Eucharist, Its Origins and Contexts (The) : 2018³, 368
Eucharistia. Encyclopédie de l'eucharistie : 2004¹, 117 ; 2006², 254
Europe des Traités de Westphalie (L') : 2001⁴, 472
European Pentecostalism : 2012², 354
Evangelischer Kirchenbau in Bayern seit 1945 : 2011¹, 121
Évangéliser. Approches œcuméniques et européennes : 2015², 248
Evangelium in der Geschichte : t. II : 1999³, 394
Evangelium. Schriftauslegung. Kirche : 1998², 100
Évangile de Marc. Recherches sur les versions du texte : 2001⁴, 451
Évangile selon Thomas : 2000², 307 ; 2001⁴, 457
Évêques et cardinaux princiers et curiaux (xivᵉ-début xviᵉ siècle) : 2020³, 407
Everyday Lived Islam in Europe : 2014², 206
Evil in Second Temple Judaism and Early Christianity : 2017⁴, 561
Exegese und Dogmatik : 2011³, 427
Expansion und Gefährdung : 2006⁴, 559
Expérience philosophique et expérience mystique : 2007¹, 87
Explaining Christian Origins and Early Judaism : 2009³, 381
Exploring Religion and the Sacred in a Media Age : 2011², 243
Faïences de l'Antiquité, de l'Égypte à l'Iran : 2006², 285
Faire des sciences sociales : t. I-III : 2013², 288
Faisons route ensemble : 2002¹, 109
Fait missionnaire (Le) : 1998¹, 118
Famille et conjugalité : 2017², 303
Family's Many Faces : 2016², 213
Feasts and Festivals : 2011³, 431
Feminist Theology and Visual Arts : 2013², 274
Femmes et pentecôtismes : 2016², 199
Fénelon. Philosophie et spiritualité : 1999³, 419
Festschrift in Honor of Professor P. N. Tarazi : t. 1 : 2014³, 324
Festtraditionen in Israel und im Alten Orient : 2007², 195
Fiction sacrée : 2015¹, 99
Figure of Solomon in Jewish, Christian and Islamic Tradition (The) : 2014², 231
Figures bibliques de la mission : 2011³, 439
Figures de David à la Renaissance (Les) : 2019², 307
Figures de David à travers la Bible : 1999², 232
Figures du Christ dans l'art, l'histoire et la littérature (Les) : 2002³, 332
Figures libres du protestantisme : 2003³, 396
Fils prodigue et les siens (Le) : 2013², 280
Fins dernières (Les) : 2009², 201
Five Gospels (The). The Search for the Authentic Words of Jesus : 1997², 202
Flavius Josephus. Interpretation and History : 2012³, 507
Florilegium Lovaniense : 2011², 271
Florilegium marianum : t. III : 1998², 79
Foi chrétienne et culture classique : 1998³, 340
Fondements de l'Humanité : 2012³, 477
For and Against David. Story and History in the Books of Samuel : 2012³, 480
Forces du bien et du mal dans les premiers siècles de l'Église (Les) : 2012⁴, 634
Fourth Ezra and Second Baruch : 2015³, 375
Fragilité, faiblesse ou richesse (La) ? : 2011², 253

François Furet : 2012⁴, 682
Francs-maçons dans la cité (Les) : 2002¹, 99
Französische Philosophie im 20. Jahrhundert (Die) : 2011¹, 128
Frauen leben Religion : 2003¹, 122
Freundschaft bei Ben Sira : 1998², 97
Friedenspotenzial von Religion (Das) : 2011¹, 91
From Quest to Q : 2001², 240
From Qumran to Aleppo : 2011², 272
From Temple to Church : 2010¹, 123
From the Tetrarchs to the Theodosians : 2011⁴, 564
Fromme Frauen oder Ketzerinnen? : 1999³, 385
Frömmigkeit und Spiritualität : 2002⁴, 516
Frühe christliche Mönchtum (Das) : 2009⁴, 549
Frühe italienische Druckgraphik : 1999³, 391
Frühjudentum und Neues Testament im Horizont Biblischer Theologie : 2004², 232
Funeral Book (The) : 2001¹, 93
Gaule chrétienne (La). Vies d'Hilaire et de Césaire d'Arles : 1998³, 361
Gebundene Freiheit? : 2010², 258
Geheimnis der Gegenwart Gottes (Das) : 2015³, 364
Geistige Erfassen der Welt im Alten Orient (Das) : 2008², 218
Geistlich Begleiten : 2013², 315
« Gelebte Religion » als Programmschrift : 2003¹, 120
Gemeinde 2.0. Frische Formen für die Kirche von heute : 2016², 203
Gemeinde im Kontext : 2015², 234
Gemeinde ohne Tempel : 2001², 236
Gemeindepädagogik : 2013², 302
Géographes Grecs : t. 1 : 2001³, 336
« Gerechtigkeit und Recht zu üben » (Gen 18,19) : 2011², 288
Gerissen und gestochen : 2002³, 362
Germania Judaica. Teil IV : 1520-1650 : t. 2 : 2012⁴, 668
Geschichte der christlichen Theologie : 2010², 252
Geschichte der Seelsorge in Einzelporträts : t. I - II : 1996⁴, 441
Gesetz im frühen Judentum und im Neuen Testament (Das) : 2007², 222
Getting "Saved" : 2013³, 458
Gewaltpotential des Monotheismus und der dreieine Gott (Das) : 2009¹, 85
Gilgamesch. Ikonographie eines Helden : 2014³, 319
Gladly to learn and gladly to teach : 2004⁴, 481
Globalisation du religieux (La) : 2001⁴, 493
Globalization, Ethics and Islam : 2007¹, 79
God and the Faithfulness of Paul : 2017⁴, 591
Gorgées d'Évangile : 1999³, 396
Gorgias Encyclopedic Dictionary of the Syriac Heritage (The) : 2012⁴, 654
Gospel According to John in the Byzantine Tradition (The). : 2009³, 390
Gospel according to the Hebrews and The Gospel of the Ebionites (The) : 2018⁴, 468
Gospel of John and Christian Theology (The) : 2009³, 410
Gospel of Judas in Context (The) : 2009⁴, 553
Gospels and the Scriptures of Israel (The) : 1999², 260
Gospels and Their Stories in Anthropological Perspective (The) : 2019⁴, 564
Gott und Mensch im Dialog : 2005², 312
Gott verlassen. Menschenwürde und Menschenbilder : 2009², 210
Gottesdienste ins Gespräch bringen : 2011², 262
GottesdienstKunst : 2013², 309
Gottestadt und Gottesgarten : 2003², 220
Grand livre de la mort à l'usage des vivants (Le) : 2008², 200
Grandes signatures de la catéchèse (Les) : t. I : 2013², 299 ; t. II : 2015², 242
Grands intermédiaires culturels de la République des Lettres (Les) : 2006⁴, 542
Grands traités du Huainan zi (Les) : 1996¹, 118
Gravure d'illustration en Alsace au xvιᵉ siècle (La) : t. II : 2001³, 370
Grecia Maggiore : 2012⁴, 628
Grégoire de Narek théologien et mystique (Saint) : 2008⁴, 527

Gregory of Nyssa : Contra Eunomium II : 2008⁴, 508
Gregory of Nyssa. The Minor Treatises on Trinitarian Theology and Apollinarism : 2012⁴, 650
Grundlagen einer vorgeburtlichen Psychologie : 2006², 278
Grundpositionen philosophischer Ethik : 2010², 263
Guerre et conquête dans le Proche-Orient ancien : 2000², 288
Guide de l'épigraphiste : 2002², 201
Guide des architectures religieuses contemporaines à Paris et en Île-de-France : 2011¹, 122
Gut und Böse in Mensch und Welt : 2014², 230
Habiter la ville : attention chantier ! : 2006¹, 164
Ḥadīth (Der). Urkunde der islamischen Tradition : t. II : 2010¹, 134
Hadrian and the Christians : 2011⁴, 556
Haggada du scribe Éliézer Seligmann de Rosheim (La) : 1999⁴, 518
Handbook for the Study of the Historical Jesus : 2012³, 519
Handbook of New Religions and Cultural Productions : 2013², 289
Handbook of Ugaritic Studies : 2001², 211
Handbuch Arbeit mit Kindern : 2010², 288
Handbuch Bibeldidaktik : 2014², 229
Handbuch der Bildtheologie : t. III : 2015¹, 119
Handbuch der Dogmen- und Theologiegeschichte : t. I-III : 1999³, 365
Handbuch der Katechese : 2013², 299
Handbuch der Liturgik : 1996², 246
Handbuch der Predigt : 1996², 247
Handbuch der Psychologie für die Seelsorge : t. 2 : 1996², 245
Handbuch der Seelsorge : 1996², 247
Handbuch für Kirchen- und Gemeindeentwicklung : 2016², 201
Handbuch Interkulturelle Seelsorge : 2003¹, 126
Handbuch Religiöse Gemeinschaften : 1996¹, 94
Hans Holbein der Jüngere : 2000³, 457
Harvesting M. Luther's Reflexions on Theology, Ethics, and the Church : 2005⁴, 587
Hébraïsants chrétiens en France au xvɪᵉ siècle (Les) : 2019², 318
Hebräische Bibel – Altes Testament. Tora, Die Bibel und die Frauen : t. 1.1 : 2011², 292
Hebrew Bible / Old Testament. The History of its interpretation I : Part 1 : 1998², 84 ; Part 2 : 2001³, 358
Hebrews in Contexts : 2017⁴, 596
Heiden, Juden, Christen und das Problem des Fremden (Die) : 1997², 236
Heil und Geschichte : 2010², 295
Heinrich Bullinger. Briefwechsel : t. 12 : 2010¹, 103 ; t. 14 : 2013⁴, 584 ; t. 16 : 2017³, 479 ; t. 18 : 2018⁴, 491
Hekhalot Literature in Context : 2014³, 350
Helmar Junghans als Kirchenhistoriker : 2013⁴, 601
Helsinki Atlas of the Neo-Assyrian Period (The) : 2002², 199
Herders Neuer Bibelatlas : 2014², 229
Herders Neues Bibellexicon : 2010², 293
Hériter d'Ellul. Centenaire J. Ellul : 2014¹, 103
Hermeneutik der frühchristlichen Wundererzählungen : 2015³, 384
Herméneutique contemporaine : 2013², 266
Hildegard von Bingen. Prophetin durch die Zeiten : 1999³, 382
Hindu-Mythen : 2011⁴, 611
Histoire de la littérature grecque chrétienne : t. I : 2009³, 439
Histoire de la philosophie : 2012², 313
Histoire de la rhétorique dans l'Europe moderne : 2000³, 409
Histoire de la théologie : 2010², 252
Histoire du christianisme (dir. J.-M. Mayeur) : t. I : 2001³, 336 ; t. XIV : 2002³, 331
Histoire du christianisme. Pour mieux comprendre notre temps : 2008³, 386
Histoire et Théologie : 1997⁴, 472
Histoire générale du christianisme : t. I-II : 2011³, 473
Histoire religieuse de la Grande-Bretagne : 1998⁴, 479
Histoire religieuse de l'Allemagne : 2002⁴, 470
Historical Jesus (The). Critical Concepts in Religious Studies : t. IV : 2008³, 360
History of the Qur'ān (The) : 2014⁴, 488

History of Vatican II : t. 1 : 1997[1], 122
Holistic Qumran : 2011[3], 411
Holy Ground. Re-inventing Ritual Space in Modern Western Culture : 2012[2], 349
Holy Spirit and Christian Origins (The) : 2005[3], 438
Homère chez Calvin : 2001[3], 380
Homme icône de Dieu (L'). La Genèse relue par l'Église des Pères : 1999[3], 370
Homosexualité et traditions monothéistes : 2018[2], 210
Homosexuel, mon prochain : 2015[2], 221
Hôpital entre religions et laïcité du Moyen Âge à nos jours (L') : 2007[1], 119
How to Do Things with Pictures : 2015[2], 238
Huguenots et l'Atlantique (Les) : t. I : 2011[4], 596
« Humana sapit » : 2003[3], 354
Humanistes, clercs et laïcs dans l'Italie du XIIIe au début du XVIe s. : 2014[4], 459
Humanitarian Intervention and the Pursuit of Justice : 1997[4], 489
Hymnen, Klagelieder und Gebete : 2014[3], 322
Hymnes du Nouveau Testament et leurs fonctions (Les) : 2009[2], 271
Ibn Ḥazm of Cordoba : 2014[4], 490
Iconoclasm and Iconoclash : 2010[1], 122
Iconographie, propagande et légitimation : 2002[4], 457
Idée de l'Europe au fil de deux millénaires (L') : 1996[1], 122
Identités confessionnelles et espace urbain en terres d'islam : 2007[1], 77
Identity of Jesus. Nordic Voices (The) : 2015[3], 381
Im Dschungel der Macht : 2001[4], 482
Image and the Book (The) : 1999[2], 243, 245
Image dans la pensée et l'art au Moyen Âge (L') : 2007[3], 373
Image of Christ (The) : 2000[3], 412
Image of the Judaeo-Christians in Ancient Jewish and Christian Literature (The) : 2004[4], 519
Imagery in the Gospel of John : 2008[3], 373
Images and Prophecy in the Ancient Eastern Mediterranean : 2011[2], 286
Images as Media : 2001[2], 206
Images de clochers disparus. Églises et monastères de Lons-le-Saunier en 1791 : 2013[2], 249
Imagination in der Praktischen Theologie : 2013[2], 294
Imaginationen der inneren Welt : 2012[2], 368
Imaginer l'Europe : 1996[1], 122
Imi Knoebel à Reims : 2013[2], 255
In der Gegenwart Gottes : 2011[1], 117
In the Shadow of Bezalel : 2014[3], 323
In un'altra forma. Percorsi di iniziazione all'icona : 1996[4], 466
Index documentaire d'El-Amarna : t. 2 : 1996[3], 381
Initiation à la lecture d'un texte biblique : 1996[2], 224
Inscriptiones Judaicae Orientis : t. I-III : 2004[2], 218
Intelligence de la rencontre du bouddhisme (L') : 2002[4], 497
Intelligentsia européenne en mutation (L') : 1999[4], 529
Intercession, du Moyen Âge à l'époque moderne (L') : 2005[4], 581
International Law and Islamic Law : 2010[1], 140
Interprétation (L'). Un dictionnaire philosophique : 2017[2], 283
Interpretation of Exodus (The) : 2007[2], 199
Interpretation of Scripture in Early Judaism and in Christianity (The) : 2002[2], 215
Interpreting Translation : 2006[2], 290
Interruption médicale de grossesse (L') : 2015[1], 123
Intertextualités. La Bible en échos : 2002[2], 187
Intime du droit à la Renaissance (L') : 2015[4], 493
Intrigue dans le récit biblique (L') : 2011[2], 281
Introducing Buddhism : 2011[1], 93
Introduction à la Théologie Pratique : 1997[4], 489
Introduction à la théologie systématique : 2008[2], 256
Introduction à l'éthique : 2010[2], 263
Introduction au Nouveau Testament : 2009[3], 391
Invention de la tradition (L') : 2007[3], 334
Ioannis Calvini Varia : t. I : 2015[4], 500

Isaaks Opferung (Gen. 22) in den Konfessionen und Medien der Frühen Neuzeit : 2007², 205
Isaiah. Interpreted by Early Christian And Medieval Commentators : 2008², 245
Islam and Political-Cultural Europe : 2013⁴, 612
Islam dans la cité (L') : 2007¹, 81
Islam, Europe and Emerging Legal Issues : 2013⁴, 612
Islamic Cultures, Islamic Contexts : 2016⁴, 493
Islamic Law in Theory : 2016¹, 78
Islamic Legal Thought : 2014⁴, 493
Islamic Scholarly Tradition (The) : 2012⁴, 691
Islamic Theology, Philosophy and Law : 2014⁴, 492
Islamic World (The) : 2011¹, 97
Israël construit son histoire. L'historiographie deutéronomiste : 1998², 92
Israeliten und Phönizier : 2009², 255
Ivoires. De l'Orient ancien aux temps modernes : 2005², 304
Jacques Ellul, une théologie au présent : 2017², 310
Jahrbuch für Liturgik und Hymnologie : t. 50 : 2012², 312
Jahrbuch Musik und Gender : t. 1 : 2010¹, 153
Jahrhundert der Reformation in Sachsen (Das) : 2006⁴, 545
Jansénisme et puritanisme : 2003³, 379
Jean Calvin : les années strasbourgeoises (1538-1541) : 2010⁴, 587
Jean Calvin. Les visages multiples d'une réforme et de sa réception : 2009⁴, 543
Jean Frédéric Oberlin : Correspondance et textes complémentaires : t. I : 2014⁴, 480 ; t. II : 2015⁴,
     507 ; t. III : 2017⁴, 610 ; t. IV : 2019², 295 ; t. V : 2020³, 438
Jenseits (Das) : 2004¹, 120
Jenseits der Grenzen : 2010⁴, 558
Jenseitsvorstellungen im Hellenismus, Judentum und Christentum : 2008², 216
Jericho und Qumran : 2001², 220
Jerusalem und die Länder : 2011³, 429
Jesus and Archeology : 2007², 232
Jésus de Nazareth. Études contemporaines : 2018³, 353
Jésus. De Qumrân à l'Évangile de Thomas : 2000², 307
Jésus des philosophes (Le) : 2010², 245
Jésus en représentations : 2012², 305
Jésus et les nouvelles découvertes archéologiques : 2009³, 397
Jesus Handbuch : 2018³, 348
Jesus in apokryphen Evangelienüberlieferungen : 2011³, 446
Jésus le Christ chez saint Thomas d'Aquin : 2010¹, 90
Jésus. L'encyclopédie : 2018³, 350
Jesus, Paul, and Early Christianity : 2009³, 394
Jesus, Paulus und die Texte von Qumran : 2017⁴, 569
Jeunesse d'une pensée (La). P. Ricœur à l'Université de Strasbourg : 2016¹, 106
Jewish and Christian Cosmogony in Late Antiquity : 2014³, 338
Jewish and Christian Liturgy and Worship : 2008³, 346
Jewish Believers in Jesus : 2008³, 397
Jewish Identity in the Greco-Roman World : 2008², 250
Jewish Life and Thought among Greeks and Romans : 1998², 103
Jezuz voor ogen : 2014¹, 92
Joël 3 (2,28-32). L'effusion de l'Esprit : 2017⁴, 613
Johann Lorenz Mosheim (1693-1755) : 1999³, 420
Johannes a Lasco (1499-1560) : 2001³, 376
Johannes Calvin 1509-2009. Würdigung aus Berner Perspektive : 2015⁴, 501
Johannes Calvin. Neue Wege der Forschung : 2011⁴, 594
Johannes Sturm (1507-1589). Rhetor, Pädagogue und Diplomat : 2009⁴, 575
Johannesapokalypse (Die). Kontexte – Konzepte – Rezeption : 2013³, 476
Joseph und Aseneth : 2011³, 420
Josephus und das Neue Testament : 2008³, 344
Joshua and Judges : 2015⁴, 469
Judentum und Antisemitismus in Europa : 2018⁴, 482
Judéo-christianisme dans tous ses états (Le) : 2002², 222
Jüdische Schriften in ihrem antik-jüdischen und urchristlichen Kontext : 2003², 221

Jules Monchanin (1895-1957) : 1998[1], 108
Julius Africanus und die christliche Weltchronik : 2007[3], 353
Jüngste Tage. Die Gegenwart der Apokalyptik : 2001[1], 84
Juste mémoire (La). Lectures autour de Paul Ricœur : 2008[1], 85
Justice et grâce dans les commentaires sur l'épître aux Romains : 2009[1], 125
Justification and Variegated Nomism : t. I : 2002[2], 208 ; t. II : 2005[3], 457
Kaiser Julian « Apostata » und die philosophische Reaktion gegen das Christentum : 2010[4], 551
Kann man Glauben lernen? : 2010[2], 290
Κατὰ τοὺς οʹ. *Selon les Septante* : 1998[3], 336
Katharina von Bora : 2000[3], 454
Katholische Theologen der Reformationszeit : t. 6 : 2005[4], 598
Kein Land für sich allein : 2003[2], 213
Kestoi des Julius Africanus und ihre Überlieferung (Die) : 2010[4], 546
Key Events in the Life of the Historical Jesus : 2011[3], 443
Kierkegaard, l'œuvre de l'accomplissement : 2018[1], 95
Kirche als pastorales Unternehmen : 2012[2], 361
Kirche und Kunst : 2013[2], 251
Kirche zwischen postmoderner Kultur und Evangelium : 2011[2], 253
Kirchenbau : 2013[2], 247
Kirchengeschichte am Oberrhein, ökumenisch und grenzüberschreitend : 2013[3], 478
Kirchliche Amtshilfe. Die Kirche und die Judenverfolgung im III. Reich : 2010[1], 120
Kleiner Evangelischer Erwachsenenkatechismus : 2017[2], 302
Kolosser-Studien : 2010[3], 433
Konfirmandenarbeit erforschen : 2013[2], 312
Königsherrschaft Gottes und himmlischer Kult : 1997[2], 238
Konstruktion von Wirklichkeit : 2006[3], 442
Kontexte des Johannesevangeliums : 2005[3], 449
Konzise und aktualisierte Ausgabe des Hebr. und Aram. Lexikons zum AT : 2014[3], 377
Kreuzestheologie im Neuen Testament : 2003[2], 229
Kreuzzüge (Die). Kein Krieg ist heilig : 2004[3], 348
Kultur und Menschlichkeit : 2002[1], 94
Kunst der frühen Christen in Syrien (Die) : 2010[1], 151
Kunst, Kirche, Kontroversen : 2015[1], 104
« La vie tout entière est pénitence... » Les 95 thèses de Martin Luther : 2018[4], 499
Langage et religion : 2019[3], 435
Language Environment of First Century Judaea (The) : 2015[3], 366
Law Collections, from Mesopotamia and Asia Minor : 1998[2], 79
« Le juste vivra de sa foi » (Habacuc 2,4) : 2012[2], 367
Légèreté de l'être (La). Études sur Malebranche : 2001[1], 111
Lérins, une île sainte de l'Antiquité au Moyen Âge : 2011[3], 474
Lesarten der Bibel : 2008[2], 227
Letter to the Romans (The) : 2011[3], 463
Lettere di el-Amarna (Le) : t. 1-2 : 2000[2], 284
Lettre clandestine (La) : n° 1-4 : 2000[4], 545 ; n° 6 : 1999[3], 420 ; n° 7 : 2000[4], 545
Leuchtfeuer oder Lichternetz : 2015[2], 234
Lexikon der Bibelhermeneutik : 2010[2], 293
Lexique latin-français. Antiquité et Moyen Âge : 2007[3], 333
Lexiques bilingues dans les domaines philosophique et scientifique : 2002[3], 350
Lineaments of Islam (The) : 2013[4], 611
Lire dans le texte les apocryphes chrétiens : 2009[3], 445
Lire et écrire à Byzance : 2007[3], 372
Lire et éditer aujourd'hui Ambroise de Milan : 2009[4], 566
Lire et interpréter : 2014[4], 485
Lire la Bible à l'école des Pères : 1998[3], 336
Lire le manuscrit médiéval : 2006[3], 442
Littérature apocryphe chrétienne et les Écritures juives (La) : 2016[1], 107
Liturgie et religiosité : 2019[3], 455
Liturgie, mise en scène ou entracte (La)? : 2008[2], 190
Liturgie verstehen : 2011[2], 264
Livre de Job chez les Pères (Le) : 1996[3], 382

Livre de l'Enfance du Sauveur : 2007³, 377
Livre des délibérations de l'Église réformée de l'Albenc : 1999³, 417
Livre des Papes (Le) : 2010⁴, 569
Livre secret des Cathares (Le). Interrogatio Iohanni : 2010⁴, 570
Lois religieuses des empereurs romains de Constantin à Théodose II (Les) : t. I : 2006³, 464 ;
    t. II : 2010⁴, 564
Ludlul bēl nēmeqi : The Standard Babylonian Poem of the Righteous Sufferer : 2011², 285
Lulle et la condamnation de 1277 : 2007⁴, 470
Lutero, la Riforma e le arti : 2018¹, 86
Luther – zwischen den Zeiten : 2000³, 456
Luther et la Réforme : 2004³, 355
Luther Handbuch : 2005⁴, 585
Lyon 1562, capitale protestante : 2010⁴, 581
Lyon. Le Lyonnais - Le Beaujolais : 1996¹, 101
Magda et André Trocmé, figures de résistances : 2009¹, 83
Magic and Divination in the Ancient World : 2003², 214
Magical Practice in the Latin West : 2011⁴, 555
Mahl und religiöse Identität im frühen Christentum : 2013³, 455
Main de Dieu (La) : 1997⁴, 490
Manuel d'exégèse de l'Ancien Testament : 2009², 256
Manuscrit B de la Bible (Le) : 2011², 278
Margiana : Gonur-depe Necropolis : 2003², 217
Marie et la Sainte famille dans les récits apocryphes chrétiens : 2007³, 336
Maritain et les artistes : 2017², 279
Mark and Matthew I. Comparative Readings : 2012³, 524
Martin Bucer : Briefwechsel / Correspondance : t. IV : 2001², 246 ; t. VI : 2007², 240 ; t. VIII :
    2011⁴, 623 ; t. IX : 2014¹, 123
Martin Bucer. Reforming church and community : 1997³, 364
Martin Bucer zwischen den Reichstagen von Augsburg und Regensburg : 2012⁴, 671
Martin Bucer zwischen Luther und Zwingli : 2003⁴, 505
Martin Bucers Deutsche Schriften : t. 16 : 2014⁴, 468
Martin Luther. Biographie und Theologie : 2011⁴, 584
Martin Luther. Images, appropriations, relectures : 1996³, 355
Martin Luther in Rom : 2020³, 414
Martyriumsvorstellungen in Antike und Mittelalter : 2013³, 428
Mary Magdalene. Iconographic Studies [...] : 2014¹, 87
Matthieu 5,48. Soyez parfaits ! : 2017⁴, 614
Maximus the Confessor and his Companions : 2005³, 484
Médias et démocratie : 2010⁴, 589
Mediating Cultural Diversity in a Globalized Public Space : 2014², 208
Medieval Monastic Education : 2002³, 351
Médiéviste devant ses sources (Le) : 2005³, 490
Melanchthon und der Calvinismus : 2006⁴, 548
Melanchthon und die Neuzeit : 2004³, 361
Melanchthon und die reformierte Tradition : 2018⁴, 494
Melanchthon und Luther : 2010¹, 99
Melanchthons bleibende Bedeutung : 1999³, 409
Melanchthons Briefwechsel : t. 8 : 1996³, 366 ; t. 9-10 : 1999³, 406 ; t. 11 : 2004³, 360 ; t. 12 : 2005⁴,
    588 ; t. T2 : 1996³, 365 ; t. T3 : 2001³, 375 ; t. T4 : 2008⁴, 545 ; t. T5 : 2004³, 359 ; t. T6 : 2005⁴,
    587 ; t. T7 : 2007⁴, 480 ; t. T8 : 2008⁴, 545 ; t. T9 : 2010¹, 100 ; t. T10 : 2010⁴, 578 ; t. T11 : 2011⁴,
    590 ; t. T12 : 2012⁴, 672 ; t. T13 : 2013⁴, 583 ; t. T14 : 2014⁴, 468 ; t. T16 : 2016⁴, 481 ; t. T17 :
    2017³, 480 ; t. T18 : 2019², 293 ; t. T19-T20 : 2020³, 421
Mémoire des guerres de religion (La) : 2010¹, 96
Memory and Memories in Early Christianity : 2019⁴, 559
Memory in the Bible and Antiquity : 2008², 215
Mensch – Religion – Bildung : 2016², 210
Mensch und Spiritualität : 2009², 237
Menschenbilder und Körperkonzepte im Alten Israel [...] : 2014³, 324
Messianismes. Variations sur une figure juive : 2001², 221
Metamorphoses : Resurrection, Body and Transformative Practices [...] : 2010³, 409

Metaphor in the Hebrew Bible : 2008[2], 228
Method and Meaning : 2013[3], 453
Millenium. Interpretationen zum christlichen Mythos der Jahrtausendwende : 2000[3], 414
Minorités religieuses dans l'espace européen : 2009[2], 220
Miracles and Imagery in Luke and John : 2009[3], 408
Miroirs de Charles IX : 2020[3], 436
Miroirs du fanatisme (Les) : 1998[1], 118
Mises en scène de l'humain : 2016[1], 103
Mistere de l'Institucion de l'Ordre des Freres Prescheurs : 1998[3], 371
Mit Kindern Glauben feiern und verstehen : 2016[2], 212
Mitarbeit in Kirche und Gemeinde : 1999[4], 537
Mitleid. Konkretionen eines strittigen Konzepts : 2011[1], 139
Modernité et religion au Québec : 2012[2], 356
Modernité religieuse en perspective comparée (La) : 2001[4], 492
Moines et monastères dans les sociétés de rite grec et latin : 1998[3], 335
Mon corps et moi : 2018[1], 110
Monde de la Bible (Le) : 1999[2], 228
Monde où vivait Jésus (Le) : 2000[2], 303
Monothéisme biblique (Le) : 2011[4], 622
More than a Memory. The Discourse of Martyrdom [...] : 2007[3], 337
Mort du souverain entre Antiquité et haut Moyen Âge (La) : 2007[3], 335
Mosaïque de langues, mosaïque culturelle : 1997[2], 192
Mourir... et après ? : 2006[2], 273
Mozart und die geistliche Musik in Süddeutschland : 2012[2], 311
Muslim Diaspora in the West : 2012[2], 351
Musulmans dans l'histoire de l'Europe (Les) : t. I : 2012[4], 692 ; t. II : 2014[4], 495
Musulmans d'aujourd'hui : 2011[1], 105
Musulmans de France et d'Europe : 2007[1], 78
Mystère du Christ (Le). Contre Apollinaire (iv⁰ s.) : 2006[3], 459
Mystiques rhénans (Les). Eckhart, Tauler, Suso : 2011[4], 579
Myth of the Reformation (The) : 2014[4], 463
Mythes grecs, mythes bibliques. L'humain face à ses dieux : 2008[1], 94
Mythologie et religion des sémites occidentaux : t. II : 2009[2], 251
Mythology and Mythologies : 2002[2], 196
Nag Hammadi Deutsch. Studienausgabe : 2008[3], 410
Naissance de la Bible grecque : 2018[4], 466
Naissance du paradigme herméneutique (La) : 2011[1], 126
Nativité et le temps de Noël (La) : 2006[2], 266
Nature et descendance. Hans Jonas et le principe « responsabilité » : 1997[4], 488
Neuer Antisemitismus – alte Vorurteile ? : 2002[4], 494
Neues Testament und hellenistisch-jüdische Alltagskultur : 2012[3], 517
New Chapters in the History of Rhetoric : 2011[2], 273
New Generation of Witches (The) : 2009[2], 218
New SCM Dictionary of Church History (The) : t. I : 2009[3], 430
New Seals and Inscriptions, Hebrew, Idumean and Cuneiform : 2008[2], 221
New Testament and Rabbinic Literature (The) : 2011[3], 432
New Testament Apocrypha. More Noncanonical Scriptures : t. I : 2018[4], 467
New Testament in Its First Century Setting (The) : 2005[3], 437
New Testament Text in Early Christianity (The) : 2004[2], 233
Ni Ève ni Marie. Luttes et incertitudes des héritières de la Bible : 1999[4], 551
Nier les dieux, nier Dieu : 2004[4], 479
Noah and His Book(s) : 2012[3], 505
Noli me tangere *in Interdisciplinary Perspective* : 2017[4], 589
Nomades et sédentaires dans le Proche-Orient ancien : 2005[2], 305
Nourriture et repas dans les milieux juifs et chrétiens : 2001[2], 231
Nouveau Testament à travers 100 chefs-d'œuvre de la peinture (Le) : 2004[2], 206
Nouveau Testament commenté (Le). Texte intégral : TOB : 2016[3], 336
Nouveaux apprentissages pour l'Église : 2008[1], 99
Nouveaux mouvements religieux (Les) : 2002[1], 101
Nouvelle France protestante (La) : 2013[2], 292

Nouvelle Suisse religieuse (La) : 2010[2], 270
Nouvelles avancées en psychologie et pédagogie de la religion : 2018[2], 221
Nouvelles intrigues pseudo-clémentines : 2009[4], 564
Novum Testamentum. Editio critica maior IV : t. IV : 2008[3], 355
Nur für reife Erwachsene : 2012[4], 679
Odes de Salomon. Trad. Guirau et Hamman : 2008[4], 497
Odes de Salomon (Les). Trad. Azar : 1997[3], 339
Œcumenical Councils (The) : t. I : 2007[3], 356
Œuvre d'un orientaliste (L') : 2011[2], 281
Old Greek of Isaiah (The) : 2011[3], 400
Old Masks, New Faces : 1996[4], 452
Old Testament Apocrypha in the Slavonic Tradition (The) : 2013[4], 570
Old Testament Pseudepigrapha. More Noncanonical Scriptures : 2014[3], 332
On Love. A Selection of Works [...] : 2012[4], 660
On the Proper Use of Phenomenology. Paul Ricœur Centenary : 2014[1], 106
On the Writing of New Testament Commentaries : 2013[3], 454
One God – One Cult – One Nation : 2011[2], 291
Opening Heaven's Floodgates : 2015[4], 466
Oracles et prophéties dans l'Antiquité : 1997[3], 380
Orakel und Gebete : 2010[3], 379
Oratio. Das Gebet in patristischer und reformatorischer Sicht : 2000[3], 412
Order and Compromise. Government Practices in Turkey : 2016[4], 497
Orientalism, Assyriology and the Bible : 2008[2], 218
Origeniana Sexta. Origène et la Bible : 1997[3], 342
Origeniana Septima. Origenes in den Auseinandersetzungen des 4. Jh. : 2001[3], 345
Origeniana Nona. Origen and the Religious Practice of His Time : 2011[4], 561
Originale der Kopie (Das) : 2012[2], 299
Orphisme et Orphée : 1997[1], 103
Orthodoxy, Process and Product : 2012[2], 336
« Other » in Second Temple Judaism (The) : 2012[3], 494
Other Worlds and Their Relation to This World : 2013[4], 560
Où est la vérité ? : 2015[2], 217
Oxford Encyclopedia of Biblical Interpretation (The) : t. 1-2 : 2015[3], 359
Oxford Handbook of Apocalyptic Literature (The) : 2015[3], 364
Oxford Handbook of Biblical Narrative (The) : 2017[4], 559
Oxford Handbook of Biblical Studies (The) : 2007[2], 189
Oxford Handbook of Feminist Theology (The) : 2013[2], 273
Oxford Handbook of Jewish Daily Life in Roman Palestine (The) : 2011[3], 404
Oxford Handbook of Systematic Theology (The) : 2010[2], 253
Oxford Handbook of the Trinity (The) : 2014[1], 112
Papyrologie und Exegese : 2013[3], 453
Papyrology and the History of Early Islamic Egypt : 2006[1], 148
Par Ta colère nous sommes consumés. Jean de La Taille, auteur tragique : 2000[2], 317
Parabole des talents (Matthieu 25,14-30) (La) : 2012[2], 367
Paradigms, Poetics and Politics of Conversion : 2007[1], 106
Parallelismus membrorum : 2008[2], 225
Paraphrases bibliques aux XVIe et XVIIe siècles (Les) : 2007[4], 476
Paroles de Noël : 2014[2], 219
Paroles d'Évangiles. Quatre pamphlets allemands des années 1520 : 1997[3], 366
Passion de la grâce (La) : 2014[2], 235
Passion de Perpétue et de Félicité suivi des *Actes* : 1997[1], 109
Pasteur Samuel Vincent (Le) : 2005[4], 608
Pastoral Luther (The) : 2010[4], 577
Patriarches et l'histoire (Le) : 1999[2], 248
Patrimonium fidei : 1998[2], 102
Patristik in der Bibelexegese des 16. Jahrhunderts (Die) : 2000[4], 536
Patrum Nicaenorum Nomina latine graece coptice arabice armeniace : 1997[1], 109
Paul and His Social Relations : 2014[3], 370
Paul and Mark. Comparative Essays : Part I : 2018[3], 357
Paul and Pseudepigraphy : 2014[3], 370

Paul and the Ancient Letter Form : 2012³, 533
Paul as Missionary : 2012³, 533
Paul : Jew, Greek, and Roman : 2010³, 428
Paul, John and Apocalyptic Eschatology : 2014³, 367
Paul. Life, Setting, Work, Letters : 2013³, 467
Paul, une théologie en construction : 2006³, 428
Paul's World : 2009³, 414
Paul Gerhardt – Dichtung, Theologie, Musik : 2010¹, 110
Paul Ricœur. Bibliographie primaire et secondaire : 2010², 235
Paul Ricœur et la question éducative : 2014¹, 107
Paul Ricœur : mal et pardon : 2016¹, 97
Paul Ricœur. Poetics and Religion : 2013², 262
Paul Ricœur : un philosophe lit la Bible : 2011⁴, 624
Paulus Handbuch : 2014³, 367
Paulus und die antike Welt : 2009³, 416
Paulus und Johannes : 2008³, 379
Pèlerinage et espace religieux : 2009¹, 87
Penser en commun ? : 2016¹, 104
Penser et panser la démocratie : 2018¹, 100
Penser le suicide : 2018¹, 112
Pentateuch as Torah (The) : 2008², 233
Pentateuque (Le). La Bible d'Alexandrie : 2004⁴, 502
Pentateuque (Le). Les cinq livres de la Loi (TOB) : 2004⁴, 499
Pentecostal Power : 2012², 358
Pères de l'Église à l'écoute du peuple de Dieu (Les) : 2018⁴, 470
Pères grecs dans la tradition syriaque (Les) : 2009⁴, 545
Pericope of the Adulteress in Contemporary Research (The) : 2017⁴, 588
Perle Évangélique (La) : 1998⁴, 472
Personenlexikon zum deutschen Protestantismus 1919-1949 : 2007⁴, 494
Personne et le christianisme ancien (La) : 2007³, 344
Perspectives on the Song of Songs : 2007², 213
Peter Martyr Vermigli. Humanism, Republicanism, Reformation : 2004³, 363
Phénomène évangélique (Le) : 2014², 204
Philip Melanchthon, Eine Gestalt der Reformationszeit : 1996³, 367
Philipp Jakob Spener. Leben, Werk, Bedeutung : 2008⁴, 553
Philipp Melanchthon. Seine Bedeutung [...] : 2011⁴, 591
Philippiens 2, 5-11. La kénose du Christ : 2013⁴, 621
Philo und das Neue Testament : 2005³, 431
Philocalie (La) : 1996³, 342
Philon d'Alexandrie et le langage de la philosophie : 2001¹, 107
Philosophie de la religion : 2012², 327
Philosophie de Rousseau : 2017², 284
Philosophie et théologie à l'époque moderne : t. III : 2012², 325
Philosophie et théologie à l'époque contemporaine : t. IV*-IV** : 2012², 326
Philosophie grecque : 1997⁴, 467
Pierre Bayle (1647-1706), Le philosophe de Rotterdam : 2010¹, 112
Pierre Bayle, citoyen du monde : 1999², 275
Pierre Bayle dans la République des Lettres : 2006⁴, 557
Pierre Bayle : la foi dans le doute : 1997³, 371 ; 1998⁴, 476
Pierre de Jean Olivi (1248-1298) : 2000³, 446
Pieties in Transition : 2008⁴, 538
Piétismes à l'âge classique (Les) : 2002³, 375
Pietist Theologians (The) : 2005⁴, 602
Political and Cultural Representations of Muslims : 2013⁴, 613
Politics and Reformations : 2008⁴, 539
Politique et le religieux (Le) : 1997¹, 97
Politiques de la laïcité au xxᵉ siècle : 2009², 221
Populäre Kriegslyrik im Ersten Weltkrieg : 2016², 195
Portraits of Jesus : 2014⁴, 447
Pour une foi, quelle culture ? : 2016², 200

Poussières de christianisme et de judaïsme antiques : 2007³, 380
Pouvoir (Le). Enquêtes dans l'un et l'autre Testament : 2013³, 429
Power of Religion in Late Antiquity (The) : 2010⁴, 548
Praktische Theologie : 2008¹, 118
Praktische Theologie für das 21. Jahrhundert : 2003¹, 119
Pratiques autour de la mort : 2013², 313
Prayer and Poetry in the Dead Sea Scrolls : 2013³, 449
Preaching and Political Society : 2015⁴, 490
Prédications. Un best of protestant : 2015², 230
Predigt im Ersten Weltkrieg : 2017⁴, 613
Presence and Absence of God (The) : 2011², 229
Prières et propagandes : 2015², 229
Priester unter Hitlers Terror : 1999³, 427
Primus Truber 1508-1586 : 2015⁴, 498
Problematische Prophet (Der). Die biblische Jona-Figur [...] : 2012³, 483
Producing Islamic Knowledge : 2012⁴, 696
Prologue of the Gospel of John (The) : 2017⁴, 587
Promessa immaginata (La) : 2013², 275
Prophecy after the Prophets? : 2011³, 416
Prophecy in the Book of Jeremiah : 2010³, 392
Propheten in Mari, Assyrien und Israel : 2007², 196
Prophètes de la Bible et la fin des temps (Les) : 2012³, 469
Prophets and Prophecy in Jewish and Early Christian Literature : 2011³, 428
Prosopographie chrétienne du Bas-Empire. T. 2 : Italie : t. 1 : 2000³, 422 ; t. 2 : 2001³, 346
Prosopography of the Neo-Assyrian Empire (The) : t. 3. Part II : 2012³, 472
Protestantischer Kirchenbau der Frühen Neuzeit in Europa : 2017², 278
Protestantisme et franc-maçonnerie : 2002¹, 98
Protestantisme et son avenir (Le) : 1999⁴, 532
Protestantisme et vie monastique : 2016², 215
Protestantismus, Antijudaismus, Antisemitismus : 2018⁴, 482
Protestants français pendant la seconde guerre mondiale (Les) : 1996¹, 99
Psalms and Hebrews. Studies in Reception : 2012³, 540
Psaumes de la Bible, psaumes d'aujourd'hui : 2012³, 484
Pseudepigrapha and Christian Origins (The) : 2010³, 403
Pseudo-Clementines (The) : 2012⁴, 641
Psychologie du développement religieux : 2014², 212
Punir, restaurer, guérir : 2014², 237
Purity and the Forming of Religious Traditions : 2014², 232
Purity, Holiness, and Identity in Judaism and Christianity : 2014³, 337
Puzzling Out the Past : 2014³, 319
Qohelet in the Context of Wisdom : 2000², 302
Qoumrân et le judaïsme du tournant de notre ère : 2007³, 329
Qualität im Gottesdienst : 2016², 209
Quand interpréter c'est changer : 1996⁴, 458
Quand la Bible se raconte : 2004¹, 125
Quand le religieux fait conflit : 2017², 306
Quand l'humanisme fait école : 2007⁴, 509
Quesiti, temi, testi di poesia tardolatina [...] : 2008³, 389
Qu'est-ce que la vérité? : 2012², 332
Qu'est-ce qu'un pasteur? : 1998¹, 92
Questions d'un païen à un chrétien : t. I-II : 1996³, 340
Qui a peur des homosexuel-les? : 2002⁴, 515
Qumran Cave 1 Revisited : 2011³, 414
Qumran Studies. New Approaches. New Questions : 2008³, 340
Qumran und die Archäologie : 2012³, 500
Qumran-Messianism : 1999⁴, 514
Qur'ān in Context (The) : 2011¹, 102
Raconter, interpréter, annoncer : 2004⁴, 505
Raison corrosive (La). Études sur la pensée critique de P. Bayle : 2003⁴, 506 ; 2004³, 371
Raumkonzepte in der Theologie : 2018², 216

Rayonnement de Bayle (Le) : 2010³, 461
Reading Patristic Texts on Social Ethics : 2012⁴, 642
Reading Spiritualities : 2011², 265
Recent Developments in Trinitarian Theology : 2015¹, 124
Reception of Paulinism in Acts : 2011³, 456
Réception théologique de P. Ricœur dans les champs de la théologie (La) : 2013⁴, 623
Recherches sur la Chronique de Jean Malalas II : 2007³, 368
Recht und Ethik im Alten Testament : 2006², 288
Recomposition des protestantismes en Europe latine (La) : 2004⁴, 523
Reconsidering Eusebius : 2012⁴, 648
Recovering Nineteenth-Century Women Interpreters of the Bible : 2010², 277
Recueil d'études à la mémoire d'A. PARROT : 2003², 215
Recueils normatifs et canons dans l'Antiquité : 2005³, 468
Reden über Religion II : 2001¹, 82
Redescribing Paul and the Corinthians : 2013³, 469
Rediscovering the Apocryphal Continent : 2016⁴, 461
Rediscovery of Jewish Christianity (The) : 2013⁴, 593
Reformation. Historisch-kulturwissenschaftliches Handbuch : 2018⁴, 484
Reformation und Bauernkrieg : 2011⁴, 603
Réforme et Contre-Réforme à l'époque de la naissance et de l'affirmation des totalitarismes : 2010¹, 120
Reformed and Ecumenical : 2003¹, 132
Reformed Theology : t. II : 2008¹, 101
Reformer als Ketzer : 2005⁴, 582
Reformierte Bekenntnisschriften : t. 2/2 : 2011⁴, 595
Reformierte Bekenntnisschriften. Eine Auswahl : 2006⁴, 539
Reformierte Liturgik : 2012², 362
Regards croisés sur « Incendies » : 2018¹, 88
Regards croisés sur la Bible. Études sur le point de vue : 2008³, 349
Registres de la Compagnie des Pasteurs de Genève : t. XII : 1997³, 369 ; t. XIII : 2002³, 374
Registres du Conseil de Genève à l'époque de Calvin : t. II : 2005⁴, 592 ; t. III : 2007⁴, 483
Registres du Consistoire de Genève au temps de Calvin : t. I : 1997³, 361 ; t. II : 2002³, 373 ; t. III : 2005⁴, 593 ; t. VI : 2013⁴, 586 ; t. VII : 2014⁴, 471 ; t. VIII : 2015⁴, 501 ; t. IX : 2016⁴, 485 ; t. XI : 2018⁴, 493 ; t. XII : 2020³, 429
Règle de Reuilly (La) : 1998¹, 113
Reichsuniversitäten de Strasbourg et de Poznan et les résistances universitaires (Les) : 2006⁴, 569
Relations entre les générations : 2001⁴, 493
Religieux entre science et cité (Le) : 2014¹, 120
Religieux et religieuses pendant la Révolution : t. II : 1997³, 371
Religieux, société civile, politique : 2014¹, 121
Religion – spielen und erzählen : t. 3 : 2001¹, 94
Religion and Knowledge. Sociological Perspectives : 2014², 203
Religion et démocratie : 1999⁴, 534
Religion et identité : 1999⁴, 528
Religion et société en Chine ancienne et médiévale : 2012⁴, 687
Religion im öffentlichen Raum : 2010², 269
Religion in Basel : 2002³, 335
Religion in Europe. Contemporary Perspectives : 1996¹, 104
Religion in History : 1998¹, 106
Religions de l'Antiquité : 2002⁴, 499
Religions, État et société : 2014², 201
Religions of the Ancient World : 2005², 303
Religions triomphantes (Les). De Mahomet à Thomas d'Aquin : 2012², 296
Religionsunterricht 2020 : 2014², 215
Religiöse Blicke – Blicke auf das Religiöse : 2011⁴, 607
Religiöse Charme der Kunst (Der) : 2014¹, 96
Religiöser Wandel in Costa Rica : 2001⁴, 492
Religious Competition in the Third Century CE : 2017⁴, 604
Religious Diversity in Late Antiquity : 2012⁴, 631
Religious Freedom and the Position of Islam in Western Europe : 1998¹, 106

Religious Harmony : 2006⁴, 581
Religious Minorities in the Middle East : 2013⁴, 615
Religious Writings and War : 2007⁴, 493
Remembering Biblical Figures in the Late Persian and Early Hellenistic Periods : 2015³, 367
Rencontres à l'hôpital : 2002¹, 104
Repas de Dieu (Le) : 2005², 322
Repensando la Catequesis : 2013², 308
Repères pour la mission chrétienne : 2001¹, 100
Repetitions and Variations in the Fourth Gospel : 2010³, 420
Résistance spirituelle 1941-1944 (La) : 2002⁴, 483
Responsabilité et ses équivoques (La) : 2016¹, 108
Résurrection chez les Pères (La) : 2003⁴, 507
Resurrection in the New Testament : 2004², 236
Résurrection. L'après-mort dans le monde ancien et le Nouveau Testament : 2002², 192
Resurrection of Jesus in the Gospel of John (The) : 2009³, 409
Resurrection of the Dead. Biblical Traditions in Dialogue : 2013³, 427
Rethinking the Foundations : 2002², 203
Retours aux Écritures (Les) : 1996¹, 113
Révélations du cinéma (Les) : 2013², 303
Re-Visioning Our Sources : Women's Spirituality in European Perspectives : 1999⁴, 527
Révoltes et révolutions en Europe et aux Amériques : 2005⁴, 607
Rewriting and Reception in and of the Bible : 2019⁴, 543
Rezeption von Paul Ricœur in den Feldern der Theologie (Die) : 2013⁴, 623
Rhetorical Analysis of Scripture (The) : 1998², 100
Rhétorique sémitique : 2001², 204
Riches et pauvres dans l'Église ancienne : 2012⁴, 643
Rise and Expansion of Christianity in the First Three Centuries (The) : 2015⁴, 478
Rites autour du mourir (Les) : 2009², 239
Rois et reines de la Bible au miroir des Pères : 2000², 319
Routledge Companion to Early Christian Thought (The) : 2012⁴, 639
Routledge Companion to the Study of Religion (The) : 2011¹, 89
Sacralisation du pouvoir (La) : 2004³, 336
Sacred Marriages : 2009², 242
Sacred Schisms : 2011², 248
Sacred Text. Explorations in Lexicography : 2011², 270
Sacrements, révélation de l'humanité de Dieu (Les) : 2013², 279
Sacrifice dans les religions (Le) : 1997¹, 101
Sagesse biblique (La). De l'Ancien au Nouveau Testament : 1997², 194
Sagesses pour aujourd'hui : 2010², 291
Saint Augustin et la Bible : 2009⁴, 571
Saint Jacques et la France : 2003³, 351
Sainte-Marie d'Aulps. Une abbaye cistercienne en pays savoyard : 2011³, 476
Saladin und die Kreuzfahrer : 2006³, 470
Samuelbücher und die Deuteronomisten (Die) : 2012³, 480
Sapientia Salomonis : 2016³, 332
Satyres Chrestiennes de la cuisine papale : 2006⁴, 551
Saül le Furieux. Jean de La Taille : 2000², 317
Sayings Source Q and the Historical Jesus (The) : 2002², 228
Schleiermacher und Kierkegaard : 2008², 204
Scholarly Knowledge : 2011⁴, 581
Schriftauslegung im antiken Judentum und im Urchristentum : 1997², 237
Sciences religieuses (Les). Le XIXᵉ siècle : 1997¹, 116
Scripture and Traditions : 2009², 247
Scriptures of Israel in Jewish and Christian Tradition (The) : 2014³, 352
Scrolls and Biblical Traditions (The) : 2013³, 448
Sébastien Bourdon, peintre protestant ? : 2019², 310
Second Corinthians in the Perspective of Late Second Temple Judaism : 2015³, 397
Sectes et démocratie : 1999⁴, 534
« *Sectes* » *et* « *hérésies* » *de l'Antiquité à nos jours* : 2003⁴, 498
Secularism, Religion and Multicultural Citizenship : 2011², 242

Seeking Out the Wisdom of the Ancients : 2006², 288
Seelsorge in Lebenskrisen : 2008², 198 ; 2010², 287
Seigneur est mon berger (Le). Le psaume 22 lu par les Pères : 2009⁴, 548
Sens littéral des Écritures (Le) : 2010², 295
Sensitivity towards Outsiders : 2015³, 379
Septuagint and Messianism (The) : 2008², 233
Septuaginta zwischen Judentum und Christentum (Die) : 1997³, 339
Sermoni di Leone Magno fra storia e teologia (I) : 1998³, 357
Service et pouvoir : 2009², 235
Sharīʿa in Africa Today : 2016¹, 83
Significatio, Studien zur Geschichte von Exegese und Hermeneutik : 2008⁴, 525
S'initier à l'accompagnement spirituel : 2014², 220
Sociologie et protestantisme : 2001¹, 103
Sociology of Islam (The) : 2014², 205
Socrates from Antiquity to the Enlightenment : 2009¹, 110
Sœur-épouse (Genèse 12,10-20) (La) : 2010⁴, 586
Soins et spiritualités : 2009³, 444
Sotise à huit personnaiges : 2006⁴, 543
Souffrance et douleur : autour de Paul Ricœur : 2014¹, 106
Source des paroles de Jésus (Q) (La) : 2009³, 399
Sources and Resources of Feminist Theologies : 1999⁴, 527
S'ouvrir à la compassion : 2011², 266
« Soyez des changeurs avisés » : 2013⁴, 621
Spielräume des Handelns und der Erinnerung : 2011⁴, 601
Spiritualität in unserer Zeit : 2003¹, 120
Spiritualité contemporaine de l'art : 2012⁴, 702
Spiritualité contemporaine. Défis culturels et théologiques : 1998¹, 111
Spiritualité des écrivains (La) : 2009³, 431
Spiritualité en milieu hospitalier : 2017², 305
Sprachen aus der Welt des Alten Testaments : 2010², 296
Sprachliche Tiefe – Theologische Weite : 2009², 242
Sterben, Tod und Jenseitsglaube : 2002¹, 104
Stimulation from Leiden : 2007², 198
Storia dell'Italia Religiosa : 1997³, 331
Strange World of Human Sacrifice (The) : 2011¹, 92
Strata of the Priestly Writings (The) : 2011², 296
Studien zu Matthäus und Johannes : 2011³, 447
Studien zu Ritual und Sozialgeschichte im Alten Orient : 2008², 218
Studies in Rabbinic Judaism and Early Christianity : 2011³, 423
Studies in the Book of Exodus : 1998², 90
Studies in the Book of Genesis : 2002², 204
Studies in the Book of Jubilees : 1999⁴, 513
Studies in the Book of Wisdom : 2012³, 488
Studies on 2 Corinthians : 1997², 224
Suicide. Liens sociaux et recherche de sens : 2008², 201 ; 2011², 239
Symbolisme chez Freud (Le) : 1996⁴, 448
Synod and Synodality : 2009², 234
Synopsis of the Four Gospels : 2008³, 354
Synoptic Concordance : 2008³, 353
Taufe (Die). Einführung in Geschichte und Praxis : 2010², 285
Temple Building and Temple Cult : 2014³, 321
Temple in Text and Tradition (The) : 2016³, 333
Temple of Jerusalem (The) : 2012³, 493
Temps et eschatologie : 1996¹, 86
Temps et les Temps dans les littératures juives et chrétiennes (Le) : 2006², 302
Testing Pluralism. Globalizing Belief, Localizing Gods : 2015², 228
Text, Image, and Otherness in Children's Bibles : 2014², 227
Text of the New Testament in Contemporary Research (The) : 2013³, 452
Text, Thought, and Practice in Qumran and Early Christianity : 2010³, 401
Texte zur Umwelt des Neuen Testaments : 2014³, 353

Textes judéophobes et judéophiles dans l'Europe chrétienne [...] (Les) : 2001⁴, 476
Textil - Kunst - Kirche : 2013², 250
Textualisierung der Religion (Die) : 2010³, 380
Thâbit ibn Qurra. Science and Philosophy in Ninth-Century Baghdad : 2011¹, 103
Théâtre biblique de Jean de La Taille (Le) : 2000², 317
Théâtre de femmes de l'Ancien Régime, xvıᵉ siècle : 2007⁴, 479
Themenkonkordanz Koran : 2010¹, 134
Théodicées : 2012², 315
Theologen der christlichen Antike : 2003³, 357
Theologen des 19. Jahrhunderts : 2003³, 384
Theologen des Mittelalters : 2003³, 366
Théologie au risque de la création artistique (La) : 2018², 222
Théologie, histoire et piété mariale : 1999⁴, 520
Theologie in Israel und in den Nachbarkulturen : 2006², 288
Théologie (La). Une anthologie : t. III : 2011¹, 140
Theologie(n) an der Universität : 2014², 196
Théologie politique de Rousseau (La) : 2013², 258
Théologie pratique (La) : 2008³, 413
Theologien der Gegenwart : 2008¹, 99
Theologies of Creation in Early Judaism and Ancient Christianity : 2011³, 402
Theologische Ethik im Diskurs : 1997¹, 96
Theologische Realenzyklopädie : t. 22-24 : 1996¹, 79 ; t. 25 : 1996⁴, 469 ; t. 27-28 : 1998⁴, 491 ;
    t. 30 : 2002¹, 87 ; t. 34-35 : 2004¹, 116 ; 2006², 253
Theologisches Wissen und die Kunst : 2016¹, 85
Theologisches Wörterbuch zu den Qumrantexten : t. I : 2012³, 496
Theology and Christology in the Fourth Gospel : 2006³, 426
Thomas Aquinas and Karl Barth : 2016², 187
Thomas Aquinas and the Natural Law Tradition (St) : 2005⁴, 580
Thy Word is Truth. Barth on Scripture : 2015¹, 115
Tissu, voile et vêtement : 2009¹, 89
Tobie sur la scène européenne à la Renaissance : 2016⁴, 489
Tod und Jenseits im alten Israel und in seiner Umwelt : 2010³, 385
Toledot Yeshu (« The Life Story of Jesus ») Revisited : 2012³, 513
Toledot Yeshu : *The Life Story of Jesus* : t. II : 2015³, 376
Tolérance et réforme : 2000⁴, 541
Tous les chemins ne mènent plus à Rome : 1996⁴, 453
Towards Religious Competence : 2004¹, 124
Traditions recomposées : liturgie et doctrine en harmonie ou en tension : 2019³, 454
Tragédies de Jean de La Taille (Les) : 2000², 317
Transformations of Late Antiquity : 2009³, 435
Treasures of Wisdom : 2000², 303
Treaty, Law and Covenant in the Ancient Near East : Part 3 : 2014³, 321
Trends of Secularism in a Pluralistic World : 2014², 201
Tribus et pouvoir en terre d'Islam : 2006¹, 147
Trinity and Salvation : 2011¹, 118
Trois libelles anonymes : 2007⁴, 482
Twentieth Century (The). A Theological Overview : 2002¹, 88
Über Thomas Morus' Utopia : 2017³, 469
Übergänge. Annäherungen an das eigene Sterben : 2012², 339
Übersetzung des Talmud Yerushalmi : t. II/3 : 2005³, 434
Umstrittener Galaterbrief : 2011³, 466
Un cours de religion pour quoi ? : 2018², 214
Un théologien dans la cité : 1997¹, 97
...Und Literatur : 2011¹, 140
Une germanistique sans rivages : 2010¹, 93
Une théologie dans le monde. Essais sur Jacques Ellul : 2015¹, 118
Unity in Diversity. [...] The Construction of Religious Authority in Islam : 2016¹, 76
Unity of Luke-Acts (The) : 2001⁴, 452
Unternehmen Kirche : 1996⁴, 448
Untersuchungen zu Organisation, Ritual und Raumordnung : 2003³, 355

Unvergessen. Geschichte in Lebensbildern : 2006³, 442
Usages et mésusages de l'Écriture : 2014⁴, 501
Ut pictura meditatio. The Meditative Image in Northern Art : 2014⁴, 461
Vatican II et la théologie. Perspectives pour le xxiᵉ siècle : 2008¹, 113
Vatican II in Moscow : 1999³, 431
Verheißung des Neuen Bundes (Die) : 2011³, 428
Vers une catholicité œcuménique : 2016², 191
Vie d'Abercius. Vie de Polycarpe : 2018⁴, 474
Vie de Césaire d'Arles : 2012⁴, 652
Vie del bello in catechesi : 2014², 214
Violence (La) : 2006⁴, 582
Violence in Ancient Christianity : 2017⁴, 602
Visio Pauli and the Gnostic Apocalypse of Paul (The) : 2008⁴, 499
Vita prima sancti Bernardi Claraevallis abbatis : 2012⁴, 659
Vivre l'amour de la Trinité : 1998¹, 95
Vocabulaire raisonné de l'exégèse biblique : 2007², 190
Voces Biblicae. Septuagint Greek and its Significance for the New Testament : 2008², 253
Voices from the Margin : 2008¹, 123
Voir les Dieux, voir Dieu : 2003⁴, 489
Voix de l'autre (La) : 2013², 320
Volksglaube im antiken Christentum : 2010⁴, 544
Volti di fine concilio : 2002⁴, 488
Von der Septuaginta zum Neuen Testament : 2012³, 491
Von der Suche nach Gott : 1999³, 366
Vor Gott. Beten in Gemeinschaft - Beten allein : 2012², 363
Voyage des paraboles (Le) : 2013², 267
Was ist ein Text? : 2008², 222
Wegscheiden der Reformation : 1996³, 371
Welt der Götterbilder (Die) : 2008², 223
What does it mean today to be a feminist theologian? : 1997⁴, 485
Wie biblisch ist die Theologie? : 2012³, 467
Wie Kirchengemeinden Ausstrahlung gewinnen : 2014², 222
Wie kommt die Bibel in die Ethik? : 2014², 196
"Wirkliche" Gottesdienst (Der) : 2014², 218
Wirtschaft und Wertekultur(en) : 2009², 217
Wisdom and Apocalypticism in the DSS and in the Biblical Interpretation : 2004², 223
Wisdom Literature in Mesopotamia and Israel : 2008², 219
Wisdom Texts from Qumran and the Development of Sapiential Thought (The) : 2004², 222
With Letters of Light : 2012³, 500
Women Churches : 1996⁴, 450
Women in Antiquity : 2019⁴, 549
Women in the Medieval Monastic World : 2016⁴, 474
Women, Leadership, and Mosques : 2013⁴, 609
World of Early Egyptian Christianity (The) : 2008³, 399
Worship and Liturgy in Context : 2010², 284
Writing the Bible. Scribes, Scribalism and Script : 2014³, 323
Writing « True Stories » : 2012⁴, 656
Xénophon et Socrate : 2010¹, 155
Yearbook of Muslims in Europe : 2010¹, 145
Zehn Jahre nach Oscar Cullmanns Tod : 2013⁴, 599
Zeit und Ewigkeit als Raum göttlichen Handelns : 2010², 292
Zerstörungen des Jerusalemer Tempels : 2003², 211
Zürcher Reformation (Die) : 2002³, 365
Zürcher Täufer (Die) : 2008⁴, 547
Zweite Korintherbrief (Der) : 2014³, 374
Zwingli lesen : 2020³, 419
Zwischen historischem Jesus und dogmatischem Christus : 2011², 232

INDEX DES RECENSEURS

AMHERDT, D. : 2008³, 389

ARAGIONE, G. : 2010³, 447-449, 453-455 ; 2011³, 474, 477 ; 2011⁴, 553, 559, 561, 574 ; 2012³, 548 ; 2012⁴, 624, 626, 639-640, 701 ; 2013⁴, 557, 562, 565-566, 568, 621 ; 2016⁴, 463, 465 ; 2017⁴, 600-604, 607-608

ARNOLD, M. : 1996¹, 99-101, 109 ; 1996³, 345, 351, 355, 358-360, 364, 367-368 ; 1997³, 347, 357-358, 367, 378-379 ; 1997⁴, 490 ; 1998², 115 ; 1998³, 335, 369-371, 374-379, 382-383 ; 1998⁴, 472-473, 483, 487 ; 1999², 274 ; 1999³, 365-366, 368-369, 380, 382-385, 387-391, 393-402, 406-409, 414-416, 418, 420-427, 432 ; 1999⁴, 553 ; 2000³, 409-414, 437, 439-440, 449-459 ; 2000⁴, 536, 538-542, 545-546, 548-549, 553-554, 557, 561-567 ; 2001², 246 ; 2001³, 333, 355-356, 359, 366-377, 380, 382-384 ; 2001⁴, 468-470, 472, 474-477, 480-483 ; 2002³, 331-335, 362-366, 369-373, 378 ; 2002⁴, 456-457, 465, 469-470, 478, 481-482, 484, 494, 516-517 ; 2003³, 352, 356, 367, 371-374, 377, 379-380, 383-386, 388-389 ; 2003⁴, 490, 492-493, 505 ; 2004³, 335, 346-361, 363-365, 374, 376-379 ; 2004⁴, 524 ; 2005³, 465-466 ; 2005⁴, 581-588, 591, 598, 600-604, 607, 609-615, 617 ; 2006¹, 145 ; 2006², 300 ; 2006³, 442-445, 467-470 ; 2006⁴, 534, 538-542, 545, 547, 549, 555, 557, 559-560, 564, 566-570, 572-579, 586 ; 2007¹, 84 ; 2007², 240 ; 2007³, 334-335, 337, 374, 381 ; 2007⁴, 472-473, 475, 478-481, 487-488, 492-495, 509 ; 2008³, 386 ; 2008⁴, 535, 538, 541-547, 552-553 ; 2009¹, 79-83, 85 ; 2009³, 430-431 ; 2009⁴, 535-543, 574-575 ; 2010¹, 93-94, 97-101, 103-104, 110, 116-120, 152 ; 2010², 271 ; 2010⁴, 574-579, 581-583, 587 ; 2011¹, 84-89, 91, 119, 123 ; 2011³, 473 ; 2011⁴, 584, 586, 588, 590-591, 593-595, 599-603, 623 ; 2012², 367 ; 2012⁴, 620-621, 625, 627, 666-673, 677-678, 680-683 ; 2013², 320 ; 2013³, 413 ; 2013⁴, 572, 578-585, 587-588, 590-591, 596-601, 622 ; 2014¹, 123 ; 2014³, 376 ; 2014⁴, 462-468, 471-472, 474, 476-478, 480, 482-483 ; 2015¹, 122 ; 2015⁴, 494-505, 507-510 ; 2016⁴, 477, 481-485, 487, 490, 498 ; 2017¹, 193 ; 2017², 307 ; 2017³, 469-471, 473-481, 488-492 ; 2017⁴, 609-613 ; 2018³, 372 ; 2018⁴, 482-495, 499 ; 2019², 293-295, 316 ; 2019⁴, 588 ; 2020³, 405-407, 411-421, 425-433, 438-446

ASPER, U. : 2003³, 381

BALLANDRAS, N. : 1996⁴, 464

BASTIAN, J.-P. : 1996¹, 102-105, 107 ; 1996⁴, 449, 451-454 ; 1998¹, 118-120, 122-124 ; 1998⁴, 479 ; 1999⁴, 528-534 ; 2001¹, 103-106 ; 2001⁴,

492-493 ; 2002¹, 97-101 ; 2003⁴, 494-498 ; 2004⁴, 523 ; 2007¹, 105-115 ; 2008¹, 114-117 ; 2009², 216-218, 223-228 ; 2010², 268-270, 272-274 ; 2011², 240-246 ; 2011³, 476 ; 2011⁴, 596 ; 2012², 348-349, 353-354, 357-358 ; 2012⁴, 665 ; 2014², 201, 204 ; 2015¹, 113 ; 2015², 224-226 ; 2016¹, 106

BENOÎT, A. : 1998¹, 121

BERTHELOT, K. : 2010⁴, 588

BERTRAND, D.-A. : 1996¹, 113 ; 1996³, 332, 334 ; 1997³, 339-342 ; 1998³, 336, 342-343, 345

BIRMELÉ, A. : 1996¹, 79 ; 1996⁴, 469-470 ; 1998⁴, 491, 494 ; 1999⁴, 518, 520-522 ; 2000², 321 ; 2002¹, 87 ; 2004¹, 116-118 ; 2006², 253-254, 263 ; 2008¹, 99-100, 105, 107-108, 112-113 ; 2008², 256 ; 2009², 199-205, 207 ; 2010², 252-253, 255, 257-259, 261-262 ; 2013³, 477

BLANCHETIÈRE, F. : 1997¹, 104 ; 1998³, 337-338 ; 1999³, 382

BONS, E. : 2010¹, 127 ; 2011⁴, 622

BOUILLON, D. : 1998², 86, 95-96

BRAUN, L. : 1996¹, 92 ; 2011⁴, 582

BREUKINK, A. : 2008¹, 77

BROTTIER, L. : 1996¹, 111-112 ; 1996³, 338

BURCHILL-LIMB, K.-Y. : 1996³, 339 ; 1998³, 353

CARBONNIER-BURKARD, M. : 1999³, 417

CAUSSE, M. : 2004⁴, 471 ; 2007³, 379

CHAPOT, F. : 2008⁴, 516 ; 2009³, 440 ; 2009⁴, 572

CHARRAS SANCHO, J. : 2008², 190 ; 2009², 233 ; 2010², 284

CHEVALLIER, M. : 1996², 245 ; 1996³, 373-375 ; 1997³, 349, 360-365, 368-373, 376-377 ; 1998¹, 113 ; 1998³, 366, 373-374, 380-381, 384 ; 1998⁴, 471-472, 474-476, 479, 484-485, 491 ; 1999³, 367, 386, 388, 390, 395, 402-406, 410-415, 419, 421 ; 2000², 307 ; 2000³, 415, 459 ; 2000⁴, 535, 537, 542, 546-547, 550, 559 ; 2001³, 334, 379 ; 2001⁴, 471, 473, 477, 486 ; 2002³, 335-337, 353-354, 367-368, 370, 372-376, 378-379 ; 2002⁴, 467 ; 2004³, 366-371, 380 ; 2005⁴, 588, 590, 592-595, 597, 599, 605-606, 608, 616 ; 2006⁴, 543, 550-552, 555-556, 561-562 ; 2007¹, 82, 101-102 ; 2007⁴, 477, 489 ; 2008⁴, 548-549, 551, 555 ; 2010¹, 95, 105-107, 109, 111, 113-115 ; 2014², 234 ; 2014⁴, 470, 478

COLLANGE, J.-F. : 1996¹, 121-126 ; 1996³, 378 ; 1996⁴, 467-469 ; 1997¹, 95-98

COMERRO, V. : 2002⁴, 507, 509

COTTIN, J. : 2011¹, 110-112, 114-118, 120-122, 125 ; 2011², 243, 258-261, 263 ; 2011⁴, 607 ; 2012¹, 300-308, 349-350, 359, 362-366, 368 ; 2012³, 465 ; 2012⁴, 679, 702 ; 2013², 247-255, 260, 268, 275-276, 292, 294, 297, 299-310, 315, 318, 321 ; 2013⁴, 595 ; 2014¹, 85, 88-96, 120-121 ; 2014², 209-210, 212-219, 222-226 ;

2014⁴, 499 ; 2015¹, 98-106, 112, 119-120 ;
2015², 217, 229, 231-248 ; 2016¹, 85-92 ;
2016², 200-204, 206-207, 209-212, 214,
217 ; 2017², 273-281, 300-302, 308 ; 2017⁴,
568 ; 2018¹, 81-92, 98-99 ; 2018², 199-200,
206-207, 214-216, 221-222 ; 2019², 306-
315 ; 2019³, 447-455 ; 2020³, 453
DAHAN, G. : 2013⁴, 621
DEAN, J. : 2004¹, 100 ; 2004⁴, 485-493 ; 2006¹,
147-163 ; 2006⁴, 581, 583, 585 ; 2007¹, 77-79,
81 ; 2007⁴, 496-497, 501-505 ; 2009¹, 86,
97-108, 120 ; 2009², 208, 215, 221 ; 2010¹,
122, 124, 132-144, 147, 149 ; 2010⁴, 572 ;
2011¹, 94, 98-109 ; 2011², 248-251 ; 2011⁴,
609, 614-621 ; 2012², 291-293, 296-298,
347, 351-353, 355 ; 2012⁴, 619, 691-697,
700 ; 2013², 286-292 ; 2013⁴, 602-620 ;
2014², 199-200, 202-203, 205-206 ; 2014⁴,
486-497 ; 2015², 222-223, 227-228 ; 2016¹,
71-84 ; 2016², 197-198 ; 2016⁴, 493-497 ;
2018¹, 79 ; 2018², 217-219 ; 2019², 299-304 ;
2020³, 448-452
DOIGNON, J. : 1996³, 338-339 ; 1997¹, 115
DUBOIS, J.-D. : 2008³, 400, 410 ; 2011⁴, 557
DUCŒUR, G. : 2007¹, 80
ERNY, P. : 1997³, 373
FER, Y. : 2009², 220
FÖLLMI, B. : 2009¹, 109 ; 2010¹, 108, 150, 153-
154 ; 2011¹, 123-124 ; 2012², 309-313 ; 2014¹,
83-84 ; 2015¹, 93-97 ; 2016², 194-196
FRAISSE, L. : 2006⁴, 571
FRANÇOIS, Ph. : 1996¹, 89 ; 1997⁴, 478 ; 1998¹,
126-128 ; 1999⁴, 546-547
FREY, D. : 2003², 209 ; 2007¹, 87-88, 96-100 ;
2008¹, 78, 85, 87-93, 95-98, 103-104, 106 ;
2008³, 411 ; 2009¹, 111-114, 116-117 ; 2009³,
444 ; 2010¹, 154, 156 ; 2010², 231, 233-236,
240-243, 245, 247-249, 299 ; 2011¹, 126,
128-130 ; 2011⁴, 624 ; 2012², 313-315, 318-
322, 324-325, 327 ; 2013², 256-260, 262-
267, 270 ; 2013⁴, 623 ; 2014¹, 97, 103-111 ;
2014⁴, 501 ; 2016¹, 94-100, 106 ; 2017², 282-
288, 290 ; 2018¹, 97-98, 107 ; 2019³, 413,
417-425, 430-435
GAIN, B. : 2000², 292
GANTENBEIN, J.-G. : 2010², 282
GERBER, D. : 1996², 224, 230 ; 1997², 194, 204 ;
1998², 98 ; 1999², 266 ; 1999⁴, 496 ; 2000²,
293, 307, 309-310 ; 2001², 242 ; 2001⁴, 452,
455 ; 2003², 239-240, 245 ; 2004², 205, 241 ;
2004⁴, 513, 517 ; 2006³, 419, 424-425, 433,
437 ; 2007², 190, 192, 223, 227, 233, 236 ;
2007³, 323, 325 ; 2008², 217, 254 ; 2008³,
349, 365, 369-370, 378-381, 383 ; 2009²,
271 ; 2009³, 383, 396, 403, 405-407, 413-
417, 420-421, 424 ; 2010³, 419, 423-424,
427-431, 433-434 ; 2011³, 436, 438-439, 447,
450, 456-457, 462-466, 469 ; 2012³, 530,
533, 536 ; 2013³, 458-459, 467-472 ; 2014³,

359, 369-372, 374 ; 2014⁴, 485 ; 2015³, 371,
395-396 ; 2017⁴, 594 ; 2018³, 353 ; 2019⁴, 580
GOICHOT, É. : 1996¹, 95-96 ; 1996³, 379 ; 1997¹,
102, 115-119, 122-123 ; 1997³, 331 ; 1998⁴,
477, 480-482, 485, 488 ; 1999³, 427-431 ;
2000³, 414 ; 2000⁴, 551-552, 554-556, 558,
560, 568 ; 2001¹, 120 ; 2001⁴, 478 ; 2002⁴,
455, 464-465, 467, 470-477, 479-480, 484-
486, 488-493
GOUDINEAU, H. : 1997⁴, 484
GOULET-CAZÉ, M.-O. : 1996¹, 90
GOUNELLE, R. : 2005³, 470, 473-474, 476, 478,
481, 486-487 ; 2006³, 447-448, 453-454,
458, 464-465 ; 2007¹, 83 ; 2007², 233 ; 2007³,
332-334, 336-337, 339, 344-345, 347-348,
350, 353-354, 356-358, 363, 366-367, 372,
377, 380 ; 2008², 231, 245-246, 255 ; 2008³,
360, 386, 389-392, 397, 401-403, 405-409 ;
2008⁴, 493-495, 497-499, 502-506, 513-514,
516, 522, 526, 534, 555, 557-558 ; 2009¹,
109 ; 2009³, 390, 424, 430, 433, 437-438,
445 ; 2009⁴, 544-548, 553-556, 560-562,
564-567, 569, 571, 573 ; 2010¹, 84, 92, 121,
151 ; 2010², 252 ; 2010³, 439-446, 449, 451-
452, 456, 459 ; 2010⁴, 552-553, 559-560,
563-565, 567-568, 570 ; 2011¹, 113 ; 2011³,
397, 472-473 ; 2011⁴, 549-551, 554, 558-
559, 566, 570-571, 573 ; 2012⁴, 619, 622,
626, 631, 634, 637-639, 641, 648, 651-653,
655-658 ; 2013⁴, 553, 557-560, 564, 566-
567, 570-572, 593 ; 2014⁴, 446-447, 449,
453, 455-456 ; 2015¹, 122 ; 2015⁴, 472, 479-
480, 484-488 ; 2016¹, 107 ; 2016⁴, 455, 461,
464, 466-471 ; 2018⁴, 463-478
GRAPPE, Ch. : 1996², 234, 236, 241 ; 1997²,
200, 204-217, 219-231, 234-240, 244-246 ;
1997⁴, 480 ; 1998², 98-100, 105, 109, 111 ;
1999², 259-260, 263-265, 267-272 ; 1999⁴,
493, 495, 497, 500-512, 514-515, 517, 554 ;
2000², 303-306 ; 2001², 205, 220-231, 233-
241, 243-244 ; 2001³, 338 ; 2001⁴, 453-464,
466-467 ; 2002¹, 95 ; 2002², 189, 191-192,
207-244 ; 2002³, 332, 345, 348 ; 2003², 211,
220-239, 241-244, 246-258, 260 ; 2003⁴,
499-500 ; 2004², 212, 215, 218-237, 239-
240 ; 2004⁴, 504-511, 514-515, 518-522 ;
2005², 322 ; 2005³, 427-464 ; 2006², 286,
290, 302 ; 2006³, 397-423, 426-431, 434-
435, 437-441, 444, 451-452 ; 2007², 189-191,
219-222, 224-232, 234-238 ; 2007³, 323-
330 ; 2008², 211, 215-216, 251-252 ; 2008³,
339-347, 349-359, 361-364, 366-368, 371-
376, 381-385, 412 ; 2009², 243-247 ; 2009³,
373-389, 391-402, 404, 408-412, 414, 418-
419, 421-423, 425-428 ; 2010², 293, 295 ;
2010³, 393-422, 425-426, 431, 433-435, 438,
460 ; 2011², 273, 275-281 ; 2011³, 400-424,
428-435, 437, 439-446, 448-455, 458-461,
466-468, 470-471 ; 2012³, 468-469, 488,
493-505, 507, 509-522, 524-529, 531-532,

535, 538-546; 2013³, 425-429, 433, 440-457, 460-467, 472-476; 2013⁴, 560, 575; 2014¹, 87; 2014², 229-232; 2014³, 331-358, 360-368, 373, 375; 2014⁴, 443-445, 499, 501; 2015³, 359-364, 367-370, 373-394, 397-399; 2016³, 331-334, 337-359; 2016⁴, 457-459; 2017³, 482-484; 2017⁴, 559-567, 569-593, 595-598; 2018³, 342-350, 354-368; 2019⁴, 543, 550-579, 582-587; 2020³, 454

GRELLIER, I. : 1998¹, 111; 2001¹, 96-98, 102; 2002¹, 107; 2004¹, 121, 125; 2006¹, 164; 2006², 280; 2007¹, 117, 120; 2008¹, 119, 122; 2008², 193-194, 199-200; 2009², 206, 230, 233, 237-239; 2010², 257, 267, 279-281, 283, 288, 291; 2011², 231, 253-254, 266-267, 301; 2012², 341, 356, 361; 2012³, 466; 2013², 295-296, 319-320; 2014², 210, 220-221; 2014⁴, 474, 481; 2015², 221, 230; 2016², 192, 204, 213, 215; 2016⁴, 492; 2017², 295, 298, 303-305, 309; 2018², 205, 207-213; 2018³, 373; 2019³, 442-444

GROB, F. : 1996², 237-240; 1997², 218; 1999⁴, 494

GUIBAL, F. : 2001¹, 111, 116-117, 120-121; 2001⁴, 487, 490; 2002⁴, 443

GUIGNARD, Ch. : 2006³, 448; 2012⁴, 636, 641, 643; 2013⁴, 561, 563, 568; 2016³, 342

HEINTZ, J.-G. : 1996³, 381; 1997³, 380; 1998², 79, 88-89; 1999², 228, 233-234, 239-240, 243, 256, 276; 2000², 284-285, 288, 291, 294, 297; 2001², 204, 206-212, 216-219; 2002², 194-202, 204-205; 2002⁴, 495; 2003², 212-217, 220; 2004², 203-204, 206-211, 213-214, 216, 242; 2005², 303-310, 312-321; 2006², 282-285, 287-288, 291-300; 2007², 192, 194-201, 203, 205, 210, 212-213, 215-216; 2008², 218-225, 240-241, 247, 249; 2016⁴, 498

HEITZ-MULLER, A.-M. : 2006⁴, 564; 2013⁴, 590

HUMMEL, P. : 2001¹, 107; 2002⁴, 500-506; 2004¹, 103; 2004⁴, 479-481, 483, 496, 509

HUNZIKER-RODEWALD, R. : 2009², 240, 242, 251-257, 262, 266; 2009³, 370-371; 2010², 296; 2010³, 379-385, 390-392; 2011², 269, 272, 283-289, 292-293, 300; 2012³, 470-486; 2012⁴, 628; 2013³, 423, 430, 432, 436-437; 2014³, 319-330, 377; 2015⁴, 463-471; 2016⁴, 439-454; 2018³, 339; 2019⁴, 545-549

HUSER, É. : 2010², 287

INGELAERE, J.-C. : 1998², 93, 102-104, 106-108, 110; 1999⁴, 493, 499, 506; 2001⁴, 449-450; 2009³, 403

JEANSON, A. : 2002⁴, 483

JOOSTEN, J. : 1996², 226-227, 229; 1997², 191-192; 1998², 81-84, 95; 1999², 229-230, 238, 242, 245, 247-248, 251-255, 257-258; 2000², 286-287, 310; 2001², 211, 213-215, 233; 2001³, 358; 2002⁴, 496; 2004⁴, 502-503; 2005³, 493; 2007², 193, 204, 206-207, 217-218; 2008², 205, 211-214, 217-218, 226-228, 230, 232-237, 239, 244, 246, 248-250,

253-254; 2009², 241-242, 249-250, 254, 258-261, 263-265, 267-270; 2009³, 367, 369, 372; 2009⁴, 559; 2010², 292, 295, 297-298; 2010³, 386-390; 2011², 270, 272, 289-291, 294-300; 2011³, 395-396, 398-400; 2012³, 477, 487-491, 506, 514, 523; 2013³, 423, 433-435, 437-439; 2015¹, 122

JUNOD-AMMERBAUER, H. : 2007³, 363

KAEMPF, B. : 1996¹, 88; 1996², 245-247; 1996⁴, 441-449; 1997¹, 100; 1997², 199; 1997⁴, 489; 1998¹, 91-92, 97-105, 107-110, 113, 125; 1998⁴, 493; 1999³, 385; 1999⁴, 535-539, 542-545; 2001¹, 81-96, 100, 103; 2001⁴, 481, 493; 2002¹, 102-106, 108, 110-112; 2002³, 381; 2002⁴, 488, 510-511, 514-515; 2003¹, 119-121, 123-124, 126-131, 140; 2004¹, 119-120, 122-124; 2006², 255, 257, 267-279; 2007¹, 76, 80, 95, 119; 2008¹, 110, 120; 2008², 191-193, 195, 197-198, 200-201

KELLER, B. : 1998⁴, 494

KOULAGNA, J. : 2007³, 202

LAGARRIGUE, J.-C. : 2006⁴, 541

LANGLOIS, M. : 2011², 274

LARCHET, J.-C. : 1996¹, 97; 1996³, 342, 344; 1996⁴, 466; 1997¹, 89-90, 94, 107; 1997³, 336, 350; 1998¹, 95, 97; 1998³, 349, 356, 363; 1998⁴, 478, 490; 1999³, 371, 376; 2000³, 416, 418, 425, 427-428, 432-436, 438, 448, 456; 2001³, 343, 354, 357; 2002³, 339, 346; 2003³, 361, 364; 2005³, 481-485; 2008⁴, 521, 532; 2010¹, 82; 2012⁴, 655; 2014⁴, 458

LAURENT, F. : 2008², 242

LEGRAND, Th. : 1998², 97; 2002⁴, 495-499; 2004⁴, 482, 484-485; 2006⁴, 580-582, 584; 2007¹, 76; 2007⁴, 499-500, 505-506; 2008⁴, 556; 2009¹, 84, 89-96, 101; 2010¹, 122-123, 125-126, 128-130, 146, 148; 2010⁴, 588; 2011¹, 89, 92-94; 2011⁴, 604-605, 609-613, 622; 2012², 295-296, 323; 2012³, 548; 2012⁴, 654, 686-689, 698; 2013³, 424, 431; 2014¹, 124; 2014², 234

LEHMKÜHLER, K. : 2002¹, 88, 91, 94; 2009², 210-212; 2009³, 444; 2010², 256, 259, 263-265; 2011², 233; 2012², 330, 332, 340; 2013², 271, 284; 2014¹, 114, 119, 121; 2014², 196-197; 2015¹, 108, 123

LE MOIGNE, Ph. : 1997², 193; 1999², 237, 273; 2000², 289; 2001¹, 109, 111-113, 119

LIENHARD, M. : 1996¹, 94, 106; 1996³, 353-355, 357, 361-363, 365-367, 370-372, 376, 378; 1997¹, 100; 1997³, 352-357, 359, 375, 382; 2000², 320; 2006³, 563; 2007⁴, 491; 2008¹, 125; 2008⁴, 558; 2011¹, 140-141; 2011², 302; 2011⁴, 585, 624; 2013³, 478; 2016⁴, 499-500; 2017², 307; 2017³, 472; 2019³, 456

LYS, D. : 2000², 300

MARAVAL, P. : 1996², 226, 242, 247; 1996³, 329-331, 335-337, 340-341, 343, 382; 1997¹, 109-112; 1997³, 333-336, 338-339, 343, 346,

381 ; 1997⁴, 467, 490 ; 1998³, 344, 346, 350-352, 355, 357-362, 364 ; 1999³, 375, 379 ; 2000³, 419, 424, 426 ; 2002³, 341 ; 2003³, 354, 362 ; 2005³, 475

MARX, A. : 1996², 228 ; 1997¹, 101 ; 1997², 195 ; 1998², 91 ; 1999², 246 ; 1999⁴, 554 ; 2000², 296, 302, 308 ; 2005², 311, 316, 320 ; 2005³, 493 ; 2006², 286, 294 ; 2007², 198, 209-211, 213-214 ; 2007³, 331 ; 2008², 229, 239-240, 243-244, 248 ; 2008³, 412 ; 2009², 263 ; 2009³, 368, 370 ; 2011², 303 ; 2019², 317

MATTER, M. : 1996¹, 110-111 ; 1997¹, 102-103 ; 2007³, 343 ; 2007⁴, 507 ; 2008¹, 55 ; 2008³, 393-396 ; 2009³, 432, 434-435 ; 2009⁴, 549, 558, 563, 570 ; 2010¹, 79, 84 ; 2010⁴, 543-548, 550-551, 554-558 ; 2011², 199 ; 2011⁴, 550, 555-556, 563-565, 567-569 ; 2012², 299 ; 2012³, 492, 508, 517 ; 2012⁴, 629-630, 632, 635, 642, 644-646, 652 ; 2013³, 453, 462 ; 2014⁴, 448, 451-452, 454 ; 2015⁴, 474-478, 480-483, 489 ; 2016⁴, 472 ; 2017⁴, 599, 606

MBENGA, M. : 2008², 209

MEHL, R. : 1996¹, 98, 121 ; 1997¹, 121

METZGER, M. : 1998³, 364

MICHAU, M.-Ch. : 2007², 201

MOUNIER, B. : 2009⁴, 568 ; 2010⁴, 561-562

MULARD(-TUNSTALL), Ch. : 2010¹, 80, 82, 85 ; 2010⁴, 549 ; 2012⁴, 649

MULLER, F. : 2006⁴, 546

MULLER, M. : 2008², 241

MUNIER, Ch. : 1996³, 344, 347-350 ; 1997³, 349-350 ; 1998³, 366-368 ; 1999³, 383

NOBLESSE-ROCHER, A. : 1999³, 381, 389 ; 2000³, 440-446, 450-451 ; 2001³, 335, 356-357, 359-366 ; 2002³, 350-353, 355-362 ; 2003³, 351-352, 366-371, 375-376, 378, 385, 387 ; 2004³, 336, 361, 375 ; 2005³, 490-492 ; 2005⁴, 579-580, 585, 589, 594, 596, 599, 614-615 ; 2006³, 442, 447 ; 2006⁴, 534-538, 544, 548, 554, 565 ; 2007³, 333, 371, 373, 375-378, 380 ; 2007⁴, 469-471, 474, 476, 479, 482-483, 485-486 ; 2008⁴, 519-520, 524-526, 528-531, 533-534, 536-537, 539-540 ; 2009¹, 125 ; 2010¹, 86-92, 94, 96, 99, 102-103 ; 2010⁴, 569, 571, 573, 580, 584, 586 ; 2011⁴, 575-583, 587-589, 592, 597 ; 2012⁴, 659-664, 674-676, 702 ; 2013⁴, 556, 573-577, 586, 624 ; 2014⁴, 457, 459-461, 471, 473, 482, 484 ; 2015⁴, 490-493, 506 ; 2016⁴, 472-476, 480, 486, 489 ; 2017⁴, 613-615 ; 2018⁴, 479-481 ; 2019², 318-319 ; 2020³, 408, 424, 436

NYS, F. : 1997¹, 108, 112-114

PARMENTIER, É. : 1996⁴, 450 ; 1997⁴, 481, 485 ; 1999⁴, 527, 540-542, 548, 551 ; 2000², 318 ; 2001¹, 122, 124, 127-128 ; 2001², 203 ; 2002¹, 90, 93, 109 ; 2002⁴, 513, 515 ; 2003¹, 122-123, 125, 132-133, 136 ; 2003³, 396 ; 2003⁴, 502-505 ; 2004¹, 125 ; 2006², 256, 258-266 ; 2007¹, 75, 103-105, 116-118, 121-124 ; 2008¹,

99, 101, 112, 118, 120-123 ; 2008², 189, 196 ; 2008³, 413 ; 2009², 229, 231-232, 234, 236-237, 240 ; 2010², 254, 260, 275-278, 284-288, 290, 300-301 ; 2011¹, 137, 139-140 ; 2011², 226, 229, 232, 239, 253, 257, 262, 264-266 ; 2012², 338-340, 346, 361 ; 2012³, 467 ; 2013², 273-275, 278-280, 298, 311-314, 316-318 ; 2014², 196, 218-220, 222, 224, 227-228, 235 ; 2015², 248 ; 2016², 191, 199, 207-208 ; 2017², 294, 298-299, 301 ; 2017³, 488

PÉRÈS, J.-N. : 2008⁴, 518

PFRIMMER, Th. : 1996¹, 81, 88, 108, 114-119 ; 1996², 224, 229, 232 ; 1996⁴, 455-463, 465 ; 1997¹, 101 ; 1997², 197-198 ; 1997⁴, 468-474, 484, 489 ; 1998¹, 93-97, 104, 106-107, 109, 112-118, 122 ; 1998², 109, 114 ; 1998⁴, 467-470, 476 ; 1999⁴, 528, 541, 549-550, 552 ; 2000², 311 ; 2001¹, 86, 98, 101, 117, 123 ; 2002⁴, 512

PHILONENKO, M. : 1996³, 382 ; 1997², 232-233 ; 1999⁴, 513-514, 516, 518 ; 2001², 243

POUDERON, B. : 2007³, 348

PRIEUR, J.-M. : 1997¹, 105-106 ; 1997³, 337, 344-345 ; 1998³, 336, 340-341, 343, 350, 352-353, 356 ; 1999³, 370, 372-375, 377-378 ; 2000², 319 ; 2000³, 417, 420-424, 427-431 ; 2001³, 339, 342, 346-354 ; 2002³, 338, 343-344, 349 ; 2003³, 355, 357-360, 363 ; 2003⁴, 507 ; 2004³, 336-345 ; 2005³, 467-468, 471-472, 477, 479, 488 ; 2006³, 450, 455-456, 459-463, 466 ; 2006⁴, 533 ; 2007³, 340-341, 346, 351-352, 355, 359-361, 365, 368-370 ; 2008³, 387, 399, 407 ; 2008⁴, 496, 500-501, 507-510, 512, 515, 522, 527 ; 2009³, 433, 445 ; 2009⁴, 550, 557, 562

PRIGENT, P. : 1996², 244, 248 ; 1996³, 327-328, 332-333 ; 1996⁴, 466 ; 1997¹, 107 ; 1997², 241-243 ; 1998¹, 126 ; 1998², 113 ; 1998³, 333, 339, 348, 365 ; 1999², 262 ; 2001², 245 ; 2001⁴, 465 ; 2002³, 380-381 ; 2003⁴, 489-491 ; 2010¹, 149 ; 2010², 301

RIAUD, J. : 2005³, 421

RIESTER, A. : 2001⁴, 487-489

ROBERT, Ph. de : 1997², 195-199 ; 1998², 85-86, 88, 90-92, 94, 115 ; 1999², 225-228, 230, 232-233, 248-251, 255, 257, 262, 275 ; 2000², 283, 295-297, 299-300, 303, 313-318, 322 ; 2000⁴, 543 ; 2001⁴, 491 ; 2002², 187-188, 190, 193-194, 203-204, 206 ; 2003², 209-210, 218-219, 259 ; 2003⁴, 506 ; 2004², 203, 206-207, 217, 238 ; 2004³, 372 ; 2004⁴, 494-496, 498-501 ; 2006⁴, 557-558 ; 2007², 209 ; 2007⁴, 490-491 ; 2008⁴, 550, 554 ; 2010¹, 112 ; 2010³, 461 ; 2010⁴, 584-585 ; 2011¹, 83 ; 2011⁴, 598 ; 2013⁴, 592, 594 ; 2017³, 485, 492-494 ; 2018⁴, 496

ROGNON, F. : 2003¹, 134-139, 141-142 ; 2003³, 390-395 ; 2004¹, 99, 102, 104-114 ; 2007¹, 85-86, 88-94, 101 ; 2007⁴, 498 ; 2008¹, 77, 79-84, 86, 111 ; 2008², 202-204, 206-208,

257-258; 2009[1], 110, 113, 115, 118-119, 121-123, 126; 2009[2], 213-214, 219, 235; 2010[1], 155, 157; 2010[2], 232, 237-239, 244, 246, 250-251, 263; 2010[3], 462; 2010[4], 589; 2011[1], 127-128, 131-132, 135; 2011[2], 234-238; 2011[3], 477-478; 2012[2], 316-317, 322, 342-345, 369; 2013[2], 261, 267, 269, 277, 283; 2013[4], 596; 2014[1], 98-103; 2014[2], 236-237; 2014[4], 500-501; 2015[1], 107, 109-110, 118; 2015[2], 219-220; 2015[4], 511; 2016[1], 101-104, 108; 2016[2], 193; 2016[3], 361; 2017[2], 289, 292-293, 297, 310-311; 2018[1], 94-95, 100-105, 108-112; 2018[2], 202-203; 2019[3], 415-416, 427-429; 2020[3], 456

ROUKEMA, R. : 2001[3], 336, 340-341, 344-345; 2002[3], 340, 342; 2002[4], 457-463; 2008[3], 404

SCHALLER, B. : 2011[2], 230, 268

SCHRENCK, G. : 1997[3], 366; 1999[3], 392; 2001[3], 381; 2001[4], 468; 2007[4], 483

SHUALI, E. : 2015[3], 366

SIEGWALT, G. : 1996[1], 85, 87; 1997[1], 88, 90-94, 124; 1997[4], 485-486, 488; 1999[4], 519, 524-525; 2000[2], 321; 2001[1], 123, 125-126; 2002[1], 96; 2003[4], 501; 2004[3], 381; 2005[4], 617; 2007[1], 125; 2007[4], 508; 2008[1], 109; 2011[1], 133; 2012[4], 703; 2014[4], 501; 2015[2], 248; 2015[4], 513; 2016[2], 217; 2017[1], 194; 2020[3], 457

STEHLY, R. : 2002[4], 509-510

THOMAS, C. : 2012[2], 333

TOUATI, Ch. : 2010[3], 445

TROCMÉ, É. : 1996[2], 223, 231-233, 235; 1996[3], 369; 1997[1], 125; 1997[2], 201-203, 232; 2000[2], 319; 2001[2], 242; 2001[4], 451, 457, 459, 491; 2002[4], 499

VAHANIAN, G. : 1996[1], 82-84, 86, 119; 1997[1], 87, 99; 1997[4], 469, 475-477, 481, 487-488; 1998[1], 106; 1998[4], 489; 2000[4], 569; 2001[1], 115; 2012[2], 331; 2013[2], 281, 285

VIAL, M. : 2010[2], 253; 2011[1], 136; 2011[2], 225-227; 2012[2], 326, 329, 334-336; 2013[2], 264, 272, 282; 2014[1], 112, 115-116; 2014[2], 193-195, 198; 2015[1], 114-117, 123-124; 2015[2], 217; 2016[2], 185-189, 218; 2018[2], 193-197; 2019[3], 437-440; 2020[3], 454

VIANÈS, L. : 2008[1], 71

VINEL, F. : 2008[4], 523; 2009[3], 439, 442; 2009[4], 552; 2010[3], 450, 456-458; 2010[4], 566; 2011[4], 560, 572; 2012[4], 649-650

WAGNER, Ch. : 1996[3], 380

WIEGER, M. : 2009[2], 248; 2011[1], 138; 2011[2], 270-271; 2011[3], 425-427; 2012[3], 467; 2013[3], 439; 2014[4], 501; 2016[3], 336

ZAMAGNI, C. : 2008[4], 511

ZIEGLER, Th. : 1996[3], 342

ZWILLING, A.-L. : 2006[1], 146; 2008[4], 94; 2009[1], 87-89, 96; 2010[1], 129, 145; 2011[1], 90, 96-97; 2011[4], 608; 2012[4], 685, 690, 696, 699; 2013[2], 293; 2014[2], 207-208; 2014[4], 498; 2017[2], 306; 2019[2], 297

TABLE DES MATIÈRES
Année 2020 – Volume 100

Liminaire 5

ARTICLES

ARAGIONE, G., L'Antiquité chrétienne dans la *RHPR*.
 Remarques sur un siècle de recherches 9
ARNOLD, M., Albert Schweitzer dans la *RHPR* 23
ARNOLD, M., La *RHPR*, passerelle entre la théologie allemande
 et la théologie française 271
BUTTICAZ, S., Aux origines du christianisme : l'événement,
 la mémoire et la foi. I. Le christianisme paulinien 335
BUTTICAZ, S., Aux origines du christianisme : l'événement,
 la mémoire et la foi. II. Les christianismes de Luc et de
 Jean 467
COLLANGE, J.-F., Roger Mehl (1912-1997). L'éthique chrétienne
 entre distance et engagement 41
DAHAN, G., L'exégèse de la Bible dans les écrits vaudois
 (XIIIᵉ-XVᵉ siècles) 363
FÖLLMI, B., Théodore Gérold : au carrefour de la musicologie
 et de la théologie, des cultures française et germanique . . . 55
GRAPPE, Ch., Ernst Lohmeyer et l'« idée » juive et chrétienne
 du martyre 67
GRAPPE, Ch., La *RHPR* et la littérature intertestamentaire . . . 243
LIENHARD, M., La *RHPR* et les dissidents des XVIᵉ et XVIIᵉ
 siècles 85
MARX, A., « Marcher dans les chemins de vérité » (*Tobit*
 1,3). Origine et histoire d'une locution 307
RAPHAËL, F., André Neher, un aiguilleur de l'histoire 111

Rognon, F., Un article de Maurice Leenhardt. Relire, cent
ans plus tard, les « Notes sur la traduction du Nouveau
Testament en langue primitive » 121
Römer, Th., Sigmund Mowinckel et la question de
l'aniconisme dans la religion yahwiste 207
Theissen, G., Tensions politiques et compréhension
théologique. Contributions allemandes dans la *RHPR* . . . 137
Vazeux, P. I., Définition, apports et limites du concept
gauchéen de *religion séculière* 385
Vial, M., *Sachexegese.* Oscar Cullmann face à l'« École de
Karl Barth » 163
Vincent, G., Présence de la sociologie dans l'histoire de la
RHPR 179
Vincent, G., Phénoménologie, herméneutique du langage
religieux, éthique. Paul Ricœur et la *RHPR* 223
Vincent, J. M., Une interprétation historico-littéraire du
Ps 110 par Jean Masson à l'orée du XVIIIᵉ siècle 487

ÉTUDE CRITIQUE

Lienhard, M., L'histoire de la théologie 513

REVUE DES LIVRES

Bar-Asher, M. M., *Les Juifs dans le Coran. Préface M.
A. Amir-Moezzi*, Paris, 2019 (J. Dean) 448
Bonhoeffer, D., *Éthique.* Nouv. éd. trad. par B. Lauret avec
la coll. de H. Mottu. Intro. de H. Mottu, Genève, 2019
(M. Arnold) 444
Borello, C., *La république en chaire protestante. XVIIIᵉ-XIXᵉ
siècles.* Préface P. Cabanel, Rennes, 2017 (M. Arnold) . . . 440
Böttrich, Ch. (éd.), *Ernst Lohmeyer. Beiträge zu Leben und
Werk*, Leipzig, 2018 (M. Arnold) 446

CALVIN, J., *Praelectiones in Lamentationes Jeremiae*. Éd. par N. Gueunier et M. Engammare. *Leçons sur les Lamentations de Jérémie*. Trad. par Ch. de Jonviller; éd. par M. Engammare, Genève, 2019 (M. Arnold) 431

CAPODIECI, L., LEUTRAT, E., ZORACH, R. (dir.), *Miroirs de Charles IX. Images, imaginaires, symbolique*, Genève, 2018 (A. Noblesse-Rocher) 436

Correspondance de Théodore de Bèze. Tome XLI : *1600*. Recueillie par H. Aubert, publiée par A. Dufour, H. Genton et K. Bovier avec la coll. de B. Nicollier, Genève, 2016 (M. Arnold) 433

Correspondance de Théodore de Bèze. Tome XLII : *1601-1602*. Recueillie par H. Aubert, publiée par A. Dufour, H. Genton et K. Bovier avec la coll. de B. Nicollier, Genève, 2016 (M. Arnold) 433

DOHNA, L. (Graf zu), WETZEL, R., *Staupitz, theologischer Lehrer Luthers. Neue Quellen – bleibende Erkenntnisse*, Tübingen, 2018 (M. Arnold) 412

FAREL, G., *Traités messins*. Tome II : *Epistre au duc de Lorraine 1543, Epistre de Pierre Caroli et la Response de Farel 1543, Seconde Epistre à Pierre Caroli 1543*. Textes établis par R. Bodenmann et F. Briegel, annotés par O. Labarthe. Avec de nombreux documents contemporains relatifs à l'histoire de Metz. Textes établis et annotés par R. Bodenmann et O. Labarthe, Genève, 2018 (A. Noblesse-Rocher) 424

FERRER, V., GOMEZ-GÉRAUD, M.-Ch., VALETTE, J.-R. (dir.), *Le discours mystique entre Moyen Âge et première modernité*. Tome 2 : *Le sujet en transformation*, Paris, 2019 (A. Noblesse-Rocher) 408

GOMEZ-GÉRAUD, M.-Ch., VALETTE, J.-R. (dir.), *Le discours mystique entre Moyen Âge et première modernité*. Tome 1 : *La question du langage*, Paris, 2019 (A. Noblesse-Rocher) 408

GROSSE, Ch., DUNANT GONZENBACH, A., FORNEROD, N. *et al., Côté chaire, côté rue. L'impact de la Réforme sur la vie quotidienne à Genève (1517-1617)*, Genève, 2018 (M. Arnold) 415

GÜNTER, W., *Reform und Reformation. Geschichte der deutschen Reformkongregation der Augustinereremiten (1432-1539)*, Münster, 2018 (M. Arnold) 411

HAIDER, N., *The Rebel and the Imām in Early Islam. Explorations in Muslim Historiography*, Cambridge, 2019 (J. Dean) 450

KINTZ, J.-P., *L'Alsace au XVIe siècle. Les hommes et leur espace de vie 1525-1618*, Strasbourg, 2018 (M. Arnold). . . 416

LUIZARD, P.-J., *La République et l'islam. Aux racines du malentendu*, Paris, 2019 (J. Dean) 452

LUTHER, M., *Préfaces à la Bible*. Éd. par P. Hickel, Genève, 2018 (M. Arnold) 417

MAILLARD-LUYPAERT, M., MARCHANDISSE, A., SCHNERB, B. (éd.), *Évêques et cardinaux princiers et curiaux (XIVe-début XVIe siècle). Des acteurs du pouvoir. Église et État.*, Turnhout, 2017 (M. Arnold) 407

MATHEUS, M., NESSELRATH, A., WALLRAFF, M. (éd.), *Martin Luther in Rom. Die Ewige Stadt als kosmopolitisches Zentrum und ihre Wahrnehmung*, Berlin, 2017 (M. Arnold) 414

MCKEE, E. A., *The Pastoral Ministry and Worship in Calvin's Geneva*, Genève, 2016 (M. Arnold) 425

MELANCHTHON, Ph., *Briefwechsel*. Band T 19 : *Texte 5344-5642 (November 1548-September 1549)*. Éd. M. Dall'Asta, H. Hein et Ch. Mundhenk, Stuttgart-Bad Cannstatt, 2019 (M. Arnold) 421

MELANCHTHON, Ph., *Briefwechsel*. Band T 20 : *Texte 5643-5969 (Oktober 1549-Dezember 1550)*. Éd. M. Dall'Asta, H. Hein et Ch. Mundhenk, Stuttgart-Bad Cannstatt, 2019 (M. Arnold) 421

OBERLIN, J. F., *Gesammelte Schriften / Écrits choisis*. Tome I/5 : *Briefwechsel und zusätzliche Texte / Correspondance et textes complémentaires 1803-1810*. Textes établis et annotés par G. Koch, Herzberg, 2019 (M. Arnold) 438

OPITZ, P., *Ulrich Zwingli. Prophète, hérétique, pionnier du protestantisme*. Trad. par M. D.-Bourion et G. Sosnowski, Genève, 2019 (M. Arnold) 419

OPITZ, P., SAXER, E. (éd.), *Zwingli lesen. Zentrale Texte des Zürcher Reformators in heutigem Deutsch*. En coll. avec J. Engeler, Zürich, 2018 (M. Arnold) 419

Registres du Consistoire de Genève au temps de Calvin.
   Tome XII *(18 février 1557-3 février 1558).* Publiés par J.
   R. Watt et I. M. Watt, Genève, 2018 (M. Arnold) 429
RICHTER, H. A., *Das Osmanische Reich im Ersten Weltkrieg,*
   Wiesbaden, 2018 (M. Arnold) 442
SCHLOTHEUBER, E., *« Gelehrte Bräute Christi ». Geistliche
   Frauen in der mittelalterlichen Gesellschaft,* Tübingen,
   2018 (M. Arnold) 405

VIENT DE PARAÎTRE

COTTIN, J., *Les pasteurs. Origines, intimité, perspectives,*
   Genève, 2020 (J. Cottin) 453
GRAPPE, Ch., VIAL, M. (dir.), *Connaissance et expérience de
   Dieu. Modalités et expressions de l'expérience religieuse,*
   Strasbourg, 2019 (Ch. Grappe et M. Vial) 454
ROGNON, F. (dir.), *Colère, indignation, engagement. Formes
   contemporaines de citoyenneté,* Strasbourg, 2019
   (F. Rognon) 456
SIEGWALT, G., *Lettres d'un craignant-Dieu à ses petites filles
   et à quelques autres sur plusieurs questions existentielles,*
   Paris, 2019 (G. Siegwalt) 457

Liste des ouvrages reçus d'octobre 2019 à septembre 2020 . . . 533

Tables des années 1996-2020 541

Table des matières. Année 2020 629

ÉCRITURE ET SOCIÉTÉ
Collection dirigée par Matthieu Arnold

DERNIERS VOLUMES PARUS

1. Jean-Pierre BASTIAN, Francis MESSNER (éd.), *Théologie et sciences des religions en débat. Hommage à Gilbert Vincent*, 2009.
2. Matthieu ARNOLD (éd.), *Jean Calvin : les années strasbourgeoises (1538-1541).* Actes du colloque de Strasbourg (8-9 octobre 2009) à l'occasion du 500ᵉ anniversaire de la naissance du Réformateur, 2010.
3. *Anthologie protestante de la poésie française (XVIᵉ – XIXᵉ siècles).* Textes édités par Philippe FRANÇOIS, préface d'Olivier MILLET, 2011.
4. Matthieu ARNOLD, Christophe TOURNU (éd.), *La Bible de 1611. Sources, Écritures & Influences / The King James Version. Sources, Writings & Influences*, 2013.
5. *Usages et mésusages de l'Écriture. Approches interdisciplinaires de la référence scripturaire.* Textes réunis par Daniel Frey, Christian Grappe et Madeleine Wieger, 2014.
6. Gilbert DAHAN, *Études d'exégèse médiévale. Ancien Testament*, 2017.
7. Matthieu ARNOLD, Karsten LEHMKÜHLER, Marc VIAL (éd.), *« La vie tout entière est pénitence... » Les 95 thèses de Martin Luther*, 2018.

VIENT DE PARAÎTRE

8. Christian GRAPPE, Marc VIAL (éd.), *Connaissance et expérience de Dieu. Modalités et expressions de l'expérience religieuse*, 2019.

Presses Universitaires de Strasbourg
5 allée du Général Rouvillois
67083 Strasbourg cedex (France)

RÉSUMÉS/*ABSTRACTS*

Simon Butticaz, « Aux origines du christianisme : l'événement, la mémoire et la foi. II. Les christianismes de Luc et de Jean »

Faisant suite au premier volet d'une étude qui a mis au jour trois dimensions à l'œuvre dans la construction identitaire du christianisme paulinien – l'événement, la mémoire et la foi – (*RHPR* 100, 2020, p. 335-362), cette seconde partie élargit l'examen aux christianismes de Luc et de Jean, afin d'en vérifier la présence ailleurs aux origines de l'Église. Enfin, au terme de l'enquête, l'article en déploie les conséquences pour l'étude du Nouveau Testament compris comme discipline scientifique.
Mots clés : Nouveau Testament, exégèse, histoire, mémoire, herméneutique, méthodes, Luc, Jean

Simon Butticaz, *"The Origins of Christianity : Event, Memory and Faith. II. The Christian Identity in the Lukan Work and in John's Gospel"*

*Following the first part of a study which uncovered three dimensions at work in the construction of identity in Pauline Christianity – event, memory and faith – (*RHPR *100, 2020, p. 335-362), this second part extends the exploration to Luke and John, in order to verify their presence elsewhere in the origins of the Church. Finally, at the end of the investigation, the article unfolds the consequences for the study of the New Testament understood as a scientific discipline.*
Keywords : New Testament, exegesis, history, memory, hermeneutics, methods, Luke, John.

Jean Marcel Vincent, « Une interprétation historico-littéraire du Psaume 110 par Jean Masson à l'orée du XVIIIe siècle »

L'interprétation du Ps 110 par J. Masson en 1712s marque un jalon dans l'histoire de l'exégèse. Elle mobilise une étonnante érudition et se fonde sur l'étude du contexte historique et du genre littéraire du texte en faisant abstraction de la lecture christologique traditionnelle liée à l'usage du psaume dans le Nouveau Testament. Ce geste subversif suscitera la

réprobation de ses contemporains et ne s'imposera que beaucoup plus tard comme principe d'une saine exégèse de la Bible hébraïque.

Mots clés : Jean Masson (circa 1680-1750), Ps 110, histoire de l'exégèse biblique au début du XVIIIᵉ siècle, revue *Histoire critique de la République des Lettres* (1712-1718).

Jean Marcel VINCENT, *"A Historical-Literary Interpretation of Psalm 110 by Jean Masson at the Beginning of the 18ᵗʰ Century"*

The interpretation of Ps 110 by J. Masson in 1712f marks a milestone in the history of exegesis. It brings together an astonishing erudition rooted in the study of the text's historical context and literary genre, whilst setting aside the traditional christological interpretation linked to the usage of this psalm in the New Testament. This subversive position triggered disapproval among his contemporaries and would only gain ground much later as a principle of the sound exegesis of the Hebrew Bible.

Keywords : Jean Masson (circa 1680-1750), Ps 110, History of biblical exegesis at the beginning of the 18ᵗʰ century, Journal : Histoire critique de la République des Lettres *(1712-1718).*

Marc LIENHARD, « Étude critique. L'histoire de la théologie »

Le volume collectif intitulé *Introduction à l'histoire de la théologie* et dirigé par Pierre Olivier Léchot présente des aspects importants de la théologie chrétienne des premiers siècles. Cela étant, la plus grande partie de l'ouvrage traite de la théologie protestante du XVIᵉ siècle à nos jours. Il comporte aussi deux chapitres sur les théologies féministes et sur l'œcuménisme.

Mots clés : théologie, Réformation, histoire, Église, sacrements, Jésus-Christ, protestantisme, Lumières, écriture, religion.

Marc LIENHARD, *"Critical Study. The History of Theology"*

The collective volume entitled Introduction à l'histoire de la théologie, *edited by Pierre Olivier Léchot, presents important aspects of the Christian theology of the first few centuries CE. However, most of the work deals with Protestant theology from the 16ᵗʰ century to the present day. It also includes two chapters on feminist theologies and on ecumenism.*

Keywords : theology, Reformation, history, Church, sacraments, Jesus Christ, Protestantism, Enlightenment, scripture, religion.

ADRESSES PROFESSIONNELLES
DES AUTEURS

Simon Butticaz
Université de Lausanne
Faculté de théologie et de sciences
des religions
Institut romand des sciences bibliques
Anthropole – CH-1015 Lausanne

Marc Lienhard
Université de Strasbourg – Faculté
de Théologie Protestante (EA 4378)
9 place de l'Université –
F-67084 Strasbourg cedex

Jean Marcel Vincent
Professeur d'Ancien Testament retraité
25 bd de l'Étang
F-17200 Royan

TRAVAUX DE LA FACULTÉ
DE THÉOLOGIE PROTESTANTE DE STRASBOURG
Collection dirigée par Annie NOBLESSE-ROCHER
et Daniel FREY

DERNIERS VOLUMES PARUS

10. Annie NOBLESSE-ROCHER, Christian KRIEGER (éd.), *« Justice et grâce »
dans les commentaires sur l'épître aux Romains*, 2008.
13. Matthieu ARNOLD, Christian KRIEGER (éd.), *Chrétiens et Églises face
au nazisme (1933-1945) : entre adhésion et résistance*, 2005.
14. Frédéric ROGNON (éd.), *École et laïcité : modèles et controverses. La
laïcité scolaire en débat*, 2009.
15. Isabelle GRELLIER, Alain ROY (dir.), *Églises aux marges, Église en
marche. Vers de nouvelles modalités d'Église*, 2011.
16. *Le Décalogue. Perspectives exégétiques, historiques et éthiques.*
Textes réunis par Matthieu Arnold et Jean-Marc Prieur (†), avec la
collaboration de Christian Krieger, 2014.
17. Matthieu ARNOLD (dir.), *Albert Schweitzer et le respect de la vie*, 2018.
18. Isabelle GRELLIER, Alain ROY, Anne-Laure ZWILLING (dir.), *Les Églises
face aux évolutions contemporaines de la conjugalité*, 2018.

Association des Publications de la Faculté de Théologie Protestante
de Strasbourg
Collection diffusée par : Librairie Oberlin
22, rue de la Division Leclerc
67000 Strasbourg (France)

INSTRUCTIONS AUX AUTEURS

1. Les manuscrits seront adressés au Rédacteur en chef (grappe@unistra.fr) sous forme de fichier électronique au format Word (DOC ou DOCX).

Le tapuscrit se limite ordinairement à 60 000 caractères (espaces et notes comprises).

L'ensemble titre + sous-titre ne doit en aucun cas excéder 90 signes (espaces comprises).

L'auteur mentionne, sous le titre, son ou ses prénoms et son nom (en caractères minuscules), ainsi que ses adresses institutionnelle et postale.

Chaque article est accompagné d'un résumé (limité à 500 signes, espaces comprises) et de 5 à 10 mots-clés de référencement.

2. Les règles de présentation suivantes sont à respecter :

Le tapuscrit est saisi en police Times New Roman (corps 12 pour le texte ; corps 10 pour les citations ; corps 9 pour les notes de bas de page ; interligne simple). Si leur usage ne peut être évité, les polices spéciales (langues rares, etc.) seront jointes au message.

L'article peut comporter jusqu'à quatre niveaux d'intertitre, clairement hiérarchisés.

Le texte n'est pas mis en page. Les lignes sont justifiées, sans coupure de mots.

Le début des alinéas est marqué par un renfoncement (ne pas utiliser de tabulation, mais le menu Format>Paragraphe>Retrait>De 1re ligne>Positif : 0,8 cm).

Les mots en langue étrangère sont composés en italique.

Les citations distinguées du texte sont précédées et suivies d'un saut de ligne. Elles sont saisies sans guillemets, en romain si elles sont en français ou en italique si elles sont en langue étrangère (la traduction française est donnée à la suite en romain entre guillemets).

La taille d'un tableau ne peut excéder l'espace utile d'une page (11 cm de large × 17 cm de haut, ou 17 cm de large × 11 cm de haut en mode paysage).

Les majuscules sont accentuées et les lettres entrelacées sont soudées (æ, œ, Æ, Œ).

Les ordinaux sont abrégés de cette manière : 1er, 1re, 2e, 3e, etc.

Les siècles sont composés en chiffres romains et en petites capitales (XVIe siècle).

Les références bibliques suivent les usages de la *Traduction Œcuménique de la Bible*.

3. Les notes figurent en bas de page et sont numérotées de 1 à n de façon continue.

L'appel de note est placé après le mot concerné sans espace, et avant la ponctuation ou le guillemet fermant.

Chaque note doit former un seul paragraphe (utiliser un tiret demi-cadratin – pour séparer différents sujets).

Les références internes à compléter après mise en pages sont signalées par ###.

Les abréviations usuelles sont utilisées : *cf.* ; chap. (chapitre[s]) ; col. (colonne[s]) ; f. (feuillet[s]) ; fig. (figure[s]) ; f° (folio[s]) ; *ibid.* (même titre, même page) ; *ibid.*, p. (même titre, autre page) ; *id.* ; l. (ligne[s]) ; n. (note[s]) ; *op. cit.* ; p. (page[s]) ; § ; r° (recto) ; *sq./sqq.* (suivante[s]) ; v. (verset[s]) ; v° (verso) ; vol. (volume[s]).

4. Les normes pour les références bibliographiques sont les suivantes :
À la suite des citations et dans les notes, les références bibliographiques sont données sous forme abrégée : Nom de l'auteur, année, pagination.

(Wendel, 1950, p. 25-30.)

À la fin de l'article, les références bibliographiques sont citées par ordre alphabétique sous la rubrique BIBLIOGRAPHIE, selon le modèle suivant : NOM DE L'AUTEUR (en petites capitales), prénom, titre et références complètes de la contribution.
Monographie : *titre et sous-titre de l'ouvrage*, lieu d'édition, éditeur, coll. + « collection », année (le cas échéant, année de la publication originale).

MERLEAU-PONTY, Maurice, *Phénoménologie de la perception*, Paris, Gallimard, coll. « Tel », 2006 (1ʳᵉ éd., 1945).

Contribution à un collectif : « titre », *titre du collectif*, éd. + nom des éditeurs scientifiques, lieu d'édition, éditeur, coll. + « collection », année, pagination.

CAQUOT, André, « Jubilés », *La Bible. Écrits intertestamentaires*, éd. André Dupont-Sommer et Marc Philonenko, Paris, Gallimard, coll. « Bibliothèque de la Pléiade » 337, 1987, p. 627-810.

Article de revue : « titre », *titre de la revue* tome/fascicule, année, pagination.

ROTT, Jean, « Magistrat et Réforme à Strasbourg », *Revue d'Histoire et de Philosophie Religieuses* 54/1, 1974, p. 103-114.

Achevé d'imprimer par Corlet Numéric,
Z.A. Charles Tellier, Condé-en-Normandie (Calvados), en décembre 2020
N° d'impression : 169635 - dépôt légal : décembre 2020
Imprimé en France

CLASSIQUES
GARNIER

Bulletin d'abonnement revue 2021
Revue d'histoire et de philosophie religieuses
4 numéros par an

M., Mme :

Adresse :

Code postal :   Ville :

Pays :

Téléphone :   Fax :

Courriel :

Prix TTC abonnement France, frais de port inclus		Prix HT abonnement étranger, frais de port inclus	
Particulier	Institution	Particulier	Institution
40 €	60 €	49 €	71 €

Cet abonnement concerne les parutions papier du 1er janvier 2021 au 31 décembre 2021. Les numéros parus avant le 1er janvier 2021 sont disponibles à l'unité (hors abonnement) sur notre site web.

Modalités de règlement (en euros) :
    Par carte bancaire sur notre site web : www.classiques-garnier.com
    Par virement bancaire sur le compte :
    Banque : Société Générale – BIC : SOGEFRPP
    IBAN : FR 76 3000 3018 7700 0208 3910 870
    RIB : 30003 01877 00020839108 70
    Par chèque à l'ordre de Classiques Garnier

Contact :
    Classiques Garnier
    6, rue de la Sorbonne – 75005 Paris – France
    Fax : + 33 1 43 54 00 44
    Courriel : revues@classiques-garnier.com

mis à jour le 10/09/2020

Abonnez-vous sur notre site web :
www.classiques-garnier.com